ŒUVRES

DE

J. F. COOPER

IMPRIMERIE CLAYE ET TAILLEFER, 7 RUE SAINT-BENOIT

J. F. COOPER

TRADUCTION

par Defauconpret

Paris
FURNE & C.¹⁰ PERROTIN, PAGNERRE
Éditeurs
1845

OEUVRES
DE
J. F. COOPER

TRADUITES

PAR

A. J. B. DEFAUCONPRET

TOME VINGT-SEPTIÈME

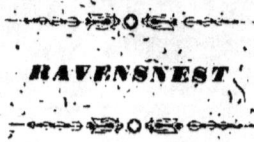

RAVENSNEST

PARIS
FURNE — PERROTIN — PAGNERRE
ÉDITEURS

M DCCC XLVII

RAVENSNEST

ou

LES PEAUX-ROUGES

CHAPITRE PREMIER.

> Ta mère était un modèle de vertu, et elle dit :
> Tu es ma fille ; et ton père était duc de Milan,
> ayant une seule héritière une princesse ; —
> c'est être pas mal née.
>
> Tempête.

Mon oncle Ro et moi, nous venions de voyager ensemble en Orient, et notre absence avait duré cinq longues années, lorsque nous atteignîmes Paris. Revenant d'Égypte par Alger, Marseille et Lyon, il y avait dix-huit mois qu'aucun de nous n'avait reçu une seule ligne d'Amérique, lorsque nous traversions les barrières. Jamais pendant tout ce temps nous n'avions pu saisir sur notre passage une seule lettre errante, et toutes nos précautions pour faire venir à notre rencontre quelque épître chez différents banquiers d'Italie, de Turquie et de Malte, avaient été inutiles.

Mon oncle avait longtemps voyagé, je pourrais dire longtemps résidé, en Europe ; car sur ses cinquante-neuf années, il en avait passé au moins vingt hors du continent américain. Vieux garçon, sans autre occupation que de recevoir les revenus d'une belle propriété, dont la valeur s'accroissait rapidement par suite du développement prodigieux de la ville de New-York, avec des goûts formés par les voyages, il était naturel qu'il cherchât de préférence les régions où il pouvait le mieux se satisfaire. Hughes Roger Littlepage, second fils de mon grand-père, Mordaunt Littlepage, et de sa femme Ursule Malbone, était né en 1786. Mon père, Malbone Littlepage, était le fils aîné de la famille, et il aurait hérité de la propriété de Ravensnest, s'il avait survécu à ses parents; mais comme il était mort jeune, je recueillis à l'âge de dix-huit ans ce qui eût été sa succession. Mon oncle Ro, cependant, avait eu pour sa part Satanstoe et Lilacksbush, deux maisons de campagne avec fermes, qui, sans être élevées à la dignité de domaines, pouvaient bien, en fin de compte, se montrer d'un meilleur rapport que les acres étendus qui formaient le patrimoine du frère aîné. Mon grand-père était riche; car non-seulement la fortune des Littlepage était concentrée dans ses mains, mais aussi celle des Mordaunt, qui était la plus considérable, sans compter quelques legs fort arrondis, provenant d'un certain colonel Dirck Follock, ou Van Valkenburgh, qui, bien que parent très-éloigné, avait choisi pour ses héritiers les descendants de ma bisaïeule, Anneka Mordaunt. Nous étions tous bien pourvus, mes tantes ayant de fort beaux capitaux en obligations et en hypothèques sur une propriété appelée Mooseridge, outre quelques actions sur la ville, tandis que ma sœur Marthe possédait en deniers comptants cinquante mille dollars. J'avais aussi des actions de ville qui devenaient d'un bon produit; et une clause de minorité pendant sept ans avait formé une accumulation de capitaux qui étaient parfaitement placés dans la compagnie de l'État de New-York. Je dis « une clause de minorité », parce que mon père et mon grand-père, l'un en me plaçant moi-même et une portion de la propriété sous la tutelle de mon oncle, l'autre en confiant à ses soins le reste de mes biens, avaient spécialement stipulé que je n'entrerais pas en jouissance avant d'avoir accompli ma vingt-cinquième année.

Je sortis du collége à vingt ans, et mon oncle Ro, c'est ainsi qu'il était appelé par Martha et moi, aussi bien que par une vingtaine de cousins et cousines, progéniture de mes trois tantes; mon oncle Ro, donc, me proposa de voyager pour compléter mon éducation. Cette perspective étant toujours agréable pour un jeune homme, nous nous mîmes en route, juste au moment où se terminait la grande crise financière de 1836-1837, et lorsque nos actions se trouvaient à peu près en sûreté. En Amérique, il faut presque autant de soins pour conserver ses capitaux, que de travail pour les acquérir.

Mes noms étaient les mêmes que ceux de mon oncle, Hughes-

Roger Littlepage ; mais on m'appelait toujours Hughes, tandis que, lui, il était connu parmi ses intimes par les différentes appellations de Roger, Ro et Hodge, selon que les circonstances avaient rendu l'intimité sentimentale, affectueuse ou virile. Ce bon oncle avait un système à lui pour faire tomber les écailles qui souvent obscurcissent les yeux américains, et pour nettoyer les taches de provincialisme qui altèrent la pureté du diamant républicain. Il avait assez vu déjà pour se convaincre que si « notre pays », comme l'appellent en toute occasion tous ceux qui appartiennent à notre bienheureuse nation, peut enseigner beaucoup de choses au vieux monde, il y avait aussi pour lui une possibilité, simplement une *possibilité*, ne l'oubliez pas, d'apprendre quelque petite chose. En conséquence, dans le but de procéder méthodiquement dans la série des connaissances, son avis était de commencer par l'alphabet, et puis de poursuivre jusqu'aux belles-lettres et aux mathématiques. Ceci mérite quelques explications.

La plupart des voyageurs américains débarquent en Angleterre, le pays le plus avancé en civilisation matérielle, puis ils vont en Italie et peut-être en Grèce, réservant l'Allemagne et les régions moins attractives du nord pour la fin du chapitre. Mon oncle avait, lui, pour théorie de suivre l'ordre des temps, et de commencer par les anciens pour finir par les modernes, quoique en adoptant cette règle il convînt que c'était un peu diminuer le plaisir des novices ; car un Américain nouvellement débarqué des plaines nouvelles du continent occidental, peut certainement, en Angleterre, jouir des souvenirs du passé, lesquels lui paraîtront nécessairement fades et insipides, après qu'il aura visité le temple de Neptune, le Colisée ou le Parthénon, ou ce qui en reste. C'est ainsi, je n'en doute pas, que j'ai perdu un grand nombre de jouissances, en commençant par le commencement, ou en commençant en Italie pour voyager vers le nord.

Tel avait été, cependant, notre itinéraire. Prenant terre à Livourne, nous avions parcouru la Péninsule en un an ; puis, traversant l'Espagne et la France jusqu'à Paris, nous gagnâmes Moscou et la Baltique, d'où nous nous dirigeâmes en Angleterre par Hambourg. Après avoir parcouru les Iles Britanniques, dont les antiquités me parurent insignifiantes et sans intérêt ; après avoir vu toutes celles qui étaient de beaucoup plus *antiques*, nous revînmes à Paris, afin de faire de moi tout à fait un homme du monde, et de donner tout son éclat au diamant américain.

Mon oncle Ro aimait beaucoup Paris, et il y avait fait l'acquisition d'un petit hôtel, où il conservait toujours pour son usage un appartement élégamment meublé, comprenant l'entresol et le premier. Le reste de la maison était occupé par des locataires. Lorsqu'il s'absentait pour un temps qui devait dépasser six mois, il consentait par faveur spéciale à louer même son appartement à quelque famille américaine, et le prix du loyer était consacré à réparer ou à embellir l'ameublement.

A notre arrivée d'Angleterre, nous passâmes une saison entière à Paris, consacrant tout ce temps à polir le diamant, lorsque mon oncle se mit tout à coup en tête qu'il fallait visiter l'Orient. Il n'était jamais allé lui-même plus loin que la Grèce, et il lui prit fantaisie de m'accompagner encore dans cette excursion. Pendant deux ans et demi nous fûmes absents, visitant la Grèce, Constantinople, l'Asie Mineure, la Terre Sainte, l'Arabie Pétrée, la mer Rouge, l'Égypte, jusqu'aux secondes cataractes, et presque toute la Barbarie. Vers cette dernière région, nous fûmes attirés par le désir de sortir un peu des routes battues. Mais aujourd'hui l'on rencontre au milieu des turbans tant de chapeaux et de casquettes, qu'un chrétien bien élevé peut se montrer presque partout sans qu'on lui crache dessus. Ceci est un grand encouragement pour les voyageurs en général et pour un Américain en particulier, qui, après tout, court plus risque de subir cette humiliation chez lui, qu'il ne le ferait même à Alger. Mais l'opinion fait tout en morale.

Nous avions donc été absents de Paris depuis deux ans et demi; et, comme je l'ai dit, depuis dix-huit mois nous n'avions pas reçu un journal ou une lettre d'Amérique. Même les nouvelles reçues antérieurement ne contenaient rien sur les affaires générales. Nous savions seulement que les actions des banques avaient repris faveur, et pendant toute notre absence, les banquiers avaient payé avec confiance nos lettres de change, et sans commissions extraordinaires. Il est vrai que mon oncle Ro, en voyageur expérimenté, s'avançait solidement muni en matière de crédit, précaution qui n'est nullement superflue pour les Américains, après les clameurs qui se sont élevées contre nous dans le vieil hémisphère.

Enfin notre tour était achevé, en dépit de toutes les contrariétés, et nous voici encore une fois dans les murs du magnifique Paris. Les postillons nous avaient conduits à notre hôtel, rue Saint-

Dominique, et nous nous assîmes à dîner, une heure après notre arrivée, sous un toit qui était notre propriété. Le locataire de mon oncle avait quitté l'appartement un mois auparavant, selon les conventions, et le portier et sa femme avaient arrêté un cuisinier, mis les meubles en ordre, et tout préparé pour notre venue.

— Il faut avouer, Hughes, dit mon oncle au moment où il finissait la soupe, que l'on peut vivre à Paris d'une manière fort agréable, pourvu que l'on possède le *savoir-vivre*. Néanmoins, je me sens un grand appétit pour l'air natal. On peut dire et penser tout ce qu'on veut sur les plaisirs de Paris, la cuisine de Paris, et autres délicatesses, mais, après tout, rien n'est tel que le chez soi. Une dinde aux truffes est certainement un manger capital; mais une dinde avec une bonne sauce américaine n'est pas à dédaigner.

— Je vous ai toujours dit, Monsieur, que l'Amérique est un excellent pays pour manger et boire, quel que soit en d'autres matières son défaut de civilisation.

— Excellent pour manger et boire, Hugues, sans doute, si vous pouvez éviter la graisse d'une part, et trouver un vrai cuisinier, de l'autre. Il y a autant de différence entre la cuisine de la Nouvelle-Angleterre, par exemple, et celle des États du centre, qu'entre celle de l'Angleterre et de l'Allemagne; la cuisine des États du centre et des États du sud aussi, quoique celle-ci se ressente un peu des Indes occidentales, — mais la cuisine des États du centre est anglaise, dans son bon côté; j'entends par là les plats solides, substantiels, savoureux des Anglais dans leur véritable vie domestique, avec leur rosbif incuit, leur biftecks faits à la minute, leurs côtelettes pleines de jus, leur bouillon de mouton, leur gigot de mouton, *et id omne genus*. Nous avons aussi nos bonnes choses, comme la tête de mouton, l'alose et les oiseaux aquatiques. La différence entre la Nouvelle-Angleterre et les États du centre est encore très-saisissable, mais dans mes jeunes années elle était patente. T'offrirai-je un peu de cet éternel *poulet à la Marengo* ? Je voudrais que ce fût une honnête volaille américaine bouillie, garnie d'une bonne tranche de marcassin. Je me sens terriblement *national* ce soir, Hughes !

— C'est tout naturel, mon cher oncle Ro, et je suis disposé à m'accuser du même péché. Nous voici tous les deux absents de notre terre natale depuis cinq ans, et la moitié de ce temps sans en avoir reçu de nouvelles. Nous savons que Jacob (c'était un noir libre qui servait mon oncle, un reste du vieux système domestique des colonies, dont le nom eût été, trente ans auparavant, Jaaf ou Yop); nous savons que Jacob est allé chez notre banquier chercher nos journaux et nos lettres, et cela naturellement appelle nos pensées de l'autre côté de l'Atlantique. Je suis convaincu que nous nous trouverons tous deux soulagés demain à notre déjeuner, après que nous aurons pris connaissance de nos dépêches.

— Allons, prenons ensemble un verre de vin, Hughes, à la bonne vieille mode d'York. Ton père et moi, lorsque nous étions garçons, n'aurions jamais songé à humecter nos lèvres du demi-verre de madère qui était notre portion, sans nous dire : « A ta santé, Mall ; — à ta santé, Hodge. »

— De tout mon cœur, oncle Ro. C'était une mode qui déjà commençait à vieillir, même avant mon départ ; mais c'est devenu presque une coutume américaine, parce que nous y avons tenu plus longtemps que les autres.

— Henry !

Ce personnage était le maître-d'hôtel de mon oncle, qui lui avait continué ses gages pendant toute la durée de notre absence, afin de pouvoir, au retour, compter sur son service calme, habile et honnête.

— Monsieur !

— Je ne doute pas que ce vin de Bourgogne ne soit bon ; il a certainement bonne mine, et il vient d'un marchand auquel je puis avoir confiance ; mais M. Hughes et moi nous allons boire ensemble à l'américaine, et je suppose que vous voudrez bien nous donner un verre de madère, quoique le dîner soit un peu avancé pour prendre ce vin.

— Très-volontiers, Monsieur ; je suis heureux de pouvoir vous obliger.

Mon oncle Ro et moi nous prîmes donc le madère, quoique je ne puisse pas dire grand'chose en faveur de la qualité.

— Quelle excellente chose qu'une reinette de Newtown ! s'écria mon oncle après un intervalle de silence. Ils parlent beaucoup ici, à Paris, de leur poire de beurré, mais, à mon goût, elle ne peut se comparer aux bons fruits que nous obtenons à Satanstoe, et qui, pour le dire en passant, sont meilleurs, je crois, que ceux qui sont recueillis de l'autre côté de la rivière, à Newtown même.

— Ce sont d'excellentes poires, Monsieur; et votre verger de Satanstoe est un des meilleurs qui se connaissent, ou du moins ce qui en reste; car je crois qu'une partie de vos arbres est enterrée dans le faubourg actuel de Dibbleton.

— Oui, que le diable emporte l'endroit! Je voudrais ne m'être pas défait d'un seul pied de terre; quoique j'aie fait pas mal d'argent par la vente. Mais l'argent n'est pas une compensation pour les affections.

— Pas mal d'argent, mon cher Monsieur! Puis-je, je vous prie, savoir à quoi l'on estimait Satanstoe, lorsque mon grand-père vous le laissa?

— A un assez bon taux; car c'est une ferme du premier numéro. Tu sais que le tout ensemble, y compris les joncs et les prés salés, renferme bien cinq cents acres.

— Dont vous avez hérité en 1829?

— Sans doute; l'année de la mort de mon père. A cette époque la propriété passait pour valoir environ trente mille dollars; mais la terre n'avait pas en 1829 une grande valeur en Westchester.

— Et vous en avez vendu deux cents acres, y compris le port et une bonne partie des joncs, pour le modique total de cent dix mille dollars, argent comptant. C'est une assez belle affaire, Monsieur.

— Non, pas argent comptant. Je n'en ai touché que quatre-vingt mille. Les autres trente mille sont garantis par hypothèque.

— Laquelle hypothèque, vous avez encore, je pense, si l'on dit vrai, frappant toute la ville de Dibbleton. Une ville doit être une bonne garantie pour trente mille dollars.

— Pas trop cependant, dans ce cas. Les spéculateurs qui achetèrent de moi en 1835 firent le plan de leur ville, construisirent un hôtel, un quai et un magasin, puis mirent à l'enchère les lots. Ils en vendirent quatre cents, de vingt-cinq pieds sur cent, grandeur conforme aux règlements, comme tu vois, au prix moyen de deux cent cinquante dollars, souvent moitié en deniers, c'est-à-dire cinquante mille dollars, et prenant hypothèque pour la balance. Bientôt après, la dépréciation survint, et le meilleur lot de Dibbleton n'aurait pas produit, sous le marteau, vingt dollars. L'hôtel et le magasin restent debout seuls dans leur gloire, et resteront ainsi jusqu'à ce qu'ils tombent, ce qui n'arrivera pas, je pense, d'ici à mille ans.

— Et qu'est devenu le plan de la ville ?

— Pas grand'chose. Les bornes indicatives des lots ont disparu, et il en coûterait la valeur du fonds à tout homme qui tenterait de payer un arpenteur pour retrouver ses vingt-cinq pieds sur cent.

— Mais votre hypothèque est bonne ?

— Bonne, dans un sens; mais un avoué de Philadelphie serait fort embarrassé de la faire valoir. Les acquéreurs de tous les lots seraient autant d'adversaires à combattre. J'ai prescrit à mon agent de commencer par acheter tous ces droits, comme le plus court moyen de m'en débarrasser; et il m'a fait savoir, dans la dernière lettre que j'ai reçue, qu'il avait réussi à faire l'acquisition des titres de trois cent dix-sept lots, au prix moyen de dix dollars. Le reste, je suppose, se trouvera légalement absorbé.

— Absorbé ! voilà un procédé dont je n'ai jamais entendu parler, appliqué à la terre.

— C'est cependant une méthode souvent usitée en Amérique, et qui consiste simplement à enclore dans votre propriété une terre adjacente pour laquelle il ne se présente aucun réclamant. Que puis-je faire ? Aucun propriétaire ne se rencontre ; et puis mon hypothèque est toujours un titre. Une possession de vingt années avec hypothèque est un aussi bon titre qu'un contrat d'acquisition avec toutes stipulations de garantie contre les droits des mineurs et les reprises des femmes.

— Vous avez mieux réussi à Lilacksbush ?

— Ah ! celle-là a été une transaction claire, et n'a laissé aucune mauvaise guerre. Lilacksbush étant dans l'île de Manhatan, on est sûr qu'il y aura là une ville un jour ou l'autre. Il est vrai que la propriété est située à huit milles de l'hôtel de ville ; néanmoins elle a sa valeur et sera toujours vendue à son prix. Ensuite le plan de New-York est fait et établi, et chacun peut retrouver son lot. Personne d'ailleurs ne peut dire que la ville ne s'étendra pas jusqu'à Kingsbridge.

— J'ai entendu dire que vous en aviez eu un bon prix.

— Trois cent vingt-cinq mille dollars, argent. Je n'ai voulu accorder aucun crédit, et tout cet argent est actuellement placé en bonnes actions six pour cent des compagnies des États de New-York et de l'Ohio.

— Ce que bien des personnes dans cette partie du monde ne considéreraient pas comme un très-sûr placement.

— Tant pis pour elles. L'Amérique est après tout une glorieuse nation, Hughes; et il y a plaisir et orgueil à lui appartenir. Regarde-la, quoique tout le reste de la chrétienté lui jette la pierre.

— Vous devez au moins avouer, mon cher Monsieur, interrompis-je peut-être un peu vivement, que les autres peuples peuvent bien être tentés par l'exemple; car s'il y a une nation qui soit constamment occupée à se jeter la pierre à elle-même, c'est sans contredit notre bien-aimée patrie.

— C'est vrai qu'elle a cette mauvaise habitude à l'excès, et au lieu de se corriger elle empire, à mesure que diminue l'influence des hommes bien élevés; mais c'est une tache au soleil, une paille dans le diamant, que le frottement peut faire disparaître. Mais quel pays, quel glorieux pays! Tu as maintenant parcouru assez complétement les contrées civilisées du vieux monde, mon cher garçon, et tu dois t'être convaincu par toi-même de la supériorité de la terre natale.

— Je me souviens que vous avez toujours tenu ce langage, oncle Ro; cependant vous avez passé la bonne moitié de vos jours hors de ce glorieux pays, depuis que vous avez atteint l'âge viril.

— Simple résultat d'accidents et de goûts. Je ne veux pas dire que l'Amérique soit le pays où doive débuter un garçon; les moyens d'amusement pour ceux qui n'ont pas de foyer domestique sont trop limités. Je ne prétends pas non plus qu'en Amérique la société, dans son sens ordinaire, soit aussi bien ordonnée, aussi bien entendue, aussi agréable ou instructive, aussi pourvue de bon goût, que la société dans presque toutes les contrées de l'Europe que je connais. Je n'ai jamais supposé que l'homme de loisir, placé à part des affections, pût jamais rencontrer autant de jouissances chez nous que dans cette partie du monde; et j'admets volontiers que, intellectuellement, la plupart des hommes dans une grande capitale de l'Europe vivent, en un jour, plus qu'ils ne vivraient en une semaine dans des endroits comme New-York, Philadelphie et Baltimore.

— Vous ne parlez pas de Boston, je vois, Monsieur.

— De Boston, je ne dis rien. C'est un endroit où l'on est très-susceptible, et il vaut mieux laisser les choses tranquilles. Mais pour ce qui concerne un homme ou une femme de loisir, un homme ou une femme de goût, un homme ou une femme de quelque raffinement, je suis prêt à admettre, *cœteris paribus*, qu'ils pourraient rencontrer beaucoup plus de jouissances en Europe qu'en Amérique. Mais le philosophe, le philanthrope, l'économiste, le patriote, en un mot, peut à bon droit signaler les éléments de profonde supériorité nationale que l'on trouve en Amérique.

— J'espère, mon oncle, que ces éléments eux-mêmes ne sont pas assez profonds pour ne pas pouvoir être mis au jour.

— Il y a peu de difficulté à cela, mon garçon. Regarde, pour commencer, l'égalité de la loi. Elle repose sur les principes de justice naturelle, constituée au bénéfice de la société, pour le pauvre comme pour le riche.

— Est-elle de même établie pour le riche comme pour le pauvre?

— Eh bien, je t'accorde qu'à cet égard il commence à paraître une légère tache. C'est une des faiblesses inhérentes à l'humanité, et nous ne devons pas espérer la perfection. Il y a certainement une tendance à légiférer pour le grand nombre, afin d'obtenir des voix aux élections; ce qui a rendu, je l'avoue, les rapports de débiteurs et créanciers assez peu sûrs; mais la prudence peut aisément remédier à cela. Après tout, ce n'est que s'égarer dans la bonne voie, que de favoriser le pauvre au lieu du riche, si l'un des deux doit être préféré.

— La justice ne favoriserait ni l'un ni l'autre, mais les traiterait également. J'ai toujours entendu dire que la tyrannie du nombre était la pire de toutes.

— Sans doute, là où il y a vraiment tyrannie; et la raison en est claire. Un tyran est plutôt satisfait qu'un million de tyrans, et a même un plus grand sentiment de responsabilité. Je puis aisément concevoir que le czar lui-même, s'il est disposé à être un tyran, peut hésiter à faire, sous son unique responsabilité, ce que ferait une de nos majorités, sans même avoir la conscience de l'oppression qu'elle exercerait ou sans s'en soucier. Mais, en somme, nous faisons peu d'oppression, et certes pas assez pour balancer les immenses avantages du système.

— J'ai entendu des hommes très-sages dire que le plus fâcheux symptôme de notre système est la décadence graduelle de la justice parmi nous. Les juges ont perdu leur influence, et les jurés se mettent à faire la loi aussi bien qu'à la violer.

— Il y a beaucoup de vrai dans cela, j'en conviens; et dans tous les procès de quelque importance, l'on entend constamment demander, non pas quel plaideur a le bon droit pour lui, mais lequel a pour lui le jury. Je ne vise pas à la perfection ; tout ce que je dis c'est que notre pays est un glorieux pays, et que toi et moi nous avons toute raison d'être fiers que le vieux Hughes Roger, notre prédécesseur et homonyme, ait jugé à propos de s'y transplanter, il y a un siècle et demi.

— Eh bien je gagerais, oncle Ro, que bien des Européens s'étonneraient qu'aucun homme fût fier d'être né Américain manhattanèse, comme vous et moi.

— Tout cela peut être vrai, car on a tenté plus d'une fois depuis peu de nous mettre en discrédit, par suite de la mesure prise par certains États de ne pas payer les intérêts de leurs dettes. Mais à tout cela la réponse est facile, et surtout de la part de nous autres New-Yorkistes. Il n'y a pas une nation en Europe qui paierait l'intérêt de ses dettes, si ceux qu'on impose pour le faire avaient le contrôle de ces impôts et le pouvoir de décider si on les lèverait ou non.

— Je ne vois pas en quoi cela raccommode les choses. Les autres pays vous disent que tel est l'effet de votre système, tandis que nous sommes trop honnêtes pour dire que ce système existe dans le vieil hémisphère.

— Bah! pure plaisanterie! Ils empêchent l'existence de notre système pour bien d'autres raisons, et ils contraignent au paiement des intérêts de leurs dettes, afin de pouvoir emprunter davantage. D'ailleurs cette affaire de répudiation de la dette, comme on l'appelle, a été misérablement falsifiée, et il n'y a pas à répondre au mensonge par des arguments. Aucun État américain n'a répudié sa dette, que je sache, quoique plusieurs aient été incapables de remplir leurs engagements lorsqu'ils sont venus à échéance.

— Incapables, mon oncle?

— Oui, incapables, voilà le vrai mot. Vois la Pensylvanie, par exemple ; voilà une des plus riches communautés du monde civilisé ; ses charbons et ses fers seuls suffiraient pour rendre riche un pays quelconque, et une portion de la population agricole est une des plus opulentes que je connaisse. Néanmoins la Pensylvanie, par suite d'un concours de circonstances, n'a pas *pu* payer l'intérêt de sa dette pendant deux ans et demi, quoiqu'elle le paie maintenant, et continuera probablement à le payer. La chute soudaine de cette colossale institution financière, la soi-disant banque des États-Unis, après qu'elle eut cessé d'être une banque du gouvernement, jeta un tel trouble dans la circulation que les paiements, par tous les moyens connus, devinrent *impossibles*. Je sais ce que je dis, et je répète *impossibles*. Il est bien connu que beaucoup de personnes, accoutumées à l'opulence, furent obligées de porter leur vaisselle à la monnaie, afin de se procurer de l'argent pour aller au marché. Et puis on peut bien attribuer quelque chose aux institutions, sans attaquer la probité d'un peuple. Nos institutions sont populaires, de même que celles de la France ne le sont pas; et le peuple, le créancier intérieur, avec son compte impayé, et ses amis et parents dans la législature, prêts à lui venir en aide, combattit d'abord pour son propre argent, avant d'en laisser envoyer au dehors.

— Et cela était-il parfaitement délicat, Monsieur?

— Certainement non; c'était parfaitement indélicat, mais aussi parfaitement naturel. Supposes-tu que le roi de France se priverait de sa liste civile, ou ses ministres de leurs appointements, si les circonstances forçaient le pays à suspendre le paiement de la rente pendant un an ou deux? J'ose affirmer que tous et chacun d'eux se donneraient la préférence comme créanciers et agiraient en conséquence. Chacun de ces pays a suspendu ses paiements de manière et d'autre, et, dans bien des cas, ont balancé leurs comptes avec l'éponge. Aussi leurs clameurs contre nous sont calculées dans un but politique.

— Cependant j'aurais désiré, par exemple, que la Pensylvanie eût continué ses paiements à tout risque.

— C'est fort bien de désirer, Hughes; mais c'est désirer une impossibilité. D'ailleurs toi et moi, en notre qualité de New-Yorkistes, nous n'avons rien à faire de la dette pensylvanienne, pas plus que Londres n'aurait à s'occuper de la dette de Dublin ou de Québec. Nous avons toujours payé *nos* rentes, et payé même plus honnêtement, si l'honnêteté est introduite dans la question, que l'Angleterre n'a payé les siennes. Lorsque nos banques suspendaient leurs paiements, l'État paya ses intérêts en papier en quantité suffisante pour acheter sur la place les espèces équivalentes; tandis que l'Angleterre a fait de son papier la monnaie courante, et a, pendant environ vingt-cinq ans, payé l'intérêt de sa dette en papier qui ne s'escomptait qu'avec des pertes considérables. J'ai connu un Américain qui avait dans les rentes anglaises près d'un million de dollars, dont il a dû pendant une longue série d'années recevoir les intérêts en papier non négociable. Non, non, vois-tu, tout cela ce sont des mots, et nous ne devons pas en être considérés une particule de moins que nos voisins. L'égalité de nos lois, voilà de quoi je me glorifie !

— Si les riches avaient des chances égales aux pauvres, oncle Ro..

— Quant à ça, je l'avoue, il y a quelque chose à dire ; mais ce n'est pas d'une grande importance.

— Et puis la dernière loi sur les faillites ?

— Ah ! ce fut un infernal procédé ; il faut aussi que j'en convienne. Ce fut une législation spéciale, établie pour payer certaines dettes particulières, et la loi fut abolie aussitôt qu'elle eut atteint son but. Il y a là certainement dans notre histoire une tache plus ineffaçable que ce qu'on appelle répudiation, quoique des hommes parfaitement honnêtes aient voté la loi.

— Avez-vous entendu parler d'une farce qu'on a jouée à ce sujet à New-York, immédiatement après notre départ ?

— Jamais ; qu'était-ce donc ? quoique après tout la plupart des pièces américaines ne vaillent guère mieux que des farces.

— Celle-ci ressort un peu du commun, et ne manque pas d'esprit. C'est la vieille histoire de Faust, dans laquelle un jeune débauché se vend au diable, corps et âme. Un certain soir, pendant qu'il fait bombance avec de joyeux compagnons, son créancier arrive, insiste pour voir le maître, et se fait introduire. Le voilà qui entre avec son pied fourchu et ses cornes, et aussi, je crois, avec sa queue ; mais Tom n'est pas homme à s'effrayer de bagatelles, il insiste pour que ce nouvel hôte prenne un siége, boive un verre de vin, et invite Dick à finir la chanson interrompue. Cependant, quoique le reste de la compagnie n'eût signé aucun contrat avec Satan, quelques-uns des convives avaient certaines autres dettes non inscrites qui les mettaient mal à l'aise. Enfin l'odeur de soufre devenant trop forte, Tom se lève, aborde son hôte, et lui demande quelle espèce d'affaire l'appelle chez lui.

— Cette obligation, Monsieur, dit Satan d'un air significatif. — Cette obligation ? eh bien, après ? Elle paraît en règle. — N'est-ce pas là votre signature ? — J'en conviens. — Signée de votre sang ? — Facétie de votre part ; je vous ai dit dans le temps que l'encre était aussi bonne aux yeux de la loi — L'échéance est passée de sept minutes et quatorze secondes. — C'est, ma foi, vrai! Eh bien? — Je demande le paiement. — Ah! la bonne charge! qui est-ce qui songe à payer par le temps qui court? Même la Pensylvanie et le Maryland ne paient pas. — Mais j'insiste pour être payé. — Ah! vraiment, vraiment. — Sur quoi Tom tire un papier de sa poche, et ajoute d'un air magnifique : — Eh bien, puisque vous êtes si exigeant, voici une décharge de par la nouvelle loi sur les faillites, signée Smith Thompson. — Le diable désappointé disparut en faisant entendre un grognement de rage.

L'oncle Ro rit de bon cœur de mon histoire ; mais au lieu d'en tirer les inductions que j'attendais, il n'en fut que mieux disposé à concevoir une bonne opinion du pays.

— Eh bien, Hughes, il y a de l'esprit parmi nous, il faut l'avouer, s'écria-t-il en pleurant d'attendrissement, quoique nous ayons quelques lois perverses et quelques hommes pervers pour les appliquer. Mais voici Jacob avec les lettres et les journaux. Ma foi, le gaillard en a plein un panier.

En effet Jacob, nègre très-estimable, arrière petit-fils d'un vieux nègre nommé Jaaf ou Yop, qui demeurait encore sur ma propriété de Ravensnest, venait d'entrer avec le portier, tous deux traînant le panier en question. Il y avait plusieurs centaines de journaux et plus de cent lettres. La vue de tous ces papiers nous reporta plus vivement vers les souvenirs d'Amérique ; et le dessert étant à peu près fini, nous nous levâmes pour jeter un coup d'œil sur nos paquets. Ce ne fut pas une petite besogne que de débrouiller notre courrier, tant il y avait de lettres et de journaux à partager.

— Voici quelques journaux que je n'ai jamais vus auparavant, dit mon oncle ; *le Gardien du sol,* cela doit avoir trait à la question de l'Orégon.

— Je le suppose comme vous, Monsieur. Voici au moins une douzaine de lettres de ma sœur.

— Sans doute, ta sœur n'est pas encore mariée, et peut encore penser à son frère ; mais les miennes sont mariées, et une lettre par an serait beaucoup. Voici cependant l'écriture de ma bonne vieille mère ; c'est quelque chose. Jamais Ursule Malbone n'oublierait son enfant. Eh bien, bonsoir, Hughes. Chacun de nous doit avoir assez d'occupation pour une soirée.

— Au revoir, Monsieur. Nous nous retrouverons demain à dix

heures, et nous pourrons comparer nos nouvelles, et causer à loisir.

CHAPITRE II.

> Pourquoi se courbe le front de mon seigneur, comme l'épi chargé des bienfaits de Cérès?
>
> *Henri VI.*

Je ne me couchai pas avant deux heures du matin, et je n'étais pas levé avant neuf heures et demie. Il en était plus de onze, lorsque Jacob vint m'avertir que son maître était dans la salle à manger, prêt à se mettre à table. Je me hâtai de monter, car je couchais à l'entresol; et, au bout de trois minutes, je fus à table avec mon oncle. Je remarquai, en entrant, qu'il avait un air grave, et je m'aperçus qu'une couple de lettres et plusieurs journaux étaient près de lui. Son « bonjour, Hughes » fut tendre et affectueux comme à l'ordinaire, mais je crus y entrevoir un peu de tristesse.

— Aucune mauvaise nouvelle, j'espère, Monsieur? m'écriai-je sous l'influence de ma première impression. La lettre de Marthe est de la date la plus récente, et elle écrit avec gaîté. Je sais que ma grand'mère était parfaitement bien, il y a six semaines.

— Je le sais aussi, Hughes, car j'ai une lettre d'elle, écrite de sa chère main. Ma mère jouit d'une excellente santé pour une femme de quatre-vingts ans; mais elle désire naturellement nous voir, et toi surtout. Les petits-enfants sont toujours les favoris des grand'mères.

— Je suis enchanté d'apprendre tout cela, Monsieur; car je craignais vraiment, en entrant, que vous eussiez reçu quelque nouvelle défavorable.

— Et tes nouvelles sont-elles donc toutes favorables, après un si long silence?

— Rien de désagréable, je vous assure. Patt écrit d'un ton tout à fait joyeux, et je présume qu'elle compte actuellement parmi les premières beautés, quoiqu'elle me dise qu'on la trouve généralement d'une physionomie ordinaire. Quant à cela, c'est impossible;

car vous devez savoir que lorsque nous la quittâmes, à l'âge de quinze ans, elle donnait toutes les espérances d'une grande beauté.

— Comme tu le dis ; il est impossible que Marthe Littlepage soit autre chose que belle ; car quinze ans forment un âge où, en Amérique, on peut à coup sûr prédire ce que sera une femme. Ta tante veut te réserver une surprise agréable. J'ai entendu de vieilles gens dire qu'elle ressemble beaucoup à ma mère lorsqu'elle avait cet âge, et Duss Malbone était alors une beauté en vogue.

— Je suppose bien que c'est comme vous le dites ; d'autant mieux qu'il y a dans ses lettres certaines allusions à un certain Harry Beekman, qui me flatteraient beaucoup si j'étais à la place de M. Harry. Sauriez-vous, par hasard, quelque chose sur cette famille de Beekman, Monsieur ?

A cette question, mon oncle me regarda avec quelque surprise. Véritable New-Yorkiste par sa naissance, ses relations, ses alliances et ses sentiments, il professait un grand respect pour les vieux noms de la colonie et de l'État ; et je l'avais souvent entendu s'amuser de la manière dont les nouveaux venus de mon temps apparaissaient au milieu de nous pour s'épanouir comme la rose et pour être effeuillés et dispersés à travers le pays. Il était tout naturel qu'une communauté dont la population s'était multipliée en cinquante ans d'un demi-million à deux millions et demi, et cela autant par immigration des communautés voisines que par un accroissement naturel, eût subi quelques changements dans ses sentiments à cet égard ; mais, d'un autre côté, il était tout aussi naturel que le New-Yorkiste pur-sang n'en eût pas subi.

— Tu dois certainement savoir, Hughes, que c'est parmi nous un nom ancien et respecté, répondit mon oncle après qu'il m'eut donné le coup d'œil de surprise dont j'ai parlé. Il y a une branche des Beekman ou Bakeman, comme nous les appelions, établie près de Satanstoe ; et je présume que ta sœur, dans ses fréquentes visites à ma mère, a dû les rencontrer. C'est une relation qui est toute naturelle, et l'autre sentiment dont tu parles peut être aussi naturel que la relation, quoique je ne puisse dire que je l'aie jamais éprouvé.

— Vous persistez donc à soutenir, Monsieur, que vous n'avez jamais été la victime de Cupidon ?

— Hughes, Hughes, cessons de plaisanter. Il y a en effet des nouvelles qui m'ont presque brisé le cœur.

Surpris et alarmé, je contemplai mon oncle, tandis qu'il cachait sa figure dans ses mains, comme pour dérober à sa vue ce méchant monde et tout ce qu'il contenait. Je ne disais mot, car je voyais que le vieillard était réellement affecté, et j'attendais qu'il lui plût de m'en communiquer davantage. Mon impatience cependant fut bientôt soulagée, lorsque, ses mains s'étant abaissées, je pus voir encore la contenance belle mais obscurcie de mon oncle.

— Puis-je vous demander la nature de ces nouvelles? me hasardai-je à dire.

— Tu le peux, et je vais te le faire savoir. Il est convenable, au fait, que tu entendes tout, et que tu comprennes tout; car tu as un intérêt direct dans l'affaire, et une portion considérable de ta propriété répond des résultats. N'avait-on pas parlé avant notre départ des troubles des manoirs, comme on les appelle?

— Certainement, quoique cela ne fît pas alors grand bruit. Je me souviens que nous en avons vu quelque chose dans les journaux, au moment de partir pour la Russie; et vous en parliez même comme d'une affaire qui ne faisait pas honneur à l'État, quoiqu'elle ne dût pas, disiez-vous, avoir des résultats bien importants.

— Je le pensais alors; mais cette espérance était trompeuse : c'est malheureusement une des tristes lois de l'humanité de faire le mal, surtout dans des matières qui concernent la bourse.

— Je ne comprends pas parfaitement l'allusion, Monsieur.

— Je vais te l'expliquer. Tu connais la propriété des Van Rensselaer : elle est, comme tu le sais, d'une grande étendue, mesurant quarante-huit milles de l'est à l'ouest, et vingt-quatre du nord au sud. A l'exception du sol de trois ou quatre villes, dont trois contiennent six, vingt et quarante mille âmes, toute cette surface était la propriété d'un seul individu. Depuis sa mort, elle appartient à deux maîtres, mais elle est soumise aux conditions des baux, dont la plupart sont ce qu'on appelle des baux perpétuels.

— J'ai entendu parler de tout cela, Monsieur; mais qu'est-ce qu'un bail perpétuel? car je crois que nous n'en avons pas de cette nature à Ravensnest.

— Non; tes baux sont sur trois têtes successives, et la plupart avec faculté de renouvellement à l'expiration. Il y a deux sortes de baux perpétuels en usage parmi les propriétaires de New-York. Tous deux donnent au tenancier un intérêt permanent, étant contractés pour toujours, moyennant une rente annuelle, avec réserve du droit de saisie et de la rentrée en possession, en cas de non-paiement. Mais une classe de ces baux donne au tenancier le droit de demander, quand il lui plaît, un contrat de vente, moyennant une somme stipulée, tandis que l'autre ne donne aucun privilége semblable. Ainsi, l'un est appelé bail perpétuel avec clause de rédemption, l'autre simplement bail perpétuel.

— Et y a-t-il quelques nouvelles difficultés au sujet des rentes du manoir?

— Pis que cela; la contagion s'est étendue, tellement que le pays est sérieusement menacé de tous les maux dont nous menacent depuis longtemps les ennemis des institutions démocratiques. Je crains bien, Hughes, de ne pouvoir plus appeler New-York une exception parmi les mauvais exemples de nos voisins, ni le pays lui-même un glorieux pays.

— Ceci, Monsieur, devient tellement sérieux, que si vos regards n'étaient pas d'accord avec vos paroles, je serais tenté de douter de ces dernières.

— Je crains que mes paroles ne soient que trop vraies. Mon agent Dunning m'a envoyé un long rapport fait avec la précision d'un homme de loi; et de plus, il m'a transmis divers journaux dont quelques-uns prêchent ce qui est en substance une nouvelle division de la propriété, et ce qui serait en fait la loi agraire.

— Assurément, mon cher oncle, vous ne pouvez rien redouter de semblable de la part de nos Américains si amis de l'ordre, de la loi et de la propriété.

— La dernière qualification peut contenir tout le secret de ce qui se passe. L'amour de la propriété peut être assez fort pour les entraîner à faire des choses qu'ils ne devraient pas faire. Je ne redoute certainement pas qu'aucune tentative directe soit sur le point d'être faite à New-York, à l'effet d'en partager les propriétés, ni qu'on propose ouvertement une loi agraire; car ce que je crains ne pourrait venir que par des atteintes au droit graduelles et indirectes, calculées de manière à prendre l'aspect de la justice et de l'égalité, et qui corrompront la liberté du peuple, avant qu'il ait lui-même la conscience du danger. Afin que non-seulement tu me comprennes, mais aussi que tu comprennes des faits qui sont de la dernière importance pour tes propres intérêts, je te dirai d'abord ce qui s'est passé, et ensuite ce que je crains de voir suivre. A la mort du dernier Van Rensselaer, il lui était dû une somme d'environ deux cent mille dollars de rentes arriérées, dont il avait disposé d'une certaine manière dans son testament, nommant des fidéicommissaires pour faire de cet argent un emploi spécial. Ce sont les tentatives faites pour recueillir cet argent qui devinrent l'occasion des premiers troubles. Ceux qui avaient été si longtemps débiteurs eurent de la répugnance à payer. Ces hommes, sachant quelle est en Amérique l'influence du nombre, se coalisèrent avec d'autres qui avaient rêvé le projet d'abolir d'un seul coup toutes les rentes territoriales. De cette coalition sont nés ce qu'on a appelé les troubles des manoirs. On vit paraître des groupes d'hommes déguisés en Indiens, portant par-dessus leurs habits des chemises de calicot, imitant la couleur des Peaux-Rouges, avec des masques de même étoffe et de même nuance : armés pour la plupart de fusils, ils opposèrent une résistance ouverte à l'action des huissiers, et empêchèrent toute collection de rentes, tellement qu'il fut enfin jugé nécessaire de mettre en mouvement un corps considérable de milice, pour protéger les officiers civils dans l'exercice de leurs fonctions.

— Tout cela était arrivé avant notre départ pour l'est. Je supposais que ces antirentistes, comme on les appelait, avaient été mis à la raison.

— Ils l'étaient en apparence. Mais le même gouverneur qui avait fait marcher la milice, soumit ce sujet à la législature parmi les *griefs* des tenanciers, comme si ces derniers étaient lésés, tandis que les seuls véritablement lésés étaient les propriétaires ou les Rensselaer, car alors c'était sur leurs propriétés uniquement que se passaient les troubles. Cette fausse démarche a fait un mal incalculable.

— Il est étonnant, quand arrivent de pareilles choses, qu'aucun homme puisse méconnaître son devoir. Pourquoi parlait-on ainsi en faveur des tenanciers, quand pour les propriétaires on n'a fait qu'exécuter strictement la loi ?

— Je ne puis y voir d'autre raison, si ce n'est que les tenanciers mécontents étaient environ deux mille. En dépit de toutes ces accusations d'aristocratie, de féodalité et de noblesse, aucun des Rensselaer n'a, suivant la loi, une particule de plus de pouvoir

politique ou de droits politiques que leurs cochers ou leurs laquais,
pourvu que ces derniers ne soient pas nègres; tandis qu'en fait ils
ont en beaucoup de choses bien moins de garanties.

— Ainsi vous pensez, Monsieur, que les perturbateurs n'ont autant d'audace que parce qu'ils disposent de beaucoup de votes?

— Sans contredit. Leur impunité dépend de la violation de tous
les principes que nous avons été accoutumés à considérer comme
sacrés, et il faut toute l'influence corruptrice de la politique pour
tolérer de pareilles choses. S'il y avait à chaque ferme un propriétaire comme il y a un tenancier, les plaintes de ces derniers seraient reçues avec une indifférence universelle; et s'il y avait deux
propriétaires contre un tenancier, ces plaintes seraient accueillies
avec une indignation générale.

— Mais de quoi se plaignent plus spécialement les tenanciers?

— Tu veux dire, je suppose, les tenanciers des Rensselaer? Mais
ils se plaignent de certaines clauses de leur bail, de toutes clauses
en effet, car ce qui les afflige le plus, c'est de ne pas pouvoir se
dire les propriétaires de terres qui appartiennent à d'autres. Ces
hommes, dans leurs clameurs, oublient que jusqu'à ce que leurs
baux fussent obtenus, ils n'avaient aucune espèce de droits sur
leurs terres, et que les droits qu'ils possèdent ils les doivent à ces
mêmes baux dont ils se plaignent; que les baux soient annulés, et
il ne leur restera aucun droit. En supposant même que les contrats soient onéreux, de quel droit des gouverneurs et des législateurs viendraient-ils s'établir comme tiers arbitres entre les parties? Pour moi, je récuserais de tels arbitres, parce qu'il leur
manquerait la première qualité nécessaire dans un arbitrage,
l'impartialité: vos gouverneurs et vos législateurs sont tous, sans
exception, des hommes politiques, des hommes de parti, et il faut
terriblement se méfier de pareils arbitres, lorsque des votes sont
en question.

— Je m'étonne que la partie saine de la communauté ne se lève
pas dans sa force pour détruire ces abus, les déraciner et en finir.

— C'est là le côté faible de notre système. Nos lois sont faites
d'après la supposition qu'elles seront bien exécutées; on s'imagine
qu'il y a dans le corps de la république assez de probité et d'intelligence pour en surveiller l'application. Mais la triste réalité
montre que les hommes de bien sont habituellement passifs, jusqu'à ce que les abus deviennent intolérables, tandis que l'activité

appartient au méchant et à l'homme d'intrigue. Il existe, j'en conviens, des philanthropes zélés, mais en si petit nombre qu'ils ne sauraient prévaloir contre les menées d'une opposition mercenaire. Non, non ; il ne faut rien attendre, dans un sens politique, de l'activité de la vertu, tandis qu'il y a beaucoup à se défendre contre l'activité du vice.

— Vous ne considérez pas l'humanité sous un point de vue très-favorable, Monsieur.

— Je parle du monde comme je l'ai trouvé dans les deux hémisphères, ou, comme le dit ton voisin le magistrat Newcome, dans *les quatre hémisphères*. Notre chambre représentative n'est, au plus, qu'une moyenne des qualités de toute la république, dont il faut encore soustraire quelque chose, par la raison que des hommes d'un mérite réel ont pris en dégoût un état de choses qui offre peu d'attraits à leur esprit et à leurs habitudes. Mais revenons aux griefs des tenanciers. Je crois que je ne me suis pas fait comprendre ?

— Parfaitement, Monsieur ; il suffit, pour bien juger cette affaire, de remonter à l'origine des contrats. Le tenancier n'avait aucune espèce de droits avant qu'il en obtînt par le bail ; il ne peut par conséquent avoir d'autres droits que ceux que le bail lui donne.

— Ensuite on crie au privilége féodal, parce que quelques-uns des fermiers des Rensselaer, sont obligés de donner au propriétaire quelques journées de travail, et même parce qu'ils ont à payer annuellement une couple de volailles. Mais nous avons vu assez de l'Amérique, Hughes, pour savoir que la plupart des cultivateurs seraient enchantés d'avoir le privilége de payer leurs dettes en volailles et en journées de travail plutôt qu'en argent, ce qui rend les plaintes d'autant plus déplacées. Qu'y a-t-il d'ailleurs de plus féodal dans cette obligation du fermier envers le propriétaire, que dans celle d'un boucher qui s'engagerait à fournir une certaine quantité de viande pendant un certain nombre d'années, ou d'un entrepreneur de diligences qui s'engagerait à fournir pour la malle une voiture à quatre chevaux ? Personne ne se plaint de la rente en blé, pourquoi se plaindrait-on de la rente en volailles ? Est-ce parce que nos fermiers républicains sont devenus eux-mêmes tellement aristocrates, qu'ils n'aiment pas à passer pour des marchands de volailles ? Ces dignitaires devraient savoir que si c'est plébéien de fournir des volailles, c'est aussi plébéien de les recevoir ; et que si le tenancier doit se soumettre à la dégradation d'offrir une couple de volailles, le propriétaire doit se soumettre à la dégradation de les accepter. Il me semble que l'un est l'équivalent de l'autre.

— Mais, si j'ai bon souvenir, oncle Ro, ces petites obligations peuvent se payer en argent.

— Cela reste toujours au choix du fermier ; car le défaut de paiement en nature, à l'époque stipulée, ne ferait qu'obliger au paiement en argent. Ce qu'il y a de plus étrange dans tout ceci, c'est qu'il y a parmi nous des hommes qui prétendent que ces propriétés à bail sont contraires à nos institutions, tandis qu'étant garanties par les institutions, elles en forment réellement une partie.

— Comment l'entendez-vous, Monsieur ?

— Simplement, parce que les institutions ont solennellement proclamé le respect de la propriété. Il y a même un tel luxe de garanties, que toutes nos institutions déclarent qu'il n'y aura jamais aucune atteinte à la propriété en dehors des formes légales ; et à les lire, on est porté à croire que la propriété du citoyen est considérée comme aussi sacrée que sa personne. Eh bien, quelques-uns de ces baux existaient quand les institutions de l'État furent discutées et votées ; et non contents de cela, nous autres de New-York, d'accord avec les États voisins, nous nous sommes formellement interdit, dans la constitution des États-Unis, de rien changer aux droits existants. Néanmoins, il se trouve des hommes assez hardis pour affirmer qu'une chose qui, en fait, appartient aux institutions, leur est contraire.

— Peut-être, Monsieur, veulent-ils dire contraire à leur esprit ou à leurs tendances.

— Ah ! dans cela il y a quelque sens, quoique beaucoup moins que ne l'imaginent les déclamateurs. L'esprit des institutions est leur objet légitime ; et il serait difficile de prouver qu'une tenure à bail, avec quelques conditions de redevance pécuniaire, soit contraire à des institutions qui reconnaissent le droit intégral de propriété. L'obligation de payer une rente ne crée pas plus une dépendance politique que ne le fait un crédit ouvert dans une boutique ; beaucoup moins, en vérité, surtout avec des baux comme ceux des Rensselaer ; car le débiteur dans un grand-livre peut être sommé à chaque instant de payer, tandis que le tenancier connaît le jour précis où il doit payer. Il y a une grande absurdité chez ceux qui décrient ce système comme féodal et aristocratique, car ils ne voient pas que ces mêmes baux sont beaucoup plus favorables au tenancier qu'à tout autre.

— Je vous prierai de m'expliquer en quoi ; car je suis trop ignorant pour le comprendre.

— Ces baux sont perpétuels, et le tenancier ne peut pas être dépossédé. Or, plus un bail a de durée, toutes choses d'ailleurs égales, plus il offre d'avantages au tenancier. Supposons deux fermes, l'une louée pour cinq ans, l'autre à perpétuité. Lequel des deux fermiers est le plus indépendant de l'influence politique du propriétaire ? C'est assurément celui qui a le bail à perpétuité. Il est tout à fait aussi indépendant du propriétaire que le propriétaire peut l'être de lui, excepté qu'il a une rente à payer. Et, dans ce dernier cas, il est précisément dans la même situation que tout autre débiteur. Quant à la possession de la ferme, que nous supposons devoir être une chose désirable pour le tenancier, il est évident que celui qui a le bail à perpétuité est plus indépendant que l'autre, puisque ce dernier peut être évincé tous les cinq ans.

— Je commence à comprendre, Monsieur, quoique la distinction entre l'esprit des institutions et leurs tendances ne me semble pas encore très-claire.

— C'est facile à expliquer. L'esprit des institutions est leur *intention* ; leurs tendances sont les voies qu'elles suivent sous l'impulsion des motifs humains, qui sont toujours corrompus et corrupteurs. L'esprit se rapporte aux choses telles qu'elles devraient être ; les tendances aux choses telles qu'elles sont ou telles qu'elles vont devenir. L'esprit des institutions consiste à mettre un frein aux penchants naturels de l'homme, à les restreindre et à les maintenir dans des limites convenables ; tandis que les tendances suivent ces penchants, et sont souvent en opposition directe avec l'esprit. Que ces clameurs contre les tenures à bail en Amérique soient d'accord avec les tendances de nos institutions, je crains que ce ne soit trop vrai ; mais qu'elles soient d'accord avec leur esprit, je le nie formellement.

— Vous avouerez que les institutions ont leur esprit qui doit toujours être respecté, afin de maintenir l'harmonie.

— Sans contredit. La première grande nécessité d'un système

politique est de se protéger lui-même; la seconde, d'arrêter ses tendances au point indiqué par la justice, la sagesse et la bonne foi. Dans le despotisme, par exemple, l'esprit du système est de faire qu'un homme, élevé au-dessus des nécessités et des tentations d'une nation, solennellement placé à part pour les fonctions du gouvernement, fortifié par là dignité et rendu impartial par position, dirige seul le pays de la manière la plus appropriée aux véritables intérêts de ses sujets. En Russie et en Prusse, la théorie suppose que les monarques règnent non pour leur propre bien, mais pour le bien des peuples, de même que la théorie le suppose pour le président des États-Unis. Nous savons tous que les tendances du despotisme mènent à des abus d'une nature spéciale; et il n'est pas moins certain que les tendances d'une république démocratique mènent à des abus d'une autre nature. Partout où l'homme se montre, il abuse infailliblement, et plus peut-être dans tout ce qui concerne l'exercice du pouvoir politique que dans la surveillance de tous les autres intérêts de la vie, quoiqu'il fasse abus de tout, même de la religion. La masse d'abus dépend donc moins peut-être du caractère nominal des institutions que du pouvoir qui est en elles d'arrêter leurs propres tendances au point voulu par le droit et la justice. Jusqu'ici peu d'abus graves sont nés de nos institutions; mais aujourd'hui cela devient terriblement sérieux; car je ne t'en ai pas dit la moitié, Hughes.

— En vérité! Monsieur, je vous prie de croire que je suis capable d'entendre les nouvelles les plus fâcheuses.

— Il est vrai que l'antirentisme a commencé sur la propriété des Rensselaer, avec des cris contre les tenures féodales, et les journées de travail, et les volailles grasses, quoique les fermiers eusssent solennellement contracté ces obligations vis-à-vis du propriétaire. Mais on a découvert que le système féodal s'étendait bien plus loin, et les désordres ont éclaté dans d'autres parties de l'État. La résistance à la loi et la suspension du paiement des rentes ont été signalées sur la propriété des Livingston, enfin dans huit ou dix comtés : des espèces de troupes ont été organisées, qui paraissent déguisées et armées partout où se présentent les collecteurs. Plusieurs hommes ont été assassinés, et tout présage une guerre civile.

— Au nom de tout ce qui est juste et sacré, qu'a donc fait pendant tout ce temps le gouvernement de l'État?

— Beaucoup de choses qu'il n'aurait pas dû faire, et peu de choses de ce qu'il aurait dû. Tu connais l'état de la politique chez nous, tu sais quelle est l'importance de New-York dans toutes les questions nationales, et combien ses votes sont recherchés. D'où il résulte que la portion la moins honnête des votants acquiert une importance anormale, ce qui a été plus que suffisamment démontré dans la question actuelle. Le moyen le plus simple eût été de lever une force armée qui eût parcouru le pays comme le parcourent les antirentistes avec leurs *Indgiens*, ce qui les eût promptement fatigués et dispersés. Au lieu de cela, la législature n'a littéralement rien fait, jusqu'à ce que le sang fût répandu et que le mal fût devenu non-seulement une honte pour le gouvernement, mais aussi une plaie pour tous les gens honnêtes, aussi bien que pour ceux dont on violait les droits. Alors enfin fut portée une loi qui aurait dû passer dès la première année du *système indgien*, loi qui considère comme félonie l'acte de se montrer en public armé et déguisé. Mais Dunning m'écrit que cette loi est ouvertement bravée, surtout dans le Delaware et le Shoharie, et que des corps d'*Indgiens* de plus de mille hommes, en costume complet et armés, se sont montrés pour empêcher la collection des rentes. Comment cela finira-t-il, Dieu le sait!

— Redoutez-vous quelque sérieuse guerre civile?

— Il est impossible de savoir où peuvent conduire de faux principes, quand on leur permet de se développer, dans un pays comme le nôtre. Cependant les rebelles jusqu'ici ne sont autre chose que méprisables, et pouvaient être mis à la raison par un gouvernement énergique en moins de huit jours. Sous quelques rapports, le gouvernement actuel s'est conduit parfaitement bien ; mais sous d'autres, il a, selon moi, porté au droit des atteintes qu'il faudra des années pour réparer, si jamais on y parvient.

— Vous m'étonnez, Monsieur ; d'autant plus que vous avez, je le sais, les mêmes opinions politiques que le parti qui est actuellement au pouvoir.

— M'as-tu jamais vu, à cause de mes sympathies politiques, soutenir ce que je considère comme mal? répondit mon oncle d'un ton qui sentait le reproche. Mais laisse-moi t'expliquer les torts occasionnés par tous les gouverneurs qui ont eu à s'occuper de cette matière, et parmi eux il y en a deux qui sont du parti que j'affectionne, un seul du parti opposé. D'abord, ils ont considéré la question comme si les tenanciers avaient vraiment quelque raison de se plaindre, quand, en réalité, tous leurs griefs venaient de ce fait qu'un autre ne veut pas les laisser disposer de sa propriété selon leur volonté; ensuite, un de ces gouverneurs a été assez généreux pour suggérer un certain mode de transiger sur ces disputes, ce qui n'est nullement dans ses attributions, puisqu'il y a des tribunaux pour régler ces affaires, et ce qui ressemble beaucoup plus à l'aristocratie, ou même à la monarchie, que tout ce qui a rapport aux tenures à bail.

— Qu'a donc pu faire cet homme?

— Il a proposé que les Rensselaer reçoivent de chaque tenancier une somme d'argent dont l'intérêt serait égal à la valeur de la rente actuelle. Or, voici un citoyen qui a autant de propriétés qu'il lui en faut, et qui désire vivre dans un autre but que d'accumuler. Cette propriété, non-seulement lui offre pour le placement de ses fonds toute sécurité et un revenu convenable, mais encore elle se trouve liée à des souvenirs, aux meilleurs sentiments de la nature: elle lui vient de ses ancêtres qui l'occupent depuis deux siècles; elle est historiquement attachée à son nom; il y est né, il y a vécu, il espère y mourir. Et parce que le premier venu qui a pris un intérêt dans quelqu'une de ses fermes six mois auparavant, a la fantaisie de n'avoir plus de propriétaire, et désire avoir une ferme en propriété, le gouverneur du grand État de New-York jette dans la balance le poids de sa position officielle contre le propriétaire héréditaire du sol, en engageant solennellement celui-ci à vendre ce qu'il ne désire pas vendre, et cela pour un prix qui est beaucoup au-dessous de la valeur pécuniaire.

— Le pire de l'affaire, c'est que chacun des Rensselaer a une maison sur son domaine, située de la manière la plus convenable pour surveiller ses intérêts, lesquels intérêts devront changer de nature en lui laissant sur le dos sa maison devenue inutile parce qu'il plaît à une des parties dans un contrat équitable de se faire de meilleures conditions que celles qu'il a souscrites. Je voudrais savoir l'emploi que Son Excellence conseille aux propriétaires de faire de leur argent lorsqu'ils l'auront touché. Faudra-t-il acheter de nouveaux domaines, bâtir de nouvelles maisons, pour en être dépossédé lorsqu'il plaira aux nouveaux fermiers de crier à l'aristocratie, et de prouver leur amour pour la démocratie en expulsant les autres pour se mettre à leur place?

— Je trouve tes observations parfaitement sensées, Hughes. Pour répondre à l'*esprit* des institutions de New-York, il faudrait sans doute qu'un propriétaire bâtit sa maison sur des roulettes, afin de pouvoir transporter son domicile sur quelque nouvelle terre lorsqu'il prendrait fantaisie à ses tenanciers de le forcer à vendre.

Notre conversation se serait longtemps poursuivie sur ce sujet, si nous n'eussions été interrompus par une visite de notre banquier qui vint couper court à toutes nos réflexions.

CHAPITRE III.

> Oh! quand reverrai-je la terre de ma naissance?
> La plus belle partie sur la surface du globe!
> Quand parcourrai-je ce théâtre d'affections,
> Nos forêts, nos collines,
> Nos hameaux, nos montagnes,
> Avec l'orgueil de nos montagnes, la fille que j'adore.
> MONTGOMERY.

C'ÉTAIT véritablement une nouvelle pour un Américain longtemps éloigné de chez lui d'apprendre que des scènes dignes du moyen âge étaient sur le point de troubler son pays, ce pays qui se vantait non-seulement d'être l'asile des opprimés, mais aussi le conservateur du droit. J'étais affligé de ce que j'apprenais; car dans mes voyages je m'étais accoutumé à considérer l'Amérique comme la contrée de la justice et de la prééminence politique, et je craignais de perdre cette illusion. Mon oncle et moi nous nous décidâmes à retourner chez nous, et cette résolution nous était assurément commandée par la prudence. J'étais maintenant d'âge à entrer en pleine possession de ma propriété (au moins autant que le permettaient *les nouvelles lois et les nouveaux seigneurs*); et les lettres reçues par mon ancien tuteur, aussi bien que certains journaux, annonçaient que plusieurs des tenanciers de Ravensnest s'étaient joints à l'association, payaient des contributions pour soutenir les *indgiens* et devenaient aussi redoutables que les autres, en ce qui concernait les actes de destruction et de violence, quoiqu'ils payassent encore leurs rentes. Cette dernière circonstance était attribuée par mon agent à ce que beaucoup de baux étaient sur le point d'expirer, et qu'il allait être en mon pouvoir de remplacer les fermiers actuels par des gens mieux disposés. Nous prîmes en conséquence nos mesures pour quitter Paris le plus tôt possible, de manière à nous trouver chez nous vers les derniers jours de mai.

— Si nous avions le temps, me dit mon oncle, un ou deux jours avant notre départ pour le Havre, j'adresserais certainement une pétition à la législature. Je me sens un grand désir de protester contre les violences qu'on se propose de faire à mes droits d'homme libre dans les nouvelles lois qui sont sur le tapis. Je ne me fais pas à l'idée d'être privé du droit de louer ma ferme pour une durée aussi longue qu'il me convient, ce qui est un des projets de notre réformation de New-York. Dans quelles folies vraiment se précipitent les hommes lorsqu'ils se font exagérés soit en politique, soit en religion, soit même dans les modes ! Voici d'exquis philanthropes qui voient une violation des droits de l'humanité dans le bail trop long d'une ferme, et qui sont en même temps les partisans exclusifs de la liberté illimitée du commerce ! Il y a des journaux libre-échangistes qui regardent comme un grand progrès d'empêcher le propriétaire et le fermier de faire entre eux le marché qui leur convient, et qui se révoltent de ce qu'on ait établi des tarifs pour les fiacres : pour sauver le principe de la liberté du commerce il vaut mieux, selon eux, que les contractants restent exposés à la pluie, à débattre le prix de la course ou de l'heure.

— La puissance du vote, Monsieur ! la puissance du vote !

— Sans doute, la puissance du vote ; il n'y a que cela qui puisse réconcilier ces hommes avec leurs propres inconséquences. Quant à toi, Hughes, il serait bon de te débarrasser de certain ornement à l'église.

— Que voulez-vous dire, mon oncle ?

— Oublies-tu donc que le banc de famille à l'église Saint-André, à Ravensnest, est surmonté d'un baldaquin en bois ? C'est un vieux débris de nos usages coloniaux.

— Ah ! oui, maintenant je m'en souviens, une lourde, et, ma foi, bien laide chose, que j'ai toujours considérée comme un ornement de bien mauvais goût.

— Eh bien, cette laide chose a été élevée comme une espèce de dais, et c'était une distinction assez en usage dans la colonie jusque vers la fin du dernier siècle. L'église fut construite aux frais de mon grand-père, le général Littlepage, et de son ami de cœur, le colonel Dirck Follock, tous deux bons whigs et vaillants défenseurs des libertés de leur pays. Ils jugèrent convenable de faire placer cette marque distinctive au-dessus des bancs des Littlepage, et c'est ainsi que le bâtiment fut livré à mon père. Le vieux baldaquin subsiste toujours, et Dunning m'écrit que, parmi les autres griefs articulés contre toi, on se plaint surtout que ton banc soit distingué de ceux des autres membres de la congrégation.

— C'est une distinction que personne assurément ne m'envierait, si l'on savait que j'ai toujours considéré cette lourde machine comme quelque chose d'incommode, et surtout de ridicule. Je l'ai même si peu associée dans mon esprit avec l'idée de distinction personnelle, que j'ai toujours supposé que ce baldaquin avait été élevé pour orner le bâtiment, et placé au-dessus de notre banc comme à un endroit où une pareille excroissance devait exciter le moins d'envie.

— Dans tout cela, à une exception, ton jugement était correct. Il y a quarante ans, une telle chose pouvait se faire, et la majorité des paroissiens n'y eût pas trouvé le plus petit mot à dire. Mais ces jours sont passés; et tu pourras te convaincre que sur tes propres domaines, et dans toutes les choses créées par ta famille et toi-même, tu auras actuellement moins de droits de toutes sortes, qu'aucun homme autour de toi. Le simple fait de la construction de l'église par ton grand-père, et du don qu'il en a fait à la congrégation, te donne beaucoup moins de chances qu'à tout autre d'avoir une voix consultative dans tout ce qui la concerne.

— Cela est tellement extraordinaire, que je voudrais en savoir la raison.

— La raison se rencontre dans un principe si fortement uni à la nature humaine en général, et à la nature américaine en particulier, que ta question m'étonne. Ce principe, c'est l'envie. Si ton banc appartenait, par exemple, aux Newcome, personne ne ferait attention au dais.

— Cependant les Newcome se rendraient eux-mêmes ridicules en s'asseyant sur un banc qui serait distingué de celui de leurs voisins. L'absurdité du contraste frapperait tout le monde.

— Et c'est précisément parce que cette absurdité n'existe pas en ce qui te concerne, que ta place est enviée. Personne n'envie l'absurdité. Tu m'avoueras toutefois, Hughes, qu'une église et un cimetière sont les derniers endroits où l'on devrait faire étalage des distinctions humaines. Tous les hommes sont égaux devant celui que nous adorons, et tous sont égaux dans la tombe. J'ai toujours été ennemi de toute distinction mondaine dans une congrégation.

— Je conviens avec vous, Monsieur, de l'inconvenance des distinctions dans une église, et je suis par conséquent fort disposé à me débarrasser du baldaquin, car je ne vois pas en quoi il se rapporte avec la question des rentes ou de nos droits légitimes.

— Lorsqu'une cause est mauvaise, on y entasse tous les arguments qui peuvent dérouter la logique. Ainsi, le dais au-dessus de ton banc est appelé un signe d'aristocratie, quoiqu'il ne confère aucun pouvoir politique; on dit qu'il est une patente de noblesse, quoiqu'il n'en donne ni n'en ôte, et on l'a en horreur, et toi avec, simplement parce que tu peux t'asseoir dessous sans être ridicule. Mais en voilà assez sur ce sujet; nous aurons chez nous à nous en occuper plus que nous ne voudrions. Parmi mes lettres, j'en ai reçu de chacune de mes pupilles.

— Grande nouvelle, assurément, Monsieur, répondis-je en riant. J'epère que la vive miss Henriette Coldbrooke et la douce miss Anne Marston, sont en parfaite santé.

— Toutes deux vont bien, et toutes deux écrivent à ravir. Il faut vraiment que tu voies la lettre d'Henriette, car je trouve qu'elle lui fait honneur. Je cours la chercher dans ma chambre.

Je dois actuellement initier le lecteur à un secret qui a quelque connexité avec ce qui doit suivre. Avant mon départ d'Amérique, on m'avait vivement relancé pour m'engager à épouser l'une ou l'autre parmi trois demoiselles, savoir : Henriette Coldbrooke, Anne Marston, et Opportunité Newcome. Les avances en ce qui concernait les deux premières avaient été faites par mon oncle Ro, qui, comme tuteur, avait un intérêt naturel à ce qu'elles fussent convenablement pourvues; quant à mademoiselle Opportunité Newcome, les avances venaient d'elle-même. Les choses étant ainsi, il est bon que je fasse connaître ces demoiselles.

Mademoiselle Henriette Coldbrooke était la fille d'un Anglais de bonne famille et de quelque fortune, qui avait émigré en Amérique, sous l'influence de théories politiques qui le portaient à croire que ce pays était la terre promise. Je me le rappelle comme un veuf assez maussade, qui compromettait sa fortune en placements aventureux, et qui était devenu tellement anglais dans ses goûts et ses regrets, que la terre promise s'était changée pour lui en terre de perdition. Il mourut, cependant, assez à temps pour laisser à sa fille unique une belle propriété, qui fructifia grandement sous l'excellente direction de mon oncle, et donnait un produit annuel net de huit mille dollars. Cette fortune faisait de miss Henriette un parti fort désirable ; mais ayant dans ma grand'mère une prudente amie, elle n'avait pas encore épousé un mendiant. Je savais que mon oncle Ro, avec toute la discrétion toutefois qui le caractérise, lui avait, dans ses lettres, fait certaines insinuations sur moi ; et ma bonne grand'mère m'avait, dans sa correspondance, fait soupçonner que ces insinuations avaient éveillé dans le sein de la jeune personne un intérêt que je considérais comme une simple marque de curiosité.

Mademoiselle Anne Marston était aussi une héritière, mais sur une moindre échelle. Elle avait un revenu d'environ trois mille dollars, et un petit capital de seize mille, produit des économies annuelles. Elle n'était pas, cependant, enfant unique, mais avait deux frères dont chacun avait reçu une fortune égale à celle de la sœur, et dont chacun, ainsi que cela n'est pas rare chez les héritiers des négociants de New-York, était en bon train de dissiper dans les plaisirs sa part d'héritage. Quant à miss Anna, sa mère l'élevait avec un soin intelligent, et tout le monde me représentait la jeune personne comme jolie, spirituelle et sage.

Mademoiselle Opportunité Newcome était une belle de Ravensnest, village situé sur ma propriété ; elle avait une beauté rustique, une éducation, des goûts et des manières rustiques. Comme Ravensnest n'était pas particulièrement avancé en civilisation, ou, pour me servir du langage ordinaire dans le pays, « un endroit aristocratique », je ne m'appesantirai pas sur les mérites de mademoiselle Opportunité, qui pouvaient figurer assez passablement à Ravensnest, mais pourraient bien ne pas paraître aussi brillants dans mon manuscrit.

Opportunité était fille d'Ovide, qui est fils de Jason, de la maison de Newcome. En me servant du terme « maison » je le fais à dessein ; car la famille avait de père en fils conservé la même résidence sur une terre à long bail, dont la nue propriété m'appartenait, et l'habitation avait été associée au nom de Newcome de temps immémorial, c'est-à-dire depuis environ quatre-vingts ans. Pendant toute cette époque, les Newcome avaient été les tenanciers du moulin, de la taverne, des magasins et de la ferme qui était la plus voisine du village de Ravensnest; et il n'est pas superflu, pour la morale de mon récit, d'ajouter que durant tout ce temps et pendant plus longtemps, nous en avons été, mes ancêtres et moi, les propriétaires. Je prie le lecteur de ne pas oublier cette dernière circonstance, car il aura bientôt occasion de voir que certaines personnes étaient fortement disposées à l'oublier.

Ainsi que je l'ai dit, Opportunité était la fille d'Ovide. Il y avait aussi un frère, nommé Sénèque ou Seneky, comme il le prononçait habituellement lui-même, fils d'Ovide, le fils de Jason, le premier du nom à Ravensnest. Ce Sénèque était un homme de loi, en vertu d'un diplôme accordé par les juges de la cour suprême et par ceux de la cour des plaids communs, pour exercer dans le comté de Washington. Comme il y avait eu entre les Newcome et nous une sorte de familiarité héréditaire, depuis trois générations, à commencer par Jason, en finissant par Sénèque, et comme le dernier appartenait au barreau, je m'étais assez souvent trouvé dans la société du frère et de la sœur. La dernière surtout aimait à fréquenter le *Nest*, appellation familière de notre maison, dont le vrai nom est Ravensnest, d'où était dérivé celui du village. Comme Opportunité témoignait beaucoup d'affection à ma chère grand'-mère et aussi à ma jeune sœur, qui habituellement passait avec moi quelques semaines pendant les vacances; j'eus plus d'une occasion de subir l'influence de ses charmes, et, je dois le dire, ces occasions, Opportunité ne manquait pas de les mettre à profit. Je me suis laissé dire aussi que la mère, qui portait le même nom qu'elle, avait usé du même stratagème pour enseigner à Ovide l'art d'aimer, et qu'elle avait réussi. Il y avait une très-légère différence entre mon âge et celui de la jeune personne; mais comme j'avais traversé sans encombre l'épreuve du feu à l'âge fragile de vingt ans, il n'y avait pas grand danger à en braver les risques, maintenant que j'avais cinq ans de plus. Revenons actuellement à mon oncle et à la lettre de mademoiselle Henriette Coldbrooke.

— La voici, Hughes, s'écria gaiement mon tuteur; et une jolie lettre, ma foi! Je voudrais pouvoir te la lire tout entière; mais les deux pupilles m'ont fait promettre de ne jamais montrer leurs lettres à qui que ce soit, ce qui veut dire à toi, avant qu'elles fussent capables de m'écrire autre chose que des lieux communs. Mais je trouve que leur correspondance vaut la peine qu'on s'y arrête, et je crois pouvoir t'en lire un extrait.

— Il vaudrait mieux vous en abstenir, Monsieur; c'est une sorte de trahison dont je ne serais pas volontiers complice. Si mademoi-Coldbrooke ne se soucie pas que je lise ce qu'elle écrit, elle ne se soucierait pas davantage que vous me le lisiez.

Mon oncle me regarda d'un air qui semblait accuser mon insouciance. Cependant il tenait toujours la lettre ouverte, la parcourant des yeux, laissant échapper tantôt un sourire, tantôt une exclamation de joie, comme pour exciter ma curiosité : « Fameux ! s'écriait-il, très-bien ; charmante fille ! » Je restai impassible, et mon oncle dut faire taire son enthousiasme et serrer ses lettres.

— Eh bien ! reprit-il, après un moment de réflexion mêlée d'étonnement, ces demoiselles seront joyeuses de nous revoir. Dans ma dernière lettre à ma mère, je les avais prévenues que nous ne serions pas de retour avant le mois d'octobre, et maintenant je vois que ce sera au moins aussitôt que juin.

— Ma sœur Patt sera enchantée, je n'en doute pas. Quant aux deux autres demoiselles, elles ont tant d'amis et de connaissances qui les occupent, que je ne pense pas qu'elles prennent grand intérêt à nos démarches.

— Alors tu ne leur rends pas justice; leurs lettres le prouvent. Elles nous portent toutes deux le plus vif intérêt, et parlent de mon retour avec des expressions d'espérance et de joie.

Ma réponse fut, je l'avoue, quelque peu impertinente; mais la vérité historique veut que je la rapporte.

— Je le pense bien, Monsieur, répliquai-je; quelle est la jeune personne qui n'attend pas avec *espérance* et joie le retour d'un ami qui est possesseur d'une belle fortune?

— Eh bien ! Hughes, tu ne mérites aucune de ces deux demoiselles; et si cela dépend de moi, tu n'auras ni l'une ni l'autre.

— Merci, Monsieur !

— Ceci est plus que ridicule; c'est impertinent. Je pense, au surplus, qu'aucune des deux ne voudrait de toi, quand même tu t'offrirais demain.

— J'aime à le croire pour elles. Ce serait un singulier témoignage contre celle qui accepterait un homme qu'elle connaît à peine, et qu'elle n'a pas vu depuis l'âge de quinze ans.

Mon oncle Ro se mit à rire; mais je pus voir qu'il était singulièrement contrarié, et comme je l'aimais de tout mon cœur, je changeai de sujet, et je parlai gaiement de notre prochain départ.

— Dis donc, Hughes, s'écria mon oncle, qui avait dans certaines choses quelque chose de juvénile, par la raison, je suppose, qu'il était un vieux garçon, j'ai envie de nous faire inscrire à bord sous de faux noms. Ni Jacob, ni ton domestique ne nous trahiront : d'ailleurs, nous pouvons les renvoyer par la voie de l'Angleterre. Chacun de nous a du bagage à Londres; ils s'en chargeront et partiront par Liverpool. N'est-ce pas une bonne idée?

— Excellente, mon oncle, c'est une chose arrangée.

Effectivement, deux jours après, nos domestiques, Jacob le nègre et Hubert le Germain, étaient en route pour l'Angleterre. Mon oncle laissa son appartement libre; car il assurait que je serais bien aise d'y amener ma future femme pendant un hiver, et nous partîmes pour le Havre dans une espèce d'incognito. Il y avait peu de danger d'être reconnus à bord; car nous nous étions d'avance assurés qu'aucune de nos connaissances ne se trouvait parmi les passagers. Il y avait une grande ressemblance en famille entre mon oncle et moi, et nous passâmes pour le père et le fils, M. Davidson senior et M. Davidson jeune, de Maryland.

Notre passage ne fut marqué par aucun incident digne d'être raconté. Nous eûmes les alternatives habituelles de beau et de mauvais temps, et la dose habituelle d'ennui. Ce fut cette dernière circonstance peut-être qui fit naître dans le cerveau de mon oncle un nouveau projet qu'il est nécessaire de révéler.

En parcourant de nouveau ses lettres et les journaux, il était arrivé à en conclure que le mouvement anti-rentiste avait plus de gravité encore qu'il ne l'avait d'abord supposé. Un passager de New-York nous avait en outre appris que l'association des tenanciers avait des ramifications bien plus étendues que ne le disait notre correspondance : il paraissait décidément dangereux pour les propriétaires de se montrer sur leurs domaines; l'outrage, les injures personnelles et même la mort, pouvaient, dans beaucoup de cas, être la conséquence de toute témérité. Il était certain que tout marchait vers une crise qui menaçait d'être sanglante.

Mon oncle Roger et moi, après avoir mûrement réfléchi, nous

arrêtâmes un plan qui devait concilier nos intérêts avec la prudence requise. Comme notre décision devait avoir des conséquences graves pour mon avenir, je vais raconter brièvement les raisons qui nous portèrent à l'adopter.

Il était de la dernière importance pour nous de visiter Ravensnest en personnes, mais il pouvait être périlleux de le faire ouvertement. Notre maison était située au centre même du domaine, et dans l'incertitude où nous étions sur les dispositions des tenanciers, il devenait téméraire de faire connaître notre présence ; et les circonstances favorisaient notre secret. Nous ne devions arriver que vers l'automne, et cela nous donnait la facilité d'atteindre notre propriété sans être aperçus. Nos arrangements étaient donc très-simples et seront bientôt connus dans le cours de notre récit.

Notre traversée fut passablement prompte, n'ayant pris que vingt-neuf jours d'un continent à l'autre. Ce fut dans une jolie soirée de mai que nous aperçûmes les hauteurs de Navesink ; et une heure plus tard nous étions en vue des blanches voiles des caboteurs rassemblés dans le voisinage de la pointe de terre appelée Sandy-Hook. Bientôt après, les phares semblèrent graduellement sortir de l'eau, et le rivage entier de New-Jersey se dégagea des brouillards, jusqu'à ce que nous fûmes assez près pour être accostés par un pilote. Mon oncle Ro fit aussitôt son marché pour être conduit jusqu'à la ville.

Nous prîmes terre au pied de la batterie au moment où les horloges de New-York sonnaient huit heures. Un officier de douanes avait examiné nos sacs de nuit, et nous avions laissé nos gros effets sur le bâtiment, en priant le capitaine de les surveiller. Chacun de nous avait une maison dans la ville ; mais ni l'un ni l'autre nous ne voulions nous y présenter. La mienne était surtout réservée comme résidence d'hiver pour ma sœur et une tante qui se chargeait d'elle durant la saison, tandis que celle de mon oncle était consacrée à sa mère. A cette époque, nous étions portés à croire qu'aucune des deux n'était occupée, si ce n'est par un ou deux domestiques ; et il nous était nécessaire aussi d'éviter ceux-ci. Mais Jack Dunning, ainsi que l'appelait toujours mon oncle, était plutôt un ami qu'un agent, et il avait dans Chamber-Street un établissement de garçon qui devait faire précisément notre affaire. Ce fut là que nous nous dirigeâmes, en prenant le chemin par Greenwich-Street, de peur de rencontrer dans la rue principale quelques personnes qui nous eussent reconnus.

CHAPITRE IV.

> LA MULTITUDE. Parle, parle!
> UN CITOYEN. Vous êtes tous résolus de mourir plutôt que d'être affamés!
> LA MULTITUDE. Résolus, résolus.
> UN CITOYEN. Vous le savez, Caius Marcus est le principal ennemi du peuple.
> LA MULTITUDE. Nous le savons, nous le savons.
> UN CITOYEN. Tuons-le, et nous aurons le blé au prix fixé par nous.

Le plus enthousiaste Manhattanese, s'il est quelque chose d'un homme du monde, doit avouer que New-York n'est, après tout, qu'une ville d'assez triste apparence. Je fus frappé de ce fait, même à cette heure de la soirée, alors que nous nous avancions en bronchant sur des trottoirs horriblement entretenus, constamment occupés à éviter les encombrements. Je ne pouvais m'empêcher de signaler les contrastes qui se rencontraient à chaque pas, les palais de marbre à côté de misérables constructions en bois, les abominables pavés, et surtout l'air villageois d'une cité de quatre cent mille âmes. Je sais bien que beaucoup de ses défauts doivent être attribués à l'accroissement rapide de la ville, qui lui donne une sorte d'aspect boiteux; mais étant moi-même un Manhattanese de naissance, je pense qu'il vaut autant en faire une fois l'aveu, ne fût-ce que pour l'instruction d'une certaine portion de mes concitoyens, qui conservent encore à ce sujet de profondes illusions. Notre Manhattan, avec son prompt développement, est assurément une belle ville, à sa manière, un endroit merveilleux, sans pareil, je crois, sur la terre, comme témoignage de l'esprit d'entreprise et de l'accumulation des affaires; et il n'est pas aisé de ridiculiser une telle ville par des calembours plus ou moins heureux, quoique rien ne soit plus facile, si elle a la prétention de s'afficher comme une sœur glorieuse de Londres, Paris, Vienne ou Saint-Pétersbourg. Non, non; rappelons-nous le vieil adage: *ne sutor ultrà crepidam.* New-York est la reine du commerce; mais elle n'est pas encore la reine du monde.

Quoique New-York soit décidément provinciale, et renferme les vices particuliers aux habitudes et aux opinions provinciales, il s'y rencontre cependant bien des hommes du monde, dont quelques-uns même n'ont jamais quitté leur coin de feu. Parmi ces derniers était le Jack Dunning, comme l'appelait l'oncle Ro, chez qui nous nous dirigions.

— Si nous allions ailleurs que chez Dunning, dit mon oncle, comme nous débouchions de Greenwich-Street, je n'aurais aucune crainte d'être reconnu des domestiques; car personne ici ne songe à en garder un plus de six mois. Mais Dunning est de la vieille école et n'aime pas les nouvelles figures; de sorte que nous ne rencontrerons à sa porte aucun Irlandais, comme c'est le cas aujourd'hui dans deux maisons sur trois.

Une minute après nous étions à la porte de Dunning, et je m'aperçus que mon oncle hésitait.

— *Parlez au* SUISSE, m'écriai-je; je parie dix contre un que c'est quelque nouveau débarqué.

— Non, non, ce doit être le vieux nègre Garry; Jack ne se serait jamais séparé de Garry.

Nous sonnâmes. Quoique les mots *aristocrate* et *aristocratie* soient dans toutes les bouches en Amérique, ainsi que ceux d'*usages féodaux* et de *moyen âge*, chaque fois qu'il s'agit de critiquer non-seulement les baux à long terme, mais encore les manières de vivre, il n'y a dans tout le pays qu'un seul portier, et il appartient à l'Hôtel de Ville à Washington. Je crains même que ce personnage, tout portier royal qu'il est, ne manque souvent à son poste; et quand il s'y trouve, la réception n'est ni bienveillante ni princière.—Nous attendions depuis trois minutes, lorsque mon oncle Ro me dit :

— J'ai peur que Garry ne soit en train de faire un somme auprès du feu de la cuisine; je vais tâcher de le réveiller.

Il frappa de nouveau, et après deux autres minutes d'attente, la porte s'ouvrit.

— Qu'y a-t-il pour votre service? demanda le *suisse*, avec un formidable accent irlandais.

Mon oncle tressaillit comme s'il eût rencontré un esprit; enfin il demanda si M. Dunning y était:

— Précisément oui, monsieur.

— Est-il seul ou en compagnie?

— Oui, précisément, monsieur.

— Mais précisément quoi?
— Précisément comme vous le dites.
— Je demande s'il est seul ou en compagnie?
— Comme vous le dites, monsieur. Donnez-vous la peine d'entrer, et il sera charmé de vous voir. C'est un beau gentilhomme que son honneur, et il y a plaisir à demeurer avec lui, j'en réponds.

— Depuis combien de temps, camarade, avez-vous quitté l'Irlande?

— Oh! c'est un fier long temps, vot' honneur, répondit Barney en fermant la porte; s'il n'y a treize semaines, il n'y a pas un jour.

— Eh bien, marchez devant et montrez-nous le chemin. Voici, Hughes, un fâcheux augure: Jack Dunning changer son domestique! le bon, tranquille, paresseux, respectable vieux Garry le nègre, remplacé par ce coureur de marais qui grimpe cet escalier comme s'il n'était accoutumé qu'à des échelles!

Dunning était au second étage, dans sa bibliothèque, où il passait la plupart de ses soirées. Sa surprise fut égale à celle que venait de manifester mon oncle, lorsqu'il nous vit tous deux debout devant lui. Cependant, un geste significatif nous recommanda le silence, pendant qu'il serrait vivement la main de son ami et client, et aucun mot ne fut articulé, jusqu'à ce que le *suisse* eût quitté la chambre, ce que le gaillard ne fit qu'avec répugnance, se tenant longtemps debout contre la porte entr'ouverte, d'une manière assez inconvenante, pour entendre les premiers mots de l'entrevue.

Enfin il nous délivra de sa présence, et la porte se ferma.

— Mes dernières lettres vous ont ramené au pays, Roger? dit Jack aussitôt qu'il put parler, car l'émotion non moins que la prudence avait arrêté sa voix.

— Comme vous le dites. Il faut qu'il y ait de grands changements dans le pays, d'après ce que j'ai appris; et un des plus fâcheux symptômes, c'est de voir que vous ayez congédié Garry pour mettre à sa place un Irlandais.

— Ah! les vieux hommes doivent mourir aussi bien que les vieux principes. Mon pauvre nègre s'est en allé la semaine dernière dans une convulsion, et j'ai pris cet Irlandais comme un pis-aller. Après la perte de mon fidèle Garry, qui était né esclave dans la maison de mon père, je devins indifférent, et j'acceptai le premier venu.

— Nous devons prendre garde, Dunning, de ne pas nous décourager trop facilement. Mais venons à mon histoire, et puis parlons d'autre chose.

Alors mon oncle fit savoir son désir de rester incognito, et déduisit ses raisons. Dunning écouta attentivement; ne sachant encore s'il devait blâmer ou approuver. Le sujet fut discuté brièvement, et remis à plus ample informé.

— Mais, comment se gouverne ce grand renversement de tout principe, l'anti-rentisme? Est-il sur le déclin, ou en progrès?

— Sur le déclin, en apparence, peut-être; mais en progrès au fond. La nécessité de conquérir des votes appelle les politiques de tous les partis à y prêter leur concours; et il est fort à craindre maintenant que de funestes doctrines ne soient consacrées sous la forme de loi.

— En quoi donc la loi peut-elle intervenir dans des contrats existants? La cour suprême des États-Unis nous fera rendre justice.

— C'est là, que je vous le dise, la dernière espérance des hommes honnêtes. Il y aurait folie à croire qu'un corps composé d'hommes tels que ceux qui sont envoyés à la législature pût résister à la tentation de gagner du pouvoir en se conciliant des voix. Des individus isolés pourront résister, mais la tendance du corps sera contre la minorité et en faveur du grand nombre, et la théorie de spoliation sera appuyée par tous les lieux communs du jargon démocratique. Déjà, pour commencer, il est question de taxer les rentes.

— Cela serait un procédé des plus iniques, et justifierait la résistance à aussi bon droit que fut justifiée la résistance de nos ancêtres contre les taxes de la Grande-Bretagne.

— A meilleur droit encore; car ici nous avons un contrat écrit pour égaliser la taxe. Le propriétaire paie déjà une taxe sur chacune de ses fermes, laquelle est déduite de la rente dans l'acte original fait avec le tenancier; maintenant on veut taxer la rente elle-même, et ce n'est pas pour accroître le revenu public, car de l'aveu de tous il n'en est pas besoin; c'est simplement pour mieux engager le propriétaire à se défaire de sa propriété. Si l'on obtient ce premier point, les ventes devront se faire d'après ce principe que nul autre que le tenancier ne pourra être acquéreur. Alors nous verrons un étrange phénomène : les propriétaires contraints de se défaire de leurs propriétés par la clameur populaire encouragée par la loi, et les acquéreurs ayant le monopole du prix, et tout cela dans un pays professant un amour jaloux pour la liberté, et où les plus influents et les plus nombreux parmi les hommes politiques prêchent partout la liberté du commerce.

— Il n'y a aucun terme à ces contradictions parmi les politiques.

— Il n'y a aucun terme à la friponnerie, lorsque les hommes obéissent plutôt à des subterfuges qu'à des principes.

— Mais le projet de taxation réussira-t-il? Cela, au surplus, ne nous regarde pas personnellement; car nos baux sont sur trois têtes successives.

— Oh! cela ne fait rien; dans ce cas on a en vue une loi qui défendra, dans l'avenir, de louer la terre pour une période plus longue que cinq ans. Les baux de Hughes sont sur le point d'expirer, et alors il ne pourra faire d'un homme un esclave pendant plus de cinq ans.

— Certes, m'écriai-je en riant, personne ne sera assez niais pour voter une telle loi dans l'intention de détruire l'aristocratie et de faire profiter le tenancier.

— Oui, oui, vous pouvez rire, jeune homme, reprit Jack Dunning, mais tel est le projet des législateurs. Je sais très-bien quelles seront vos réflexions. Vous direz que plus le bail est long, plus il est profitable au client, si le contrat n'est pas onéreux, et, dans ce pays, les propriétaires ne peuvent pas demander, pour la location de leurs terres, plus qu'elles ne valent, car il y a plus de terres que d'hommes pour les cultiver. Par conséquent, contraindre le tenancier à prendre un bail pour aussi peu de temps que cinq ans, vous semble pour lui un désavantage; c'est le placer sous la dépendance du propriétaire, à cause de la répugnance qu'il devra avoir à subir les ennuis et les frais d'un déménagement, et parce qu'il aura naturellement le désir de recueillir ce qu'il a semé et de profiter entièrement des engrais qu'il aura fournis. Je vois comme vous raisonnez, jeune homme; mais vous êtes en arrière du siècle, terriblement en arrière.

— En ce cas, le siècle est bien étrange. Par tout le monde il est cru que les longs baux sont des faveurs, des avantages accordés aux tenanciers, et rien ne saurait faire qu'il en soit autrement. Et puis quel bien produira cette taxe projetée, après avoir violé le droit et la justice, sinon la loi positive? Sur cent dollars de rentes, j'aurais à payer cinquante-cinq *cents* [1], comme j'y suis obligé pour d'autres choses à Ravensnest; mais qui donc supposera qu'à cause d'une pareille imposition, j'irai me défaire d'un domaine qui a été dans ma famille depuis cinq générations?

— Fort bien, Monsieur, fort bien! C'est bien dit; mais je vous conseille de ne pas du tout parler de vos ancêtres. Les propriétaires ne peuvent de nos jours invoquer leurs ancêtres avec impunité.

— Je ne parle des miens que comme argument, afin que l'on respecte mes droits sur des terres paternelles.

— Ce serait, en effet, un argument, si vous étiez tenancier; mais, chez un propriétaire, ce n'est qu'un orgueil aristocratique et intolérable.

— Mais c'est un fait, et il est naturel qu'on éprouve les sentiments qui se lient à ce fait.

— Plus c'est un fait, moins on l'accueillera. Notre peuple associe volontiers une position sociale avec de l'argent et des domaines, mais pas avec des fermes; et plus une ferme aura longtemps appartenu à une famille, plus c'est fâcheux pour cette famille.

— Je crois, en vérité, Jack, dit mon oncle Ro, que les règles qui gouvernent tout le reste du monde sont renversées ici, et que chez nous on estime que les droits d'une famille décroissent au lieu d'accroître avec le temps.

— Sans aucun doute, reprit Dunning. Savez-vous, Roger, que vous m'avez écrit de Suisse une lettre assez naïve, concernant une famille appelée De Blonay, qui occupe un château situé sur le même rocher depuis six ou sept cents ans, et qui, par cette circonstance, éveillait en vous des sentiments de respect et de vénération? Eh bien, tout cela était ridicule, comme vous pourrez vous en convaincre dans votre visite incognito à Ravensnest. Je ne veux pas anticiper sur le résultat des leçons que vous apprendrez; mais je vous dirai : Allez à l'école.

— Comme les Rensselaers et les autres grands propriétaires, qui ont de longs baux, ne seront pas contraints par la taxe insigni-

---

1. Petite monnaie.

fiante dont parlait Hughes, à les annuler, excepté à des conditions qui leur conviendront, quel est donc, dit mon oncle, le but des représentants en votant cette loi?

— Aucun autre que d'être appelés les amis du peuple et non les amis des propriétaires. Aucun homme taxerait-il ses amis, s'il pouvait l'éviter?

— Mais que gagnera, par cette mesure, cette portion du peuple qui forme les anti-rentistes?

— Rien; et les plaintes des anti-rentistes seront aussi vives et leurs désirs aussi actifs qu'auparavant. Rien de ce qu'ils convoitent ne peut s'accomplir par aucune mesure légale. Il y a une commission de l'assemblée qui a déclaré, vous devez vous en souvenir, que l'État pouvait prendre les terres et les vendre aux tenanciers ou à tous autres; ou quelque chose de la sorte.

— La Constitution des États-Unis doit être notre égide.

— Elle seule peut vous protéger, soyez-en convaincus. Sans les sages prévoyances de la Constitution du gouvernement fédéral, la propriété de Hughes se vendrait infailliblement à la moitié de sa valeur. Il est inutile de pallier les choses et d'affecter de croire les hommes meilleurs qu'ils ne sont. En toute affaire, dans ce pays, un sentiment infernal d'égoïsme est tant invoqué, tant proclamé, qu'un homme se rend presque ridicule en paraissant dirigé par un principe de morale.

— Savez-vous ce que veulent en particulier les tenanciers de Ravensnest? »

— Ils veulent avoir les terres de Hughes; rien de plus, je vous assure.

— A quelles conditions? demandai-je.

— A des conditions qui s'accordent avec des bourses légères. Quelques-uns, cependant, sont volontiers disposés à donner un prix raisonnable.

— Mais je n'ai aucune envie de vendre, même à un prix raisonnable. Je ne désire pas me défaire d'une propriété qui est associée à tous mes sentiments de famille. J'ai sur mon domaine une maison et un établissement dispendieux, dont le principal avantage est d'être situé de manière à ce que je puisse surveiller mes intérêts avec le plus d'avantage pour moi. Que pourrais-je faire avec le prix de vente? acheter une autre propriété? je préfère celle que j'occupe.

— Vous n'avez aucun droit, Monsieur, dans un pays libre, reprit d'un air caustique Jack Dunning, de préférer une propriété à une autre, surtout quand d'autres la convoitent. Vos terres sont affermées à d'honnêtes, laborieux tenanciers, qui peuvent manger leur dîner sans argenterie, et dont les ancêtres....

— Arrêtez! m'écriai-je en riant, je repousse toute idée d'ancêtres. Aucun homme n'a droit d'invoquer ses ancêtres dans ce pays de liberté!

— Aucun homme parmi les propriétaires, sans doute ; mais parmi les tenanciers, on peut avoir une généalogie aussi longue que celle de la maison de Levis. Apprenez, Monsieur, que chaque tenancier a le droit de demander que l'on respecte ses sentiments de famille. Son père a planté ce verger, et il en aime mieux les pommes que toutes autres pommes dans le monde.

— Et mon père en a fourni les greffes, et lui en a fait présent.

— Son grand-père a défriché le champ et a converti des racines d'arbres en trésors de culture.

— Et mon grand-père reçut cette année dix schellings de rente quand le sien recevait deux cent cinquante dollars pour ses racines.

— Son bisaïeul, honnête et excellent homme, prit la terre à l'état sauvage, et de ses propres mains abattit le bois et sema le blé.

— Et il en fut payé au centuple, sans quoi il ne l'eût pas fait. J'eus aussi un bisaïeul ; et j'espère que ce ne sera pas trop aristocratique de m'en vanter : il afferma à cet autre honnête et excellent homme cette même terre pendant six ans sans aucun prix de fermage, afin que le pauvre diable fût assez bien établi avant de commencer à payer sa rente de six pence ou un schelling l'acre pendant trois générations, avec la certitude morale d'obtenir un renouvellement aux conditions les plus avantageuses, et qui pouvait bien au même temps acheter de la terre en toute propriété, mais qui aimait mieux en prendre à bail, parce que le marché était meilleur pour lui.

— En voilà assez de toutes ces absurdités, cria mon oncle Ro ; nous savons tous que dans notre excellente Amérique, celui qui a le plus de droits, en toute occasion, doit affecter de les faire valoir le moins, afin d'étouffer le monstre de l'envie ; et comme nous sommes d'accord sur les principes, venons aux faits : quelles nouvelles des jeunes personnes, Jack, et de mon honorée mère?

— Elle, noble, héroïque femme ! elle est à Ravensnest actuellement, et comme ces demoiselles ne voulaient pas qu'elle y allât seule, elles sont toutes avec elle.

— Et vous avez pu souffrir, vous, Jack Dunning, qu'elles allassent, sans être accompagnées, dans un pays en rébellion ouverte? dit mon oncle d'un ton de reproche.

— Allons, allons, Hodge Littlepage, ceci est très-sublime en théorie, mais pas si facile en pratique. Je ne suis pas allé avec madame Littlepage et son jeune essaim, par la bonne et substantielle raison que je ne me soucie pas d'être goudronné et emplumé [1].

— Alors vous leur laissiez courir le risque d'être goudronnées et emplumées à votre place?

— Mon cher Ro, vous pouvez dire tout ce que vous voudrez sur le jargon des prétendus amis de la liberté qui veulent nous empêcher d'être libres; vous pouvez dire ce que vous voudrez sur l'inconséquence de ceux qui crient à la féodalité, à l'aristocratie, à la noblesse, au moment où ils demandent pour eux-mêmes des droits et des priviléges exclusifs; vous pouvez dire ce que vous voudrez sur l'improbité, l'envie, ce vice dominant en Amérique, la friponnerie et l'égoïsme, et je vous servirai d'écho; mais ne dites pas qu'une femme puisse craindre aucun danger sérieux de la part d'une réunion d'Américains, fussent-ils des anti-rentistes et même des Peaux-Rouges déguisés.

— Je crois, après tout, que vous avez raison, Jack. Pardonnez ma vivacité; mais j'ai été longtemps dans le vieux monde et dans un pays où des femmes ont été conduites à l'échafaud pour leurs opinions politiques.

— Parce qu'elles se mêlaient de politique. Votre mère ne court aucun danger sérieux, quoiqu'il faille du cœur à une femme pour en être persuadée. Il y en a peu dans l'État, et encore moins de son âge, qui eussent osé ce qu'elle a fait; et cela fait honneur à ces demoiselles de se tenir auprès d'elle. Les jeunes gens de la ville se désespèrent à l'idée de savoir que trois aussi charmantes créatures s'exposent ainsi aux insultes. Votre mère a été assignée.

— Assignée! A qui doit-elle quelque chose, ou que peut-elle avoir fait pour provoquer cette indignité?

— Vous savez, ou vous devriez savoir, Littlepage, comment se

---

1. Les anti-rentistes barbouillaient de goudron le corps nu de leurs victimes et les couvraient ensuite de plumes.

font les choses dans ce pays : il faut toujours que nous invoquions la loi, même quand nous cherchons à la violer. On ne rencontre guère un fripon, même le plus effronté, qui brave ouvertement la loi. De même nous parlons beaucoup de la liberté lorsque nous conspirons contre elle, et le nom de la religion même a une bonne part dans nos vices. Aussi les anti-rentistes ont-ils appelé la loi en aide à leurs desseins. J'apprends qu'un des Rensselaers a été assigné pour de l'argent emprunté pour traverser dans un bac la rivière qui coule à sa porte, et pour des pommes de terre achetées par sa femme dans les rues d'Albany.

— Mais aucun des Rensselaers n'a besoin d'emprunter de l'argent pour passer le bac, car le batelier lui ferait crédit, et aucune des dames de la famille n'a jamais, je le garantis, acheté de pommes de terre dans les rues d'Albany.

— Vous avez, je vois, rapporté quelque logique de vos voyages, dit Jack Dunning avec une gravité comique. Votre mère m'écrit qu'elle a été assignée pour vingt-sept paires de souliers fournies par un cordonnier qu'elle n'a jamais vu, dont elle n'a jamais entendu parler.

— Voilà donc une de leurs méthodes pour tourmenter les propriétaires et les exciter à se défaire de leurs domaines.

— Comme vous le dites; et si les propriétaires ont recours à leurs contrats de bail, solennellement faits et réfléchis et aussi solennellement garantis par une loi fondamentale, aussitôt ces mêmes hommes crient à l'aristocratie, à l'oppression, et trouvent pour écho des personnages qui occupent des places dans les hautes régions, ou dans ce qu'on pourrait appeler hautes régions s'il s'y rencontrait des hommes dignes de leurs fonctions.

— Je vois, Jack, que vous ne mâchez pas les mots.

— Et pourquoi le ferais-je? Je ne pèse pas plus dans le gouvernement de l'État que ne le fera dans cinq ans d'ici cet Irlandais que nous venons de voir; moins encore, car il votera pour plaire à la majorité, tandis que moi qui voterai selon mes principes, je donnerai une voix qui ne servira à personne.

Après une pause de quelques minutes, mon oncle reprit :

— Ainsi donc, ma noble, courageuse et vénérable mère est actuellement partie à Ravensnest pour faire face à l'ennemi !

— Oui, en vérité, et les nobles, courageuses mais non vénérables jeunes filles sont parties avec elle.

— Toutes trois, dites-vous?

— Toutes trois; Marthe, Henriette et Anne.

— Je suis étonné en ce qui regarde la dernière; Anne Marston si douce, si tranquille, si amie de la paix ; j'aurais pensé qu'elle aurait préféré rester avec sa mère, comme elle le pouvait naturellement.

— Et cependant elle ne l'a pas préféré. Madame Littlepage avait résolu de braver les anti-rentistes, et les trois jeunes filles résolurent d'être ses compagnes. Je suppose, Ro, que vous savez ce qu'il en est du sexe pacifique, lorsqu'une résolution est prise.

— Elles sont toutes trois de bonnes filles, répliqua mon oncle avec douceur, et ne m'ont jamais causé aucun souci.

— Oh! je crois que cela doit être vrai ; vous venez d'être absent pendant cinq années.

— Tuteur prévoyant, toutefois, puisque je vous ai laissé comme mon substitut. Ma mère vous a-t-elle écrit depuis son arrivée au milieu des Philistins?

— Oui, répondit Dunning avec gravité; j'ai eu de ses nouvelles trois fois, car elle écrit pour m'engager à ne pas me montrer sur la propriété. J'avais intention de lui rendre une visite, mais elle me dit que ma présence amènerait de violentes scènes et ne produirait aucun bien. Comme les rentes ne seront pas dues avant l'automne, et que maître Hughes est maintenant libre de ses droits, il devait être de retour pour surveiller lui-même ses affaires ; je n'ai vu aucune raison pour risquer le goudron et la plume.

— Ma mère écrit-elle personnellement, demanda mon oncle avec intérêt, ou a-t-elle recours à la main d'un autre?

— Elle me fait l'honneur d'écrire de sa propre main. Votre mère écrit beaucoup mieux que vous-même, Roger.

— Cela est dû à ce qu'elle a porté la chaîne, comme elle dirait elle-même. Marthe vous a-t-elle écrit?

— Sans doute; la chère Patty et moi, vous le savez, nous sommes des amis de cœur.

— Et dit-elle quelque chose de l'Indien et du Nègre ?

— Jaaf et Susquesus? Oui, certes ; tous deux vivent encore et se portent bien. Je les ai vus moi-même, et j'ai mangé de leur chasse, pas plus tard que l'hiver dernier.

— Ces bons vieux doivent avoir vécu plus d'un siècle. Ils étaient près de mon grand-père dans la vieille guerre avec les Français, et, alors déjà, ils étaient plus âgés que lui.

— Oh ! un nègre et une peau-rouge tiennent vigoureusement à la vie, quand ils restent sobres. Voyons... cette expédition d'Abercrombie eut lieu il y a environ quatre-vingts ans ; ces gaillards-là doivent avoir dépassé la centaine, quoique Jaaf soit peut-être le plus vieux, à en juger par les apparences.

— Je crois que personne ne connaît l'âge de l'un ou de l'autre ; voilà plusieurs années que j'entends dire qu'ils ont la centaine. Susquesus était encore étonnamment actif la dernière fois que je l'ai vu. Il avait l'air d'un homme robuste de quatre-vingts ans.

— Il est un peu cassé depuis, quoiqu'il ait, comme je vous l'ai dit, tué un chevreuil l'an dernier. Les deux vieillards se rendent assez souvent à Ravensnest, m'écrit Marthe, et l'Indien est fortement indigné des misérables mascarades qui singent les gens de sa race. J'ai même entendu dire que lui et Yop parlaient de se mettre en campagne contre eux. Sénèque Newcome est le principal objet de leur aversion.

— Que penser d'Opportunité ? demandai-je. Prend-elle aucune part à ce mouvement ?

— Une part très-prononcée. Elle est anti-rentiste en même temps qu'elle désire rester en bons termes avec son propriétaire ; c'est entreprendre de servir en même temps Dieu et Mammon. Du reste, elle n'est pas la seule parmi des milliers, qui montre une double face dans cette affaire.

— Hughes a une profonde admiration pour Opportunité, fit mon oncle ; et vous devez être réservé dans votre portrait. Le moderne Sénèque, je suppose, est fortement contre nous ?

Seneky désire arriver à la législature, et naturellement il est du côté des votants. Puis, son frère est tenancier du moulin et voudrait en conséquence devenir propriétaire. Lui-même est aussi intéressé dans les terres. Une chose m'a frappé dans toute cette controverse : c'est la naïveté avec laquelle les hommes concilient les appétits de la convoitise avec ce qu'il leur plaît d'appeler les principes de la liberté. Quand un homme a exploité une ferme pendant un certain nombre d'années, il se met à soutenir hardiment que le fait en lui-même lui donne le droit moral de la posséder pour toujours. Un moment d'examen suffit pour démontrer le paradoxe employé par ces sophistes, pour calmer leur conscience. Ils exploitent leur ferme en vertu d'un bail et de ses conditions spéciales. Assurément, tout ce qu'en pareil cas peut produire le temps, c'est de rendre les conditions plus sacrées et par conséquent d'ajouter à leur force. Mais ces bonnes gens, dont la moralité ne s'occupe que d'un côté de la question, s'imaginent que ces baux, consacrés par le temps, leur donne le droit d'en mépriser les conditions pendant leur durée, et d'élever, dès qu'ils sont à terme, des prétentions bien au delà de ce qu'ils ont stipulé.

— Bah! bah! Jack; il n'est pas besoin de grandes lumières pour apprécier les mérites d'une telle question. L'Amérique est un pays civilisé, ou elle ne l'est pas. Dans le premier cas, elle respectera les droits de la propriété et ses propres lois; dans le cas contraire, elle ne les respectera pas.—Occupons-nous donc de notre projet, et des moyens de nous rendre, sans être découverts, au milieu de ces hommes égarés, égarés par leur convoitise. Car je suis décidé à les voir et à juger par moi-même de leurs motifs et de leur conduite.

— Gare au tonneau de goudron et au sac de plumes, Roger!

Nous discutâmes alors le sujet longuement et à loisir. Je ne rapporterai pas tout ce qui fut dit, car ce serait revenir deux fois sur le même terrain; et je renvoie le lecteur au récit en forme. A l'heure ordinaire, nous nous retirâmes, gardant pour plus de précaution, le nom de Davidson. Le jour suivant, Jack Dunning s'occupa activement de nous, et nous fut extrêmement utile. En sa qualité de vieux garçon, il avait beaucoup de connaissances au théâtre, à l'aide desquelles il nous procura à chacun une perruque. Mon oncle et moi nous parlions passablement l'allemand, et notre projet était de voyager sous le costume de colporteurs émigrants vendeurs de bijoux et d'essences. Mais j'eus la fantaisie de porter une vielle et un singe; et il fut enfin décidé que Sir Hughes Littlepage senior entreprendrait cette aventure avec une boîte de montres à bon marché et de bijoux dorés, tandis que M. Hughes Littlepage junior commencerait ses voyages, chez lui, en qualité de musicien ambulant. La modestie ne me permet pas de dire tout ce que je pourrais en faveur de mon talent musical; mais je puis avouer que je chantais bien pour un amateur, et que je jouais du violon et de la flûte d'une manière supérieure.

Tout fut arrangé dans le cours du jour suivant; nos perruques seules formaient un déguisement aussi complet que nous pouvions le souhaiter. Quant à mon oncle, il était entièrement chauve, et la perruque n'était pas pour lui une grande gêne; mais j'eus quelque peine à dissimuler mes longues boucles de cheveux. Cependant quelques coups de ciseaux me vinrent en aide, et je ris de bon cœur en me contemplant en costume devant le miroir de Dunning. Nous sûmes respecter la loi qui interdisait le déguisement avec armes, en ne portant avec nous que la boîte à marchandise et mon harmonieux instrument.

CHAPITRE V.

> Elle a des sourires inconnus à la terre, des sourires qui naissent pour disparaître et disparaissent pour renaître, qui vont et viennent en se jouant sans cesse, qui quand ils passent se cachent dans ses yeux.
>
> WORDSWORTH.

Je fus de bonne heure costumé le lendemain matin. Je doute que ma mère elle-même m'eût reconnu si elle eût vécu assez longtemps pour voir les longs favoris qui décoraient mes joues, et pour me contempler dans ma contenance virile. J'allai dans la bibliothèque de Dunning, je retirai de sa cachette la petite vielle, et me mis à jouer avec vivacité, et non sans talent, l'air de *Saint Patrick au matin*[1]. J'étais dans toute la chaleur de l'exécution, lorsque la porte s'ouvrit, et Barney allongea sa face osseuse, ouvrant une bouche aussi large qu'un cochon gelé.

— D'où diable sortez-vous? demanda le nouveau laquais, les muscles de sa vaste ouverture passant d'un sourire à une grimace et d'une grimace à un sourire, vous êtes bien venu pour l'air; mais comment vous trouvez-vous ici?

— Che fiens de Halle en Preussen. Quel est fotre pays à fous?

— Êtes-vous un juif?

— Nein! che être pon chrédien. Foulez-vous afoir Yankee Toodle[2]?

— Yankee! Tonnerre! vous éveillerez maître, et il sera fâché, sans quoi vous pourreriez jouer cet air de matin à soir. Oh! l'entendre ici, dans ma propre bibliothèque, et dire que la vieille Irlande est à trois mille lieues d'ici!

---
1. Air irlandais.
2. Yankee doodle, air américain.

Un éclat de rire de Dunning interrompit le dialogue, et Barney disparut, craignant sans doute quelque échantillon de punition américaine pour la faute présumée. Je ne sais si l'honnête et naïf fils d'Érin découvrit réellement qui nous étions déjeunant avec son maître, mais nous fîmes notre repas et quittâmes la maison sans le revoir, Dunning nous ayant fait servir à table par un jeune mulâtre.

Je n'ai pas besoin de dire que je me sentis un peu gauche en me trouvant dans les rues de New-York ainsi travesti; mais la gravité et le sang-froid de mon oncle fut pour moi un continuel sujet d'amusement. Il avait déjà vendu une montre sur le quai avant le départ du bateau, quoiqu'on pût imputer sa réussite à ce que le prix en fût « immodérément raisonnable », selon l'expression d'un confrère qui commerçait sur le même point. Nous prîmes pour nous deux une chambre convenable, sous prétexte de mettre en sûreté nos bijoux, et nous nous mîmes à rôder sur le pont avec l'air curieux et étonné qui convenait à notre rôle.

— Voici près d'une douzaine de gens que je connais, me dit mon oncle; j'ai fait une reconnaissance dans tous les quartiers, et j'en trouve bien une douzaine. J'ai causé pendant dix minutes avec un vieux camarade d'école qui m'a rarement perdu de vue, et je m'aperçois que mon déguisement et mon langage estropié sont parfaits; je suis convaincu que ma chère mère elle-même ne me reconnaîtrait pas.

— Nous pouvons alors nous amuser, répliquai-je, avec ma grand'-mère et les jeunes personnes quand nous arriverons à Ravensnest. Pour moi, je pense qu'il est utile de garder notre secret jusqu'au dernier moment.

— Silence! Par ma foi, voici Sénèque Newcome lui-même; il vient par ici, et nous devons redevenir Allemands.

C'était en effet bien lui, et il s'avançait lentement vers l'avant où nous nous tenions debout. Mon oncle se décida à entrer en conversation avec lui pour mieux témoigner l'efficacité de notre déguisement, aussi bien que pour obtenir de lui quelques renseignements qui pussent faciliter notre visite à Ravensnest. Dans cette vue, le prétendu colporteur tira une montre de sa poche, et la présentant humblement à l'homme de loi; lui dit :

— Ajeter une montre, mein Herr?

— Hein! quoi? Oh! une montre, s'écria Sénèque de ce ton élevé, outrecuidant et vulgaire, qui dénote l'orgueil envers les

humbles et l'envie envers les supérieurs, ah! une montre, donc!
De quel pays êtes-vous, camarade?

— Che être un Allemand, *ein Teutscher*.

— Allemand!... *Einne Taicher* est l'endroit d'où vous venez, je suppose?

— Nein! *Ein Teutscher* être un Allemand!

— Ah! oui, je comprends. Combien de temps avez-vous été en Amérique?

— Touze mois.

— Comment! c'est presque assez longtemps pour faire de vous des citoyens. Où demeurez-vous?

— Nulle part; che temeure là où che me trouve, quelquefois ici, quelquefois là.

— Ah! je comprends; aucun domicile légal, une vie errante. Avez-vous beaucoup de ces montres à vendre?

— *Ya*, audant que fingt; elles sont aussi pon marché que tu sable, et font comme de grands horlôches.

— Et quel prix demandez-vous pour celle-là?

— Celle-ci fous poufez l'afoir pour huit tollars; dout le monde churerait que c'est or.

— Ah! ce n'est pas de l'or, donc! Ah! vous avez été sur le point de me mettre dedans moi-même. Est-ce que vous ne pouvez rabattre de ce prix?

— Beut-être, si fous foulez me donner quelque conseil. Fous afez l'air d'un pon chentilhomme, qui ne foudrait pas tricher un pauvre Allemand, et tout le monde feut tricher le pauvre Allemand; cela je fous donnerai pour six, mais fous me donner un conseil.

— Un conseil? vous vous adressez à l'homme pour ça. Venez un peu par ici, que nous soyons seuls. Quelle est la nature de l'affaire? Est-ce une action au civil, où une demande en dommages?

— Nein, nein, ce n'être pas un brocès que che demande, mais un conseil.

— Eh bien, un conseil amène un procès, quatre-vingt-dix-neuf fois sur cent.

— Ya, ya, répondit le colporteur en riant, il peut être ainsi; mais ce n'être pas ce que che feux. Che feux safoir où un Allemand peut foyager afec ses marchandises dans les campagnes et non dans les grosses villes.

— Je comprends. — Six dollars, hein! Cela sonne un peu haut pour une montre de cette apparence; mais je suis toujours l'ami du pauvre et je méprise l'aristocratie. — Ce que Sénèque détestait il croyait le mépriser, et par aristocratie il n'entendait pas autre chose que les gens comme il faut, dans la vraie signification du mot. — Je suis toujours disposé à venir en aide à l'honnête citoyen. Si vous voulez vous résoudre à me céder la montre *pour rien*, je crois pouvoir vous indiquer un endroit où vous pourriez vendre les dix-neuf autres en une semaine.

— Pon! s'écria joyeusement mon oncle, brenez-la; elle être fotre brobriété. Montrez-moi seulement le ville où je fendrai les dix-neuv autres.

— Ce n'est pas une ville, reprit Sénèque, ce n'est qu'un bourg. Espériez-vous que ce serait une cité?

— Qu'imborte à moi! J'aimerais mieux fendre mes montres à de pons et honnêtes cambagnards qu'à d'insolents pourgeois d'une grosse cité.

— Vous êtes mon homme. Le bon esprit est en vous. J'espère que vous n'êtes ni un patron ni un aristocrate?

— Che ne sais pas ce qu'est un batron, ce qu'est un aristograte.

— Non! Eh bien vous êtes un homme heureux dans votre ignorance. Un patron est un noble qui s'approprie la terre des autres; et un aristocrate est un homme qui se croit supérieur à ses voisins.

— Alors donc, che ne suis ni batron; car je ne retiens ni la terre d'un autre, ni même une terre à moi, et che n'être supérieur à personne.

— Si, vous l'êtes; vous n'avez qu'à vous le mettre en tête, et vous serez aussi bon gentilhomme qu'eux tous.

— Eh bien, che feux essayer et le croire, et être plus meilleur qu'eux tous. Mais cela n'être pas pon non plus; cela me faire plus meilleur que fous; car fous être un des plus grands barmi ces gentilshommes.

— Oh! quant à moi, n'y songez pas; je dédaigne d'être à leur niveau. Je crie: « A bas les rentes! » et vous en ferez autant lorsque vous aurez été huit jours dans cette partie de la contrée.

— Quelles rentes faut-il crier à bas?

— Les rentes sont des choses opposées à l'esprit des institutions, comme vous pouvez le voir par mes sentiments. Mais enfin, qu'importe! je garderai votre montre, puisque vous le voulez, et je vous indiquerai, en paiement, l'endroit où vous pouvez vendre.

— C'est fait, c'est fait. Ce que che feux, c'est un conseil; ce que fous foulez, c'est une montre.

Ici mon oncle Ro laissa échapper un rire si franc et si joyeux, que je crus qu'il allait se trahir; mais il n'en fut rien. Depuis ce moment, nous fûmes avec Sénèque dans les meilleurs termes. Dans tout le cours de la journée, il nous gratifia de sourires de protection qui montraient que, malgré ses principes démocratiques, il ne se souciait pas de paraître trop intime avec nous. Cependant, avant que nous eussions atteint les îles, il nous donna des instructions pour le rejoindre le lendemain matin, et nous nous séparâmes les meilleurs amis du monde lorsque, vers le soir, le bateau s'arrêta le long de la jetée d'Albany.

— Albany! chère et respectable Albany! s'écria mon oncle, tu es une bonne ville à laquelle je reviens toujours avec plaisir; car toi, au moins, tu ne me trompes pas. Quoique tu sois dépouillée de ta vieille église hollandaise si originale, quoique je regrette aussi ta vieille église anglaise si rustique, au centre de ta principale rue, tes changements même ont quelque chose de respectable: même les corruptions de la politique n'ont pu atteindre ton cœur. Te voilà assise sur le penchant de la montagne, environnée de ton paysage pittoresque, avec cet air vénérable que j'admire et cette prospérité calme que j'aime. Et cependant, que de changements depuis mon enfance! Tes maisonnettes ne sont plus, tes hauts pignons disparaissent, le marbre et le granit s'élèvent dans tes rues; mais ils n'ont pas de formes ambitieuses et ne sont pas montés sur des échasses. Ton bassin a modifié le caractère de ta rivière moitié agreste, moitié commerciale; mais il donne à ta jeune virilité un aspect d'abondance et en même temps de frugalité, qui te promettent de beaux jours pour ta vieillesse!

Cette éloquente apostrophe de mon oncle me fit rire aux éclats; car je ne pouvais, en vérité, partager son enthousiasme. Albany est certainement une ville d'assez bonne apparence; mais ce n'est, après tout, qu'une ville de province, et dans cette catégorie elle occupe, je l'avoue, une place assez distinguée.

Après une ou deux heures de marche je m'étais débarrassé de mon singe, comme d'un compagnon beaucoup trop difficile à gouverner, et je me contentai d'exploiter mes talents en musique. Avec ma vielle en sautoir je suivis donc mon oncle, qui vendit encore une montre avant que nous atteignissions une taverne. Nous ne nous adressâmes pas, comme on le pense bien, aux hôtels renommés de l'endroit, étant bien sûrs de n'y être pas admis : c'était là le point le plus délicat de nos aventures. Je pense que mon oncle, à cet égard, commit une grosse erreur. Persuadé qu'une taverne habituellement fréquentée par des gens de notre apparence nous présenterait trop de désagréments, il s'avisa de choisir un hôtel de second ordre. Pour moi, je crois que nous eussions été plus satisfaits du menu grossier d'une modeste taverne, que de la médiocrité prétentieuse de la maison où nous nous logeâmes. Dans la première au moins, tout nous eût rappelé que nous étions hors de notre voie ordinaire, et nous eussions peut-être été amusés par le changement ; tandis que dans la seconde, tout en étant mieux servis que ne le sont d'habitude des colporteurs ou des musiciens ambulants, nous étions fort mal pour des hommes accoutumés à toutes les aises de la fortune : nous n'étions ni dans nos habitudes communes, ni dans notre rôle de convention.

Dans la matinée du jour suivant, nous prîmes une place sur un chemin de fer qui conduisait à Saragota, en passant par Troie. Je me demande quel est le classique qui a imaginé de rappeler en cet endroit le souvenir du vieil Homère. Il est impossible de parcourir les rues de cette jolie et florissante ville, sans avoir l'esprit quelque peu troublé par les images d'Achille et d'Hector, de Priam et d'Hécube. Ce fut là cependant que je fis mes premiers essais de musicien ambulant, sous les fenêtres de l'auberge principale. Je ne puis pas dire grand'chose en faveur de l'instrument; mais le talent du musicien n'était pas trop désagréable, car bientôt je pus voir aux fenêtres une douzaine de figures féminines sur lesquelles se jouaient d'aimables sourires.

Parmi les curieux qui s'y montrèrent, je remarquai deux personnes que je supposai être le père et la fille. Le premier était un ecclésiastique, et je jugeai, à un certain air en lui, qu'il appartenait à ce qu'on appelle l'église anglicane, ou plutôt, comme on le dit, à « l'Église; » c'est-à-dire qu'il n'était pas parmi les prédicateurs de meetings et de sectes dissidentes. Comment je vis cela du premier coup d'œil, je ne saurais le dire ; mais je vis aussi dans ses traits quelque chose de ce genre de curiosité qui indique de la bonhomie et qui semblait m'inviter à m'avancer plus près : je le fis en conséquence, et il me fit signe d'entrer. C'était pour moi une étrange nouveauté, je l'avoue, que de me voir ainsi commandé plutôt qu'invité ; mais il y avait dans l'air et la tournure de la fille quelque chose qui m'engagea à ne pas hésiter d'obéir. Quoiqu'elle fût vraiment jolie, je ne saurais dire que sa beauté fût frappante ; mais l'expression de sa figure, de ses yeux, de son sourire, enfin le tout ensemble était si singulièrement doux et féminin, que je me sentais entraîné par une sympathie que je ne pourrais expliquer. J'entrai donc, et je me trouvai bientôt à la porte d'un parloir destiné au public, mais dans lequel il n'y avait alors que mes deux hôtes.

— Entrez, jeune homme, dit le père d'un ton bienveillant ; je suis curieux de voir votre instrument ; et ma fille, qui a du goût pour la musique, a le même désir que moi. Comment l'appelez-vous ?

— Une fielle, répondis-je.

— De quelle partie du monde venez-vous, mon ami ? poursuivit l'ecclésiastique en levant vers moi ses yeux bienveillants.

— De l'Allemagne, de Preussen, où règne le pon kœnig Wilhelm.

— Que dit-il, Molly [1] ?

Ainsi cette charmante fille s'appelait Mary ! J'aimais beaucoup aussi son petit nom, Molly ; c'était un bon signe ; car, dans nos temps ambitieux, il n'y a que des gens vraiment comme il faut qui osent se servir de ces appellations familières. Entre personnages vulgaires, on l'eût appelée Mollissa.

— Ce n'est pas très-difficile à traduire, mon père, répondit une des voix les plus séduisantes que j'aie jamais entendues, et qui le devenait davantage par un léger rire qui l'accompagnait. Il dit qu'il vient de l'Allemagne, de la Prusse où règne le bon roi Guillaume.

— Et cet instrument est une vielle, reprit le père. Qu'avons-nous ici ? un nom y est gravé.

— C'être le nom du vabricant : *Hochsteil fecit*.

— Fecit ! répliqua-t-il ; ce n'est pas de l'allemand.

— Nein, c'être latin : *facio, feci, factum, facere, feci, fecisti,* FECIT. Cela fouloir dire a fait ; fous bien savoir cela.

Le ministre me regarda d'un air de surprise ; puis mes vêtements, et sourit en jetant un coup d'œil à sa fille. Si l'on me de-

---

1. Diminutif de Mary.

mande pourquoi je fis ce ridicule étalage d'érudition vulgaire, j'avouerai sincèrement qu'il me répugnait de passer pour un coureur de rues ordinaire, aux yeux de la charmante personne qui se penchait au-dessus de l'épaule de son père, pendant que ce dernier examinait le nom du fabricant gravé sur une petite plaque d'ivoire au fond de l'instrument. Je pus voir aussitôt que Mary éprouva ce sentiment de modestie, si naturel à son sexe, à l'idée d'avoir montré trop de familiarité en présence d'un jeune homme qui était peut-être plus rapproché de sa classe que ne le faisait d'abord supposer sa condition actuelle. Une légère rougeur couvrit ses joues ; mais bientôt le calme regard d'un bel œil bleu montra que ce sentiment était fugitif, et elle se pencha de nouveau sur l'épaule de son père.

Celui-ci me regardant au-dessus de ses lunettes de la tête aux pieds, me dit : — Vous comprenez donc le latin?

— Un beu, monsir, drès beu. Dans mon bays, tout homme être obligé de defenir soldat pour un temps, et qui sait latin peut defenir serchent ou caboral.

— En Prusse, dites-vous?

— Ya, Preussen où être le pon kœnig Wilhelm.

— Et parmi vous on cultive beaucoup le latin? J'ai entendu dire qu'en Hongrie, tous les gens bien élevés le parlaient.

— En Allemagne, pas être ainsi : nous apprenons tous quelque chose, mais nous pas apprendre toutes choses.

Je pus voir un léger sourire errant sur les lèvres de la charmante Mary ; mais elle réussit à le comprimer, quoiqu'il y eût constamment durant toute notre entrevue un air de malicieuse gaieté dans ses beaux yeux.

— Oh! je sais, répliqua le ministre, qu'en Prusse les écoles sont bonnes, et que votre gouvernement veille sur les besoins de toutes les classes ; mais je ne puis que m'étonner de voir que vous sachiez le latin. Dans notre pays même où nous nous vantons beaucoup...

— Ya! répliquai-je d'un accent traînard, dans ce bays, c'être frai, on se fante beaucoup.

Mary se prit à rire de bon cœur, soit à cause de ma phrase en elle-même, soit à cause de la manière un peu comique avec laquelle je l'avais débitée. Quant à son père, sa bonhomie était à l'épreuve ; et, après avoir poliment attendu que mon interruption fût finie, il reprit :

— J'allais ajouter que même dans ce pays où nous nous vantons beaucoup de nos écoles, et de l'influence qu'elles ont sur l'esprit public, il n'est pas ordinaire de voir des personnes de votre condition versées dans les langues mortes.

— Ya ; c'être mon condition qui fous drompe. Mon père était chentilhomme, et m'a donné aussi ponne éticaíion comme le kœnig a donné au brince royal.

Ici, mon désir de paraître quelque chose aux yeux de Mary m'entraîna dans une autre folle indiscrétion. Je ne réfléchis pas un instant sur les difficultés d'expliquer comment les fils d'un gentilhomme prussien, qui avait reçu une éducation aussi brillante que celle du prince royal, pouvait se trouver jouant de la vielle dans les rues de la Troie Américaine. Mais il m'était insupportable de paraître à cette aimable fille un moment sans éducation, et je me sauvai cette honte avec mon histoire invraisemblable. Heureusement, la fortune me favorisa plus que je ne pouvais l'espérer.

Il y a dans le caractère américain une singulière disposition : c'est de croire que tout Européen de bonnes manières doit être au moins un comte. Je ne prétends pas que cette crédulité se rencontre chez les gens qui ont vu le monde ; mais la majorité de nos concitoyens n'ayant jamais vu d'autre monde que le monde des affaires, la naïveté sous ce rapport dépasse toute croyance. Or, je puis avouer d'assez bonnes manières, et quoique déguisé et vêtu avec simplicité, ni mon air ni ma tournure n'étaient trop vulgaires. Mes habits, d'ailleurs, étaient neufs, et il pouvait même y avoir dans leur arrangement quelque chose qui s'accordait mal avec ma profession du jour, et qui aurait frappé des yeux plus pénétrants que ceux de mes interlocuteurs. Je pus voir néanmoins que le père et la fille m'accordaient plus d'intérêt depuis que je leur avais donné des raisons de croire que je méritais de meilleures fortunes. Il existe parmi nous tant de fausses notions sur les convulsions politiques et les révolutions en Europe, que je ne doute pas que si j'eusse raconté quelque histoire improbable sur l'état intérieur de la Prusse, elle eût été parfaitement acceptée ; car rien n'égale l'ignorance qui règne généralement en Amérique sur le véritable état des choses en Europe, si ce n'est cependant l'ignorance qui règne en Europe sur le véritable état des choses en Amérique. Quant à Mary, ses deux yeux me semblaient exprimer encore plus de bienveillance et de compassion, quand elle me regarda après ma révélation, reprenant en même temps un peu de sa timidité et de sa modestie naturelle.

— S'il en est ainsi, mon jeune ami, reprit le ministre avec intérêt, vous devriez, vous pourriez certainement être placé dans une meilleure condition que celle où vous vous trouvez. Avez-vous quelques connaissances en grec?

— Ya, ya; le grec être beaucoup appris en Allemagne.

— Quand on prend du galon, pensai-je en moi-même...

— Et les langues modernes, en connaissez-vous quelques-unes?

— Che parler les cinq grandes langues de l'Europe, blus ou moins pien, che les lis toutes.

— Les cinq langues, dit le père, en comptant sur les doigts. Quelles sont-elles, Mary?

— Je suppose, mon père, que c'est le français, l'allemand, l'espagnol et l'italien.

— Cela ne fait que quatre. Quelle est la cinquième, ma chère?

— Le cheune dame oublier l'anglais. L'anglais être le cinquième.

— Oh! oui, l'anglais, s'écria la petite espiègle, en se pinçant la bouche pour ne pas me rire au visage.

— C'est vrai, j'avais oublié l'anglais, n'étant pas accoutumé à le considérer comme une langue européenne seulement. Je suppose, jeune homme, que vous parlez l'anglais moins bien que les autres?

— Ya!

Un sourire passa encore sur les lèvres de Mary.

— Je sens un vif intérêt pour vous comme étranger, poursuivit le ministre, et je regrette que nous nous soyons rencontrés pour nous séparer si promptement. De quel côté, à présent, comptez-vous diriger vos pas, mon jeune Prussien?

— Che aller à un endroit nommé Ravensnest, pon endroit, ils me disent, pour fendre des montres.

— Ravensnest! s'écria le père.

— Ravensnest! répéta la fille.

— Comment donc! Ravensnest est l'endroit où je demeure, et la paroisse dont je suis le ministre, le ministre protestant et épiscopal?

J'étais donc en présence de M. Warren, le ministre qui avait été appelé à notre église, l'année même où j'avais quitté la maison, et qui y était toujours resté depuis! Ma sœur Marthe m'avait souvent, dans ses lettres, entretenu du père et de la fille, et il me semblait que je les connaissais de longue date. M. Warren était un homme de bonne famille, et d'une solide éducation, mais sans fortune. Il était entré dans les ordres par vocation et contre le gré de ses parents. Comme prédicateur, il n'avait pas obtenu de grands succès ; mais pour l'accomplissement de ses devoirs, personne ne s'en acquittait mieux, et personne n'était plus respecté. La cure de Saint-André, à Ravensnest, eût été d'un bien médiocre rapport, si l'on n'eût compté que sur les contributions des paroissiens. Ces derniers donnaient entre eux environ cent cinquante dollars par an. J'en donnais pour ma part cent autres, et ils avaient été régulièrement servis pendant ma minorité ; ma grand' mère et ma sœur en offraient aussi cinquante. Mais à la cure était annexée une pièce d'excellente terre, d'environ cinquante acres, un petit bois, et l'intérêt d'un capital inaliénable de deux mille dollars ; le tout provenant de donations faites par mon grand-père. En somme, la cure pouvait valoir cinq cents dollars par an, outre une maison, des pâturages, du bois, des légumes et quelques autres petits avantages. Peu de curés de campagne jouissaient d'une aisance égale à celle du recteur de Saint-André à Ravensnest, et cela par suite des habitudes féodales et aristocratiques des Littlepage ; peut-être serait-il plus sage de ma part de ne pas faire cet aveu dans des jours comme les nôtres.

Mes lettres m'avaient appris que M. Warren était veuf, que Mary était son unique enfant, qu'il était un homme vraiment pieux, et un ecclésiastique zélé, d'une grande simplicité de mœurs, d'une grande intégrité d'esprit, aimant son prochain naturellement et par principe.

Sa fille m'avait été représentée comme une personne d'un caractère charmant, modeste, douce et spirituelle. Grâce à la libéralité et à l'affection d'une tante, veuve, elle avait reçu une éducation bien supérieure à ce qu'on pouvait attendre des médiocres ressources de son père. En un mot, c'était une charmante voisine, et sa présence à Ravensnest avait donné un nouveau charme aux visites annuelles de Marthe au « vieux manoir » (bâti en 1785). Tel est le résumé de l'histoire et des qualités de la famille Warren, tel que me l'avait fait connaître ma sœur dans une correspondance de cinq ans. Il me semblait même qu'elle montrait plus d'affection pour Mary Warren que pour les deux pupilles de son oncle.

Toutes ces réminiscences traversèrent rapidement mon esprit, au moment où M. Warren se faisait connaître ; mais il sembla frappé aussi vivement que moi de cette coïncidence qui nous appelait vers la même localité. Quant à ce qu'en pensait Mary elle-même, je n'eus aucun moyen de le vérifier.

— C'est assez singulier, reprit M. Warren ; quel intérêt dirige vos pas vers Ravensnest ?

— Ils disent à mon oncle que c'être un pon endroit pour fendre beaucoup de montres.

— Vous avez donc un oncle? Ah! je le vois là, dans la rue, présentant une montre à un monsieur. Votre oncle est-il aussi un linguiste, et a-t-il été aussi bien élevé que vous semblez l'être?

— Certainement. Il être beaucoup plus chentilhomme que ce chentilhomme auquel il fend maintenant une montre.

— Ce doit être, s'écria assez vivement Mary, ces deux personnes dont nous a parlé M. Newcome, ces deux... elle n'osa dire colporteurs, marchands de montres et de bijoux, qui avaient l'intention de visiter notre endroit.

— Vous avez raison, ma chère, et la chose est claire. M. Newcome a dit qu'ils devaient le rejoindre à Troie, et que nous prendrions ensemble le convoi jusqu'à Saragota. Mais je vois venir Opportunité elle-même, et son frère ne doit pas être loin.

Et au même instant, en effet, mon ancienne connaissance, Opportunité Newcome fit son entrée dans le parloir avec un air de grand contentement d'elle-même et une nonchalance de manières qu'elle prenait pour de la dignité. Je tremblais d'être reconnu malgré mon déguisement ; car, pour être franc sur un sujet très-délicat, Opportunité avait fait une guerre si vive à mon pauvre cœur, que nécessairement son instinct féminin et son désir de devenir la châtelaine de Ravensnest avait dû lui faire connaître ces mille particularités personnelles qui ne permettent pas d'oublier la figure ou les manières de ceux qu'on a fréquentés longtemps et souvent.

CHAPITRE VI.

> Oh! Elle portait sa tête avec tant de fierté, et faisait mouvoir sa plume avec tant de hauteur! avez-vous jamais vu plus brillante pastourelle parcourir en riant la verte prairie?
>
> ALLAN CUNNINGHAM.

— Ah! voici de charmantes vignettes françaises! s'écrie Opportunité en courant vers une table sur laquelle étaient étalées de mauvaises gravures coloriées représentant les vertus cardinales sous les traits de femmes obèses. Les inscriptions en étaient françaises, et Opportunité en prit occasion pour étaler son savoir dans cette langue, en traduisant avec emphase des mots aussi difficiles que *la vertu, la solitude, la charité*. J'avais déjà appris de ma sœur Marthe cette nouvelle prétention d'Opportunité, et ma malicieuse correspondante s'était plus d'une fois amusée des tours de force de mademoiselle Newcome et de ses singuliers barbarismes en français. Pour le moment, je ne pus m'empêcher de sourire de ses grands airs, et Mary se permettant aussi la même critique muette, nos yeux se rencontrèrent, ce qui me sembla établir entre nous une espèce de communication qui pour moi fut pleine de charmes.

Opportunité, satisfaite d'avoir montré à tous qu'elle avait étudié le français, se tourna ensuite vers moi pour examiner plus à fond mon étrange physionomie. J'eus des raisons de croire que mon aspect ne fit pas sur elle une impression fort heureuse, car elle secoua la tête, prit une chaise, s'assit en me tournant le dos, et ouvrit son budget de nouvelles, sans faire la moindre attention à ma présence, ni peut-être aux désirs et aux goûts de ses compagnons. Son accent, le ton élevé de sa voix, sa manière de parler par saccades et sans suite, tout enfin choquait mes oreilles, qui s'étaient accoutumées à un différent genre, surtout parmi les jeunes personnes de l'autre hémisphère. J'avoue que je suis de ceux qui regardent comme le plus grand charme chez une femme, plus grand même que la beauté, une parole réservée, douce et gracieuse. Ses effets sont plus durables, et semblent plus directement en rapport avec le caractère. Mary Warren non-seulement accentuait comme une personne accoutumée à la bonne société, mais les modulations de sa voix, par elle-même singulièrement douce, étaient égales, agréables, et aussi éloignées que possible de la manière désordonnée, inégale, tantôt précipitée et tantôt traînante, d'Opportunité. Dans notre siècle de langage et d'habitudes relâchées, d'allures libres et dégagées, la parole indique mieux peut-être que tout le reste l'homme ou la femme bien élevés.

— Sen est vraiment fait pour exercer la patience! s'écria Opportunité. Nous devons quitter Troie dans une demi-heure, et j'ai des visites à faire à mademoiselle Jones, à mademoiselle Leblanc, à mademoiselle Lebrun, à mademoiselle Leverd et à trois ou quatre autres, et je ne puis l'avoir à ma disposition.

— Pourquoi ne pas aller seule? répliqua Mary avec calme; il n'y a qu'un pas d'ici à la plupart de vos connaissances, et vous ne pouvez manquer votre chemin. Voulez-vous que j'aille avec vous?

— Oh! manquer mon chemin! Non, certes. Je n'ai pas été élevée à Troie pour m'égarer dans les rues. Mais cela semble si étrange de voir une jeune personne marcher dans les rues sans un *beau!* Je ne voudrais pas même traverser une chambre sans donner le bras à un beau; à plus forte raison traverser les rues. Non; si Sen ne vient pas bientôt, je ne pourrai voir aucune de mes amies, et ce sera un désespoir pour nous tous; mais qu'y faire? Quant à sortir sans un beau, c'est ce que je ne ferai pas, dussé-je n'en revoir jamais aucune.

— Voulez-vous accepter mon bras, mademoiselle Opportunité? dit M. Warren; je serais enchanté de vous être agréable.

— Seigneur! monsieur Warren, vous ne songez pas à jouer le rôle de beau à votre âge? Tout le monde verrait que vous êtes un ecclésiastique, et il vaudrait autant pour moi sortir seule. Non; si mon frère ne vient pas, il faut que je manque mes visites, et mes jeunes amies en seront furieuses, je n'en doute pas. Araminta Maria m'a écrit de la manière la plus empressée de ne jamais traverser Troie sans m'arrêter pour la voir, quand même je ne verrais aucun autre mortel; et Catherine Clotilde a été jusqu'à dire qu'elle ne me pardonnerait jamais si je passais sa porte. Mais Sénèque ne se soucie pas plus des amitiés de demoiselles que du jeune patron. Je déclare, monsieur Warren, que je crois que Sen deviendra fou si les anti-rentistes ne réussissent pas; car il ne fait que parler du matin au soir de rentes, d'aristocratie et d'usages *fodaux*.

Nous n'entendîmes pas sans sourire quelque peu cette méprise de langage chez une demoiselle si prétentieuse; mais elle n'était pas d'une grande importance, et je suis sûr qu'elle savait ce qu'elle voulait dire tout aussi bien que ceux qui emploient le même terme d'une manière plus correcte.

— Votre frère s'occupe d'une matière qui est de la dernière importance pour la communauté dont il est membre, répliqua gravement le ministre. De la conclusion de cette question d'antirentisme dépend, selon moi, la moralité future et la future destinée de New-York.

— Je m'étonne, vraiment je suis surprise, monsieur Warren, de vous entendre parler ainsi; car vous passez généralement pour être hostile à ce mouvement. Sen assure que tout va bien, et qu'il est persuadé que les tenanciers obtiendront leurs terres dans toute l'étendue de l'État, avant de renoncer à leurs projets. Il dit que nous aurons cet été à Ravensnest une masse d'indigents. La visite de la vieille dame Littlepage a soulevé une agitation qui se calmera difficilement.

— Et pourquoi donc une visite de madame Littlepage à la maison de son petit-fils, à une maison bâtie par son propre mari, et dans laquelle elle a passé les plus beaux jours de sa vie, causerait-elle une agitation, comme vous le dites, dans cette partie de la contrée?

— Oh! vous êtes épiscopal [1], monsieur Warren, et nous savons tous ce que les épiscopaux pensent sur cette question; mais, pour ma part, je ne vois pas en quoi les Littlepage valent mieux que les Newcome, et je ne pense pas qu'ils vaillent mieux que vous. Pourquoi donc demandent-ils à la loi plus que ne demandent les autres?

— Je suis certain qu'ils ne demandent pas à la loi plus que les autres, et je suis sûr qu'ils obtiennent moins. La loi, dans ce pays, est virtuellement administrée par des jurés qui prennent bien soin de graduer la justice, autant qu'ils le peuvent, sur l'échelle de leurs propres opinions et souvent de leurs préjugés. Comme ceux-ci sont plus généralement opposés aux personnes de la classe de madame Littlepage, s'il y a un moyen de lui porter préjudice, il est fort probable qu'on l'emploiera.

---

1. L'Église protestante.

— Sen dit qu'il ne voit pas pourquoi il paierait une rente à M. Littlepage, plutôt qu'un Littlepage lui en payât une à lui.

— Je suis fâché de l'apprendre, car il y a une raison suffisante pour la première hypothèse, tandis qu'il n'y en a pas pour la seconde. Votre frère se sert de la terre de M. Littlepage, et c'est une raison pour qu'il lui paie une rente. Si c'était l'inverse, alors certainement M. Littlepage devrait payer une rente à votre frère.

— Mais par quelle raison MM. Littlepage seraient-ils de père en fils, de génération en génération, nos propriétaires, tandis que nous valons autant qu'eux? Il est temps qu'il y ait quelque changement; songez d'ailleurs que nous exploitons les moulins depuis tantôt quatre-vingts ans, mon grand-père ayant commencé l'établissement, et nous avons eu ces mêmes moulins pendant trois générations.

— Il est grand temps, en conséquence, Opportunité, qu'il se fasse quelque changement, répondit Mary avec un sourire malin.

— Oh! vous êtes tellement intime avec Marthe Littlepage, que je ne tiens pas compte de ce que vous pensez ou dites; mais la raison est la raison, après tout. Je n'ai pas le moindre reproche à faire au jeune Hughes Littlepage. Si la terre étrangère l'a gâté, comme cela est fort à craindre, dit-on, il n'en est pas moins un jeune homme fort agréable, et je ne puis dire que lui du moins se jugeât supérieur aux autres.

— Il me semble, reprit Mary, que personne de la famille ne mérite ce reproche.

— Eh bien, je suis stupéfaite de vous entendre dire cela, Mary Warren. A mon goût, Marthe Littlepage est aussi désagréable qu'elle peut l'être. Si la cause anti-rentiste n'avait personne de mieux qu'elle pour la combattre, elle triompherait bientôt.

— Puis-je vous demander, mademoiselle Newcome, quelle raison particulière vous avez pour penser ainsi? demanda M. Warren, qui avait attaché ses regards sur Opportunité pendant qu'elle déblatérait avec un intérêt qui me semblait exagéré même, lorsque je considérais le caractère de l'accusatrice et le peu de valeur de ses observations.

— Je pense ainsi, monsieur Warren, parce que tout le monde le dit. Si Marthe Littlepage ne se croit pas meilleure que les autres, pourquoi n'agit-elle pas comme les autres? Rien n'est assez bon pour elle, dans sa petite vanité.

Cette pauvre petite Patt, qui était le beau idéal de la simplicité et du naturel, tels qu'ils se manifestent sous l'influence d'une bonne éducation, était ici accusée de se croire meilleure que cette personne prétentieuse, sans autre raison que la supériorité de ses manières et de sa tournure qu'Opportunité avait vainement essayé d'imiter. Dans ce seul fait est le secret de mille absurdités, de mille vices qui, en ce moment, parcourent notre pays comme le lion furieux cherchant qui il peut dévorer. Les hommes s'en vont fouillant dans la loi et dans la constitution pour y trouver la source de maux évidents qui, à vrai dire, prennent leur origine dans les plus basses passions de la nature humaine. Cependant l'entrée de Sénèque, qui se fit alors, donna une nouvelle tournure à la conversation, quoiqu'elle restât substantiellement la même. Je remarquai qu'il entra avec son chapeau sur la tête et qu'il resta couvert tout le temps, malgré la présence des deux jeunes personnes et du ministre. Quant à moi, j'avais été assez simple pour ôter ma casquette, quoique bien des gens eussent pu croire que c'était me donner des airs, tandis que d'autres s'imagineraient que cette marque de déférence envers des êtres humains, est indigne d'un homme libre. C'est maintenant en Amérique quelque chose de si étrange, de si aristocratique, que de retirer son chapeau en entrant dans une maison, que peu des démocrates les plus humbles songent à un tel acte de politesse.

Comme on doit le penser, Opportunité tança vertement son frère pour le peu d'empressement qu'il avait mis à jouer le rôle de *beau*. Après quoi, elle lui permit de dire quelques mots d'excuse. On voyait, au surplus, que Sénèque était de très-belle humeur; il se frottait les mains en signe de contentement.

— Il se passe des choses qui font grand plaisir à Sen, cria la sœur en grimaçant de manière à prouver qu'elle espérait bien avoir sa part de satisfaction : je voudrais, Mary, que vous lui fissiez dire ce que c'est; à vous il ne cacherait rien.

Je ne saurais dire combien cette remarque agit désagréablement sur mes nerfs. La pensée que Mary Warren pourrait consentir à exercer une influence quelconque sur un homme comme Sénèque Newcome, m'affecta au plus haut degré; et j'aurais voulu qu'elle repoussât cet appel ouvertement et avec indignation. Mais elle accueillit ces paroles comme une personne assez accoutumée aux étourderies inconvenantes d'Opportunité. Je ne puis dire qu'elle manifesta soit plaisir ou déplaisir; je ne pus voir chez elle autre chose qu'une froide indifférence. J'aurais dû probablement me contenter de cela, mais je trouvais que c'était difficile. Sénèque, toutefois, n'attendit pas que mademoiselle Warren exerçât son influence pour l'engager à parler; car il y paraissait de lui-même fort disposé.

— Oui, il se passe en effet des choses qui me font plaisir, je dois l'avouer; et j'aime autant que M. Warren en soit informé. Les choses vont bien, vont à merveille parmi les anti-rentistes, et nous l'emporterons sur tous les points, avant peu.

— Je voudrais être certain, monsieur Newcome, que vous ne l'emporterez que là où vous avez droit, répliqua le ministre. Mais qu'est-il arrivé de nouveau qui puisse donner un autre aspect à l'affaire?

— Nous gagnons des forces parmi les hommes politiques. Les deux côtés commencent à nous courtiser, et l'esprit des institutions va bientôt se faire respecter.

— Je suis enchanté de l'apprendre! Il est dans l'esprit des institutions de réprimer la convoitise, l'égoïsme, et toute fraude, et de ne permettre que ce qui est juste, répondit M. Warren.

— Ah! voici mon ami le bijoutier, dit Sénèque en saluant mon oncle qui, à cet instant, se montrait, sa casquette à la main, à la porte du salon. — Entrez, monsieur Dafidson, puisque c'est votre nom. Je vous présente le révérend M. Warren, mademoiselle Mary Warren, mademoiselle Opportunité Newcome, ma sœur, qui sera heureuse de jeter un coup d'œil sur vos trésors. Le train est retardé pour affaires spéciales, et nous avons du temps devant nous.

Tout cela fut dit avec une froideur et une indifférence qui prouvaient que Sénèque n'avait aucun scrupule sur les convenances des présentations. Quant à mon oncle, accoutumé à ces manières libres et dégagées, et rassuré d'ailleurs sur sa tournure malgré son déguisement, il salua peut-être un peu trop en homme comme il faut, quoique mes explications antérieures sur notre naissance et nos malheurs rendissent la chose moins étrange.

— Entrez, monsieur Dafidson, et ouvrez-nous votre boîte; ma sœur aura peut-être un caprice pour quelqu'un de vos bijoux; je n'ai jamais connu de femme qui y fut indifférente.

Le colporteur improvisé entra et plaça sa boîte sur une table autour de laquelle se groupèrent toutes les personnes présentes. En même temps Sénèque, qui était trop plein de ses bonnes nouvelles, continua la discussion, pendant que montres, bagues, chaînes, broches et bracelets étaient examinés à la ronde.

— Oui, monsieur Warren, j'ose croire que nous sommes sur le point d'obtenir le développement complet de l'esprit de nos institutions, et qu'à l'avenir, il n'y aura plus de classes privilégiées, au moins dans l'État de New-York.

— Ce sera certainement un grand triomphe, Monsieur, répondit froidement le ministre. Jusqu'ici, ceux qui ont le plus défiguré la vérité et qui ont le plus contribué à répandre des mensonges flatteurs, ont obtenu en Amérique de fâcheux avantages.

Sénèque ne sembla pas trop satisfait de la réplique; mais je jugeai, d'après sa manière, qu'il était accoutumé aux franchises de M. Warren.

— Je suppose que vous admettrez, Monsieur Warren, qu'il y a aujourd'hui parmi nous des classes privilégiées.

— Je suis prêt à l'avouer, monsieur; c'est trop évident pour être contesté.

— Eh bien, je serais aise de vous les entendre signaler, afin que je puisse voir si nous sommes d'accord.

— Les démagogues forment une classe hautement privilégiée; les rédacteurs de journaux forment une autre classe privilégiée, faisant à l'heure et à la journée des choses qui mettent au défi toute loi, toute justice, et violant avec une parfaite impunité les droits les plus sacrés de leurs concitoyens. Le pouvoir de ces deux classes est énorme, et, comme dans tous les cas d'un pouvoir grand et irresponsable, toutes deux en abusent énormément.

— Eh bien, ce n'est pas là du tout ma manière de penser. Selon moi, les classes privilégiées dans ce pays sont vos patrons et vos propriétaires, les hommes qui ne sont pas contents d'une quantité raisonnable de terre, et qui désirent en posséder plus que le reste de leurs concitoyens.

— Je ne sache pas un seul privilége que possède au delà de tout autre citoyen, un propriétaire quelconque ou un patron; et de ces derniers, pour le dire en passant, il n'en existe plus un, excepté de nom.

— Vous n'appelez pas un privilége de posséder toute la terre qui peut être comprise dans les limites d'une commune entière? Je trouvé cela un grand privilége, tel qu'il ne doit pas en exister dans un pays libre. D'autres gens veulent avoir de la terre aussi bien que vos Van Rensselaers et vos Littlepage, et d'autres gens prétendent l'obtenir aussi.

— D'après ce principe, tout homme qui possède de n'importe quelle chose un peu plus que son voisin est privilégié. Même moi, tout pauvre que je suis, j'ai un privilége que vous n'avez pas, monsieur Newcome; j'ai une soutane et j'ai deux robes, l'une vieille et l'autre neuve, et différentes autres choses de la sorte, dont vous ne possédez pas une seule. Bien plus, je suis privilégié dans un autre sens, car je puis porter ma soutane et mes robes, et je les porte souvent; tandis que vous ne pourriez les mettre sans vous exposer au ridicule.

— Oh! mais ce sont là des priviléges dont je me soucie peu; si je le voulais, je mettrais toutes ces choses, car la loi ne le défend pas.

— Je vous demande pardon, monsieur Newcome, la loi vous défend de mettre contre mon gré *ma* soutane et *mes* robes.

— Eh bien, eh bien, monsieur Warren, ne disputons pas là-dessus; je n'ai le désir de porter ni votre soutane ni votre robe.

— Je vous comprends alors; vous ne considérez comme un privilége qui n'est accordé par la loi que ce que vous désirez avoir.

— J'ai peur que nous ne nous accordions jamais, monsieur Warren, sur cette affaire de l'anti-rentisme, et j'en suis fâché, car je serais particulièrement heureux de penser comme vous (en même temps il jetait un coup d'œil expressif vers Mary). Je suis pour le principe du mouvement, tandis que vous appartenez à la doctrine de l'immobilité.

— Certainement je me déclare stationnaire, monsieur Newcome, si le progrès consiste à enlever à d'anciennes familles, depuis longtemps établies dans ce pays, leurs propriétés, pour les donner à ceux dont les noms ne figurent nulle part dans notre histoire, ou plutôt pour les donner à qui que ce soit de préférence à ceux qui y ont droit.

— Nous ne nous entendrons jamais, mon cher monsieur, nous ne nous entendrons jamais.

Se tournant alors vers mon oncle avec cet air de supériorité que les gens vulgaires prennent si facilement; Sénèque lui dit : — Et vous, ami Dafidson, que dites-vous de tout cela? êtes-vous pour la rente ou contre la rente?

— Ya, meinher ; che toujours être pour foilà la rente, quand che quitter une maison ou un chardin ; être pon de payer ses dettes ; ya, être herr pon.

Cette réponse fit sourire le ministre et sa fille, tandis que Opportunité riait aux éclats.

— Tu ne feras pas grand'chose, Sen, de ton ami hollandais, cria-t-elle tumultueusement ; il dit que tu continues à payer la rente.

— Je crains que M. Dafidson ne comprenne pas clairement la matière, dit Sénèque tant soit peu déconcerté. Je vous ai entendu dire, monsieur Dafidson, que vous étiez un homme à principes libéraux, et que vous étiez venu en Amérique pour jouir de la lumière de l'intelligence et des bienfaits d'un gouvernement libre.

— Ya ; quand che venir en Amérique, che dis, eh pien, c'être un pon pays où un honnête homme peut afoir ce qu'il gagne, et le conserver aussi ; ya, ya, foilà ce que che dis et ce que che pense.

— Je vous comprends, Monsieur ; vous venez d'une partie du monde où les nobles mangent la part des pauvres et s'engraissent de leur substance, pour vous établir dans un pays où la loi est ou sera bientôt si égale pour tous, qu'aucun citoyen n'osera parler de ses *domaines* et offenser les sentiments de ceux qui n'en ont pas.

A cette singulière apostrophe, mon oncle prit avec tant de naturel un air d'innocence et d'embarras, que je ne pus m'empêcher de sourire. Mary Warren s'en aperçut ; et un second regard d'intelligence fut échangé entre nous, quoique, immédiatement après, elle détournât brusquement les yeux, et je crus voir une légère rougeur passer sur son visage.

— Je dis que vous êtes pour l'égalité de la loi et l'égalité des priviléges, ami Dafidson, continua Sénèque avec emphase, et que vous avez vu trop de maux causés dans le vieux monde par la noblesse et l'oppression féodale, pour désirer de les rencontrer dans le nouveau.

— Les noples et les prifiléches féodaux être pas pons, répondit le colporteur secouant la tête d'un air de mécontentement.

— Ah ! je savais que vous pensiez ainsi. Vous voyez, monsieur Warren, qu'aucun homme qui a vécu sous le système féodal ne peut sentir autrement.

— Mais qu'avons-nous à démêler, monsieur Newcome, avec les

systèmes féodaux? et qu'y a-t-il de commun entre les propriétaires de New-York et les nobles de l'Europe, entre leurs baux et leurs redevances féodales?

— Qu'y a-t-il de commun? Mais beaucoup trop, Monsieur, je vous en donne ma parole. Nos gouverneurs eux-mêmes, pendant qu'ils invitent sans pitié les citoyens à se tuer l'un l'autre.....

— Allons, allons, monsieur Newcome, interrompit en riant Mary Warren, nos gouverneurs invitent nos concitoyens à *ne pas* se tuer l'un l'autre.

— Je vous comprends, mademoiselle Mary; mais nous ferons des anti-rentistes de vous deux avant qu'il se passe bien du temps. — Certainement, Monsieur, qu'il y a beaucoup trop de ressemblance entre les nobles de l'Europe et nos propriétaires, quand les honnêtes et libres tenanciers de ces derniers sont obligés de payer tribut pour avoir le droit de vivre sur des terres qu'ils cultivent et auxquelles ils font produire des richesses.

— Mais des hommes qui ne sont pas nobles donnent à bail leurs terres en Europe; bien plus, les serfs, à mesure qu'ils deviennent libres et riches, achètent des terres et les louent, dans certaines parties du vieux monde.

— Tout cela est féodal, Monsieur. Serf ou non serf, le système entier est pernicieux et féodal.

— Mais, monsieur Newcome, dit Mary Warren avec calme, mais avec une légère teinte d'ironie, vous-même vous louez des terres, vous donnez à bail des terres qui ne sont pourtant pas à vous et que vous tenez de M. Littlepage.

Sénèque était évidemment déconcerté; mais il était trop dans les voies du mouvement progressif pour céder aussi facilement. Faisant entendre une petite toux, plutôt pour s'éclaircir le cerveau que pour s'éclaircir le gosier, il trouva enfin une réponse et en fit l'émission avec un certain air de triomphe.

— Voilà précisément un des maux du système actuel, miss Mary. Si j'étais propriétaire de ces deux ou trois champs dont vous parlez, et que je n'eusse pas le loisir de les cultiver, je pourrais les *vendre*; au lieu que maintenant c'est impossible, puisque je ne puis faire aucune cession de propriété. Le jour où mourra mon pauvre oncle, et il n'ira peut-être pas une semaine, tant il est usé, toute la propriété, les moulins, les tavernes, les fermes, les bois et tout, reviendront au jeune Hughes Littlepage, qui s'amuse en

Europe, ne faisant aucun bien ni à lui ni aux autres, j'en suis bien certain. Voilà encore un des vices du système féodal ; il permet à un homme de voyager dans l'oisiveté, gaspillant sa substance en pays étranger, tandis que les autres sont contraints de rester chez eux, poussant la charrue et conduisant la charrette.

— Et pourquoi supposez-vous, monsieur Newcome, que M. Hughes Littlepage gaspille sa substance en pays étranger et ne fait rien de bien pour lui ni pour son pays ? Ce n'est pas ainsi que j'en ai entendu parler, et je n'attends pas de pareils résultats de ses voyages.

— L'argent qu'il dépense en Europe ferait, Monsieur, beaucoup de bien à Ravensnest.

— Pour ma part, mon cher père, reprit Mary avec son air calme, mais incisif, je trouve singulier que nos gouverneurs n'aient pas jugé à propos d'énumérer parmi les faits qui sont contraires à l'esprit des institutions, ceux que vient de signaler M. Newcome. Il est, en vérité, singulièrement à déplorer que M. Sénèque Newcome ne puisse pas vendre la terre de M. Hughes Littlepage.

— Je me plains moins de cela, reprit promptement Sénèque, que de ce que tous mes droits sur la propriété doivent disparaître avec la mort de mon oncle. Cela au moins, miss Mary, vous l'avouez, est assez dur.

— Si votre oncle, monsieur Newcome, allait recouvrer la santé et vivre vingt ans.....

— Non, non, miss Mary, répondit Sénèque en secouant la tête d'un air mélancolique, cela est absolument impossible. Je ne serais pas étonné, à mon retour, de le trouver mort et enterré.

— Mais, admettez que vous vous trompiez et que votre bail dût continuer, vous auriez encore une rente à payer ?

— Oh ! je ne m'en plaindrais aucunement. Si M. Dunning, l'agent de M. Newcome, voulait seulement promettre en quelques mots que nous aurions le bail aux mêmes termes qu'aujourd'hui, je ne dirais plus une syllabe.

— Eh bien ! voilà une preuve que le système a ses avantages, s'écria gaiement M. Warren. Je suis enchanté de vous entendre parler ainsi ; car c'est quelque chose que d'avoir parmi nous une classe d'hommes dont la simple promesse, en affaires pécuniaires, a tant de valeur ! Il est à espérer que leur exemple ne sera pas perdu.

— M. Newcome a fait un aveu que j'ai aussi été charmé d'entendre, ajouta Mary. Son empressement à accepter un nouveau bail aux anciennes conditions, est une preuve que jusqu'ici il a vécu sur un bon marché, et que, jusqu'au moment présent, c'est lui qui est l'obligé.

Ces paroles furent dites avec beaucoup de simplicité, mais elles vexèrent considérablement l'interlocuteur. Quant à moi, j'aurais embrassé de bon cœur la charmante fille qui avait fait cette malicieuse observation, quoique vraiment je l'eusse fait sans répugnance quand même elle n'eût rien dit. Pour Sénèque, il fit ce que font la plupart de ceux qui ont la conscience de leur tort : il essaya de présenter la question sous un autre point de vue.

— Il y a une chose, monsieur Warren, que vous ne sauriez admettre comme convenable, quelle que soit à ce sujet l'opinion de mademoiselle Mary. C'est ce dais qui recouvre à l'église le banc des Littlepage; certes, il devrait être abattu.

— Eh bien! sur ce dernier point, je diffère encore de vous, quoique je sois porté à croire que ma fille est assez de votre avis. Je pense, ma chère, que vous êtes d'accord avec M. Newcome, en ce qui concerne le dais et les vieux écussons.

— J'aimerais mieux, dit Mary à voix basse, qu'ils ne se trouvassent pas dans l'église.

A dater de ce moment, je me promis bien de les faire enlever dès que je serais en position de donner mes ordres.

— En cela je suis d'accord avec vous, mon enfant, reprit le ministre, et si ce n'était à cause de l'agitation causée par les rentes, et des faux principes si ouvertement énoncés depuis quelques années, j'aurais pu prendre sur moi-même, en ma qualité de recteur, de faire ôter ces écussons. Même, suivant les lois qui se rapportent à ces sortes de choses, ils auraient dû être retirés depuis une ou deux générations. Quant au banc séparé, c'est autre chose; c'est une propriété privée qui a été construite par l'église, laquelle église a été bâtie presque entièrement aux dépens des Littlepage; ce serait, par conséquent, un acte odieux que de détruire le banc, et surtout en l'absence du propriétaire.

— Vous avouez cependant qu'il ne devrait pas exister? dit Sénèque d'un air de triomphe.

— Je voudrais de tout mon cœur qu'il n'y fût pas. J'ai de l'aversion pour toute chose qui ressemble à une distinction mondaine dans la maison de Dieu ; et les emblèmes héraldiques en particulier, me semblent déplacés là où la croix seule est bien placée.

— Eh bien ! monsieur Warren, je ne puis dire que j'aime même des croix dans une église. Que sert d'élever de vaines distinctions, de quelque genre que ce soit ? Une église, après tout, n'est qu'une maison, et ne doit pas être considérée autrement.

— C'est vrai, dit Mary avec fermeté, mais c'est la maison de Dieu.

— Oui, oui, mademoiselle Mary, nous savons bien que vous autres épiscopaux, regardez plus aux choses extérieures et respectez plus les choses extérieures que la plupart des autres sectes de ce pays.

— Appelez-vous les baux des choses extérieures, monsieur Newcome ? répondit vivement Mary ; et les contrats, et les marchés, et les promesses, et les droits de propriété, et cette obligation de faire aux autres ce que vous ne voudriez qu'on vous fît ?

— Mon Dieu ! bonnes gens, s'écria Opportunité, qui avait été tout ce temps à passer en revue les bijoux, je voudrais bien que l'on criât une fois pour toutes : A bas les rentes ! et qu'on n'ajoutât plus un seul mot à ce sujet. Voici, Mary, un des plus jolis crayons que j'aie jamais vus, et le prix n'est que de quatre dollars. Je voudrais bien, Sen, que tu laissasses la rente en paix et que tu me fisses cadeau de ce crayon.

Comme c'était là un acte de générosité dont Sénèque ne voulait en aucune façon se rendre coupable, il se contenta de faire pencher son chapeau sur le coin de l'oreille, se mit à siffler, et sortit tranquillement de la chambre. Mon oncle Ro profita de l'occasion pour prier mademoiselle Opportunité de lui faire l'honneur d'accepter l'offrande de ses mains.

— Parlez-vous sérieusement ? s'écria Opportunité, rougissant de surprise et de plaisir. Mais vous m'avez dit que cela valait quatre dollars, et encore je trouve que c'est excessivement peu.

— C'être le brix pour un autre, dit le galant colporteur ; c'être pas le brix pour mademoiselle Opportunité. Nous foyacherons ensemble, et quand nous arriferons à la campagne, fous me direz les meilleures maisons où che poufais aller afec montres et pichoux.

— Certainement ; et je vous introduirai à Ravensnest, par-dessus le marché.

Pendant ce temps, mon oncle ayant choisi dans la collection un joli cachet en or pur surmonté d'une topaze, l'offrit d'un air gracieux à Mary Warren. J'examinai avec anxiété la fille du ministre, pour voir quel serait l'effet de cette galanterie, doutant et espérant à chaque changement que je voyais dans la belle et naïve contenance de celle à laquelle l'offre était faite. Mary rougissait, souriait, semblait embarrassée, et je craignis un instant de la voir hésiter. Mais je dois m'être trompé; car elle recula et, d'un air plein de grâce, elle refusa d'accepter le présent. Je devinai alors que ce qui causait son embarras, c'est qu'Opportunité avait fait tout le contraire; sans quoi, elle aurait pu ajouter quelques mots pour motiver son refus. Heureusement pour elle, toutefois, elle avait affaire à un homme comme il faut et intelligent. Quand l'offre avait été faite, mon oncle Ro ignorait le véritable caractère du père et de la fille; il ne savait même pas qu'il était en présence du recteur de Saint-André à Ravensnest. Puis les manières de Mary le désabusèrent de l'erreur que lui avait fait concevoir son intimité avec Opportunité, et il recula avec un tact parfait, saluant et s'excusant de façon, en vérité, à trahir son déguisement. Il n'en fut rien cependant; car M. Warren, avec un sourire qui indiquait également sa satisfaction de la conduite de sa fille, et sa reconnaissance de la libéralité du prétendu colporteur, et avec une simplicité qui prouvait sa bonhomie, se tourna vers moi et me pria de lui donner un air de ma flûte que je tenais à la main.

Si j'ai quelque talent, c'est, sans contredit, en musique, et surtout dans le jeu de la flûte. En cette occasion, je ne fus pas au-dessous de moi-même, et j'exécutai deux ou trois airs des meilleurs maîtres, avec autant de soin que si j'avais joué dans un salon de Paris. Je pus voir que Mary et son père étaient tous deux surpris de l'exécution : la première paraissait enchantée. Nous passâmes ensemble un très-agréable quart d'heure, et nous aurions pu en passer deux, si Opportunité n'avait pas jugé à propos de se mettre à chanter, mais non sans avoir auparavant invité Mary à se joindre à elle. Celle-ci ayant refusé, la sœur de Sénèque se lança toute seule, et nous régala successivement de trois romances. Je ne veux pas m'arrêter à caractériser la musique ou les paroles; ce que je puis dire, c'est que l'exécution répondait au choix des morceaux.

Comme il était convenu que nous voyagerions tous dans le

même convoi, l'entrevue dura jusqu'au départ, et ne se termina même pas alors. Mary et Opportunité étant assises l'une auprès de l'autre, M. Warren m'offrit de prendre place à son côté, malgré l'embarras de la vielle; mon costume d'ailleurs, outre qu'il était parfaitement neuf, n'avait pas l'aspect habituel que présente en général celui des musiciens ambulants. Si l'instrument n'avait pas été en évidence, je n'aurais pas paru trop déplacé auprès de M. Warren. Nous nous dirigeâmes de cette manière vers Saragota, mon oncle discourant tout le temps avec Sénèque sur l'agitation des anti-rentistes.

Quant au ministre et à moi, nous avions ensemble une conversation assez intéressante. Il me questionnait sur l'Europe en général et sur l'Allemagne en particulier; et j'eus des raisons de croire que mes réponses lui procurèrent autant de surprise que de satisfaction. Ce n'était pas chose facile que de conserver correctement mon dialecte d'emprunt. Je commis, sans doute, plus d'une erreur; mais mes auditeurs ne s'en aperçurent pas. Je dis mes auditeurs; car je vis bientôt que Mary Warren, assise en face, écoutait attentivement tout ce qui se disait entre nous. Cette circonstance ne me rendit pas moins communicatif, quoiqu'elle accrût le désir que j'éprouvais de rendre ce que je disais digne de son oreille. Quant à Opportunité, elle lut pendant quelque temps un journal, mâcha pendant quelque temps une pomme, et dormit le reste du chemin. Mais le voyage entre Troie et Saragota n'est pas long, et fut bientôt terminé.

CHAPITRE VII.

Si vous voulez me donner un peu de ce que vous n'avez pas beaucoup, c'est-à-dire de patience, je vais vous dire ce que répondit le ventre.

MÉNÉNIUS AGRIPPA.

Nous nous séparâmes aux sources de Saragota, M. Warren et ses amis trouvant une voiture pour les conduire avec leurs chevaux. Quant à mon oncle et moi, il fut convenu que nous nous transporterions du mieux que nous pourrions, de manière à nous trouver à Ravensnest un ou deux jours après. Suivant la théorie de notre nouvelle condition, nous devions voyager à pied, mais nous nous réservions *in petto* de trouver quelque véhicule pour soulager nos fatigues.

— Eh bien, dit mon oncle, du moment où nous fûmes hors de portée de nos nouvelles connaissances, je dois dire une chose par rapport à ce M. Seneky, comme il s'appelle, ou Sen, comme l'appelle son élégante sœur, c'est que c'est le plus infâme drôle qui soit dans l'État.

— Ce n'est pas faire son portrait en beau, répondis-je en riant. Mais pourquoi êtes-vous si décidément sévère pour lui en ce moment plus qu'en un autre?

— Parce que ce moment est le premier où j'ai eu l'occasion de dire quelque chose depuis que j'ai connu le scélérat. Tu dois avoir remarqué que ce personnage n'a fait que discourir depuis notre départ de Troie jusqu'ici.

— Certainement, j'ai pu voir que sa langue était constamment en mouvement; que disait-il, c'est ce que j'ignore.

— Il a dit assez pour mettre à nu son caractère. Le sujet de ses discours était l'anti-rentisme, dont il voulait m'expliquer la nature comme à un étranger. Mais je m'arrangeai de manière à le conduire pas à pas, jusqu'à ce que je pusse connaître tous ses plans et toutes ses espérances à ce sujet. Comment donc, Hughes, l'infâme n'a pas craint de me proposer de nous embrigader, toi et moi, et de faire partie de ses Peaux-Rouges déguisés.

— Nous embrigader! Est-ce qu'ils s'obstinent à maintenir cette organisation en dépit de la loi?

— La loi! dans un pays comme celui-ci, quel souci ont de la loi deux ou trois mille votants? Qui peut invoquer la loi contre eux? Quand même ils iraient jusqu'au meurtre, comme cela peut arriver dans ces jours d'excitation, ils savent très-bien que personne ne serait pendu. L'honnêteté est trop passive dans des matières qui ne touchent pas immédiatement à ses intérêts directs. Il est de l'intérêt de tout homme honnête de s'opposer à ce mouvement anti-rentiste, et de le faire rentrer dans la poussière dont il est sorti; mais pas un sur cent, même parmi ceux qui le condamnent ouvertement, ne ferait un pas hors de sa route pour en arrêter les progrès. Tout dépend de ceux qui ont le pouvoir; et ils exerceront ce pouvoir de manière à se concilier le fripon audacieux plutôt qu'à protéger l'honnête homme. Tu dois te rappeler que les lois sont exécutées ici d'après le principe que ce qui est l'affaire de tout le monde n'est l'affaire de personne.

— Vous ne pensez sûrement pas que les autorités fermeront les yeux à une violation ouverte des lois?

— Cela dépendra du caractère des individus; la plupart le voudront, quelques-uns ne le voudront pas. Toi et moi nous serions punis bientôt, s'il y avait une chance, mais la masse échappera. Oh! nous avons eu de précieuses confidences dans notre coin de la voiture. Les deux ou trois hommes qui ont rejoint Newcome viennent des districts anti-rentistes, et, me voyant avec leur ami, ils ont montré peu de réserve. Un de ces hommes est un prédicateur anti-rentiste; et, étant tant soit peu didactique, il me déroula méthodiquement quelques-uns de ses arguments.

— Comment! ont-ils des missionnaires? J'aurais cru que les journaux seraient un moyen suffisant pour faire circuler leurs idées.

— Oh! les journaux, comme des cochons nageant avec trop de vivacité, se sont coupé la gorge; et il semble fashionable, aujourd'hui, de ne pas les croire. La prédication est à présent le grand levier moral de la nation.

— Mais un homme peut mentir en prêchant, aussi bien que dans un journal.

— Sans contredit; et si beaucoup de prédicateurs sont de l'école de ce M. Holmes, il doit y en avoir beaucoup qui prennent de grandes libertés avec la vérité.

— Vous l'avez donc surpris dans quelques-unes de ces libertés?

— Dans cent : rien n'était plus facile pour un homme dans ma position, moi qui connais toute l'histoire des titres de propriété dans notre État. Un de ses arguments dévoile si clairement le côté faible de notre système politique, que je dois te le faire connaître. Il parlait de la gravité des troubles, de l'importance de la paix, et du droit de l'État de mettre ordre à tout; et puis, par voie de corollaire à sa proposition, il déroula un plan pour changer les titres, AFIN DE DONNER SATISFACTION AU PEUPLE!

— Le peuple, bien entendu, représenté par les tenanciers, et les droits des propriétaires devant être entièrement méconnus.—Mais Sénèque a-t-il dit quelque chose concernant ses propres intérêts?

— Non pas à moi, mais au prédicateur Holmes. J'écoutais attentivement, étant moi-même parfaitement au courant des faits principaux. Comme tu seras bientôt appelé à intervenir en cette matière pour toi-même, je puis aussi bien te les raconter. En premier lieu, mon bisaïeul, Mordaunt, le premier patenté, comme on l'appelait, afferma ses moulins et dépendances au grand-père de Sénèque et premier tenancier, alors un tout jeune homme. Afin d'obtenir des colons, il était nécessaire de leur faire de grands avantages; car il y avait beaucoup plus de terres que de bras. Le premier bail fut donc accordé à des conditions excessivement favorables, à ce Jason Newcome, que je me rappelle encore. Il avait deux espèces de réputation : la première et la vraie, qui le représentait comme un homme avide, envieux, plein d'astuce et d'immoralité. Selon quelques traditions parmi nous, on l'avait surpris à voler du bois, et à pratiquer diverses autres fraudes. En public, il passait pour un de ces honnêtes et laborieux pionniers qui ont transmis à leurs descendants tous leurs droits, ceux que l'on appelle aujourd'hui des droits moraux, comme ceux qui sont reconnus pour légaux. Peu de temps avant le mariage de mon père, ledit Jason étant encore vivant et en possession, le bail expira, et fut renouvelé pour trois générations, l'une desquelles court encore. Ce bail fut accordé à des conditions très-avantageuses pour le tenancier, il y a bien soixante ans, le vieux Newcome ayant nommé parmi les premiers son fils dont la vie s'est prodigieusement étendue. Maintenant Sénèque, que Dieu le bénisse! sous-loue quelques-uns des lots qui lui sont échus en héritage, pour beaucoup plus d'argent qu'il n'en coûte pour la totalité de la propriété. Et il en est de même depuis trente ans pour toute la portion louée par la famille Newcome. Or la longue durée de cet excellent marché est le principal argument des Newcome pour avoir les terres en toute propriété, à un prix nominal, ou même sans payer aucun prix, si les désirs des tenanciers s'accomplissent.

— Je crains qu'il n'y ait rien de nouveau à bouleverser ainsi tous les principes; la moitié du genre humain me paraît se guider par des raisonnements sens-dessus-dessous.

— La moitié est une petite proportion, comme tu le verras, mon garçon, à mesure que tu vieilliras. Mais n'était-ce pas une fière impudence de la part de Sénèque de nous proposer de nous joindre à l'association des *Indgiens?*

— Qu'avez-vous répondu? Quoique je ne pense pas qu'il fût prudent pour nous d'aller ainsi déguisés et armés, maintenant que la loi en fait un acte de félonie, même quand notre motif, au fond, serait de venir en aide à la loi.

— Pas si fou! Comment donc! s'ils prouvaient ce crime de la part d'un de nous, ou de quelqu'un appartenant à une des anciennes familles, nous serions des victimes dévouées. Aucun gouverneur n'oserait user d'indulgence avec nous. Non, non; la clémence est un mot réservé pour des fripons avoués.

— Nous pourrions cependant obtenir quelque faveur, parce que nous appartiendrions à un nombreux corps de délinquants.

— C'est vrai; j'oubliais cette circonstance. Plus les crimes et les criminels sont nombreux, plus l'impunité est probable : et cela, non d'après le principe général qu'on ne peut résister à la force, mais d'après le principe particulier que mille ou deux mille votes sont d'une haute importance, quand trois mille votes peuvent décider une élection. Dieu seul peut savoir où cela nous conduira!

Notre dialogue se termina en entrant dans une des plus humbles tavernes de l'endroit, assez bien appropriée pour des gens de notre présente condition. La saison n'était pas encore assez avancée pour que les eaux de Saragota fussent fréquentées, et nous ne trouvâmes que peu de personnes qui en fissent leur boisson parce qu'elles en avaient réellement besoin. Mon oncle avait été autrefois un visiteur assidu de Saragota, un beau de la plus belle eau, comme il le disait en riant; il put ainsi m'expliquer tout ce qu'il y avait à connaître. Mais de pareils endroits en Amérique sont si inférieurs à tout ce qui y ressemble en Europe, qu'il ne s'y trouve rien pour attirer l'attention du voyageur.

Dans le cours de la soirée, nous profitâmes d'une voiture de retour pour aller jusqu'à Sandy-Hill, où nous passâmes la nuit. Le lendemain matin, de bonne heure, nous louâmes une charrette avec laquelle nous coupâmes à travers le pays jusque vers la nuit, et, après l'avoir payée et renvoyée, nous nous dirigeâmes vers une taverne. Dans cette maison, où nous eûmes à passer la nuit, nous entendîmes beaucoup parler des *Indgiens* qui venaient de se montrer sur les terres de Littlepage, et l'on discutait vivement sur les résultats probables de leur expédition. Nous étions dans un petit bourg, ou plutôt dans une propriété appelée Mooseridge, qui nous avait autrefois appartenu; mais comme elle avait été vendue et en grande partie payée par les occupants, personne ne songeait à contester la validité du contrat.

Nous obtînmes à la taverne un logement assez décent, quoique l'Américain le plus ardemment patriote, qui connaît quelque chose des autres pays, ne puisse pas dire grand'chose de bon en faveur d'une chambre à coucher dans une auberge de campagne. Le même argent et les mêmes efforts pourraient rendre supportable et même agréable ce qui est aujourd'hui le beau idéal du malaise. Mais qui produira cette réforme? Suivant les opinions circulant parmi nous, le plus humble hameau a déjà atteint le plus haut degré de civilisation; et quant au peuple, sans distinction de classes, on admet partout qu'il est le mieux élevé, le plus intelligent et le plus spirituel de la chrétienté. Non, je dois me reprendre; il est tout cela, excepté quand il afferme des terres, et alors l'innocent et illettré laboureur est la victime de l'artifice des propriétaires, les misérables!

Nous passâmes une heure sous le portique après notre souper, et comme quelques habitants du hameau s'y trouvaient rassemblés, nous eûmes occasion d'entrer en communication avec eux. Mon oncle vendit une montre, et je jouai de la vielle pour me rendre populaire. Après ces préliminaires, la conversation tomba sur le sujet important du jour, l'anti-rentisme. Le principal discoureur était un jeune homme d'environ vingt-six ans, moitié campagnard, moitié gentleman, que j'appris bientôt être l'avocat en renom dans le pays. Son nom était Hubbard; un autre interlocuteur s'appelait Hall. Ce dernier était un artisan d'un aspect simple et franc. Chacun de ces personnages était assis sur une chaise de cuisine, le dos appuyé contre la muraille, faisant pencher la chaise de façon à ce qu'elle se supportât sur les deux pieds de derrière, tandis que leurs pieds, à eux, s'appuyaient sur les barreaux de devant. L'attitude n'était ni gracieuse ni pittoresque, mais elle était tellement ordinaire qu'elle ne pouvait exciter aucune surprise. Hall parut parfaitement content de sa position après qu'il eut bien solidement établi les pieds de sa chaise; mais pendant quelques minutes les yeux de Hubbard semblèrent inquiets, agités et même menaçants. Il tira de sa poche un petit canif, jeta autour de lui des yeux hagards, parut sur le point d'abandonner sa chaise en équilibre, lorsque l'aubergiste s'avança tenant à la main plusieurs petites planchettes de sapin, une desquelles fut offerte à Hubbard. L'avocat fut soulagé; il prit la planchette et se mit à l'entailler avec son canif, paraissant goûter dans ce singulier passe-temps un plaisir infini. Je ne puis expliquer le mystérieux ravissement que tant de gens éprouvent à entailler du bois, quoique cette habitude soit si répandue. Mais je ne puis non plus expliquer le plaisir que tant de gens éprouvent à chiquer ou à fumer. Toutefois la précaution de l'aubergiste était loin d'être superflue; elle semblait même, à l'aspect du portique, absolument nécessaire, s'il voulait ne pas voir la maison crouler sur sa tête. Afin que ceux qui n'ont jamais vu de telles choses puissent comprendre, je crois leur devoir quelques explications.

La maison était construite en bois; les montants et supports en sapin du Canada, avec les murailles en lattes et en plâtre. En cela, il n'y avait rien de remarquable; dans beaucoup de pays en Europe on construit principalement en bois. Des maisons en pans de bois étaient très-communes jusqu'à ces dernières années, même dans les grandes villes. Je me souviens d'en avoir vu à Londres, adossées au célèbre bâtiment de Westminster-Hall; et les mêmes matériaux ont servi pour le château en miniature tant renommé d'Horace Walpole, à Strawberry-Hill. Mais l'auberge de Mooseridge affichait quelques prétentions à l'architecture, outre qu'elle était trois ou quatre fois plus grande qu'aucune autre maison de l'endroit. Elle avait, comme je l'ai dit, un portique; une auberge de village doit être bien misérable si elle n'en a pas. En outre, ses bâtiments accessoires étaient enduits de différentes couches de badigeon d'une couleur douteuse. Cependant les colonnes du portique et les poutres même des murailles montraient, à des signes certains, le danger qu'il y aurait à abandonner les entailleurs à leurs instincts. Des aigles aux ailes déployées, des pavillons américains, des inscriptions, des initiales, des noms entiers, des emblèmes patriotiques, étaient profondément entaillés de tous côtés. Mais le monument le plus remarquable de l'industrie des habitués se voyait sur une des colonnes, et encore c'était celle du coin, la plus nécessaire pour le support du bâtiment; à moins cependant que la maison ne fût bâtie d'après le principe américain du siècle dernier, qui faisait soutenir la colonne par l'architrave, au lieu de soutenir l'architrave par la colonne. La colonne en question était, comme d'habitude, en sapin blanc, et à une hauteur convenable pour les entailleurs, elle était littéralement coupée aux deux tiers. Mais, il faut le dire, l'ouverture était nettement faite, indiquant de l'habileté et de l'attention, et les surfaces de la plaie étaient polies, de manière à démontrer que l'on ne négligeait pas le coup d'œil.

— Qu'est-ce-là ? demandai-je à l'aubergiste en indiquant la blessure béante à la principale colonne de son portique.

— Cela ? oh ! ce sont les entailleurs, répondit l'hôte avec un sourire.

Assurément, les Américains sont les meilleures gens de la terre : voici un homme dont la maison était près de tomber sur sa tête, et il souriait comme Néron quand il jouait du violon à l'incendie de Rome.

— Mais, repris-je, bourquoi les entailleurs faire tomber fotre maison ?

— Oh ! nous sommes dans un pays libre, vous savez, et les gens y font à peu près ce qu'ils veulent. Je les ai laissés couper aussi longtemps que je l'ai pu sans danger ; mais il était grand temps d'avoir recours aux planchettes, nous l'avouons. Il est toujours bon de conserver un toit sur sa tête pour se préserver du mauvais temps. Une semaine de plus aurait vu couper la colonne en deux.

— Eh pien, che pense que chaurais pas permis cela. Ma maison être ma maison, et j'aurais pas foulu des entailles.

— Oui, mais en souffrant les entailles, cela fait bouillir la marmite pour un plus grand nombre d'entrailles. Ainsi, vous voyez qu'il y a une certaine politique à voir affaiblir quelquefois vos colonnes, pourvu que ce soit fait par des mains convenables.

— Vous êtes étranger dans ce pays, camarade ? dit Hubbard avec bienveillance ; car à ce moment sa planchette était réduite à une forme quelconque, et il continuait à la travailler selon quelque loi de l'art d'entailler que je ne connais pas. Nous ne sommes pas si susceptibles en de telles matières que dans quelques-unes de vos contrées du vieux monde.

— Ya, che fois bien : mais le bois et la colonne coûter de l'archent, faloir quelque chose en Amérique ?

— Certainement. Il n'y a pas un homme ici qui voulût entreprendre de remplacer cette colonne par une nouvelle, y compris la peinture et tout, pour moins de dix dollars.

Ces paroles provoquèrent une discussion sur le prix probable d'une nouvelle colonne. Les opinions différaient, et une douzaine d'orateurs parlèrent sur ce sujet; quelques-uns estimant la dépense à quinze dollars, l'autre la réduisant à cinq. Je fus frappé du calme et de la netteté avec laquelle chacun exprima son opinion, aussi bien que de la forme du langage. L'accent était uniformément provincial, même celui de Hubbard, et quelques expressions sentaient aussi l'amphigouri des journaux : mais, au total, c'était correct et parfaitement bien dit, eu égard à la classe des interlocuteurs. Hall, cependant, était celui qui me frappait le plus. Il parlait avec une précision et une connaissance de la mécanique qui aurait fait honneur à un savant, et avec une simplicité qui ajoutait à l'influence de ses paroles. Quelque remarque incidente me fit dire :

— Eh pien ! che pouvoir supposer qu'un Indien couberait ainsi cette colonne, mais je n'aurais pas supposé d'un homme planc.

Ces paroles rappelèrent la discussion sur l'anti-rentisme.

— Il paraît, après tout, que cette affaire marche toujours, dit Hubbard d'un air circonspect.

— Tant pis ! s'écria Hall; on aurait pu y mettre fin en un mois, et il est honteux de la voir durer dans un pays civilisé.

— Vous avouerez, cependant, voisin Hall, que ce serait une grande amélioration dans la condition des tenanciers, s'ils pouvaient changer leurs baux en titres de propriété.

— Sans doute, et ce serait aussi une grande amélioration dans la condition de tout journalier dans ma boutique, s'il pouvait en devenir le maître. Mais ce n'est pas là la question : la question est de savoir quel droit a l'État de forcer un homme de vendre sa propriété s'il n'en a pas envie. La belle liberté que nous aurions, si nous possédions nos maisons et nos jardins sous une telle législation !

— Mais nous possédons, en effet, nos maisons, nos jardins et nos fermes sous une législation assez semblable, reprit l'avocat, qui, évidemment, respectait son antagoniste et ne s'avançait qu'avec prudence. Si l'État a besoin d'une terre quelconque pour un service public, il peut la prendre en la payant.

— Sans doute, pour un service public, et c'est là toute la question. J'ai lu le vieux rapport du comité de la Chambre, et je ne puis souscrire aux doctrines qu'il renferme. La politique publique, en ce sens, ne signifie pas du tout le service public. Si l'on a besoin d'une terre pour une route, un fort, un canal, on peut la prendre en vertu de la loi, moyennant indemnité; mais parce que dans un contrat il y a une partie qui veut l'annuler, prétendre que l'État a le droit d'intervenir, sous prétexte que les mécontents peuvent être plus facilement apaisés de cette manière qu'en les contraignant d'obéir aux lois, c'est un pauvre argument pour faire valoir le droit. D'après le même principe, il serait plus aisé d'acheter les voleurs par un compromis que de les punir. Il serait aussi, par cette méthode, fort aisé d'annuler tout contrat.

— Mais, voisin Hall, tous les gouvernements font usage de ce pouvoir quand c'est nécessaire.

— Ce mot *nécessaire* couvre bien des choses, maître Hubbard. Tout ce qu'on peut dire ici en faveur de la nécessité, c'est qu'elle coûte moins, et qu'elle conduit plus facilement les mécontents à leur but. Personne ne doute que l'État de New-York ne puisse venir à bout de ces anti-rentistes, et j'espère bien qu'il en viendra à bout. Il ne s'agit donc, dans ce cas, d'aucune nécessité que de la nécessité que ressentent toujours les démagogues de gagner le plus de votes possible.

— Après tout, voisin Hall, les votes sont des armes assez puissantes dans un gouvernement populaire.

— Je ne le conteste pas ; et maintenant qu'ils parlent de nouvelles dispositions pour modifier la constitution, c'est un moment favorable pour apprendre à de tels gouvernants qu'ils ne devraient pas de la sorte abuser du droit de suffrage.

— Comment peut-on l'empêcher? Vous êtes, je le sais, pour le suffrage universel.

— Oui, je suis pour le suffrage universel parmi les honnêtes gens ; mais je ne me soucie pas d'avoir mes autorités choisies par ceux qui ne sont jamais satisfaits s'ils n'ont leurs mains dans les poches des autres. Qu'on introduise dans la constitution une clause portant qu'aucune ville, village ou comté ne pourra voter pendant un temps donné, en cas de résistance ouverte à la loi. Cela rabattrait promptement les prétentions de tous ces violateurs de la loi.

Il devint évident que cette proposition frappait les auditeurs, et quelques-uns l'approuvèrent ouvertement. Hubbard l'accueillit comme une idée nouvelle, mais répugnait à en admettre l'application. Comme on devait s'y attendre d'un avocat accoutumé à de petites pratiques, ses objections reposèrent plutôt sur des vues étroites que sur les connaissances d'un homme d'État.

— Comment, dit-il, détermineriez-vous l'étendue du district à punir par la privation de ses droits ?

— Prenez les limites légales comme elles se trouvent. Si la loi est violée par une combinaison assez forte pour maîtriser les agents de la loi dans une ville, privez la ville de ses droits pendant une période donnée; si c'est dans plus d'une ville, frappez plusieurs villes; si c'est un comté, frappez le comté entier.

— Mais de cette manière vous punissez les innocents avec les coupables.

— Ce serait pour le bien de tous; d'ailleurs, vous punissez de mille manières l'innocent avec le coupable. Vous et moi, nous sommes imposés pour empêcher les ivrognes de mourir de faim, parce qu'il vaut mieux agir ainsi qu'offenser l'humanité en regardant des hommes mourir de faim ou en les excitant à voler. Quand vous proclamez la loi martiale, vous punissez l'innocent avec le coupable, et ainsi de suite, dans cent cas différents. Tout ce qu'on demande est ceci : N'est-il pas plus sage de désarmer les démagogues et les perturbateurs de la paix publique qui veulent faire valoir leurs droits de suffrage dans de méchantes intentions, que de souffrir qu'ils atteignent leur but par l'abus le plus flagrant de leurs priviléges politiques?

— Mais comment décider le cas où une ville devrait perdre son droit de voter?

— Par un témoignage public en cour de justice : les juges ont l'autorité convenable pour décider en pareil cas, et ils décideront, à n'en pas douter, parfaitement bien dix-neuf fois sur vingt. Il est de l'intérêt de tout homme qui désire exercer le droit de suffrage, de lui donner toute protection contre ceux qui veulent en abuser. Un officier de paix peut faire appel aux citoyens pour l'aider ; si les forces sont suffisantes pour dompter les rebelles, c'est fort bien ; si elles sont insuffisantes, que ce soit une preuve que le district n'est pas digne de donner un vote comme les hommes libres. Ceux qui abusent des libertés dont on jouit dans ce pays n'ont aucun droit à nos sympathies. Quant aux moyens d'exécution, on les trouverait facilement, une fois le principe admis.

La conversation se poursuivit pendant plus d'une heure, le voisin Hall développant avec énergie ses opinions. J'écoutais avec un plaisir mêlé de surprise. — Après tout, me dis-je à moi-même, voilà le véritable citoyen, le nerf et le cœur de ce pays. Il y a dans l'État des milliers d'hommes de cette nature ; pourquoi seraient-ils dominés et contraints de se soumettre à une législation et à des pratiques dénuées de principes, par la tyrannie de la plus mauvaise portion de notre communauté? Les hommes honnêtes sont-ils donc toujours si passifs, et les corrompus si actifs.

Lorsque je communiquai ces pensées à mon oncle, il me répondit :

— Oui, il en a toujours été, je le crains, et il en sera toujours ainsi. Voilà, dit-il en montrant un monceau de journaux étalés sur une table, voilà la plaie de ce pays. Aussi longtemps que les hommes ajouteront foi à ce qu'ils trouvent dans ces feuilles, ils ne pourront être que des dupes ou des fripons.

— Mais il y a du bon dans les journaux.

— Le mal n'en est que plus grand. S'ils ne contenaient rien que des mensonges, le monde les rejetterait bientôt ; mais combien y a-t-il de gens capables de distinguer le vrai du faux? combien y a-t-il de journaux qui disent la vérité sur l'anti-rentisme? Parfois dans ce corps d'écrivains se présente un honnête homme ; mais à côté de lui, dix autres affectent de dire ce qu'ils ne pensent pas, afin de gagner des votes. Votes, votes, votes, dans ce seul mot est tout le mystère de la chose.

— Cependant Jefferson a dit que s'il avait à choisir entre un gouvernement sans journaux et des journaux sans gouvernement, il choisirait la dernière alternative.

— Jefferson ne parlait pas des journaux tels qu'ils sont maintenant. Je suis assez vieux pour pouvoir apprécier le changement qui a eu lieu. De son temps, trois ou quatre mensonges bien avérés auraient suffi pour perdre un journal ; aujourd'hui, il y a des hommes qui ne bronchent pas sous des milliers. Je dois te le dire, Hughes, ce pays est tiraillé par l'antagonisme des deux principes les plus contraires, le christianisme et le journalisme. Le premier est toujours à crier à l'homme qu'il n'est qu'un être misérable, fragile, bon à rien, tandis que le dernier proclame éternellement la perfection du peuple et les vertus du gouvernement par les masses.

— Peut-être ne faudrait-il pas donner trop d'importance ni à l'un ni à l'autre.

— Le premier principe est certainement vrai dans des limites que nous pouvons comprendre ; quant au dernier, j'avoue qu'il me faut un autre témoignage pour y croire que les assertions d'un journal.

Après tout, mon oncle Ro se trompe quelquefois, quoique la vérité me force de dire que très-souvent il a raison.

CHAPITRE VIII.

> Je te vois encore;
> La mémoire, fidèle à sa mission,
> Te rappelle de la tombe dans toute ta beauté;
> Tu parais dans la lumière du matin;
> Tu es auprès de moi dans la nuit obscure,
> Dans mes songes je te rencontre comme autrefois :
> Alors tes beaux bras entourent mon cou,
> Et ta douce voix murmure à mon oreille;
> Dans tous mes sens la mémoire se réveille.
> Je te vois encore.
>
> SPRAGUE.

A dix heures du matin, le jour suivant, nous étions, mon oncle Ro et moi, en vue de la vieille maison de Ravensnest. Je l'appelle vieille, car une habitation qui est restée debout plus d'un demi-siècle, prend, en Amérique, un aspect d'une teinte vénérable. Pour moi elle était vraiment vieille, car elle était là depuis un temps double de mon existence, et se trouvait associée à mes premières pensées. Depuis mon enfance, j'avais regardé ces murs comme mon futur domicile, comme ils avaient été celui de mes parents et grands-parents. Toutes les terres qui s'étendaient devant nous, les riches vallées couvertes d'herbes ondulantes, les collines, les bois, les montagnes éloignées, les vergers, les fermes, les granges, et tous les autres accessoires de la vie rurale qui appartenaient au sol, étaient ma propriété et l'étaient devenus sans un seul acte d'injustice envers un être humain. L'Homme Rouge lui-même en avait reçu le prix de Herman Mordaunt; et Susquesus, la Peau-Rouge de Ravensnest, comme on appelait souvent le vieil Onondago, convenait du fait. Il était donc naturel que je fusse attaché à un domaine ainsi situé et ainsi transmis. AUCUN HOMME CIVILISÉ, AUCUN HOMME MÊME, SAUVAGE OU NON, N'AVAIT ÉTÉ LE PROPRIÉTAIRE DE CES BEAUX TERRAINS, EXCEPTÉ DES HOMMES DE MA RACE. C'est là une chose que peu d'hommes peuvent dire dans un autre pays que l'Amérique; et quand cela peut être dit avec vérité, dans des endroits où les arts et les bienfaits de la civilisation se sont répandus, il en résulte un sentiment si profond, que je ne m'étonne pas qu'il n'ait été nullement compris par les aventuriers errants qui parcourent la surface du pays, se mêlant des affaires des autres pour en faire leur profit. Rien ne peut moins ressembler à ce sentiment que les tourments de l'envie, et je suis persuadé que de pareils souvenirs ne peuvent qu'élever et agrandir l'âme de celui qui les réveille.

Et cependant il y a des hommes parmi nous, haut placés, aussi haut que peuvent l'être de tels hommes, — car les appeler au pouvoir serait plutôt abaisser le pouvoir à leur niveau, — il y a des hommes au pouvoir qui ont émis des principes d'économie politique d'après lesquels, si on les adoptait, je serais forcé de vendre tout ce domaine, n'en réservant peut-être qu'une seule ferme pour mon usage, et d'en placer le prix de façon à ce que l'intérêt pût égaler mon revenu actuel. Il est devenu aristocratique d'opposer le sentiment au commerce; et le commerce lui-même ne devra plus subsister lorsque tous ses profits ne reviendront pas au grand nombre. Même les principes du commerce doivent subir la loi des majorités!

Mon oncle Ro, qui cependant n'avait à faire valoir aucun droit de propriété, ne put voir sans émotion notre demeure. Lui aussi était né là; lui aussi y avait passé son enfance; lui aussi prit plaisir à se rappeler que notre race avait été seule propriétaire du sol que nous foulions, et pouvait sentir le juste orgueil qui s'attache à une longue probité et à une honorable condition sociale.

— Eh bien! Hughes, s'écria-t-il, nous voici arrivés, et nous pouvons décider ce qui nous reste à faire. Irons-nous jusqu'au village, qui est à quatre milles d'ici, pour y faire notre déjeuner? Mettrons-nous à l'épreuve un de nos tenanciers, ou plongerons-nous immédiatement *in medias res*, en demandant l'hospitalité à ma mère et à ta sœur?

— Cette dernière démarche pourrait bien, je crains, provoquer des soupçons. Le goudron et les plumes seraient notre sort le plus doux, si nous tombions dans les mains des *Indgiens*.

— Les *Indgiens!* Pourquoi ne pas aller tout d'un coup au wigwam de Susquesus, et obtenir de lui et de Yop l'histoire de ce qui se passe? J'ai entendu nos camarades de taverne parler hier soir de l'Onondago, et dire que, quoiqu'il passât pour avoir plus de cent ans, il ne paraissait pas en avoir plus de quatre-vingts. Cet Indien est un fin observateur, et il pourrait bien nous initier aux secrets de ses faux frères.

— Ils peuvent au moins nous donner des nouvelles de la famille, et quoiqu'il soit dans la nature des choses que des colporteurs s'arrêtent à la maison principale, ils peuvent aussi bien faire une halte au wigwam.

Cette considération nous détermina, et nous voilà aussitôt en route vers le ravin sur les flancs duquel était la hutte connue sous le nom de wigwam. C'était une petite construction en poutres, propre et de bonne apparence, chaude en hiver, fraîche pendant les chaleurs. Comme cette cabane était bien tenue, blanchie à la chaux et meublée par le propriétaire de Ravensnest, elle était toujours en bon état. Un jardin y était annexé, et il était dans une excellente condition, le nègre s'y démenant tout l'été, quoique la culture régulière en fût faite par un jardinier de notre maison, qui avait ordre d'y consacrer de temps à autre une demi-journée. D'un côté de la hutte était un toit à porcs et une petite étable pour une vache; de l'autre, les arbres de la forêt vierge ombrageaient la cabane de leurs branches séculaires. Cet arrangement assez poétique était la conséquence d'un compromis entre les deux habitants de la cabane; le nègre insistant pour avoir les accessoires de sa rude civilisation, tandis qu'à l'Indien il fallait l'ombre des bois pour le réconcilier avec sa position. Là demeuraient ensemble, depuis un nombre d'années équivalant à la durée d'une vie ordinaire, ces deux êtres si singulièrement associés, l'un descendu des races aviles de l'Afrique, l'autre de la race inculte, mais fière, des aborigènes de ce continent. La cabane elle-même commençait à paraître ancienne, mais ceux qui l'habitaient n'étaient guère changés pour ceux qui les connaissaient. Ces exemples de longévité, quoi que puissent dire à ce sujet les théoriciens, ne sont pas rares parmi les nègres ou les indigènes, bien que moins fréquents peut-être parmi les derniers que parmi les premiers. On a coutume de dire que le grand âge souvent attribué aux hommes de ces deux races tient à ce que l'on ignore l'époque de leur naissance, et par conséquent qu'ils ne vivent pas plus longtemps que les blancs. Cela peut être vrai en général; car il n'y a pas vingt-cinq ans que, dans le voisinage de Ravensnest, il est mort un homme blanc âgé de plus de cent vingt ans. Mais des hommes très-âgés parmi les nègres et les Indiens se voient néanmoins si fréquemment, eu égard surtout au petit nombre où se trouvent réduites ces deux populations, que le fait de leur longévité ne saurait être douteux.

Il n'y avait aucun grand chemin dans le voisinage du wigwam. Comme la petite construction s'élevait sur les terres de Ravensnest, qui contenaient deux cents acres et une portion de forêt vierge, sans compter les champs qui appartenaient à la ferme adjointe, on y arrivait par des sentiers; cependant un petit chemin voiturable, qui par mille détours circulait dans nos terres, avait été conduit jusqu'à la hutte, pour permettre à ma grand'mère et à ma sœur, et aussi à mon excellente mère, pendant sa vie, d'aller visiter les habitants séculaires de cette retraite. Ce fut par ce chemin que nous nous approchâmes de la cabane.

— Les voilà tous deux, s'écria mon oncle, se chauffant au soleil de ce beau jour. Hughes, je n'ai jamais regardé ces deux hommes sans éprouver un sentiment de crainte et d'affection. Ils étaient les amis, et l'un était l'esclave de mon grand-père; et du plus loin que je me souvienne, ils étaient des hommes âgés. Ils paraissent avoir été placés ici comme des monuments du passé, pour lier les générations qui ne sont plus, avec celles qui sont à venir.

— S'il en est ainsi, Monsieur, ils seront bientôt les seuls de leur espèce. Il me semble vraiment que, si les choses continuent longtemps dans leur direction actuelle, les hommes commenceront à devenir jaloux de l'histoire elle-même, parce que ses acteurs auront laissé des descendants auxquels reviendra un peu de leur gloire.

— Sans contredit, mon garçon, il y a parmi nous à ce sujet une étrange perversion des anciens sentiments. Mais tu ne dois pas oublier que sur deux millions et demi d'habitants que renferme l'État de New-York, il y en a peut-être un demi-million qui ne sont pas nés dans le pays, et qui ne peuvent par conséquent nourrir les sentiments attachés à un berceau et aux vieilles traditions. Beaucoup de choses doivent être attribuées aux faits de notre condition sociale; quoique j'avoue que ces faits ne devraient pas servir d'excuse à une violation de principes. Mais regarde ces deux vieux amis! Les voilà, fidèles aux sentiments et aux habitudes de leurs races, même après avoir passé si longtemps ensemble dans cette cabane. Voilà Susquesus assis sur une pierre, oisif et méprisant le travail, avec son fusil appuyé contre le pommier, tandis que Jaaf ou Yop s'occupe ou croit s'occuper dans le jardin, comme un esclave à l'ouvrage.

— Et lequel est le plus heureux, Monsieur, le travailleur ou l'oisif?

— Il est probable que chacun trouve son bonheur à conserver ses anciennes habitudes. L'Onondago a le travail en horreur, et j'ai entendu mon père raconter que son bonheur fut des plus grands lorsqu'il apprit qu'il pourrait passer le reste de ses jours *in otio cum dignitate*, et sans être obligé de faire des paniers.

— Yop nous regarde; ne ferions-nous pas mieux de les aborder?

— Yop peut regarder plus ouvertement, mais l'Indien voit deux fois mieux. Ses facultés sont bien supérieures à celles de son camarade; c'est un homme d'un grand jugement et d'une perspicacité rare. Dans ses bons jours, rien ne lui échappait. Mais, comme tu le dis, approchons.

Nous nous consultâmes sur la question de savoir si nous nous servirions avec les deux vieillards de notre dialecte germain, ce qui d'abord ne nous semblait pas nécessaire; mais en réfléchissant que nous pourrions être rejoints par d'autres personnes, car nos communications devaient être assez fréquentes pendant quelques jours, nous décidâmes de conserver strictement notre incognito.

Comme nous approchions de la porte de la hutte, Jaaf quitta lentement son petit jardin, et rejoignit l'Indien qui demeurait immobile sur son siége de pierre. Aucun changement dans les traits de ces deux hommes ne nous paraissait visible après une absence de cinq ans, chacun d'eux étant une image parfaite de la vieillesse extrême mais non décrépite des hommes de sa race. Des deux cependant, le noir, si toutefois on pouvait l'appeler noir, sa figure ayant pris une teinte d'un gris sale, semblait le plus changé, quoique cela m'eût semblé à peine possible la dernière fois que je l'avais vu. Quant à Sans-Traces, ou Susquesus, sa tempérance habituelle lui avait profité: son corps à moitié nu, car il portait le vêtement d'été de sa race, et ses membres secs, paraissaient faits d'un cuir longtemps trempé dans un tan de première qualité. Ses muscles, quoique raidis, ressemblaient à des cordes, et toute sa personne avait l'aspect d'une momie pétrifiée mais encore douée de sa vitalité. La couleur de la peau était moins rouge qu'autrefois, quoique la différence fût légère.

— Sago, sago, cria mon oncle, qui ne voyait aucun risque à se servir de ce salut indien. Sago, sago, ce charmant madin ; dans mon lancache, ce serait *guten tag* [1].

— Sago, répondit Sans-Traces avec son ton profondément guttural, tandis que le vieux Yop rapprochait deux lèvres qui ressemblaient à deux épais morceaux de bifteck trop cuits, fixait sur nous ses yeux bordés de rouge, faisait de nouveau la moue, travaillant ses mâchoires comme pour montrer les excellentes dents qu'elles contenaient encore, et gardant le silence. En sa qualité d'esclave d'un Littlepage, il regardait des colporteurs comme des êtres inférieurs ; car les anciens nègres de New-York s'identifiaient plus ou moins avec les familles auxquelles ils appartenaient et dans lesquelles ils étaient si souvent nés. « Sago, » répéta l'Indien, lentement, avec courtoisie et même avec emphase, après qu'il eut considéré mon oncle, comme s'il avait vu en lui quelque chose qui commandait le respect.

— C'être une charmante chournée, amis, dit l'oncle Ro en s'asseyant tranquillement sur des bûches qui étaient entassées près de la hutte, et en s'essuyant le front. Comment s'appelle cet endroit?

— Ceci? répondit Yop, non sans un peu de dédain ; ceci, colonie d'York. D'où venez-vous, pour faire une telle question?

— D'Allemagne. Être bien loin, mais pon pays. Ceci, pon pays aussi.

— Pourquoi le quitter, si c'est bon pays, eh?

— Bourquoi fous quitter Afrique? poufez-fous me dire cela? reprit d'un air calme l'oncle Ro.

— Jamais avoir été là, murmura le vieux Yop en rapprochant ses deux énormes lèvres et en les faisant mouvoir à peu près comme le sanglier, lorsqu'il est prudent de s'en écarter. Je suis nègue né à York ; jamais avoir vu l'Afrique, et jamais en avoir envie.

Il est à peine utile de dire que Jaaf appartenait à une école qui ne se servait jamais du terme de « gentilshommes de couleur. » Les hommes de son temps et de sa trempe s'appelaient *nègues*, et leurs maîtres les prenaient au mot et les appelaient aussi *nègues*, terme

---

[1] Bonjour.

dont aucun homme de la race ne se sert aujourd'hui, excepté par voie de reproche, et qui même, par une singulière contradiction de l'orgueil, est dans ce cas plus souvent employé que d'autres.

Mon oncle s'arrêta un instant, avant de poursuivre une conversation qui ne paraissait pas commencer sous des auspices très-favorables. Lorsqu'il jugea que le nègre s'était un peu calmé, il reprit :

— Qui demeurer dans cette crande maison de pierre?

— Tout le monde voir par votre question vous ne pas être un Yorkiste, répondit Yop ; qui peut demeurer là, excepté général Littlepage?

— Eh pien! che pensais lui être mort longtemps.

— Qu'importe cela? C'est sa maison et il y demeure, et la vieille jeune madame y demeure aussi.

Il y avait eu parmi les Littlepage trois générations de généraux de père en fils. D'abord, le brigadier général Evans Littlepage, qui occupait ce rang dans la milice, et mourut au service pendant la révolution. Le second était le brigadier général Cornélius Littlepage, qui obtint son rang par brevet, à la fin de la même guerre, dans laquelle il avait figuré comme colonel d'un régiment de New-York. Le troisième et dernier était mon grand-père, le major-général Mordaunt Littlepage; il était, pendant la lutte, capitaine dans le régiment de son père; obtint, à l'issue de la campagne, le brevet de major, et fut élevé au rang de major-général dans la milice, poste qu'il occupa pendant plusieurs années. Revenons à Yop.

— Quel poufoir, dit mon oncle, être l'âge de la dame que fous appelez la fieille cheune madame?

— Pooh! jeune fille encore, née quelque temps après la vieille guerre avec France. Me la rappelle encore quand elle était miss Dus Malbone. Le jeune maître Mordaunt prendre goût pour elle et l'épouser.

— Eh pien; ch'espère fous n'afoir aucune objection pour cette union?

— Pas moi; elle habile et bonne jeune fille alors, habile et bonne jeune femme aujourd'hui.

C'est ainsi qu'il s'exprimait sur ma vénérable grand'mère, qui comptait près de quatre-vingts années.

— Mais qui maindenant être maître de la crande maison?

— Général Littlepage, n'ai-je pas dit? nom de maître Mordaunt, mon jeune maître. Sus qui est là, seulement un Indgien; jamais assez heureux pour avoir bon maître. Nègues devenir rares jour-d'hui dans ce monde.

— Indgiens aussi, che crois; plus de Peaux-Rouges; mais en venir peaucoup.

L'Onondago se leva vivement, attachant un profond regard sur mon oncle; son mouvement était superbe et imposant. Jusqu'ici il n'avait rien dit, excepté ses mots de salut : je vis qu'il allait parler.

— Nouvelle tribu! dit-il. Comment vous l'appeler? d'où venir?

— Ya, ya; c'être les Peaux-Rouges anti-rentistes. Afez-fous pas vu, Sans-Traces?

— Oui..... venir me voir...,. face dans des sacs..... se conduire comme des squaws; pauvre Indgien, pauvre guerrier!

— Ya, che crois c'être frai. Che n'aime pas ces Indgiens. Comment fous les appeler, eh?

Susquesus secoua la tête lentement et avec dignité. Puis il considéra attentivement mon oncle, ensuite fixa ses yeux sur moi. Pendant quelque temps ses regards se portèrent de l'un à l'autre, puis il les tourna vers la terre avec calme et en silence. Je pris ma vielle et je jouai un air vif qui était très-populaire parmi les nègres de l'Amérique, et qui, je regrette de le dire, commence à le devenir parmi les blancs. Susquesus paraissait ne pas l'entendre, si ce n'est qu'une légère teinte de mépris effleura ses traits accentués. Il en était tout autrement de Jaaf. Je pus voir un certain mouvement nerveux dans ses membres inférieurs, comme s'il se sentait quelque disposition à danser. Cela passa cependant bientôt, quoique sa figure renfrognée, ridée, sombre et grise, continuât pendant quelque temps à rayonner d'une joie mélancolique.

On ne devait pas s'attendre que des gens aussi âgés fussent disposés à parler beaucoup. L'Onondago avait toujours été un homme silencieux, la dignité et la gravité de caractère s'unissant à la prudence pour le maintenir ainsi. Mais Jaaf était bavard par constitution, quoique le temps eût nécessairement beaucoup affaibli cette propension. En ce moment, des pensées et des souvenirs mélancoliques semblaient s'emparer de mon oncle, et, après que j'eus fini de jouer, nous demeurâmes pendant quelques minutes tous quatre plongés dans nos réflexions. Tout à coup, un bruit de roues se fit entendre, et une voiture légère, que je connaissais de longue date, tourna autour de l'étable et s'arrêta à dix pas environ de l'endroit où nous étions assis.

A cette interruption inattendue, mon cœur fut sur le point d'éclater, et je m'aperçus que mon oncle n'était pas moins affecté que moi. Au milieu des draperies flottantes de châles d'été et des autres ornements de toilette féminine, se distinguaient quatre figures jeunes et joyeuses, et une cinquième rendue vénérable par l'âge. En un mot, ma grand'mère, ma sœur, les deux autres pupilles de mon oncle, et Mary Warren étaient dans la voiture; oui, la jolie, timide mais vive et intelligente fille du recteur, était de la partie, semblant être chez elle et tout à fait à l'aise, comme quelqu'un parmi des amis. Elle fut la première à parler, et, s'adressant à ma sœur d'une voix douce et calme, quoique exprimant la surprise, elle lui dit :

— Voilà précisément les deux colporteurs dont je vous ai parlé, Marthe ; maintenant vous pourrez entendre bien jouer de la flûte.

— Je doute qu'il puisse mieux jouer que Hughes, fut la réponse de ma sœur. Mais j'aimerai à entendre sa musique, quand même ce ne serait que pour nous rappeler celui qui est si loin de nous.

— Ayons donc la musique, mon enfant, s'écria ma grand'mère, quoique ce ne soit pas nécessaire pour nous rappeler notre cher garçon. Bonjour, Susquesus, j'espère que cette belle journée vous fait du bien.

— Sago, répliqua l'Indien, faisant du bras un geste plein de dignité et même de grâce, quoiqu'il demeurât assis. Temps bon, grand esprit bon.... Comment vont les squaws?

— Nous sommes toutes très-bien, merci, Sans-Traces. Bonjour, Jaaf ; et vous, comment vous trouvez-vous en ce beau jour ?

Yop, ou Jaap ou Jaaf, se leva en chancelant, fit un profond salut, et répondit de ce ton moitié respectueux, moitié familier des vieux serviteurs de famille que l'on rencontrait chez nos pères:

— Merci, miss Dus, de tout mon cœur. Passablement bien, jourd'hui ; mais le vieux Sus, il tombe et devient plus vieux et plus vieux.

Or, des deux, l'Indien était certainement le plus solide monument d'antiquité, quoiqu'il fût moins remuant que le nègre. Mais le penchant à voir la paille dans l'œil du voisin était une faiblesse bien connue et bien enracinée chez Jaaf; l'exemple qu'il en donnaît alors fit sourire tout le monde. Je fus enchanté surtout de voir les yeux riants et rayonnants de Mary Warren, quoiqu'elle gardât le silence.

— Je ne puis dire que je sois d'accord avec vous en cela, Jaaf, reprit ma grand'mère. Sans-Traces porte les années admirablement, et je crois qu'il y a longtemps que je ne l'ai vu aussi bien qu'en ce moment. Aucun de nous n'est aussi jeune, assurément, comme dans les jours où nous fîmes connaissance, Jaaf; car, il y a de cela, je crois, près de soixante ans.

— Vous n'êtes qu'une petite fille, murmura le nègre. Vieux Sus être réellement vieux; mais miss Dus et maître Mordaunt, ils se sont mariés que l'autre jour, c'était après la révolution.

— C'est vrai, répliqua la vénérable aïeule avec un certain accent de mélancolie, mais la révolution a eu lieu, il y a bien, bien des années.

— Eh bien! je suis surpris, miss Dus! comme vous appelez cela bien des années, lorsque cela l'autre jour! reprit l'opiniâtre nègre, qui commençait à devenir impatient, parlant d'un air de dépit, comme s'il lui déplaisait d'entendre une chose qu'il ne pouvait accorder. Maître Corny un peu vieux, peut-être, s'il vit encore, mais tout le reste de vous, enfants, rien qu'enfants. Dites-moi une chose, miss Dus, est-il vrai qu'on a une ville à Satanstoé?

— Une tentative a été faite, il y a peu d'années, pour transformer en villes toute la contrée; mais je crois qu'on ne fera jamais de Satanstoe qu'une excellente ferme.

— Tant mieux. Cela bonne terre, je vous le dis. Un acre de terre là-bas, mieux que vingt acres par ici.

— Mon petit-fils ne serait pas flatté de vous entendre dire cela, Jaaf.

— Qué petit-fils, miss Dus. Je souviens que vous avez un petit enfant l'autre jour, mais cet enfant ne peut pas avoir enfant.

— Ah! Jaaf, mon vieil ami, mes enfants sont depuis longtemps des hommes et des femmes, et s'avancent vers la vieillesse. L'un, et c'était mon premier-né, est parti avant nous pour un monde meilleur, et son fils est votre jeune maître. Cette jeune personne, assise vis-à-vis de moi, est la sœur de ce jeune maître, et elle serait chagrine de penser que vous puissiez l'avoir oubliée.

Jaaf était arrêté par une difficulté assez commune dans la vieillesse; il oubliait toutes les choses de date récente, et se rappelait celles qui s'étaient passées un siècle auparavant. Notre mémoire est une tablette qui tient constamment de nos opinions et de nos habitudes. Dans la jeunesse, les impressions s'y font aisément, et les images qui y sont gravées, sont claires, distinctes et profondes, tandis que celles qui succèdent deviennent trop accumulées, prennent moins racine, parce qu'elles trouvent le terrain déjà occupé. Dans l'occasion présente, l'âge était si grand que le changement était réellement frappant, les souvenirs du vieux nègre agissant parfois sur l'esprit comme une voix de la tombe. Quant à l'Indien, comme je m'en aperçus plus tard, il était, sous tous les rapports, beaucoup mieux conservé que le nègre; sa grande tempérance, l'exercice en plein air et l'abstention de travail, outre les aises et l'abondance d'une vie à demi civilisée qui durait depuis près d'un siècle, contribuaient à maintenir les forces de l'âme et du corps. Pendant que je le regardais, je me rappelai ce que, pendant mon enfance, j'avais appris de son histoire.

Il avait toujours plané un mystère sur la vie de l'Onondago. Personne, du moins, n'en avait su les détails, excepté Andries Coejemans, oncle de ma chère grand'mère, et qui avait été connu parmi nous sous le sobriquet du « porteur de chaînes. » Ma grand'mère m'avait dit que l'oncle, porteur de chaînes, savait parfaitement tout ce qui concernait Susquesus, la raison pour laquelle il avait quitté sa tribu, était devenu un chasseur, un guerrier et un coureur parmi les faces pâles, et qu'il avait toujours dit que les détails faisaient grand honneur à son ami rouge; mais qu'il n'avait pas voulu en révéler davantage. Telle était cependant la réputation d'intégrité et de véracité du porteur de chaînes, qu'il avait suffi de sa parole pour assurer à l'Onondago la confiance entière de toute la famille, et une expérience de quatre-vingt-dix ans avait prouvé que cette confiance était bien placée.

Quelques-uns attribuaient l'exil volontaire du vieillard à l'amour; d'autres à la guerre, d'autres, enfin, aux conséquences cruelles de ces hostilités personnelles qui règnent parmi les hommes à l'état sauvage. Mais tout cela était resté obscur et mystérieux, et nous en étions réduits aux conjectures alors que nous approchions du dix-neuvième siècle, de même que nos pères l'étaient au milieu du dix-huitième. Revenons maintenant au nègre.

Quoique Jaaf m'eût momentanément oublié, et qu'il eût tout à fait oublié mes parents, il se rappelait ma sœur qui était dans l'habitude de le voir souvent. De quelle manière liait-il son existence à celle de la famille, c'est ce qu'il n'est pas aisé de dire; mais il la connaissait de vue, de nom et pour ainsi dire d'instinct.

— Oui! oui! cria-t-il un peu vivement, faisant claquer l'une contre l'autre ses grosses lèvres; oui, connaître miss Patty, sans doute. Miss Patty, très-belle, plus belle chaque fois que je la vois; yah! yah! yah! Le rire du vieux nègre avait quelque chose d'effrayant et de surnaturel, mais il s'y trouvait quelque chose de joyeux comme dans tous les rires des nègres. — Yah! yah! yah! Oui; miss Patty remarquablement belle, beaucoup de ressemblance à miss Dus. Je suppose que miss Patty est née vers le temps de la mort du général Washington.

Comme cette supposition faisait plus que doubler l'âge de ma sœur, elle produisit un rire général parmi les jeunes étourdies qui étaient dans la voiture. Un rayon de bonne humeur qui approchait d'un sourire, glissa sur la figure de l'Onondago et agita légèrement ses muscles; mais il garda le silence. J'eus des raisons de croire que la tablette de sa mémoire était en meilleur état que celle de Jaaf.

— Quels amis avez-vous avec vous ce matin, Jaaf? demanda ma grand'mère, en inclinant gracieusement sa tête vers nous, pendant que mon oncle Ro et moi nous nous levions vivement pour répondre à sa politesse.

Quant à moi, j'avoue franchement que j'eusse volontiers sauté dans la voiture, pour embrasser mon excellente grand'mère, presser Patt contre mon cœur et d'autres peut-être aussi. Mon oncle Ro avait plus d'empire sur lui-même, quoique je pusse voir que le son de voix de sa vénérable mère fut sur le point de le jeter hors de lui.

— Ceux-ci être colporteurs, Madame; je suppose, dit le nègre, porter des boîtes avec quelque chose dedans, et jouer d'une nouvelle espèce de violon. Allons, jeune homme, donnez à miss Dus un air, un air joyeux, qui fasse danser un vieux nègre.

Je disposai moi-même ma vielle et j'allais commencer une ritournelle, lorsque je fus interrompu par une voix douce, mais devenue plus douce par la vivacité du ton.

— Oh! pas cela, pas cela; la flûte! la flûte! s'écria Mary Warren, rougissant jusqu'aux oreilles de sa hardiesse, du moment où elle vit qu'on l'avait entendue, et que j'étais sur le point d'obéir.

Il est à peine nécessaire d'ajouter que je m'inclinai respectueusement ; et, déposant ma vielle, je tirai ma flûte de ma poche et commençai à jouer un des airs les plus nouveaux d'un opéra en vogue. A peine avais-je exécuté quelques mesures, que je vis le rouge monter aux joues de Marthe, et l'émotion qu'elle éprouva me convainquit qu'elle se rappelait l'instrument favori de son frère. Pendant les cinq années passées en Europe, j'avais fait d'immenses progrès ; des maîtres, à Naples, Paris, Vienne et Londres, m'avaient grandement perfectionné, et j'espère que l'on ne me trouvera pas trop présomptueux, si j'ajoute que la nature aussi devait faire quelque chose. Mon excellente grand'mère m'écouta avec la plus vive attention, et les quatre jeunes personnes furent enchantées.

— Cette musique est digne d'être entendue dans un salon, dit la première aussitôt que j'eus terminé, et nous espérons l'entendre ce soir à la maison, si vous restez encore dans notre voisinage. En attendant, nous allons continuer notre promenade.

En parlant ainsi, ma grand'mère se pencha et étendit vers moi sa main avec un sourire bienveillant. Je m'avançai, reçus le dollar qui m'était offert, et, incapable de maîtriser mes sentiments, je pressai mes lèvres sur sa main, avec respect mais avec ferveur. Si la figure de Marthe avait été près de moi, elle aurait probablement aussi eu sa part. Je suppose qu'on ne trouva rien d'extraordinaire de ce mode d'hommage respectueux, des étrangers pouvant avoir d'étranges coutumes ; mais, quoique la voiture s'éloignât aussitôt, je pus voir sur la figure vénérable de ma grand'mère un mouvement de surprise ; elle avait été frappée de la chaleur de mes démonstrations. Mon oncle s'était un peu éloigné, sans doute pour cacher les larmes qui remplissaient ses yeux, et Jaaf le suivait vers la hutte où il se dirigeait, pour faire les honneurs de l'endroit. Je restais donc seul avec l'Indien.

— Pourquoi pas embrasser figure de grand'mère ? me demanda l'Onondago d'un air calme.

Un coup de tonnerre eût éclaté sur ma tête, que je n'aurais pas été plus stupéfait. Ce déguisement qui avait trompé mes plus proches parents, qui avait défié Sénèque Newcome et même sa sœur Opportunité, n'avait pu me cacher à l'Indien dont les facultés devaient être affaiblies par l'âge.

— Est-il possible, Susquesus, que vous me reconnaissiez ! m'écriai-je, que vous vous souveniez même de moi ! J'aurais pensé que cette perruque, que ces habits m'auraient caché à tous les yeux !

— Certes, répondit-il tranquillement. Connaître jeune chef aussitôt que je l'ai vu ; connaître père ; connaître mère ; connaître grand'père, grand'mère, grand grand'père et son père aussi ; connaître vous. Pourquoi oublier jeune chef ?

— M'aviez-vous reconnu avant que j'embrassasse la main de ma grand'mère, ou est-ce cet acte qui m'a trahi ?

— Connaître aussitôt que voir. Pourquoi des yeux s'ils ne connaissent pas ? Connaître oncle-là. Soyez les bienvenus.

— Mais vous ne nous ferez pas connaître aux autres, Sans-Traces ? Nous avons toujours été amis, j'espère ?

— Certes, amis. Pourquoi vieux aigle, avec tête blanche, frapper jeune pigeon ? Jamais hache dans le sentier entre Susquesus et quelqu'un de la tribu de Ravensnest. Trop vieux pour la déterrer maintenant.

— Il y a de fortes raisons pour que mon oncle et moi nous ne soyons pas reconnus pendant quelques jours. Peut-être avez-vous entendu parler de ces mouvements qui troublent le pays?

— Que sont-ils ces mouvements ?

— Les tenanciers sont fatigués de payer la rente, et désirent faire de nouveaux marchés qui les rendent maîtres des fermes qu'ils occupent.

Une légère agitation passa sur les traits sombres de l'Indien ; ses lèvres se remuèrent, mais il ne proféra aucune parole.

— Avez-vous entendu parler de cela, Susquesus?

— Petit oiseau a dit cette chanson à mon oreille ; je n'ai pas aimé l'entendre.

— Et ces Indiens qui parcourent le pays, armés de fusils et habillés en calicot?

— Quelle tribu, ces Indgiens? demanda Sans-Traces avec une vivacité et un feu que je ne lui supposais plus. Que font-ils, marchant dans le pays sur le sentier de la guerre, eh?

— Dans un sens cela peut être. Ils appartiennent à la tribu anti-rentiste. Connaissez-vous cette nation?

— Pauvres Indgiens, je crois. Pourquoi venir si tard? pourquoi pas venir lorsque le pied de Susquesus était léger comme l'oiseau? pourquoi attendre que les faces pâles soient plus nombreux que les feuilles de l'arbre ou les flocons de neige? Il y a cent ans, lorsque ce chêne était petit, tribu d'Indgiens était quelque chose, aujourd'hui rien.

— Mais vous garderez notre secret, Sus? vous ne direz même pas au nègre qui nous sommes.

Sans-Traces fit un signe d'assentiment; puis il sembla tomber dans une espèce de léthargie, ne paraissant pas disposé à poursuivre ce sujet. Je m'approchai de mon oncle pour lui raconter ce qui venait de se passer entre nous. Il fut aussi étonné que je l'avais été, d'apprendre qu'un homme aussi âgé nous eût reconnus sous un déguisement qui avait trompé nos plus proches parents. Mais la pénétration de l'Indien et son talent d'observation avaient été longtemps remarquables. Comme sa bonne foi, d'ailleurs, était à l'épreuve, aucun de nous n'éprouva sérieusement la crainte d'être trahi.

CHAPITRE IX.

> Il vit un cottage avec une double remise,
> Un cottage de gens riches;
> Et le Diable fut joyeux, car son péché favori
> Est l'orgueil qui singe l'humilité.
>
> *Pensées du Diable.*

IL devenait maintenant nécessaire de décider la marche que nous avions à suivre. Il aurait pu paraître inconvenant de notre part de nous rendre à la maison de Ravensnest avant l'heure fixée, et si nous gagnions le village, nous aurions eu deux fois la route à faire avec nos instruments et notre boîte sur le dos. Après une courte consultation, il fut décidé que nous visiterions les habitations les plus voisines, en restant le plus près possible de la maison, et en faisant un arrangement pour coucher dans le voisinage. Si nous avions pu confier à quelqu'un notre secret, nous eussions certainement été mieux traités; mais mon oncle jugea qu'il serait prudent de maintenir le plus strict incognito, jusqu'à ce qu'il eût reconnu le véritable état des choses.

Nous prîmes donc congé de l'Indien et du nègre, promettant de les visiter encore dans le cours de la journée ou du lendemain, et nous suivîmes le sentier qui conduisait à la ferme. Nous pensions que, du moins, nous pouvions espérer de rencontrer des amis dans les occupants. La même famille y avait été maintenue depuis trois générations, et la location n'était faite que pour diriger le labourage et prendre soin de la laiterie ; il n'y avait pas les mêmes raisons de mécontentement qui semblaient prévaloir parmi les autres tenanciers. Le nom de cette famille était Miller ; elle se composait du père et de la mère, et de six ou sept enfants, la plupart fort jeunes.

— Tom Miller était autrefois un gaillard en qui l'on pouvait se fier, dit mon oncle lorsque nous approchions de la grange, dans laquelle nous pouvions voir la famille à l'ouvrage ; et l'on dit qu'il s'est bien conduit dans deux ou trois alertes qu'on a eues à la maison. Cependant, il est plus sage de ne pas encore le mettre en possession de notre secret.

— Je suis tout à fait de votre avis, Monsieur, répondis-je ; qui sait, en effet, s'il n'a pas, autant que les autres, envie de s'approprier la ferme qu'il occupe ? Il est petit-fils de celui qui a conquis ces lieux en éclaircissant la forêt, et il a juste les mêmes titres que tous les autres.

— C'est vrai ; et pourquoi cela ne lui donnerait-il pas autant de droits pour réclamer un intérêt dans la ferme, au delà de ce qui lui est alloué par le contrat qui l'oblige à y travailler, que s'il la tenait à bail ? Celui qui a un bail n'a aucun droit au delà de ceux stipulés dans son marché : il en est de même pour cet homme. L'un est payé de son travail par l'excédant des recettes au delà du prix de la rente annuelle, tandis que l'autre est payé, partie sur ce qu'il produit, partie en gages. En principe, il n'y a pas de différence, pas la moindre ; cependant je doute que le plus effronté démagogue dans l'État osât soutenir qu'un homme ou une famille qui loue son travail dans une ferme, même pour cent ans, acquiert le droit de dire qu'il n'en sortira pas, en dépit du propriétaire, aussitôt que le temps de son service sera accompli.

— L'amour de l'argent est la source de tout mal, et lorsque ce sentiment domine, on ne peut jamais dire ce que fera un homme. La perspective d'obtenir une bonne ferme pour rien, ou pour un prix insignifiant, suffit pour bouleverser toute la moralité même de Tom Miller.

— Tu as raison, Hughes, et c'est là un des points où nos

hommes politiques trahissent le pied fourchu. Ils écrivent, discourent et déclament comme si les troubles anti-rentistes naissaient seulement des baux à long terme, tandis qu'ils savent tous qu'il s'agit de toutes sortes d'obligations résultant de l'occupation de la terre, baux à vie, baux à terme, promesses et hypothèques. Mais nous voici à portée d'être entendus, et il faut reprendre notre jargon allemand.

— Guten tag, Guten tag, poursuivit-il en entrant dans la grange où Miller, deux de ses fils aînés et une couple d'ouvriers étaient au travail, repassant leurs faux et se préparant pour la fenaison; passablement chaud, cette pelle madinée.

— Bon jour, bon jour, cria Miller vivement, et jetant sur notre équipage un coup d'œil de curiosité. Qu'avez-vous dans votre boîte? des essences?

— Nein; montres et pichoux, dit l'oncle en posant la boîte et l'ouvrant pour en faire voir le contenu. Achetez-fous une ponne montre, cette pelle madinée?

— Sont-elles de vrai or? demanda Miller, et toutes ces chaînes et ces bagues est-ce de vrai or aussi?

— Non pas frai or; nein, nein, che ne puis dire cela. Mais c'être assez pon pour gens simples comme fous et moi.

— Ces choses ne seraient jamais assez bonnes pour les personnes de qualité de la grande maison! s'écria un des laboureurs qui m'était inconnu, mais que je sus depuis se nommer Joshua Brigham, et qui parlait avec une espèce de ricanement malicieux, qui prouvait qu'il n'était pas un ami. Vous les destinez donc à de pauvres gens, je suppose?

— Che les destine à toutes les chens qui me donnir leur archent pour, répondit mon oncle. Foulez-fous afoir une montre?

— Certainement que je le voudrais, et une ferme aussi, si je pouvais les avoir à bon compte, répondit Brigham avec un nouveau ricanement. Combien vendez-vous les fermes aujourd'hui?

— Che pas afoir de vermes; che fends pichoux et montres, pas fendre vermes. Ce que ch'ai che fends, pas fendre ce que ch'ai pas.

— Oh! vous aurez tout ce que vous voudrez si vous restez longtemps dans ce pays! Ceci est une terre libre et une place convenable pour un homme pauvre, ou du moins cela sera, aussitôt que nous serons débarrassés des propriétaires et des aristocrates.

C'était la première fois que j'entendais de mes propres oreilles ce jargon politique, quoique je susse qu'il était souvent employé par ceux qui voulaient donner une apparence solennelle à leur envie et à leur égoïsme. Quant à mon oncle, il prit un air de parfaite simplicité, en disant :

— Eh pien, ch'avais entendu que dans l'Amérique afoir pas de noples ou aristocrates, et qui n'y afoir pas un seul graaf dans tout le bays.

— Oh! il y a toute sorte de gens ici, comme ailleurs, dit Miller en s'asseyant froidement pour ouvrir et examiner une des montres. Mais ce Joseph Brigham que voilà appelle aristocrates tous ceux qui sont au-dessus de lui; quoiqu'il n'appelle pas ses égaux ceux qui sont au-dessous.

Ce discours me plut; ce qui plut encore, ce fut la manière calme et décidée avec laquelle il fut dit. Cela démontrait un homme qui voyait les choses telles qu'elles étaient, et qui n'était pas effrayé de dire ce qu'il en pensait. Mon oncle Ro fut aussi agréablement surpris, et il se tourna vers Miller pour continuer la conversation.

— Alors, n'y afoir aucune noplesse en Amérique?

— Si, il y a beaucoup de seigneurs dans le genre de ce Josh, qui veulent si terriblement monter plus haut que les autres, qu'ils ne s'arrêtent pas pour monter tous les degrés de l'échelle. Je lui dis, ami, qu'il veut aller trop vite, et qu'il ne doit pas se poser en gentilhomme avant de savoir se conduire.

Josh parut un peu confus de cette réprimande qui lui venait d'un homme de sa classe, et qu'il savait fort bien être méritée. Mais le démon s'était emparé de lui, et il s'était persuadé qu'il était le champion d'une cause aussi sacrée que la liberté, tandis qu'il ne faisait en réalité que violer le dixième commandement. Cependant il ne voulut pas céder, et se mit à escarmoucher avec Miller, à peu près comme le chien qui a été battu deux ou trois fois grogne en rongeant un os, à l'approche de son vainqueur.

— Eh bien, Dieu merci, s'écria-t-il, il y a u moins dans mon corps quelque feu.

— C'est vrai, Joshua, dit Miller en posant une montre pour en reprendre une autre, mais ce pourrait être un feu soufflé par le diable.

— Voilà ces Littlepage; qu'est-ce donc qui les ferait valoir mieux que les autres?

— Il vaudrait mieux ne pas parler des Littlepage, Joshua, puisque c'est une famille que tu ne connais en aucune façon.

— Je n'ai pas besoin de les connaître, quoique j'en connaisse autant que j'en veux connaître. Je les méprise.

— Non, tu ne les méprises pas, Joshy, mon garçon; on ne méprise pas les gens dont on parle avec tant de dépit. Quel est le prix de cette montre, ami?

— Quatre dollars, dit mon oncle, abaissant peut-être imprudemment le prix, dans son désir de récompenser Miller pour ses bons sentiments. — Ya, ya, fous afoir cette montre pour quatre dollars.

— J'ai peur qu'elle ne vaille pas grand'chose, répliqua Miller, devenu méfiant en entendant un si bas prix. Que je regarde encore l'intérieur.

Il n'y a pas d'homme, je crois, qui, en achetant une montre, n'en regarde les rouages d'un air capable, quoiqu'il n'y ait qu'un mécanicien qui puisse s'y connaître. Donc Miller agissait d'après ce principe; car l'aspect de la montre et les quatre dollars le tentaient cruellement. Ils eurent aussi leur effet sur le turbulent et envieux Joshua, qui semblait s'entendre assez bien à faire un marché.

— Et que demandez-vous pour ceci? dit Joshua en prenant une autre montre en tout semblable à celle que Miller tenait en main. Ne donneriez-vous pas celle-là pour trois dollars?

— Non, le brix de celle-là, sans rien rapattre, est de quarante dollars, répondit brusquement mon oncle.

Les deux hommes regardèrent le colporteur avec surprise. Miller prit la montre des mains de son ouvrier, l'examina attentivement, la compara à l'autre, et en demanda de nouveau le prix.

— Fous pouvez afoir l'une ou l'autre de ces montres pour quatre dollars, reprit mon oncle Ro, assez imprudemment, selon moi.

Cela occasionna une nouvelle surprise; heureusement, Brigham attribua la différence à une erreur.

— Oh! dit-il, j'avais entendu quarante dollars. Quatre c'est différent.

— Josh, interrompit Miller, meilleur observateur, il est temps que vous et Pierre alliez regarder aux moutons. Le cornet va bientôt sonner pour le dîner. Si vous voulez un marché, vous l'aurez en revenant.

Malgré le sans-façon de son extérieur et de son langage, Tom Miller était le capitaine de la compagnie. Il donna cet ordre tranquillement, et avec la même familiarité de manières, mais de façon à être obéi sans réplique. Une minute après, les deux ouvriers étaient sortis, nous laissant seuls dans la grange avec Miller et ses deux fils. Je voyais que le fermier agissait avec une intention quelconque, mais je n'y comprenais rien.

— Maintenant qu'il est parti, reprit-il avec calme, peut-être me direz-vous le prix réel de cette montre. J'en ai envie et me satisferai si nous sommes d'accord.

— Quatre dollars, répondit mon oncle distinctement, c'hai dit vous pouvez l'afoir pour cet archent, et ce que ch'ai dit peut touchours être.

— Je la prendrai, alors. J'aurais presque voulu que vous en demandiez huit, quoiqu'une économie de quatre dollars soit quelque chose pour un pauvre homme. Elle est si véritablement bon marché que cela me fait un peu peur; mais je me risque. Tenez, voici votre argent, et en belle monnaie.

— Merci, Mynheer. Est-ce que les tames ne prendraient pas quelques pichoux?

— Oh! si vous voulez des dames qui achètent des chaînes et des bagues, la grande maison est votre affaire. Ma femme ne saurait que faire de telles choses, et ne s'avise pas de faire la grande dame. Ce gaillard, qui vient d'aller aux moutons, est le seul grand homme que nous ayons dans la ferme.

— Ya, ya, c'être un nople dans une chemise sale; ya, ya, pourquoi a-t-il ces hauts sendiments?

— Parce qu'il veut placer son museau là où il n'a que faire, et qu'il enrage quand il rencontre quelqu'un sur son chemin. Nous avons pas mal de ces gaillards-là dans le pays depuis quelque temps, et ils nous préparent plus d'un ennui. Mes enfants, je crois après tout que Josh pourrait bien être un Indgien.

— Je sais qu'il l'est, répondit l'aîné, qui avait environ dix-neuf ans; où pourrait-il aller toutes les nuits et le dimanche toute la journée, si ce n'est à leurs réunions? Et que signifiait ce paquet de calicot que je lui ai vu sous le bras, il y a un mois, ainsi que je vous l'ai dit?

— Si je découvre qu'il en soit véritablement ainsi, Harry, il décampera de la ferme. Je ne veux pas d'Indgiens ici.

— Eh pien, dit mon oncle d'un air naïf, che crois afoir fu un vieux Indien dans une hutte là-bas auprès des bois.

— Oh! c'est Susquesus, l'Onondago; c'est un véritable Indgien, et un monsieur; mais nous avons dans les environs un tas de vauriens qui sont la peste et la désolation du pays. Plus de la moitié d'entre eux ne sont que des voleurs déguisés en Indgiens. La loi est contre eux, le droit est contre eux, et tout véritable ami de la liberté dans le pays devrait être contre eux.

— Qu'y a-t-il donc dans ce pays? Ch'entends en Europe que l'Amérique être une terre lipre, et que tout homme afoir ses droits; mais debuis que che suis ici, on ne parle que de parons, de noples et tenanciers et arisdogrades, et toutes les choses maufaises que che laisse derrière moi, dans le fieux monde.

— Le fond de la chose, ami, c'est que ceux qui ont peu envient ceux qui ont beaucoup, et la lutte consiste à voir qui sera le plus fort. D'un côté est la loi, le droit, les contrats; de l'autre côté des milliers, non de dollars, mais d'hommes. Des milliers de votants, comprenez-vous?

— Ya, ya, che gomprendre; c'être facile. Mais pourquoi parlent-ils autant de noples, d'arisdogrates? Y a-t-il en Amérique des noples, des arisdogrates?

— Eh bien, je ne comprends pas trop la nature de ces choses; il y a cependant des différences chez les hommes, des différences dans leurs fortunes, leur éducation, et dans d'autres choses.

— Et la loi, alors, en Amérique aussi, vaforise l'homme riche aux débens du paufre? Et fous avez des arisdogrates qui ne pas payer de taxes, et s'embarent des places, et pronnent l'archent public, et qui sont bréférés aux yeux de la loi à ceux qui n'être pas arisdogrates. Est-ce ainsi?

Miller rit aux éclats et secoua la tête, tout en continuant d'examiner les bijoux.

— Non, non, mon ami, nous ne voyons pas cela dans cette partie du monde. D'abord, les hommes riches ont peu de places; parce que c'est un argument en faveur d'un homme qui veut une place, qu'il est pauvre, et qu'il en a besoin. On ne demande pas de qui a besoin la place, mais qui a besoin de la place. Quant aux impôts, il n'y a pas, sous ce rapport, grande faveur accordée aux riches. Le jeune Littlepage paie l'impôt de cette ferme directement, et elle est taxée moitié plus qu'aucune autre ferme sur son domaine.

— Mais c'être pas chuste.

— Juste! qui s'occupe de cela? Qui pense à faire quelque chose de juste en fait d'impôts? J'ai entendu moi-même des vérificateurs dire : Un tel homme est riche, il a le moyen de payer; et tel homme est pauvre, il ne faut pas être exigeant. Oh! ils ont toujours des arguments en faveur de l'injustice.

— Mais la loi ; les riches poufoir assurément infoquer la loi.

— Comment cela, je vous prie? Les jurés sont tout, et les jurés ne suivent que leur propre sentiment, comme les autres hommes. J'ai vu les choses de més propres yeux. Le comté paie juste assez pour engager les hommes pauvres à rechercher les fonctions de jurés, et ils ne manquent jamais de se présenter, tandis que ceux qui sont assez riches pour payer l'amende s'abstiennent toujours, et laissent la loi à la disposition d'un seul parti. Il n'y a pas d'homme riche qui gagne une cause, à moins que son droit ne soit tellement évident, qu'il n'y a pas moyen de le violer.

J'avais déjà entendu dire cela; dans tout le pays on se plaint des abus qui tiennent au système du jury. J'ai entendu des avocats intelligents avouer que toutes les fois qu'il se présente une cause de quelque intérêt, on se demande, non pas de quel côté est le droit, mais quels sont les jurés, plaçant ainsi la composition du jury avant la loi ou l'évidence. Il y a des systèmes qui paraissent admirables sur le papier et en théorie, et qui sont détestables en pratique. Quant au jury, c'est une excellente institution pour combattre les abus du pouvoir dans des gouvernements étroits; mais dans des gouvernements qui reposent sur de larges bases, il a l'inconvénient de placer le contrôle de la loi dans les mains de ceux qui sont le plus disposés à en abuser; puisque au lieu de combattre et d'amoindrir l'autorité de l'État, de qui procède, dans un gouvernement populaire, le plus grand nombre d'abus, il ne fait qu'y ajouter et la fortifier.

Quant à mon oncle Ro, il était disposé à poursuivre la conversation avec Miller, qui se montrait un homme sage et consciencieux. Après une courte pause, comme pour réfléchir sur ce qui avait été dit, il reprit :

— Qu'est-ce donc qui fait les arisdograles dans ce bays?

— Ah! c'est difficile à dire. J'entends dire beaucoup de choses des aristocrates, j'en lis beaucoup, et je sais que la plupart des gens les détestent ; mais je ne suis en aucune façon certain que je sache ce que c'est qu'un aristocrate. En sauriez-vous par hasard quelque chose, ami?

— Ya, ya ; un arisdograte être un homme qui a dans ses mains toute le poufoir du goufernement.

— Mais c'est un roi, ça. Ce n'est pas là ce que nous pensons d'un aristocrate dans cette partie du monde. Ceux qui ont le pouvoir, nous les appelons *dimigogues*. Par exemple, voilà, le jeune M. Littlepage, propriétaire de cette grande maison là-bas, et de tout ce domaine étendu, est ce que nous appelons un aristocrate, et il n'a pas assez de pouvoir pour être nommé greffier de village, encore moins quelque chose de plus considérable.

— Comment poufoir être arisdograte, alors?

— Comment? c'est difficile, sans doute. Je vous dis que les vrais aristocrates en Amérique sont les dimigogues. Voilà Joah Brigham qui est parti aux moutons ; il obtiendrait plus de votes pour un emploi quelconque dans le comté, que le jeune Littlepage.

— Peut-être ce Littlepage être un maufais cheune homme?

— Pas du tout ; il est aussi bon qu'aucun d'eux, et meilleur que la plupart. En outre, quand il serait aussi méchant que Lucifer, les gens du pays n'en savent rien, puisqu'il est absent depuis qu'il est à l'âge d'homme.

— Bourquoi alors ne pas afoir autant de fotes que ce paufre ignorant aurait? C'être étranche.

— C'est, en effet, étrange ; mais c'est vrai comme l'Évangile. Pourquoi? C'est ce qu'il est moins facile de dire. Autant d'hommes, autant d'opinions, vous savez. Quelques-uns ne l'aiment pas parce qu'il demeure dans une grande maison ; d'autres le détestent parce qu'ils le croient plus riche qu'eux-mêmes ; d'autres se méfient de lui parce qu'il porte de beaux habits, et quelques-uns prétendent se moquer de lui parce qu'il tient sa propriété de son père et de son grand-père, et ainsi de suite, et qu'il ne l'a pas créée de lui-même.

— Si c'est ainsi, votre herr Littlepage pas être arisdograte.

— Eh bien ! on ne pense pas cela ici. Nous avons eu dernièrement un grand nombre de meetings sur les droits des fermiers à la propriété des fermes, et il y a eu beaucoup de discours sur l'aristocratie et les tenures féodales. Savez-vous aussi ce que c'est qu'une tenure féodale?

— Ya; il y afoir beaucoup de cela en Teutchland, dans mon bays. Être pas très-facile de l'expliquer en peu de mots, mais la brincipale chose est qu'un fassal doit un serfice à son seigneur. Dans les fieux temps, ce serfice était militaire, et y avoir encore quelque chose comme cela maintenant. C'être les noples qui doifent surtout le serfice féodal, dans mon bays, et ils le doifent aux rois et aux brinces.

— Et n'appelez-vous pas, en Allemagne, un service féodal l'obligation de donner la rente d'une poule?

Mon oncle et moi nous rîmes de bon cœur, en dépit de nos efforts; apaisant cependant sa gaîté aussitôt qu'il le put, mon oncle répondit :

— Si le bropriétaire avait le droit de fenir prendre autant de boulets qu'il lui blaît, et aussi soufent qu'il lui blaît, alors cela ressembler à un droit féodal ; mais si le bail dit que tel nombre de boulets sera payé par an pour la rente, c'être même chose que payer tant d'archent ; et il bourrait être plus facile pour le tenancier de payer en boulets que de payer en monnaie. Quand un homme ne paie pas ses dettes dans l'opjet confenu, être très-intépendant.

— C'est ce qu'il me semble, je l'avoue. Cependant il y a des gens ici, et quelques uns à Albany, qui regardent comme féodal pour un homme de porter à l'office de son propriétaire une couple de poules, et qui appellent aristocrate le propriétaire qui les reçoit.

— Mais l'homme peut enfoyer un garçon, une fille ou un nègre borter ses boulets, s'il le feut.

— Certainement; tout ce qu'on demande, c'est que les poulets soient apportés.

— Et quand le patron defoir à son tailleur ou à son pottier, ne faut-il pas aller à la poutique pour payer?

— C'est vrai; rappelez-moi cela, mes enfants, afin que je le dise à Josh ce soir. Oui, le plus gros propriétaire doit voir son créancier pour le payer, de même que le plus pauvre tenancier.

— Et defoir payer en un obchet particulier, en or ou en archent?

— C'est vrai encore.

— Eh pien! de quoi donc ces hommes se blaignent-ils?

— D'avoir à payer une rente quelconque ; il pensent qu'on devrait contraindre les propriétaires à vendre leurs fermes ou même à les donner. Quelques gens préfèrent cette dernière méthode.

— Mais les bropriétaires ne feulent pas fendre leurs vermes, on ne peut pas les contraindre de fendre ce qui est à eux et ce qu'ils ne feulent pas fendre, pas plus qu'on ne pourrait contraindre les tenanciers à fendre leurs moutons et leurs porcs quand ils ne feulent pas les fendre.

— Cela me semble juste, enfants, comme je le disais aux voisins. Quel est votre nom, ami? Comme il est probable que nous ferons plus ample connaissance, je serais bien aise de savoir quel est votre nom.

— Mon nom est Greisembach, et che viens de Preussen.

— Eh bien, monsieur Greisenbach, la question sur l'aristocratie est ceci : Hughes Littlepage est riche, et son argent lui donne des avantages que d'autres n'ont pas. Il se trouve des gens à qui cela fait mal au cœur.

— Ah! alors cela tendre à difiser la bropriété et à dire qu'un homme aura pas plus que les autres.

— On ne va pas si loin encore, quoique certaines gens penchent déjà de ce côté. Puis il y en a qui se plaignent que la vieille madame Littlepage et ses jeunes personnes ne visitent pas les pauvres.

— Eh pien, si elles ont le cœur dur et n'ont pas combassion des malheureux.....

— Non, non, ce n'est pas cela que j'entends; quant à cette espèce de pauvres, chacun convient qu'elles font pour eux plus que tous les autres; mais elles ne visitent pas les pauvres qui ne sont pas dans le besoin.

— Eh pien! être pas des pauvres bien à plaindre, si n'être pas dans le pesoin. Peut-être fous foulez dire, elles n'en font pas leur gompagnie comme afec des égaux?

— C'est ça. Or, je dois dire qu'il y a quelque vérité dans cette accusation; car ces demoiselles ne viennent jamais visiter ma fille, et cependant Kitty est une aussi charmante créature qu'aucune des filles d'alentour.

— Et Gitty fisite sans doute la fille de l'homme qui demeure là-pas, dans la maison sur la golline, dit mon oncle en montrant la demeure d'un homme de la plus humble classe.

— Non; Kitty n'est pas fière, mais je n'aimerais pas à la voir assidue là-bas.

— Oh! fous être un arisdograte alors, sans quoi fous laisseriez fotre fille fisiter la fille de cet homme.

— Je vous dis, Grunzebach, ou quel que soit votre nom, répliqua Miller un peu piqué, que ma fille ne visitera pas les filles du vieux Steven.

— Eh pien, elle peut faire gomme il lui blaît, mais che pense que mesdemoiselles Littlepage peuvent faire gomme il leur blaît.

— Il n'y a qu'une seule demoiselle Littlepage; si vous les avez vues ce matin dans la voiture, vous avez vu deux demoiselles d'York et la fille du curé Warren.

— Et ce curé Warren être riche aussi?

— Nullement; il n'a rien que ce qu'il obtient de la paroisse. Il est si pauvre, que ce sont ses amis qui ont payé pour l'éducation de sa fille, m'a-t-on dit.

— Et cette demoiselle Littlepage et cette demoiselle Warren sont amies?

— Ce sont les plus intimes qu'on puisse rencontrer dans le pays. Il y a une autre demoiselle de la ville, Opportunité Newcome, qui voudrait passer avant Mary Warren dans la grande maison, ce qui cependant n'y réussit pas. Mary est considérée par-dessus tout.

— Quelle être plus riche, Obordunité ou Mary?

— Mary n'a rien, tandis que Opportunité passe pour être aussi riche que mademoiselle Patty elle-même; mais Opportunité n'a pas grand crédit à la maison.

— Alors, il baraît, après tout, mademoiselle Littlepage ne pas choisir ses amis d'après la fortune. Elle aime Mary Warren qui est paufre, et n'aime pas Obordunité qui est riche gomme elle. Peut-être ces Littlepage ne pas être si gros arisdograts que fous supposez.

Miller fut un peu étourdi de cet argument.

— Eh bien, dit-il après une minute de réflexion, il semble que vous avez assez raison, je l'avoue; et pourtant ce n'est pas l'avis de ma femme ni celui de Kitty. Vous bouleversez toutes mes idées sur les aristocrates; car bien que j'aime les Littlepage, je les ai toujours considérés comme des aristocrates avérés.

— Nein, nein; ceux que fous appeler démagogues sont les arisdograts américains. Afoir tout l'archent public, afoir tout le poufoir, et defenir furieux parce qu'ils ne peufent pas s'emparer de la société des chens comme il faut, comme ils s'emparent de leurs terres et de leurs blaces.

— Ma foi! tout cela pourrait être vrai. Après tout, je ne sais pas pourquoi l'on aurait le droit de se plaindre des Littlepage.

— Est-ce qu'ils traitent pien les personnes qui les fisitent?

— Oui, sans doute! pourvu que les gens les traitent bien, ce qui n'arrive pas toujours. J'ai vu ici des hommes de rien entrer brusquement devant la vieille madame Littlepage, placer leurs chaises devant le feu, chiquer et cracher, sans songer à ôter leurs chapeaux. Ces gens-là sont toujours très-chatouilleux sur leur propre importance, et ne se soucient guère des sentiments des autres.

Nous fûmes interrompus par un bruit de roues, et en nous retournant, nous vîmes que la voiture de ma grand'mère s'était arrêtée devant la porte de la ferme, à son retour chez elle. Miller jugea qu'il était convenable d'aller voir si on avait besoin de lui, et nous le suivions lentement, mon oncle ayant l'intention d'offrir une montre à sa mère pour voir si elle pourrait le reconnaître sous son déguisement.

CHAPITRE X.

> Voulez-vous acheter du ruban,
> Ou de la dentelle pour votre manteau?
> Venez voir le colporteur;
> L'argent est un intermédiaire
> Qui rapproche tous les hommes.
> *Contes d'hiver.*

JE les voyais assises, ces quatre jeunes beautés, assemblage délicieux de regards brillants et étoilés. Il n'y avait pas chez elles un trait qui ne fût distingué; et je fus frappé en pensant combien il est rare de rencontrer en Amérique une toute jeune femme qui soit positivement laide. Kitty aussi était sur la porte au moment où nous atteignions la voiture, et c'était encore une beauté fraîche et épanouie; mais il ne fallait pas l'entendre parler: son ton vulgaire, sa voix, son accent, formaient un contraste frappant avec les attraits et la vigoureuse délicatesse de sa personne. Tous les yeux brillants s'animèrent lorsque je m'approchai, la flûte à la main; mais aucune des jeunes personnes ne rompit le silence.

— Ajeter une montre, Madame, dit mon oncle Ro en approchant de sa mère, la casquette à la main et la boîte ouverte.

— Je vous remercie, l'ami; mais je crois que tout le monde ici est pourvu de montres.

— Les miennes très-pon marché.

— C'est possible, répliqua ma grand'mère avec un sourire, quoique les montres à bon marché ne soient pas habituellement les meilleures. Ce joli porte-crayon est-il en or?

— Ya, madame, être pon or.

— Quel en est le prix?

L'oncle Roger avait trop de tact pour penser à séduire sa mère par un avantage pécuniaire, comme il avait fait pour Miller, et il indiqua la valeur réelle de l'article, qui était de quinze dollars.

— Je le prends, répondit ma grand'mère en laissant tomber l'argent dans la boîte. Puis se tournant vers Mary Warren, elle la pria d'accepter le porte-crayon, avec une déférence si respectueuse qu'on eût dit qu'elle sollicitait une faveur au lieu de l'accorder.

La charmante figure de Mary Warren se couvrit de rougeur, et elle accepta l'offrande, quoiqu'elle me parût hésiter un instant, probablement à cause de la valeur de l'objet. Ma sœur demanda à examiner ce petit présent, qui passa de main en main, chacune faisant l'éloge de sa forme et de ses ornements. Toutes les marchandises de mon oncle étaient, en effet, parfaites et de bon goût, l'acquisition en ayant été faite chez un importateur bien connu. Les montres, il est vrai, à une ou deux exceptions près, étaient à bon marché, ainsi que quelques autres bijoux; mais mon oncle avait en outre deux montres et des bijoux de choix qu'il avait apportés d'Europe exprès pour en faire des cadeaux; et parmi les derniers était le porte-crayon qu'il venait de glisser dans la boîte un instant auparavant.

— Eh bien, madame Littlepage, cria Miller avec le ton de familiarité d'un homme né sur la propriété, voici le plus singulier colporteur que j'aie rencontré; il demande quinze dollars pour ce porte-crayon et seulement quatre pour cette montre, et il montra l'acquisition qu'il venait de faire.

Ma grand'mère prit la montre et l'examina attentivement.

— Le prix me semble singulièrement bas! dit-elle en jetant sur son fils un regard qui me semblait méfiant. Je sais que ces montres se font pour assez peu de chose en Europe; mais on ne peut guère comprendre comment ce mécanisme peut être monté pour une si faible somme.

— Ch'en ai, Madame, à tout brix.

— Je désire vivement acheter une très-bonne montre de dame, mais je craindrais de l'acheter de tout autre qu'un marchand établi et connu.

— N'ayez pas beur, Madame, me hasardai-je à dire; si nous foulions dromper quelqu'un, ce ne serait pas une aussi ponne dame.

Je ne sais si ma voix frappa agréablement l'oreille de Patty, ou si ce fut le désir de voir réaliser immédiatement le projet de sa grand'mère; mais elle intervint activement, en la priant d'avoir confiance en nous. Les années avaient enseigné à ma grand'mère la prudence, et elle hésitait.

— Mais toutes ces montres sont d'un métal inférieur, observa-t-elle, et j'en veux une de bel or et d'un beau travail.

Mon oncle aussitôt produisit une montre qu'il avait achetée de Blondel à Paris, au prix de cinq cents francs, et qui était digne de figurer à la ceinture d'une grande dame. Il la donna à ma grand'mère qui lut avec quelque surprise le nom du fabricant. La montre fut alors examinée avec attention et admirée d'une voix unanime.

— Et quel est le prix de cet objet? demanda ma grand'mère.

— Cent dollars, matame; et être pon marché.

Tom Miller regarda la montre qu'il avait en main, et l'autre bien plus petite que tenait ma grand'mère, et fut aussi embarrassé qu'il l'avait été un instant auparavant à propos des distinctions entre le riche et le pauvre. Tom n'était pas capable de distinguer le vrai du faux, voilà tout.

Ma grand'mère ne parut pas étonnée du prix, quoiqu'elle jetât encore un ou deux regards de méfiance sur le colporteur imaginaire; enfin la beauté de la montre l'emporta.

— Si vous voulez, dit-elle, apporter cette montre à cette grande maison là-bas, je vous paierai les cent dollars; je n'ai pas tout cet argent sur moi.

— Ya, ya, très-pien; fous poufez garder la montre, matame,

et che aller pour l'archent, après que che aurai troufé à dîner quelque part.

Ma grand'mère ne se fit, comme de raison, aucun scrupule d'accepter le crédit qui lui était offert, et elle allait mettre la montre dans sa poche, lorsque Patt étendit dessus sa petite main, et s'écria :

— Maintenant, chère grand'mère, que ce soit fait de suite; nous sommes ici entre nous.

— Voilà bien l'impatience d'un enfant, dit en riant ma grand'-mère. Eh bien ! tu seras satisfaite. Je vous ai donné, Mary, ce porte-crayon seulement en attendant; mais mon intention était de vous offrir une montre, aussitôt que j'en aurais trouvé une convenable, comme un souvenir des sentiments qu'a fait naître en moi le courage dont vous avez fait preuve, pendant cette cruelle semaine où les anti-rentistes se montrèrent si menaçants. Voici donc cette montre, et je vous prie d'avoir la bonté de l'accepter.

Mary Warren paraissait confondue. Le rouge monta vers ses tempes; puis elle devint subitement pâle. Je n'avais jamais vu un si joli tableau d'une jeune personne dans l'embarras, embarras qui provenait de la lutte de sentiments opposés mais fort honorables.

— Oh ! madame Littlepage, s'écria-t-elle après avoir regardé avec étonnement et en silence le cadeau qu'on lui offrait, vous n'avez pu me destiner cette belle montre !

— Ma chère, cette belle montre n'est rien de trop pour ma belle Mary.

— Mais, ma chère, chère madame Littlepage, elle est trop magnifique pour ma condition, pour mes moyens.

— Une grande dame peut très-bien porter une pareille montre, et vous êtes une grande dame dans le véritable sens du mot. Quant à vos moyens, vous ne vous offenserez pas si je vous dis qu'elle est achetée selon mes moyens, et qu'il ne peut y avoir aucune prodigalité dans l'achat.

— Mais nous sommes si pauvres, et cette montre a une apparence si riche. Cela me semble à peine convenable.

— Je respecte vos sentiments et vos scrupules, ma chère enfant, et puis les apprécier. Vous savez, je suppose, que j'étais moi-même autrefois aussi pauvre, plus pauvre que vous ne l'êtes ?

— Vous, madame ! non, cela ne se peut pas; vous appartenez à une famille opulente !

— Cela est pourtant vrai, ma chère. Je n'affecterai pas une extrême humilité, et je ne nie pas que les Malbone n'appartinssent à une bonne famille; mais, mon frère et moi, nous étions dans un temps tellement réduits, que nous étions obligés de travailler dans les bois, tout auprès de cette propriété. Nous n'avions alors aucune prétention supérieure aux vôtres, et, sous bien des rapports, nous étions plus mal partagés. D'ailleurs la fille d'un ministre instruit et bien élevé mérite, même aux yeux du monde, une certaine considération. — Vous m'obligerez donc en acceptant mon offre.

— Chère dame! je ne sais comment vous refuser, ni comment recevoir un si riche présent. Vous me permettrez d'abord de consulter mon père?

— C'est trop juste, ma chère, répondit mon excellente parente en remettant la montre dans sa poche. Heureusement M. Warren dîne avec nous, et nous arrangerons l'affaire avant de nous mettre à table.

Cela mit fin à la discussion dont nous avions été tous témoins. Pour mon oncle et moi, il est à peine nécessaire de dire combien nous fûmes charmés de cette petite scène. D'un côté, le bienveillant désir d'obliger, de l'autre le scrupule de recevoir : cette double lutte de délicatesse nous ravissait. Les trois jeunes personnes respectaient trop les sentiments de Mary pour intervenir, quoique Patt se contînt difficilement. Quant à Tom Miller et à Kitty, ils s'étonnaient sans doute que la fille de M. Warren fût assez simple pour hésiter d'accepter une montre qui valait cent dollars. C'était encore un point qu'ils ne pouvaient comprendre.

— Vous parliez de dîner, reprit ma grand'mère en regardant mon oncle; si vous et votre compagnon vouliez nous suivre à la maison, je vous paierais le prix de la montre, et vous auriez à dîner par-dessus le marché.

Nous fûmes enchantés de cette offre, que nous acceptâmes en faisant force révérences et en exprimant nos remerciments. Après que la voiture fut partie, nous restâmes un instant pour prendre congé de Tom Miller.

— Quand vous aurez terminé dans la grande maison, dit ce brave homme, faites encore un tour par ici; je voudrais que ma femme et Kitty jetassent un coup d'œil sur toutes vos belles choses, avant que vous les emportiez au village.

Après le lui avoir promis, nous nous mîmes en route vers le bâtiment qui, dans le langage familier du pays, était appelé, par abréviation, Nest. La distance de la ferme à la maison était d'environ un demi-mille, les terres dépendantes de la résidence paternelle s'étendant sur presque tout l'intervalle qui séparait les deux bâtiments.

Toutes choses autour de la maison étaient tenues dans un ordre parfait, qui faisait honneur à l'énergie et au goût de ma grand'mère, laquelle avait présidé à tout depuis plusieurs années, c'est-à-dire depuis la mort de son mari. Cette bonne tenue et la grandeur des bâtiments, qui étaient de plus belle apparence que la plupart des autres constructions du pays, avaient, plus que toute autre chose, contribué à faire considérer Ravensnest comme une « résidence aristocratique ». Du reste, je m'aperçus à mon retour que ce mot « aristocratique » avait pris une signification très-étendue, qui dépendait absolument des habitudes et des opinions de ceux qui l'employaient. Ainsi, celui qui chique trouve très-aristocrate celui qui pense que c'est une sale habitude; l'homme courbé accuse celui qui se tient droit d'avoir des épaules aristocratiques; et j'ai réellement rencontré un individu qui soutenait que c'était excessivement aristocratique de ne pas se moucher avec ses doigts. Bientôt il sera aristocratique de soutenir la vérité de l'axiome latin *de gustibus non disputandum*.

Au moment où nous approchions de la porte de la maison, qui ouvrait sur un portique disposé sur trois côtés du bâtiment principal, le cocher dirigeait ses chevaux vers les écuries. Les dames avaient, en quittant la ferme, pris un long détour, et n'étaient arrivées qu'une minute avant nous. Toutes les jeunes personnes, excepté Mary Warren, étaient entrées dans la maison, fort indifférentes de l'approche des deux colporteurs; elle cependant restait à côté de ma grand'mère pour nous recevoir.

— Je crois, sur mon âme, me dit à l'oreille mon oncle, que ma chère bonne mère a un pressentiment sur notre véritable caractère, d'après le respect qu'elle nous témoigne. — Mille remercîments, matame, mille remercîments, reprit-il dans son jargon, bour l'honneur que fous nous vaites; la tame d'une si crande maison defoir pas nous attendre à sa borte.

— Cette jeune personne me dit qu'elle vous a vus auparavant, et qu'elle a appris de vous que vous étiez des gens de bonne éducation et de bonne famille, chassés de votre pays par les troubles politiques. Cela étant, je ne puis vous regarder comme des colporteurs ordinaires. Je sais ce que c'est que d'être frappé par la fortune, et je puis sentir pour ceux qui souffrent. La voix de ma grand'mère tremblait un peu lorsqu'elle disait ces mots.

— Matame, il beut y afoir peaucoup de férité dans cela, répondit mon oncle en se découvrant et en saluant en vrai gentilhomme ; nous afons fu de meilleurs chours, et mon fils, ici présent, a été éduqué dans une université. Mais nous être pauvres marchands de montres et musiciens de rues.

Ma grand'mère se montra, comme toute femme comme il faut, en pareille circonstance, pas assez libre pour oublier les apparences extérieures, ni assez indifférente pour ne pas tenir compte du passé. Elle nous fit entrer dans la maison, et nous apprit que l'on préparait une table pour nous, et nous fûmes traités avec une hospitalité généreuse et réservée qui n'était pas en désaccord avec son rang et son sexe.

En même temps, mon oncle faisait ses affaires. Il reçut ses cent dollars, et tous les objets de valeur, bagues, boucles d'oreilles, chaînes, bracelets, etc., qu'il destinait à faire des cadeaux à ses pupilles, furent mis en évidence et placés sous les beaux yeux des trois demoiselles, Mary Warren se tenant à distance, comme quelqu'un qui ne doit pas contempler des choses au-dessus de sa fortune. Son père était arrivé cependant, avait été consulté, et déjà la montre était attachée à la ceinture de la jeune fille. Je pensai que la larme de reconnaissance qui brillait encore dans ses yeux calmes, était un joyau de bien plus grand prix que tous ceux que pouvait étaler mon oncle.

On nous avait introduits dans la bibliothèque placée sur le devant de la maison, les fenêtres donnant sur le portique. Je fus d'abord assez ému en me trouvant ainsi, inconnu, après tant d'années d'absence, sous le toit paternel et dans une demeure qui m'appartenait. L'avouerai-je? toutes choses me parurent petites et mesquines auprès des bâtiments que j'avais été accoutumé à voir dans le vieux monde. Je n'établis pas ici de comparaison avec les palais des princes ou les demeures des grands, comme l'imagine toujours un Américain chaque fois que l'on cite quelque chose de supérieur à ce qu'il voit habituellement, mais seulement avec le style des habitations et les habitudes de la vie domestique chez les Européens qui pourraient à peine être appelés mes égaux. En un mot, l'aristocratie américaine, ou ce qu'il est devenu de mode d'appeler aristocratique, serait considéré comme fort démocratique dans la plupart des contrées de l'Europe. Nos frères de la Suisse ont des habitudes et des châteaux qui sont mille fois plus aristocratiques que tout ce qui se voit à Ravensnest, sans pour cela offenser la liberté; et je suis persuadé que si le plus orgueilleux établissement en Amérique était signalé à un Européen comme une résidence aristocratique, il ne pourrait s'empêcher de rire sous cape. Le secret de ces accusations mutuelles parmi nous, est cette aversion innée qui se manifeste dans notre pays contre tout homme qui se distingue de la masse en quelque chose, quand même ce serait en mérite.

J'avouerai, quant à moi, que, loin de trouver aucun sujet d'orgueil dans ma splendeur aristocratique, quand j'en vins à considérer mes propriétés et ma maison, je me sentis mortifié et désabusé. Les choses que mes souvenirs me représentaient comme grandes et même belles, me semblaient maintenant très-ordinaires, et, sous beaucoup de rapports, mesquines. « En vérité, me disais-je, *sotto voce*, tout ceci ne mérite guère de causer la violation du droit, le mépris de tout principe, et l'oubli de Dieu et de ses commandements. » Peut-être étais-je trop inexpérimenté pour comprendre combien est vaste la panse de la convoitise, combien est microscopique l'œil de l'envie.

— Soyez le bienvenu à Ravensnest, dit M. Warren en me tendant la main d'une manière amicale; nous sommes arrivés un peu avant vous, et mes oreilles et mes yeux sont depuis lors ouverts, dans l'espérance d'entendre votre flûte, ou de vous apercevoir sur le chemin près du presbytère, où vous avez promis de venir me voir.

Mary se tenait debout auprès de son père, comme lorsque je la vis pour la première fois, et elle contemplait ma flûte avec une attention qu'elle n'aurait pas montrée si elle m'avait vu dans mon costume véritable et sous mon nom réel.

— Che fous remercie, monsieur, répondis-je. Nous afons crand temps pour faire un beu de mousique, quand les tames le foudront. Che puis chouer *Yankee Doodle*, *Salut Colombias*, et *la Bannière étoilée* [1]; ce sont de ces airs qui réussissent si pien dans les tafernes et les rues.

1. Chansons américaines.

M. Warren sourit, et prenant la flûte de mes mains, se mit à l'examiner. Alors je tremblai pour mon incognito! J'avais cet instrument depuis plusieurs années; il était d'une excellente qualité, bien orné, et garni de clefs et de touches d'argent. Que faire si Patt, si ma grand'mère, le reconnaissaient? J'aurais donné le plus beau bijou de la collection de mon oncle pour le ravoir dans mes mains; mais avant que je pusse m'en saisir, la flûte passa de main en main jusqu'à ce qu'elle vînt dans celle de ma sœur. La chère enfant était trop occupée des bijoux, et remit l'instrument, disant à la hâte :

— Voyez, chère grand'mère, voici la flûte que vous avez déclaré avoir les plus beaux sons que vous ayez jamais entendus.

Ma grand'mère prit la flûte, tressaillit, rapprocha ses lunettes de ses yeux, examina l'instrument, devint pâle, et me jeta un regard rapide et inquiet. Je pus la voir, pendant une ou deux minutes, réfléchissant profondément dans le secret de son cœur. Heureusement, tous les autres étaient trop occupés de la boîte du colporteur pour faire attention à ses mouvements. Elle sortit lentement de la chambre, me coudoya en passant, et sortit dans le vestibule. Là, elle se retourna, et, saisissant mon regard, me fit signe de la suivre. Obéissant aussitôt, je la suivis jusqu'à ce qu'elle me conduisit à une petite chambre située dans l'une des ailes, et que je reconnus pour être une espèce de parloir attaché à la chambre à coucher de ma grand'mère. Celle-ci s'assit, ou plutôt se laissa tomber sur un canapé; car elle tremblait tellement, qu'elle ne pouvait se tenir debout, me regarda attentivement, et s'écria avec une émotion que je ne saurais décrire :

— Ne me tenez pas en suspens! Ai-je raison dans mes conjectures?

— Oui, ma très-chère grand'mère, répondis-je de ma voix naturelle.

C'en fut assez; nous étions dans les bras l'un de l'autre.

— Mais qui est ce colporteur, Hughes? reprit-elle après un intervalle de silence et d'attendrissement. Est-il possible que ce soit mon fils Roger?

— Ce n'est nul autre : nous sommes venus vous visiter incognito.

— Et pourquoi ce déguisement? Est-ce à cause des troubles?

— Sans doute. Nous avons voulu examiner les choses de près

par nos propres yeux, et nous avons pensé qu'il serait imprudent de nous présenter ouvertement dans nos véritables rôles.

— Vous avez sagement agi. Cependant je ne sais trop comment vous recevoir dans vos rôles actuels. En aucune façon vos noms véritables ne doivent être révélés. Les démons du goudron et des plumes, les fils de la liberté et de l'égalité, qui signalent leurs principes comme leur courage, en attaquant le petit nombre avec le grand, s'agiteraient s'ils apprenaient votre arrivée, et se proclameraient encore les héros et les martyrs du droit et de la justice. Dix hommes armés et résolus pourraient cependant en faire fuir une centaine; car ils ont la lâcheté des voleurs; mais ils sont des héros avec les faibles. Êtes-vous vous-mêmes en sûreté, ainsi déguisés, sous la nouvelle loi?

— Nous n'avons pas d'armes, pas même un pistolet : cela nous protégera.

— Je suis fâchée de dire, Hughes, que ce pays n'est plus ce qu'il était. La justice, si elle existe encore, a épaissi son bandeau, et ne sait plus reconnaître que le côté le plus fort. Un propriétaire courrait de graves dangers devant le jury, le juge ou le pouvoir exécutif, s'il faisait ce que font des milliers de tenanciers; et ce qu'ils feront encore longtemps avec impunité, à moins qu'une sérieuse catastrophe n'excite les fonctionnaires à faire leur devoir, en éveillant l'indignation publique.

— C'est un triste état de choses, chère grand'mère, et ce qui le rend plus fâcheux, c'est la froide indifférence de la plupart des citoyens. On ne saurait signaler un plus frappant exemple de l'égoïsme de la nature humaine.

— Certaines personnes comme M. Sénèque Newcome vous répondraient que les sympathies sont pour les pauvres, qui sont opprimés par les riches, parce que les derniers ne veulent pas souffrir que les premiers leur volent leurs propriétés. Nous entendons beaucoup parler par tout le monde des forts qui volent les faibles; mais peu d'entre nous, je le crains, sont assez clairvoyants pour s'apercevoir qu'il en existe, dans ce pays, un frappant exemple.

— Pourvu, sans doute, que les tenanciers soient appelés les forts et les propriétaires appelés les faibles?

— Assurément : le nombre fait la force dans ce pays, où tout le pouvoir repose sur la majorité. S'il y avait autant de propriétaires que de tenanciers, personne ne s'aviserait de voir de l'injustice dans l'état actuel des choses.

— C'est ce que dit mon oncle : mais j'entends les pas légers des demoiselles ; soyons sur nos gardes.

Au même instant entra Marthe, suivie des trois autres, et portant dans sa main une superbe chaîne en or que mon oncle avait achetée dans ses voyages, la destinant en cadeau à ma future femme, quelle qu'elle fût. Il avait eu l'indiscrétion de la montrer à sa pupille. Un regard de surprise fut jeté sur moi par chacune des demoiselles successivement, mais aucune ne prononça une parole. D'autres pensées les occupaient pour le moment.

— Regardez ceci, chère grand'mère, cria Patt, en soulevant le bijou. Voici la plus belle chaîne qui ait jamais été faite, et de l'or le plus pur ; mais le colporteur refuse de s'en séparer.

— Peut-être n'offrez-vous pas assez, mon enfant ; elle est, en effet, très, très-belle. Quelle en est, selon lui, la valeur ?

— Cent dollars, dit-il ; et je le croirais volontiers, car elle pèse la moitié de cet argent. Je voudrais bien que Hughes fût ici ; je suis sûre qu'il parviendrait à l'avoir pour m'en faire cadeau.

— Nein, nein, cheune dame, répliqua le colporteur qui, sans trop de cérémonie, avait suivi ces demoiselles dans la chambre ; cela poufoir pas être. Cette chaîne être la propriété de mon fils, ici, ch'ai churé qu'elle ne serait donnée qu'à sa femme.

Patt rougit un peu et fit la moue ; ensuite elle se mit à rire aux éclats.

— Si on ne peut l'obtenir qu'à cette condition, j'ai peur de ne jamais l'avoir, dit-elle assez impertinemment, quoique ces mots fussent prononcés assez bas pour qu'elle pût espérer ne pas être entendue. Je paierais cependant volontiers les cent dollars de ma poche si on me la cédait. Dites donc quelques mots en ma faveur, grand'mère.

Mais notre bonne aïeule était embarrassée ; car elle savait à qui elle avait affaire, et voyait bien, par conséquent, que l'argent ne ferait rien. Néanmoins, il était nécessaire de continuer le jeu et de dire quelque chose qui parût répondre aux instances de Patty.

— Puis-je espérer, monsieur, que je réussirai à vous faire changer de résolution ? dit-elle en regardant son fils de manière à lui montrer, ou du moins à lui faire soupçonner qu'elle était maltresse de son secret. Je serais heureuse d'être capable de la satisfaire en lui faisant cadeau d'une si belle chaîne.

Mon oncle Ro s'avança vers sa mère, prit sa main qu'elle avait étendue avec la chaîne, et il l'embrassa avec un profond respect, mais de manière à ce que cet acte fût considéré par les spectateurs comme un usage européen, plutôt que comme le salut réservé d'un enfant envers sa mère.

— Matame, dit-il avec emphase, si quelqu'un pouffait me faire changer une résolution depuis longtemps brise, ce serait une tame aussi fénérable, gracieuse et ponne comme che suis sûr que fous êtes. Mais ch'ai fait vœu de donner cette chaîne à la femme de mon fils, quand il épousera quelque chour une cholie cheune américaine; et che ne puis me dédire.

Ma chère grand'mère sourit; mais, alors qu'elle comprenait que cette chaîne était réellement destinée à être offerte à ma femme, elle n'insista plus. Examinant encore un instant le bijou :

— Et vous, me dit-elle, avez-vous le même désir que votre on... votre père, veux-je dire? C'est un riche cadeau à faire pour un homme pauvre.

— Ya, ya, matame, c'est frai; mais quand le cœur se donne, on peut recarder comme peu de chose l'or qui se donne afec.

La vieille dame eut de la peine à ne pas rire en entendant mon anglais germanique; mais la bienveillance, la joie et la tendresse qui brillaient dans ses yeux encore beaux, agirent tellement sur moi, que je fus presque sur le point de me jeter de nouveau dans ses bras. Patt continua à bouder pendant une ou deux minutes; mais son bon naturel reprit bientôt le dessus, et le sourire revint sur sa figure, comme le soleil sort derrière un nuage au mois de mai.

— Eh bien! cette contrariété doit se supporter, dit-elle d'un ton doux, quoique ce soit bien la plus jolie chaîne que j'aie vue.

— Je ne doute pas qu'il ne se trouve un jour quelqu'un pour vous en offrir une aussi jolie, dit Henriette Colebrooke d'un air assez piquant.

Cette remarque me déplut. C'était une allusion qu'une jeune personne bien élevée n'aurait pas dû se permettre devant des tiers, même devant des colporteurs; et j'ose ajouter qu'une femme de bon ton ne se la serait en aucune façon permise. Je me promis bien dès lors que la chaîne n'appartiendrait jamais à mademoiselle Henriette, quoiqu'elle fût une belle fille et que cette décision dût contrarier mon oncle. Je fus un peu surpris de voir une légère rougeur sur les joues de Patt, et je me rappelai alors quelque chose comme le nom du voyageur Beekman. Me tournant vers Mary Warren, je vis clairement qu'elle était contrariée, parce que ma sœur l'était, et pour aucune autre raison.

— Votre grand'mère trouvera une chaîne pareille quand elle ira en ville; cela vous fera oublier celle-ci, murmura-t-elle affectueusement à l'oreille de ma sœur.

Patt sourit et embrassa son amie avec une chaleur qui me prouva que ces deux charmantes personnes s'aimaient sincèrement. Mais la curiosité de ma chère grand'mère avait été éveillée, et elle tenait à la satisfaire. En me rendant la chaîne, elle me dit :

— Ainsi donc, monsieur, vous êtes parfaitement décidé à offrir cette chaîne à votre femme future?

— Ya, matame, ou, pour être plus exact, à la cheune frau, afant que nous soyons mariés.

— Et votre choix est-il fait? ajouta-t-elle en jetant un regard sur les deux jeunes filles qui étaient groupées autour des bijoux de mon oncle. Avez-vous choisi la jeune femme qui doit posséder cette belle chaîne?

— Nein, nein, répondis-je en riant et en regardant aussi le groupe; il y afait tant de pelles tames en Amérique, que che ne suis pas pressé. Che trouverai en temps celle à qui elle est destinée.

— Eh bien! grand'mère, interrompit Patt, puisque personne ne peut avoir la chaîne qu'à de certaines conditions, voici les trois objets que nous avons choisis pour Henriette, Anna et moi : une bague, une paire de bracelets et des boucles d'oreilles. Le prix du tout est de deux cents dollars; consentez-vous à cela.

Ma grand'mère, maintenant qu'elle connaissait le colporteur, comprit toute l'affaire, et n'eut aucun scrupule. Le marché fut bientôt conclu, et elle nous fit sortir tous de la chambre, sous prétexte que nous la dérangerions pendant qu'elle compterait avec le colporteur. Son véritable motif, toutefois, était de rester seule avec son fils; pas un seul dollar, comme de raison, n'étant échangé entre eux.

CHAPITRE XI.

> Notre vie était changée. Un autre amour commença à entrelacer sa trame solitaire ; mais le fil d'or était tressé entre mon cœur et celui de ma sœur.
> WILLIS.

UNE demi-heure après, nous étions assis à table, mangeant notre dîner aussi tranquillement que si nous eussions été dans une auberge. Le domestique qui avait mis la table était un vieux serviteur qui, depuis un quart de siècle, remplissait dans la maison les mêmes fonctions. Aussi, n'était-ce pas un Américain ; car aucun homme en Amérique ne reste si longtemps dans une condition inférieure. S'il a de bonnes qualités qui puissent inspirer le désir de le conserver, il est presque certain de s'avancer dans le monde ; sinon, on n'est guère soucieux de le garder. Mais les Européens sont moins changeants et moins ambitieux, et il n'est pas rare de les voir rester longtemps au même service.

John cependant, quoiqu'il fît preuve de constance, avait quelques-uns des sentiments d'un domestique envers ceux qu'il ne croyait pas au-dessus de lui. Il avait mis le couvert avec la propreté et la méthode accoutumées, et servi la soupe avec la même régularité que si nous eussions paru dans nos caractères véritables : mais ensuite il se retira. Il se rappelait probablement que le maître ou le premier domestique d'un hôtel anglais a l'habitude de faire son apparition avec la soupe, pour disparaître ensuite avec elle. Ainsi fit-il ; après avoir desservi la soupe, il approcha une servante de mon oncle, montra un couteau à découper, comme pour dire « servez-vous vous-mêmes » et quitta la chambre. Comme nous devions nous y attendre, notre dîner n'était pas trop recherché, l'heure ordinaire étant d'ailleurs devancée, quoique j'entendisse ma grand'mère commander une ou deux friandises, à la grande surprise de Patt. Parmi les choses extraordinaires pour de tels convives, figurait du vin. Cette singularité était toutefois expliquée, tant bien que mal, par la qualité du liquide ; c'était du vin du Rhin.

Mon oncle Ro fut un peu surpris de la disparition de John ; car, dans la chambre où il se trouvait, il était tellement accoutumé à sa figure que, sans lui, il se sentait à peine à la maison. Son premier mouvement fut d'étendre la main vers le cordon de sonnette, mais il s'arrêta en disant :

— Qu'il s'en aille, au fait ; nous pourrons causer plus librement. Eh bien ! Hughes, te voici sous ton propre toit, mangeant un dîner hospitalier, et traité aussi charitablement que si tu ne pouvais pas réclamer comme ta propriété tout le terrain que tu peux voir à cinq milles à la ronde. Ce fut une bonne idée de notre mère, après tout, de penser à nous faire servir ce Rudesheimer en notre qualité d'Allemands. Comme elle a bonne mine, mon garçon !

— En vérité oui ; et je suis enchanté de le voir. Je suis porté à croire que ma grand'mère peut encore vivre une vingtaine d'années ; car cela même ne la rendrait pas aussi vieille que Susquesus, qui était, selon ce que je lui ai souvent entendu raconter, un homme mûr lorsqu'elle est née.

— C'est vrai ; on dirait qu'elle est ma sœur aînée plutôt que ma mère ; et en tout c'est une charmante vieille. Mais si nous sommes aussi bien accueillis par une vieille femme, il y en a aussi de charmantes jeunes. Qu'en dis-tu ?

— Je suis entièrement de votre avis, Monsieur ; et je dois dire que je n'ai pas depuis bien longtemps vu deux aussi charmantes créatures que celles que nous avons rencontrées ici.

— *Deux !* Peste ! il me semble qu'une seule pourrait suffire. Mais quelles sont ces deux, maître pacha ?

— Patt et Mary Warren. Les deux autres sont assez bien, mais celles-là sont supérieures.

Mon oncle Ro parut mécontent ; mais il ne dit rien pendant quelque temps, et il continua de manger pour ne pas se trahir. Cependant il est assez difficile pour un homme bien élevé de toujours manger ; il fut donc obligé de s'interrompre.

— Tout paraît assez tranquille ici, après tout, Hughes. Ces anti-rentistes peuvent avoir fait un mal infini en attaquant les principes, mais ils ne paraissent avoir accompli aucune destruction matérielle.

— Ce n'est pas leur plan, Monsieur. Les récoltes leur appartiennent, et comme ils espèrent avoir les fermes, il ne serait pas sage de détruire ce qu'ils commencent à considérer comme leur propriété. Quant à notre maison et à ses dépendances, je suppose qu'ils sont disposés à me les laisser encore quelque temps, pourvu qu'ils puissent m'enlever tout le reste.

— Oui quelque temps encore, quoique ce soit une folie d'espérer gagner quelque chose par des concessions; comme si les hommes étaient jamais satisfaits de la portion qu'on leur cède, quand ils peuvent se flatter tôt ou tard d'obtenir le tout. Autant vaudrait s'attendre à ce qu'un homme qui a volé un dollar dans votre poche vous rendît la monnaie de la moitié. Mais les choses paraissent vraiment bien ici.

— Tant mieux pour nous. Mais, à mon avis, ce qui est mieux que tout ce que nous avons vu en Amérique, c'est Mary Warren.

Une petite toux sèche vint témoigner encore que mon oncle n'était pas content, et il se remit à manger.

— Tu as réellement de bon vin du Rhin dans ta cave, Hughes, reprit-il en vidant son verre de couleur verte, quoique je ne comprenne pas trop pourquoi un homme aime mieux boire son vin dans un gobelet vert quand il pourrait avoir du cristal. Ce doit être une de mes acquisitions faite, à l'usage de ma mère, la dernière fois que j'étais en Allemagne.

— Je ne dis pas non, Monsieur; cela n'ôte ni n'ajoute rien à la beauté de Marthe et de son amie.

— Puisque tu es disposé à faire ces allusions puériles, sois franc, et dis-moi de suite comment tu trouves mes pupilles.

— Nécessairement, non compris ma sœur. Je serai aussi franc que possible, et je dirai, quant à mademoiselle Marston, que je n'ai pas d'opinion du tout; et quant à mademoiselle Colebrooke, qu'elle est ce qu'on appelle en Europe « une belle femme ».

— Tu ne peux rien dire de son esprit, Hughes, n'ayant pas eu l'occasion de te former une opinion.

— Pas beaucoup plus d'une, je l'avoue; seulement j'aurais mieux aimé qu'elle n'eût pas fait allusion à la personne qui doit un jour forger une chaîne pour ma sœur.

— Bah! bah! cela ressemble aux susceptibilités d'un enfant; Henriette n'est ni impertinente ni effrontée, et ton interprétation est tant soit peu vulgaire.

— Interprétez à votre manière, mon oncle; pour moi je n'ai pas aimé cela.

— Je ne m'étonne pas que les jeunes gens aient tant de peine à se marier ; ils deviennent tellement exagérés dans leurs goûts et leurs notions !

Un étranger aurait pu répliquer par quelque argument contre les vieux garçons ; mais je savais que mon oncle Ro avait été autrefois fiancé et que l'objet de sa passion lui avait été enlevé par une mort soudaine ; je respectais trop sa constance et ses véritables sentiments, pour me permettre aucune plaisanterie sur de tels sujets. Il comprit aussi, je crois, les motifs de mon silence, car il se montra aussitôt disposé à céder, et le prouva en changeant de conversation.

— Nous ne pouvons rester ici ce soir, dit-il ; ce serait proclamer nos noms, notre nom, devrais-je dire, nom qui était autrefois si honoré, si chéri dans cette ville, et qui est maintenant si détesté !

— Non, non, cela ne va pas si loin ; nous n'avons rien fait pour mériter la haine.

— Raison de plus pour être détesté plus cordialement. Quand on injurie des hommes qui n'ont rien fait pour le mériter, celui qui accomplit le mal cherche à se justifier en calomniant la partie lésée ; et plus il trouve de difficultés à se justifier en lui-même, plus sa haine devient profonde. Sois-en bien persuadé, nous sommes très-cordialement détestés à l'endroit même où nous étions tous deux très-aimés. Telle est la nature humaine.

A ce moment, John rentra pour voir où nous en étions et pour compter ses couteaux et ses fourchettes, car je le vis prendre cette mesure de prudence. Mon oncle entama avec lui la conversation.

— Cette bropriété être celle d'un chénéral Littlepage, dit-on ?

— Non pas du général, qui était le mari de madame Littlepage et qui est mort depuis longtemps, mais de son petit-fils, M. Hughes.

— Et où se troufe ce M. Hughes ? est-il près, est-il loin ?

— Il est en Europe, c'est-à-dire en Angleterre. — John croyait que l'Angleterre couvrait la presque totalité de l'Europe, quoiqu'il eût depuis longtemps perdu l'envie d'y retourner. — M. Hughes et M. Roger sont tous deux absents de ce pays.

— C'être malheureux ; car on me dit qu'il y a aux enfirons beaucoup de troubles et de maufais Indgiens.

— C'est vrai; et une triste chose, c'est qu'il y ait quelque chose de la sorte.

— Et quelle être la raison de tant de troubles, et à qui être le blâme?

— Comment, c'est très-clair, reprit John, qui, en sa qualité de domestique principal, se considérait comme une espèce de ministre et avait grand plaisir à étaler ce qu'il savait; les tenanciers de ce domaine voudraient en être les propriétaires; et comme cela ne peut pas être, tant que vivra M. Hughes, ils inventent toutes sortes de plans et de systèmes pour chasser par la crainte les gens de leurs propriétés. Je ne vais jamais au village sans en causer avec quelques-uns d'entre eux, et cela dans des termes qui pourraient les corriger, si quelque chose le pouvait.

— Et que dites-fous qui bourrait leur faire du pien, et afec qui parlez-fous?

— Oh! je cause surtout avec un M. Newcome, une espèce d'avocat. Vous venez des vieux pays, je crois?

— Ya, ya, nous fenons de l'Allemagne; ainsi fous poufez parler.

— Que demandez-vous? dis-je à M. Sénèque Newcome. Vous ne pouvez tous être des propriétaires; quelqu'un doit être tenancier; et si vous n'aviez pas voulu être tenancier, comment se fait-il que vous le soyez? La terre est abondante dans ce pays et pas chère; et pourquoi n'avez-vous pas acheté de la terre dans l'origine au lieu d'en louer à M. Hughes? et maintenant que vous en avez loué, vous vous plaignez de la chose que vous avez demandée vous-même.

— Là fous lui disiez de ponnes raisons; et qu'a-t-il rébondu?

— Oh! il est d'abord resté muet; ensuite il dit que dans l'ancien temps, quand on loua ces terres, le peuple n'était pas si éclairé qu'aujourd'hui, sans quoi il n'y eût jamais consenti.

— Et fous pouviez rébondre à cela, ou pien fous defenir muet à fotre tour.

— Oh! je lui ai rivé son clou, comme on dit. Comment, lui dis-je, comment! vous êtes toujours à vanter les connaissances de vos Américains, à dire que le peuple sait tout ce qu'il faut faire en politique et en religion, et vous vous proclamez tous les élus de la terre, et cependant vous ne savez pas débattre les conditions de vos baux! Jolie sorte de sagesse, ma foi! Je le tenais alors;

car, à vrai dire, le peuple des environs ne se laisse pas facilement attraper dans un marché.

— Est-il confenu qu'il afait tort et fous raison, cet herr Newcome?

— Non, vraiment; il ne conviendra jamais de quelque chose qui est contre sa doctrine, à moins que ce ne soit par ignorance. Mais je ne vous en ai pas dit la moitié. Comment se fait-il, ajoutai-je, que vous prétendiez qu'un seul des Littlepage vous ait trompé, quand vous aimeriez mieux avoir la parole d'un Littlepage que la signature de tout autre? Surtout, vous, monsieur Newcome, qui avez vécu si longtemps sur la propriété des Littlepage, n'avez-vous pas honte de vouloir les en dépouiller? Vous ne vous contentez pas d'écarter tous les gens comme il faut, en vous emparant des fonctions publiques, et en prenant tout ce que vous pouvez de l'argent public, il faut encore que vous les fouliez aux pieds, et que vous vous vengiez ainsi de votre infériorité.

— Eh pien, ami, fous étiez pien hardi de dire tout cela au peuple de cette contrée, où ch'entends qu'un homme peut dire chuste ce qu'il a sur l'esbrit, pourfu qu'il ne dise pas trop de férités.

— C'est ça, c'est ça; vous vous mettrez rapidement au courant, je vois. J'ai encore dit cela à M. Newcome : Monsieur Newcome, vous êtes très-hardi quand il s'agit de déclamer contre les rois et les nobles, parce que vous savez bien qu'ils sont à trois milles d'ici, et qu'ils ne peuvent vous faire de mal; mais vous n'oseriez jamais vous présenter ici devant votre maître le « peuple », pour lui dire ce que vous pensez de lui, et ce que j'ai entendu de votre bouche entre nous. Oh! je lui ai donné une fameuse leçon, je vous assure.

Quoiqu'il y eût beaucoup du domestique anglais dans la logique et les sentiments de John, il y avait aussi beaucoup de vérité dans ce qu'il disait. L'accusation adressée à Newcome d'avoir une opinion en particulier et une autre en public sur les droits du peuple, est tous les jours applicable. Il n'y a pas en ce moment, dans toute la vaste enceinte des frontières américaines, un seul démagogue qui ne puisse avec justice être accusé de la même fourberie. Il n'y a pas dans tout le pays un seul démagogue qui, s'il vivait dans une monarchie, ne fût le plus humble partisan des hommes au pouvoir, ne fût prêt à se mettre à genoux devant ceux qui approcheraient de la personne du monarque.

L'entrée de ma grand'mère mit fin aux discours de John. On lui donna une commission pour le faire sortir de la chambre, et j'appris le sujet de cette visite. Ma sœur savait le secret de notre déguisement et mourait d'envie de m'embrasser. Ma chère grand'mère avait avec raison pensé qu'il ne serait pas charitable de lui laisser ignorer notre présence; et le fait étant connu, la nature était impatiente de faire valoir ses droits. J'avais moi-même été tenté vingt fois dans la matinée, d'appeler Patt dans mes bras pour l'embrasser. La principale affaire était donc d'arranger une entrevue, sans éveiller le soupçon des autres personnes. Voici comment ma grand'mère avait disposé les choses.

Il y avait près de la chambre de Marthe un joli petit cabinet de toilette; c'est là que nous devions nous voir.

— Elle et Mary Warren y sont actuellement, attendant votre présence, Hughes........

— Mary Warren! Sait-elle donc aussi qui je suis?

— Pas le moins du monde; elle n'a pas d'autre idée sur vous, si ce n'est que vous êtes un jeune Allemand de bonne famille et de bonne éducation, chassé de son pays par les troubles politiques, et qui est obligé de tirer parti de son talent musical, en attendant un meilleur emploi. Elle m'a dit tout cela avant que je vous rencontrasse, et il ne faut pas être trop fier, Hughes, si je vous dis que vos infortunes supposées et vos talents et vos bonnes façons vous ont fait une amie d'une des meilleures et des plus nobles filles que j'aie jamais eu le bonheur de connaître. Je dis vos bonnes façons, car je ne saurais attribuer vos succès à votre bonne mine.

— J'espère que mon déguisement ne me donne pas un aspect repoussant : pour ma sœur elle-même....

Un rire éclatant de ma grand'mère m'interrompit, et je m'arrêtai, rougissant, je crois, un peu de ma folie. Mon oncle lui-même s'associa à la gaîté de sa mère, quoique je pusse voir qu'il désirait que Mary Warren fût bien loin avec son père. J'avoue que je me sentis assez honteux de ma faiblesse.

— Vous êtes très-bien, Hughes, mon cher enfant, reprit-elle, quoique je pense que vous paraîtriez plus avantageusement avec vos beaux cheveux qu'avec cette perruque. Cependant, on voit assez de votre figure pour la reconnaître, pourvu qu'on soit un peu au courant, et j'ai dit à Marthe d'abord que j'étais frappée d'une certaine expression des yeux et du sourire qui me rappelait son frère. Mais la voilà avec Mary Warren dans le salon, attendant votre arrivée. Cette dernière aime tant la musique et, j'ajoute, s'y connaît si bien, qu'elle a été ravie de votre exécution ; il n'est donc pas étonnant qu'elle désire avoir un nouvel échantillon de votre talent. Henriette et Anne, moins fanatiques sous ce rapport, sont allées ensemble cueillir des bouquets dans la serre ; l'occasion est donc favorable pour satisfaire votre sœur. Au bout de quelques instants, je ferai sortir Mary ; alors, vous et Marthe, vous pourrez causer ensemble. Quant à vous, Roger, vous ouvrirez encore votre boîte, et je vous réponds qu'elle suffira pour amuser vos autres pupilles, si elles revenaient trop tôt de leur visite au jardin.

Toutes choses étant ainsi convenues, et notre dîner terminé, chacun de nous s'occupa d'exécuter le rôle qui lui avait été désigné. Quand ma grand'mère et moi nous entrâmes dans le cabinet de toilette, Mary Warren y était seule, Marthe s'étant retirée un instant dans sa chambre, où ma grand'mère alla la chercher. Je sus depuis que ma sœur craignant de ne pouvoir à mon aspect retenir ses pleurs, s'était retirée pour reprendre empire sur elle-même ; et je fus prié de commencer un air, sans attendre la jeune personne absente, les sons pouvant être entendus de la pièce voisine.

Je jouai pendant dix minutes avant que ma sœur et ma grand' mère se présentassent. Toutes deux avaient versé des larmes ; mais l'attention que Mary Warren donnait à la musique l'empêcha de s'en apercevoir. Pour moi cependant, ce fut très-visible ; et je fus heureux de voir que ma sœur eût réussi à triompher de son émotion. Quelques instants après, ma grand'mère profita d'une pause pour se lever et emmener Mary Warren, quoique celle-ci n'obéît qu'avec une répugnance manifeste. Le prétexte était une conférence dans la bibliothèque avec le ministre, sur certaines affaires concernant les écoles du dimanche.

— Vous pouvez garder le jeune homme pour un autre air, Marthe, dit ma grand'mère, et je vous enverrai Jeanne en passant près de la chambre.

Jeanne était la chambrière de ma sœur, et sa chambre était voisine. Toutefois elle ne parut pas. Quant à moi, je continuai à jouer de la flûte, aussi longtemps que je crus être entendu ; et puis je déposai l'instrument. En un instant, Patt fut dans mes bras, pleurant de joie.

Quand elle fut un peu remise, elle s'écria :

— Oh! Hughes, quel déguisement pour revoir ta propre maison!

— Aurais-je pu revenir ici autrement? Tu connais l'état du pays, et les fruits précieux qu'a produits notre arbre vanté de la liberté. Le propriétaire de la terre ne peut revoir sa maison qu'au risque de sa vie!

Marthe me pressa sur son cœur de manière à me montrer qu'elle comprenait le danger que je courais; puis nous nous assîmes, côte à côte, sur un petit divan, et nous commençâmes à nous entretenir de toutes ces choses si naturelles à rappeler entre frère et sœur qui s'aiment tendrement et qui ont été séparés durant cinq années. Ma grand'mère avait si bien disposé les choses, qu'on ne devait pas nous interrompre pendant une heure, si nous jugions à propos de rester ensemble, tandis que, pour tout le monde, Patt serait censée m'avoir congédié au bout de quelques minutes.

Après avoir épuisé les premières questions que l'on se fait en pareil cas, Marthe me dit en souriant : Aucune de ces demoiselles ne soupçonne qui tu es. J'en suis surprise pour Henriette, qui se pique de pénétration. Elle est cependant aussi abusée que les autres.

— Et mademoiselle Mary Warren, la jeune personne qui vient de quitter la chambre, a-t-elle la moindre idée que je ne suis pas un musicien ordinaire des rues?

Patt se prit à rire, et avec une gaîté si folle qu'elle me rappela aussitôt avec charme ses aimables jours d'enfance et de jeunesse, telle qu'elle était cinq ans auparavant. Secouant les belles boucles qui tombaient sur ses joues, elle répondit :

— Non assurément, Hughes; elle croit que tu es un musicien de rues très-extraordinaire. Comment a-t-elle pu croire que vous étiez deux gentilshommes allemands ruinés?

— Est-ce que la chère fille...... Est-ce que miss Mary Warren nous fait l'honneur de croire cela?

— Sans doute; elle nous l'a dit aussitôt après son retour; et Henriette et Anne se sont beaucoup amusées en faisant des suppositions sur le grand inconnu de miss Warren. Elles t'appellent Herzog von Geige [1].

---

1. Le duc du Violon.

— Je les remercie.—Je craignis d'avoir fait une réponse un peu sèche ; car je vis que Patt parut étonnée. — Mais, ajoutai-je, tes villes américaines sont juste ce qu'il faut pour gâter de jeunes femmes, ne leur donnant ni le raffinement, ni la politesse que l'on trouve dans de véritables capitales, tandis qu'elles leur ôtent le naturel et la simplicité de la campagne.

— Eh bien, monsieur Hughes, c'est avoir beaucoup d'humeur pour peu de chose ; et ce n'est pas un très-beau compliment pour ta sœur. Mais pourquoi *mes* villes américaines, et non les *tiennes?* Est-ce que tu n'es plus un des nôtres?

— Un des vôtres assurément, chère Patt, mais non pas un de ceux de toute fille maniérée qui veut passer pour une élégante avec ses *ducs du Violon!* Mais assez sur ce compte. Tu aimes les Warren ?

— Beaucoup, père et fille. Le premier est juste ce que doit être un prêtre ; d'une intelligence qui en fait un agréable compagnon pour un homme, et d'une simplicité comme celle d'un enfant. Tu te rappelles son prédécesseur, si mécontent, si égoïste, si paresseux, si injuste envers toute personne et toute chose, et en même temps si.....

— Si quoi? Jusqu'ici tu as tracé son portrait assez bien ; j'aimerais à entendre le reste...

— J'en ai déjà dit peut-être plus que je n'aurais dû ; car on pense généralement qu'en accusant un prêtre on porte aussi atteinte à la religion et à l'Église. Un prêtre doit être un bien méchant homme, Hughes, pour qu'on dise de lui des choses fâcheuses dans ce pays.

— C'est peut-être vrai. Mais tu aimes M. Warren mieux que celui qui le précédait?

— Mille fois mieux et en tout. Outre que nous avons un pasteur pieux et sincère, nous avons un voisin agréable et bien élevé, de la bouche duquel, depuis cinq ans, je n'ai pas entendu sortir un mot injurieux pour le prochain. Tu sais quelle est trop souvent l'habitude des autres prêtres et des nôtres, toujours en guerre, ou, s'ils se tiennent en paix, c'est une paix armée.

— Ce n'est que trop vrai, ou, du moins, c'était vrai avant mon départ.

— Ce l'est encore, je t'en réponds, quoique ce ne le soit plus ici. M. Warren et M. Peck semblent vivre en termes très-pacifiques, quoiqu'ils soient, au fond, aussi différents l'un de l'autre que le feu et l'eau.

— A propos, comment le clergé des différentes sectes se conduit-il au sujet de l'anti-rentisme?

— Je ne puis répondre que d'après ce que j'entends, à l'exception de M. Warren toutefois. Il a prêché deux ou trois sermons fort sévères sur la probité dans les transactions mondaines, l'un desquels avait pour texte le dixième commandement. Bien entendu qu'il ne fit pas mention du mouvement anti-rentiste; mais chacun fit l'application des vérités qu'il venait d'entendre. Je ne sais si une autre voix s'est élevée de près ou de loin sur ce sujet; mais j'ai entendu dire à M. Warren que le mouvement menace de démoraliser New-York, plus que toute autre chose qui ait pu arriver de nos jours.

— Et le ministre dissident du village?

— Oh! il marche nécessairement avec la majorité. Quand donc un seul de cette espèce s'est-il mis en opposition avec sa paroisse?

— Et Mary a-t-elle la même énergie de principes que son père?

— Tout à fait; quoiqu'on ait beaucoup parlé de la nécessité, pour M. Warren, de changer de résidence et de quitter Saint-André, depuis qu'il a prêché contre la convoitise. Tous les anti-rentistes disent qu'il a voulu les désigner, et qu'ils ne le souffriront pas.

— Je le crois bien; quand la conscience parle, chacun se croit appelé par son nom.

— Je serais très-désolée de me séparer de Mary, et presque autant de me séparer de son père. Il y a une chose, toutefois, que M. Warren serait d'avis que nous fissions, Hughes: c'est de retirer le dais qui surmonte notre banc. Tu ne peux pas t'imaginer le bruit qui se fait dans tout le pays sur ce sot ornement.

— Et moi, je ne veux pas qu'on le retire. C'est ma propriété, et personne ne l'enlèvera. C'est assurément une distinction déplacée dans la maison du Seigneur, je suis prêt à l'avouer; mais elle n'a jamais blessé les yeux, jusqu'à ce qu'on pensât que des clameurs contre un ornement pourraient aider à me prendre mes terres à moitié prix, ou plutôt pour rien.

— Tout cela peut être vrai; mais c'est déplacé dans une église, pourquoi le laisser?

— Parce que je ne veux pas céder aux menaces. Il fut un temps peut-être où le dais était déplacé dans la maison du Seigneur ; c'était alors qu'on pouvait croire qu'il surmontait la tête de gens qui prétendaient avoir des droits particuliers aux faveurs divines ; mais dans des temps comme ceux-ci, lorsque les hommes pèsent le mérite en commençant par les derniers degrés de l'échelle sociale, il y a peu de danger à ce que nous tombions dans l'erreur d'un orgueil pareil. Le dais restera, quoique j'en voie moi-même l'inconvenance ; mais il restera jusqu'à ce que des concessions puissent se faire sans danger. C'est un droit de propriété, et, comme tel, je le maintiendrai. Ceux qui le trouveront mauvais n'ont qu'à en mettre aussi au-dessus de leur banc.

Marthe parut contrariée ; mais elle changea de sujet. « Hughes, dit-elle en riant, je comprends maintenant le colporteur quand il disait que cette belle chaîne était réservée pour votre femme future. Son nom sera-t-il Anne ou Henriette ?

— Pourquoi ne pas demander aussi s'il sera Mary ? Pourquoi exclure une de vos compagnes ?

Patt tressaillit, parut surprise, ses joues se couvrirent de rougeur ; mais je pus voir que le sentiment dominant était le plaisir.

— Est-ce que je viens trop tard, ajoutai-je, pour posséder ce joyau comme un pendant à ma chaîne ?

— Trop tôt, certainement, pour l'attirer par la richesse et la beauté d'une babiole. Une personne plus naturelle et plus désintéressée que Mary Warren n'existe pas dans le pays.

— Sois franche avec moi, Marthe, et réponds-moi de suite : a-t-elle quelque poursuivant favorisé ?

— Mais ceci paraît tout à fait sérieux, s'écria ma sœur en riant. Mais, pour te sortir d'inquiétude, je n'en connais qu'un : elle en a certainement un, ou bien la sagacité féminine est en défaut.

— Mais je te demande s'il est favorisé. Tu ne sais pas tout ce qui dépend de ta réponse.

— Tu en jugeras toi-même. C'est Seneky Newcome, le frère de la charmante Opportunité, qui se tient toujours en réserve pour toi.

— Et ce sont des anti-rentistes prononcés, autant qu'aucun homme et femme du pays.

— Et ce sont des Newcomites prononcés ; et cela veut dire que chacun d'eux pense à soi. Croirais-tu qu'Opportunité se donne réellement des airs avec Mary Warren ?

— Et comment Mary Warren prend-elle ses impertinences ?

— Comme doit le faire une jeune personne, avec calme et indifférence. Mais il y a vraiment quelque chose d'intolérable à voir quelqu'un comme Opportunité Newcome, prendre un ton de supériorité avec une femme comme il faut. Mary est aussi bien élevée et aussi bien répandue qu'aucune de nous, tandis qu'Opportunité..... » Patt se prit à rire et ajouta vivement : « Mais tu connais Opportunité aussi bien que moi.

Nous eûmes alors un bon accès de rire, qui fut bientôt suivi d'un redoublement de sentiments fraternels. Patt insista pour me faire retirer ma perruque, afin de voir ma figure à son état naturel. Je consentis à la satisfaire, et elle se conduisit alors en véritable enfant. D'abord elle arrangea mes cheveux selon son goût, puis recula de quelques pas, battit des mains, se jeta dans mes bras, me baisa le front à plusieurs reprises, criant : « Mon frère, mon bon frère, mon cher Hughes, » jusqu'à ce que nous fussions tellement excités par le bonheur de nous revoir, que nous nous assîmes tous deux l'un à côté de l'autre pour pleurer de joie et de tendresse. Peut-être cette explosion était-elle nécessaire pour soulager nos cœurs, et nous ne tentâmes pas de l'arrêter.

Ma sœur, comme de raison, fut le plus longtemps à pleurer. Dès qu'elle eut essuyé ses yeux, elle replaça ma perruque et rétablit mon déguisement, tremblant tout ce temps de voir entrer quelqu'un.

— Tu as été bien imprudent, Hughes, de venir ici, me dit-elle pendant qu'elle était ainsi occupée. Tu ne peux te faire une idée du misérable état de la contrée, ni combien s'est propagé le poison anti-rentiste, ni quelle est sa malignité. Les ennuis causés à ma grand'mère sont épouvantables : quant à toi, ils te laisseraient à peine la vie.

— Le pays et le peuple doivent alors être terriblement changés depuis cinq ans. Notre population de New-York a, jusqu'ici, montré peu de disposition à l'assassinat. Le goudron et les plumes ont été, de temps immémorial, dans ce pays, les armes des vauriens, mais non pas le couteau.

— Et y a-t-il quelque chose qui puisse altérer plus profondément le caractère d'un peuple, que l'envie de s'emparer de la propriété d'autrui? L'amour de l'argent n'est-il pas la source de tout mal? Et comment pourrions-nous supposer que notre population de Ravensnest vaut mieux que les autres, lorsque cette sordide passion s'est emparée d'elle. Tu sais que tu m'as écrit toi-même que tout ce que fait ou pense un Américain a pour but l'argent.

— Je t'ai écrit, ma chère, que le pays, dans sa condition présente, n'offre aucun autre excitant à l'ambition, et de là vient tout le mal. La renommée militaire, les grades militaires, ne peuvent l'atteindre sous notre système. Les arts, les lettres et les sciences n'apportent que peu ou point de récompense; et comme il n'y a aucun rang politique dont un homme de grand cœur puisse avoir souci, tout le monde vit pour l'argent, ou en attendant un autre état de choses. Mais je t'ai écrit en même temps, Marthe, que, nonobstant tout cela, je crois que l'Américain est un être moins mercenaire, dans le sens ordinaire du mot, que l'Européen; que, par exemple, dans toute contrée de l'Europe, on achèterait plus facilement deux hommes qu'un seul ici. Cela résulte, je suppose, et de la plus grande facilité à se créer des ressources, et des habitudes que produit cette facilité.

— Qu'importent les causes? M. Warren dit qu'il y a parmi notre peuple un déplorable penchant à dérober, et c'est ce qui le rend dangereux. Jusqu'ici l'on a un peu respecté les femmes; mais combien cela durera-t-il?

— Il en est ainsi, il doit en être ainsi d'après ce que j'ai lu et entendu; et cependant cette vallée semble aussi riante et aussi belle, en ce moment, que si aucune mauvaise passion ne l'eût souillée! Mais fie-toi à ma prudence, qui me dit que nous devons maintenant nous séparer. Je te verrai et te reverrai encore avant de quitter le domaine, et tu pourras certainement nous rejoindre quelque part, aux eaux de Saragota peut-être, aussitôt que nous jugerons nécessaire de décamper.

Marthe me le promit, et je l'embrassai avant de nous séparer. Je ne rencontrai personne sur mon chemin lorsque je descendis vers le portique. Je me promenai ensuite sur le gazon, et me montrant sous les fenêtres de la bibliothèque, je fus, comme je m'y attendais, invité à monter.

Mon oncle Ro avait disposé de tous les articles de bijouterie fine qu'il avait apportés pour présents à ses pupilles. Le paiement devait être arrangé avec madame Littlepage, c'est-à-dire qu'il n'y eut pas de paiement: et, comme il me le dit ensuite, il aimait ce mode de distribuer les divers ornements, plus que de les présenter lui-même, étant certain que chacun avait consulté son propre goût.

Comme l'heure du dîner de famille approchait, nous prîmes congé, non sans avoir reçu de pressantes invitations de revenir avant de quitter le pays. Bien entendu que nous fîmes toutes les promesses qu'on attendait de nous, et que nous comptions bien remplir fidèlement. En quittant la maison, nous nous dirigeâmes vers la ferme, non sans nous arrêter dans la plaine pour contempler des lieux si chers à tous deux, par les souvenirs et les intérêts. Mais j'oublie que ceci est aristocratique; le propriétaire n'a aucun droit d'avoir des sentiments de cette nature, que la liberté perfectionnée de la loi réserve seulement pour le bénéfice du tenancier!

CHAPITRE XII.

> On aura en Angleterre pour un sou, sept pains d'un demi sou; le pot de trois mesures en aura dix; et je déclarerai crime de boire de la petite bière; tout le royaume sera en commun, et j'enverrai mon palefroi paître dans Cheapside.
>
> JACK CADE.

Il est inutile de raconter en détail tout ce qui se passa dans notre seconde visite à la ferme. Miller nous reçut d'une manière amicale, et nous offrit *un* lit, si nous voulions passer la nuit chez lui. Le coucher nous avait donné, dans nos pérégrinations, plus de difficultés que tout le reste. New-York, en ce qui concerne les bons hôtels, a renoncé depuis longtemps au système d'un lit à deux ou même à trois; mais cette amélioration n'est pas appliquée aux colporteurs ou aux musiciens ambulants. Plus d'une fois on nous avait fait entendre que nous devions non-seulement occuper le même lit, mais encore l'accepter dans une chambre remplie d'autres lits. Or, il y a de certaines choses qui sont devenues une seconde nature, et qu'aucune mascarade ne fera disparaître; entre autres, on ne saurait s'accoutumer à partager son lit et sa brosse à dents. Cette petite difficulté nous donna plus d'embarras chez Miller que partout ailleurs. Dans les tavernes, l'argent arrangeait l'affaire; mais ce n'était pas possible à la ferme. Enfin les difficultés furent aplanies en me mettant dans le grenier, où je fus favorisé d'un lit de paille dans une maison qui m'appartenait.

Pendant que la négociation se poursuivait, je remarquai que Josh Brigham, le valet anti-rentiste de Miller, ouvrait les yeux et les oreilles à tout ce qui se faisait ou se disait. De tous les hommes de la terre, l'Américain de cette classe est le plus méfiant et le plus soupçonneux. L'Indien, sur le sentier de la guerre, la vedette placée près de l'ennemi, dans un brouillard une heure avant l'aurore, le mari jaloux, ou le prêtre devenu un partisan, ne sont pas plus disposés à conjecturer, supposer et se créer des imaginations, qu'un Américain de cet acabit. Ce Brigham était le beau idéal de l'école soupçonneuse, envieux et méchant, aussi bien que malin et observateur. Le fait même de son association avec les Indgiens, ajoutait à ses penchants naturels la conscience de ses fautes, et le rendait doublement dangereux ! Tout le temps que mon oncle et moi nous nous débattions pour avoir chacun une chambre, ne fût-ce qu'un petit cabinet, ses regards vigilants montraient combien il voyait dans chacun de nos mouvements des motifs de curiosité, sinon de soupçon. Quand tout fut conclu, il me suivit sur un petit gazon devant la maison où je me tenais contemplant le coucher du soleil, et ses premières paroles trahirent la nature de ses pensées:

— Le vieux, dit-il en parlant de mon oncle, doit avoir beaucoup de montres d'or sur lui, puisqu'il est si difficile concernant son lit. Colporter de tels articles est un métier assez scabreux, je gage?

— Ya, c'est tangereux dans des endroits, mais pas dans ce pon bays.

— Pourquoi donc le vieux insistait-il si fort pour avoir cette chambre à lui tout seul, et pour vous envoyer au grenier? Nous autres, nous ne voudrions pas du grenier; c'est trop chaud pendant l'été.

— En Allemagne, un homme, un lit, répondis-je.

— Oh! c'est ça. Eh bien! chaque pays a sa mode, je suppose. L'Allemagne est une terre foncièrement aristocratique, dit-on.

— Ya; il reste en Allemagne peaucoup de la fieille loi véodale, peaucoup de coutumes véodales.

— Des propriétaires beaucoup, je suppose. Des baux longs comme mon bras, hein?

— Eh pien ! ils pensent en Allemagne que plus long le pail, plus c'est afantacheux pour le denancier.

— Voilà une drôle d'idée ! Nous pensons ici, au contraire, qu'un bail est une mauvaise chose, et le moins vous avez d'une mauvaise chose, mieux ça vaut.

— Eh bien ! c'est trôle, si trôle que che comprends pas. Que fera-t-on pour empêcher ça ?

— Oh ! c'est l'affaire de la législature. On fera passer une loi pour défendre qu'on fasse aucun bail.

— Et le beuple souffrira-t-il cela? Tout le monde dit que ceci est un bays libre, et les hommes consentiront-ils à ne pas louer des terres, s'ils en ont pesoin ?

— Oh ! mais voyez-vous, nous voulons seulement enlever aux propriétaires leurs baux actuels ; et plus tard lorsque ce sera fait, la loi peut refaire tout ça.

— Mais cela est-il pien? La loi defrait être chuste, et ne pas défaire pour refaire.

— Vous ne me comprenez pas, je vois. Je vais m'expliquer plus clairement. Ces Littlepage ont eu cette terre assez longtemps, et il est temps d'ouvrir des chances aux pauvres gens. Le jeune Monsieur qui prétend être le propriétaire de toutes les fermes ici autour, n'a jamais rien fait pour les acquérir excepté d'être le fils de son père. Or, dans mon idée, un homme devrait faire quelque chose, et ne pas devoir sa propriété à un simple hasard. Ceci est un pays libre, et quel droit un homme a-t-il plus qu'un autre à la terre?

— Ou à sa chemise, ou à son tabac, ou à son hapit, ou à autre jose?

— Eh bien, je ne vais pas si loin que ça. Un homme a droit à ses habits et peut-être à un cheval et à une vache, mais non pas à toutes les terres de la création. La loi donne droit à une vache en cas de saisie.

— Et la loi ne donne-t-elle pas droit à la terre aussi? Alors si fous réussissez, fous ne poufez pas compter sur la loi.

— Nous tâchons d'avoir de notre côté autant de la loi que nous pouvons. Les Américains aiment la loi. Vous pouvez lire dans tous les livres, je veux dire dans nos livres qui sont imprimés ici, que l'Américain est le peuple le plus loyal de la terre, et qu'il fera pour la loi plus que tout autre.

— Eh pien, ça n'être pas ce qui est dit des Américains en Europe ; nein, nein, on ne dit pas ça.

— Comment! vous ne le croyez pas? Vous ne croyez pas que c'est le plus grand pays du monde, et le plus loyal?

— Eh pien, che ne sais pas. Ce bays est ce bays, et il est ce qu'il est, foilà.

— Oui, oui ; je pensais bien que vous viendriez à penser comme moi, quand nous arriverions à nous comprendre. Maintenant, ami, j'arrive au point capital ; mais, auparavant, jurez-moi de ne pas me trahir.

— Ya, ya, che gomprends ; che dois churer ne pas fous trahir ; c'est pon.

— Levez la main. Attendez ; de quelle religion êtes-vous?

— Chrétien, certainement. Che suis pas un chuif. Nein, nein ; che suis très, très-mauvais chrétien.

— Nous sommes tous assez mauvais ; je ne vois pas d'inconvénient à cela. Un peu de diablerie dans un homme l'aide à se pousser, surtout dans cette affaire qui nous concerne. Mais vous devez être quelque chose de plus qu'un chrétien, je suppose ; car nous appelons cela ici n'être d'aucune religion. De quelle religion spéciale êtes-vous?

— Sbéciale ; che ne gomprends pas. Qu'est-ce une relichion sbéciale? Vient-elle de Melanchton, de Luther, ou vient-elle du Pape? Qu'est-ce une relichion sbéciale?

— Mais quelle religion patronisez-vous? Êtes-vous pour la prière à genoux, ou pour la prière debout, ou pour ni l'une ni l'autre? Il y a des gens qui croient qu'il vaut mieux se coucher pour prier, parce qu'on est sujet à moins de distractions.

— Che gomprends pas. Mais laissez la relichion et fenez au point capital.

— Ah! voici. Vous êtes Allemand, et vous ne pouvez aimer les aristocrates. Ainsi je me fie à vous ; mais, si vous me trahissez, vous ne jouerez jamais plus un air de musique dans ce pays-ci ou dans un autre. Si vous voulez devenir un Indgien, jamais il ne s'en présentera une meilleure occasion.

— Un Indgien! Quel pien cela fera d'être un Indgien? Che croyais qu'il falait mieux être homme planc en Amérique?

— Oh! je veux dire un Indgien anti-rentiste. Nous avons si bien arrangé les affaires, qu'on peut devenir un Indgien sans peinture ni couleur, et redevenir ce qu'on était en deux ou trois minutes. Les gages sont bons et le travail léger. Puis nous avons de bonnes occasions dans les magasins et dans les fermes. Notre loi est qu'un Indgien doit obtenir ce qu'il veut, et nous avons soin de vouloir beaucoup. Si vous voulez vous trouver au meeting, je vous dirai comment me reconnaître.

— Ya, ya, che me troufer au meeting, certainement. Où sera-t-il?

— Là-bas, au village. Nous avons été avertis ce soir et nous serons sur le terrain à dix heures.

— Y aura-t-il pataille, que fous fous réunissez si ponctuellement et avec tant d'ardeur?

— Bataille! mon Dieu, non; qu'y a-t-il à combattre, je voudrais le savoir? Nous sommes à peu près tous contre les Littlepage, et il n'y a personne de leur côté, excepté deux ou trois femmes. Je vous dirai comment c'est arrangé. Le meeting est convoqué pour le soutien de la liberté. Vous savez, je suppose, que nous avons toutes sortes de meetings dans ce pays?

— Nein; che croyais qu'il y afait des meetings pour politique, mais pas autre jose.

— Est-il possible? Quoi! vous n'avez pas en Allemagne des meetings d'indignation? Nous comptons beaucoup sur nos meetings d'indignation, et chaque parti en a en quantité, quand les questions chauffent. Notre meeting de demain est en général sur les principes de liberté. Mais nous pourrons passer quelques votes d'indignation sur les aristocrates; car personne, dans cette partie de la contrée, ne peut souffrir ces créatures, je vous en réponds. Quant à moi, je déteste le nom même de ces serpents, et je voudrais qu'il n'y en eût pas un seul dans le pays. Demain nous avons un grand prédicateur anti-rentiste...

— Un brédicateur!

— Oui; un qui prêche sur l'anti-rentisme, la tempérance, l'aristocratie, le gouvernement et tous les abus. Oh! il traite tout cela vivement, et les Indgiens ont l'intention de l'appuyer à grand renfort de cris et de hurlements. Votre vielle ne ferait qu'une pauvre musique à côté de ce que peut faire notre tribu, quand nous nous mêlons d'ouvrir nos gosiers.

— Eh bien! c'est drôle! ch'afais entendu que les Américains étaient tous des philosophes, et qu'ils faisaient toutes joses d'une manière bacifique et sobre ; et maintenant fous dites qu'ils focifèrent leurs arguments comme des Indgiens ?

— Je vous en réponds ! J'aurais voulu que vous fussiez ici dans le temps des émeutes du cidre, et vous en auriez eu de la raison et de la philosophie, comme vous dites. J'étais whig alors, quoique je sois devenu démocrate depuis. Nous sommes dans le comté plus de cinq cents qui voulons tirer bon parti des choses. A quoi sert un vote, s'il ne vous rapporte rien ? Mais demain vous verrez les affaires en train, et les choses décidées pour cette partie du pays et en bon style encore. Nous savons ce que nous faisons, et nous voulons pousser les choses jusqu'au bout.

— Et que comptez-fous faire ?

— Eh bien ! puisque vous paraissez dans la bonne voie et que, selon toute probabilité, vous endosserez la chemise indgienne, je vais vous le dire. Nous comptons obtenir de bonnes vieilles fermes à des taux avantageux. Voilà ce que nous comptons faire. Le peuple est debout, et ce que le peuple veut, il l'aura. Aujourd'hui il veut des fermes, et il aura des fermes. Que servirait d'avoir un gouvernement populaire, si le peuple désirait quelque chose en vain ? Nous avons commencé par les Rensselaer, et les baux de longue durée, et les redevances de volailles ; mais nous ne comptons, sous aucun rapport, en rester là. Qu'y gagnerions-nous ? On veut arriver à quelque chose de substantiel, quand on met le pied dans cette voie. Nous connaissons quels sont nos amis, quels sont nos ennemis. Si nous pouvions avoir pour gouverneurs des hommes que je pourrais nommer, tout irait bien dès le premier hiver. Nous chargerions les propriétaires d'impôts, nous accumulerions loi sur loi, de façon qu'ils se trouveraient trop heureux de vendre jusqu'à la dernière perche de leur terre, et à bon marché encore.

— Et à qui abartiennent ces fermes qui coufrent la gontrée par ici ?

— Selon la loi d'aujourd'hui, elles appartiennent à Littlepage, mais si nous pouvons changer la loi, il ne les aura plus. Le croiriez-vous ? cet homme ne veut pas vendre une seule ferme et veut les garder toutes ; c'est-il tolérable dans un pays libre ? On le souffrirait à peine en Allemagne, je crois. Je méprise un homme qui est assez aristocrate pour refuser de vendre quoi que ce soit.

— Eh pien ! on opéit aux lois en Allemagne, et la bropriété est respectée dans la plupart des pays. Fous ne foudriez pas céder fos droits de bropriété, che suppose?

— Non, certainement. Si un homme possède une montre, ou un cheval ou une vache, je suis pour que la loi permette à l'homme pauvre de les garder, même en cas de saisie. Quant à ça, nous avons obtenu dans le vieux York des lois assez raisonnables : un homme pauvre, quelque endetté qu'il soit, peut garder un joli lot de meubles aujourd'hui et se moquer de la loi. J'en ai connu qui devaient deux cents dollars, et qui gardaient, malgré la saisie, des valeurs mobilières pour plus de trois cents ; quoique la plupart de leurs dettes vinssent des objets même qu'ils gardaient.

Quel tableau de notre société! et cependant il n'est que trop vrai. D'un côté un homme peut contracter une dette pour une vache, et se moquer de son créancier lorsqu'il réclame son dû ; de l'autre la législature et le pouvoir exécutif se prêtent aux chicanes de gens qui tentent d'enlever à une certaine classe ses droits de propriété, contre le texte même de conditions écrites. Et tout cela pour des votes! Est-il quelqu'un qui puisse croire à la longue existence d'une communauté dans laquelle de pareilles choses sont froidement méditées et froidement accomplies? Il est temps que les Américains voient les choses comme elles sont, et non comme on les représente dans des adresses électorales.

— Enfin, poursuivit Joshua, un prédicateur de première qualité sur les tenures féodales, sur les volailles et les corvées! Nous attendons beaucoup de cet homme qui est bien payé pour venir.

— Et qui le baie? est-ce l'État?

— Non, nous n'en sommes pas encore là, quoique beaucoup de personnes pensent que cela ne tardera pas. A présent, les tenanciers sont taxés à tant par dollar de la rente qu'ils paient, ou à tant par acre. Mais un de nos prédicateurs nous a dit que c'est de l'argent placé à intérêt, et que chaque homme devait tenir note de ce qu'il donnait ; car le temps n'est pas éloigné où il lui sera rendu avec un intérêt double. On paie aujourd'hui pour cette réforme, dit-il, et lorsque cette réforme sera obtenue, l'État se trouve tellement redevable envers nous tous, qu'il imposera les anciens propriétaires jusqu'à ce que tout notre argent et plus encore soit rentré.

— C'être une cholie spéculation, ya, une ponne idée!

— Mais oui; ce n'est pas une mauvaise opération que de vivre aux frais de l'ennemi, comme on dit; et voilà le mérite des associations. Nous ne disons pas cependant ouvertement tout ce que nous voulons et prétendons; et vous trouverez parmi nous des gens qui soutiennent hardiment que les anti-rentistes n'ont rien de commun avec le système indgien; mais on n'est pas obligé, après tout, de croire que la lune soit un fromage. Quelques-uns de nous sont d'avis qu'aucun homme ne doit posséder plus de mille acres de terre, tandis que d'autres pensent qu'un homme ne doit pas en avoir plus qu'il ne lui en faut pour ses besoins personnels.

— Et laquelle de ces obinions est la fôtre?

— Oh! moi, je n'y tiens pas, pourvu que j'aie une bonne ferme. J'en aimerais une qui contienne de bons bâtiments, et qui n'ait pas été travaillée jusqu'à épuisement. Voilà deux principes que je défendrai; mais qu'il y ait quatre cents acres ou quatre cent cinquante, je serai assez arrangeant. Je pense bien toutefois qu'il y aura quelques querelles quand nous en viendrons au partage, mais je ne suis pas homme à les provoquer. Je suppose que j'aurai mon tour pour quelques-uns des emplois publics dans la ville et pour d'autres petites chances; et en obtenant ces droits, je me contenterai de l'une ou de l'autre des fermes du jeune Littlepage, quoique j'en préférasse cependant une dans la vallée principale, ici; cependant, je le répète, je ne suis pas trop difficile.

— Et que comptez-fous bayer à M. Littlepage pour la ferme que fous choisirez?

— Cela dépend des circonstances. Les Indgiens cherchent seulement à payer bon marché. Les uns pensent qu'il vaut mieux payer quelque chose, parce que cela ferait mieux aux yeux de la loi; les autres ne voient pas qu'il soit utile de rien payer du tout. Ceux qui sont d'avis de payer demandent seulement qu'on paie le principal des premières rentes.

— Che ne gomprends pas ce que fous entendez par le brincipal des bremières rentes.

— C'est cependant bien clair. Ces terres, lorsqu'on les défricha, étaient louées à très-bon compte, afin d'attirer des colons. Beaucoup des tenanciers ne payaient aucune rente pendant six, huit ou dix ans; et après cela, pendant trois générations, comme on dit, ils payaient six pences l'acre, ou six dollars et un quart les cent acres. C'était, comme vous voyez, pour attirer ici les travailleurs; et vous pouvez juger par ce prix combien les temps devaient être durs. Or, quelques-uns des nôtres soutiennent que tout le temps doit être compté, celui qui était exempt de rentes et celui qui ne l'était pas, d'une manière que je vais vous expliquer; car je veux que vous sachiez que je ne me suis pas engagé dans cette affaire sans en connaître le bon et le mauvais.

— Exbliquez, exbliquez; che foudrais entendre l'exblication.

— Ah! vous êtes bien pressé, ami Griezenbach, ou quel que soit votre nom; mais je vais m'expliquer. Supposez qu'un bail soit fait pour trente ans, dont dix pour rien et vingt pour six pences l'acre. Eh bien, cent fois six pences font cinquante schellings, et vingt fois cinquante font mille, qui forment toute la rente payée en trente ans. Si vous divisez mille par trente, vous avez pour la rente moyenne de trente ans, trente-trois schellings et une fraction. Considérant ces trente-trois schellings comme quatre dollars, et ce n'est guère plus, nous avons cela pour l'intérêt, lequel, à sept pour cent, fait un principal d'un peu plus de cinquante dollars, quoique moins que soixante. Comme de pareilles affaires doivent être traitées libéralement, on dit que les Littlepage devraient prendre cinquante dollars et donner un contrat de rente pour cent acres.

— Et quelle est la rente de cent acres auchourd'hui? C'est plus de six pences l'acre?

— Oui, certainement. La plupart des fermes en sont à leur deuxième et troisième bail. Quatre schellings l'acre est la moyenne aujourd'hui.

— Et fous croyez que les propriétaires defraient accepter la rente d'une année bour leurs fermes?

— Je ne le considère pas sous ce point de vue. Ils devraient prendre cinquante dollars pour cent acres. Vous oubliez que les tenanciers ont payé pour leurs fermes encore et encore en rentes. Ils trouvent qu'ils ont assez payé et qu'il est temps d'en finir.

Quelque extraordinaire que soit ce raisonnement, j'ai vu depuis que c'était l'argument favori des anti-rentistes. Devons-nous donc payer des rentes à jamais? s'écriaient-ils d'un ton de vertueuse indignation.

— Et que peut être auchourd'hui, demandai-je, la faleur moyenne d'une ferme de cent acres?

— De deux mille cinq cents à trois mille dollars. Ce pourrait être davantage, mais les tenanciers ne veulent pas construire de bons bâtiments sur les terres affermées, sachant qu'elles ne leur appartiennent pas. J'ai entendu un de nos meneurs se lamenter de n'avoir pas prévu où en viendraient les choses lorsqu'il a réparé les vieux bâtiments, sans quoi il en eût construit de nouveaux. Mais un homme ne peut pas tout prévoir. Je suis sûr que beaucoup maintenant ont le même sentiment.

— Alors fous pensez que herr Littlepage defrait accepter cinquante dollars pour ce qui en faudrait deux mille cinq cents? Cela semble très-beu.

— Mais vous oubliez les rentes payées depuis des années et le travail qu'a fait le tenancier. Quelle valeur aurait la ferme sans le travail qui y a été fait?

— Ya, ya, che gomprends; mais quelle faleur aurait le trafail sans la terre sur laquelle il a été fait?

Cette question était tant soit peu imprudente vis-à-vis d'un homme aussi soupçonneux que Joshua Brigham. Il me jeta un regard oblique et méfiant; mais avant qu'il eût le temps de répondre, Miller, qui lui inspirait une crainte salutaire, l'appela pour aller soigner les vaches.

Je ne revis plus Joshua de la soirée; car au moment où la nuit tombait, il obtint la permission de quitter la ferme. Où allait-il, je ne puis le dire; mais le but de ses démarches ne pouvait plus être un secret pour moi. Comme la famille se couchait de bonne heure et que nous étions très-fatigués, chacun fut au lit à neuf heures, et, à en juger par moi-même, bientôt endormi. Avant cependant de nous dire bonsoir, Miller nous apprit le projet de meeting pour le lendemain, et son intention d'y assister.

CHAPITRE XIII.

> Il connaît le gibier : comme il garde bien le vent !
> Silence !
>
> *Henri VI.*

Le lendemain matin, après le déjeuner, toute la famille s'occupait de préparatifs de départ. Non-seulement Miller, mais sa femme et sa fille, comptaient aller au petit Nest, comme s'appelait le hameau, par opposition au Nest qui était le nom communément donné à notre maison. J'appris ensuite que cette circonstance même était invoquée contre moi dans les controverses, comme un crime de *lèse-majesté;* une résidence particulière ne devant pas monopoliser la majeure d'une proposition, tandis que le hameau se contentait de la mineure, surtout quand, dans ce dernier, il se trouvait deux tavernes qui sont exclusivement la propriété du public.

S'il n'y avait pas eu alors des motifs plus sérieux d'agitation, peut-être aurait-on pris pour ordre du jour la question de savoir auquel des deux Nest devait appartenir la priorité. J'ai entendu parler d'un procès qui eut lieu en France, concernant un nom qui a été fameux aux premières époques de l'histoire et qui a pris même une place distinguée dans les annales de notre république. Je veux parler de la maison de Grasse. Cette famille était établie avant la révolution, et l'est peut-être encore à un endroit nommé Grasse, dans le midi du royaume, la ville étant aussi fameuse par son commerce de soie, de parfums et de savons, que la famille par ses exploits guerriers. Il y a environ un siècle, le marquis de Grasse eut un procès avec ses voisins de la ville, à l'effet de décider si la famille avait donné son nom à la ville, ou si la ville avait donné son nom à la famille. Le marquis triompha dans la lutte, mais il compromit gravement sa fortune par cette nouvelle victoire. Comme ma maison avait été à coup sûr élevée et nommée alors que le site du petit Nest était encore dans la forêt vierge, on pourrait croire hors de toute contestation ses droits à la priorité; mais on verrait peut-être le contraire en cas de procès. Chez nous, toutes choses dépendent tellement des majorités, que bientôt la tradition la plus authentique est celle qui compte le plus de partisans. Car avec le système des nombres, on fait peu attention à la supériorité des avantages, des connaissances, des droits, tout devant dépendre de trois contre deux.

Tom Miller avait disposé pour mon oncle Ro et moi un petit cabriolet découvert, tandis qu'il se plaçait, lui, sa femme, Kitty et un garçon, dans un véhicule à deux chevaux. Ces arrangements pris, nous nous mîmes en route au moment où l'horloge de la ferme sonnait neuf heures. Je conduisais mon cheval moi-même; et c'était effectivement *mon* cheval; chaque article, chaque ustensile de la ferme étant ma propriété, suivant la vieille loi, non moins que le chapeau que j'avais sur la tête. Il est vrai que les Miller avaient cinquante ou soixante acres en possession, et, d'après les *nouvelles* idées, on aurait pu soutenir que, puisque nous leur avions si longtemps donné des gages pour travailler la terre et pour se servir des troupeaux et des ustensiles, le titre de propriété devait passer de mes mains dans celles de Tom Miller. Si l'usage donne un droit, pourquoi ce droit ne s'appliquerait-il pas à un cheval et à une charrette, aussi bien qu'à une ferme?

En sortant de la ferme, je portai attentivement mes regards vers la maison, dans l'espoir d'apercevoir une forme de quelque personne aimée, à la fenêtre ou sous le portique. Pas une âme ne parut néanmoins, et nous descendions le chemin derrière l'autre charrette, causant des évènements de la veille et des incidents probables de la journée. La distance que nous avions à parcourir était de quatre milles, et l'heure indiquée pour le commencement du meeting, qui était la grande affaire du jour, était onze heures. En conséquence, rien ne nous pressait, et j'aimais mieux me conformer aux dispositions de l'animal que je conduisais, que d'arriver une ou deux heures trop tôt. Par suite de notre lenteur, Miller et sa famille furent bientôt hors de nos regards, leur désir étant de voir le plus possible.

La route entre le Nest et le petit Nest est rustique et aussi agréable à l'œil qu'on peut s'y attendre dans cette partie de la contrée, où il n'y a ni eaux ni montagnes. Nos paysages de New-York ont rarement cette grandeur d'aspect que présentent les campagnes en Italie, en Suisse et en Espagne; mais nous en avons beaucoup qui ne demandent, pour compléter leurs charmes, qu'un dernier coup de main à leurs accessoires artificiels. Ainsi en est-il de la principale vallée de Ravensnest, qui, au moment même où nous la traversions, présentait un tableau de richesse mêlée de bien-être que l'on rencontre rarement dans le vieux monde, où l'absence de clôtures et la concentration des habitations dans les villages donnent aux champs un aspect de nudité et de désolation, malgré l'habileté des labours et la beauté des moissons.

—Ce domaine vaut bien la peine qu'on se le dispute aujourd'hui, dit mon oncle, quoique jusqu'ici il n'ait pas été fort productif pour son propriétaire. Le premier demi-siècle d'une propriété américaine ne rapporte guère que de la peine et des ennuis.

— Et après cela, le tenancier doit l'avoir, au prix qu'il déterminera, comme une récompense de son travail !

— Quel témoignage nous rencontrons ici, partout où l'œil se repose, de l'égoïsme de l'homme et du danger de lui abandonner le contrôle illimité de ses propres affaires ! En Angleterre, où les propriétaires forment réellement une aristocratie et font réellement les lois, les fermiers sont en querelle avec eux, afin de n'être pas opprimés et d'avoir un juste produit pour leur travail ; tandis qu'ici le propriétaire du sol lutte contre le pouvoir du nombre, contre le peuple, qui est notre seule aristocratie, afin de maintenir son droit de propriété dans ses formes les plus simples et les moins contestables. Il y a au fond de ces deux maux un vice commun, qui est l'égoïsme.

Nous approchions alors de l'église de Saint-André et du presbytère avec les terres qui en dépendent. Il y avait en tout une amélioration sensible depuis que je ne l'avais vu. Des buissons y avaient été plantés, les clôtures étaient en bon état, le jardin était bien cultivé, les champs étaient verdoyants, tout enfin dénotait un nouveau maître et une nouvelle main. Le ministre précédent était un prêtre égoïste, paresseux, dolent, à esprit étroit et capricieux. Mais M. Warren avait la réputation d'être un bon et véritable chrétien, se plaisant dans les devoirs de sa fonction et servant Dieu parce qu'il l'aimait. Je ne saurais dire combien est laborieuse la vie d'un prêtre de campagne, combien est maigre et restreinte sa pitance, et combien il mériterait davantage si sa récompense était proportionnée à ses vertus. Mais ce tableau, comme beaucoup d'autres, a ses différentes faces, et il se rencontre certainement des hommes qui entrent dans l'Eglise par des motifs très-peu en harmonie avec ceux qui devraient les influencer.

— Voilà le wagon de M. Warren à sa porte, dit mon oncle comme nous passions le presbytère. Se peut-il qu'il ait l'intention de se rendre au village, dans une occasion comme celle-ci ?

— Rien n'est plus probable, monsieur, répondis-je, si le portrait que Patt m'a tracé de lui est vrai. Elle me dit qu'il a montré beaucoup d'activité pour comprimer l'esprit de convoitise qui envahit tous les cœurs, et qu'il a prêché hardiment, quoique en termes généraux, contre les principes émis depuis peu. L'autre ministre recherche la popularité, et prêche ou prie en faveur des anti-rentistes.

Sans parler davantage, nous poursuivîmes notre route, qui nous conduisit bientôt dans un bois assez étendu, faisant partie de la forêt vierge. Ce bois, qui avait plus de mille acres de superficie, s'étendait depuis les montagnes à travers des terres d'assez peu de valeur, et avait été réservé pour les besoins de l'avenir. Il était donc ma propriété, et, quelque étrange que cela puisse paraître, un des chefs d'accusation portée contre moi et mes prédécesseurs reposait sur ce que nous avions refusé de le donner à bail. Ainsi, d'un côté, on nous accusait pour avoir donné nos terres à bail, de l'autre côté, pour ne les avoir pas données.

Nous avions près d'un mille à faire à travers la forêt, avant de rentrer dans la plaine, qui se trouvait à un mille et demi du village sur notre gauche; cette petite forêt ne s'étendait pas à plus de cent perches, et se terminait au bord d'un petit cours d'eau. Sur notre droite, la forêt avait près d'un mille de largeur, et se confondait au loin avec d'autres portions de bois réservées pour les fermes sur le territoire desquelles elles croissaient. Ainsi que cela a souvent lieu en Amérique dans le cas où des routes traversent une forêt, une seconde pousse se développait sur chaque côté du chemin, qui était bordé dans toute son étendue de masses touffues de pins, de châtaigniers et d'érables. Dans quelques endroits, ces masses s'avançaient sur la route, tandis que dans d'autres l'espace était entièrement libre. Marchant à travers les bois, nous en avions atteint à peu près le centre, à un endroit éloigné d'un mille et demi de toute habitation. Notre vue était limitée en avant et en arrière par les jeunes pousses, lorsque nos oreilles furent frappées d'un bruit de sifflet perçant et mystérieux. J'avoue qu'à cette interruption je ne me sentis pas à mon aise, car je me rappelais la conversation de la précédente soirée. Pour mon oncle, à son tressaillement soudain, et au geste qu'il fit en portant la main à l'endroit où devaient être ses pistolets, s'il en eût porté, je jugeai qu'il se croyait déjà entre les mains des Philistins.

Il suffit d'une demi-minute pour nous faire connaître la vérité. J'avais à peine arrêté le cheval pour jeter un coup d'œil autour de nous, qu'une file d'hommes armés et déguisés sortit en ligne des buissons, et se rangea sur la route en face de nous. Ils étaient au nombre de six Indgiens comme ils s'appelaient; chacun portait un fusil et une poire à poudre. Le déguisement était très-simple. Se composant d'une espèce de blouse en calicot avec des pantalons de même étoffe qui les cachaient entièrement. La tête était couverte d'une espèce de chaperon ou masque également en calicot, avec des trous pour les yeux, le nez et la bouche. Il n'y avait aucun moyen de reconnaître un homme ainsi équipé, à moins que ce ne fût à la taille dans le cas où elle serait remarquable en grandeur ou en petitesse. Un homme de taille moyenne était parfaitement à l'abri de tout examen, pourvu qu'il ne parlât pas. Ceux qui parlaient changeaient leur voix, et se servaient d'un jargon destiné à imiter l'anglais imparfait des indigènes. Quoique aucun de nous n'eût encore rencontré un seul individu de cette bande, nous reconnûmes aussitôt ces perturbateurs du repos public pour ce qu'ils étaient.

Ma première pensée fut de tourner notre véhicule et de fouetter notre pacifique coursier. Heureusement, avant de le tenter, je tournai la tête pour voir si le passage était libre, et je vis six autres Indgiens barrant la route derrière nous. La mesure la plus sage était donc de faire bonne figure ; en conséquence, je laissai le cheval continuer tranquillement son pas vers la ligne des hommes rangés devant nous, jusqu'à ce qu'il fût arrêté par un des Indgiens.

— Sago, Sago, cria celui qui semblait le chef et que je désignerai ainsi, comment va, comment va? D'où venir, eh! où aller, eh? Que dire aussi? — vive la rente ou à bas la rente, eh?

— Nous être teux Allemands, répliqua mon oncle Ro exagérant encore son dialecte, tandis que j'étais furieusement tenté d'éclater de rire, en voyant des hommes parlant la même langue, recourir des deux côtés à de semblables moyens de déception.—Nous être teux Allemands, qui font aller endendre un homme brêcher sur la rente, et pour fendre des montres. Foulez-fous acheter montres, messieurs ?

Quoique ces vauriens sussent probablement qui nous étions, au moins dans notre condition empruntée, et eussent sans doute été avertis de notre approche, cette proposition réussit, et ils se mirent à sauter, à gesticuler, à crier, pour montrer le plaisir qu'ils en éprouvaient. En un instant toute la bande fut autour de nous, avec huit ou dix hommes de plus qui sortirent des buissons les plus proches. Ils nous firent sortir de notre char avec une douce violence qui témoignait de leur impatience. Pour le coup, je m'attendais à voir disparaître tous les bijoux et toutes les montres, qui par bonheur, n'étaient pas de grand prix. Qui pouvait, en effet, supposer que des hommes associés pour voler sur une grande échelle hésiteraient à faire la même chose en diminutif. Je me trompais cependant ; un certain genre de discipline imperceptible maintenait en ordre ceux qui auraient été disposés à agir ainsi, et il s'en trouvait certainement quelques-uns dans une pareille communauté. Le cheval fut laissé au milieu de la route, fort heureux de goûter quelque repos, tandis qu'on nous indiqua le tronc d'un arbre tombé pour y déposer notre boîte de bijoux. Une douzaine de montres se trouvèrent bientôt dans les mains de ces prétendus sauvages, qui manifestèrent une grande admiration à leur brillante apparence. Pendant que se passait cette scène moitié jouée, moitié naturelle, le chef me fit signe de m'asseoir à l'extrémité de l'arbre, et, accompagné par deux ou trois de ses compagnons, il se mit à me questionner.

— Prenez garde dire vrai. Ceci, Éclair-brillant, en mettant sa main sur sa poitrine de manière à me bien faire connaître le guerrier qui portait ce titre éminent. — Pas bon mentir à lui ; savoir tout avant de demander ; demander seulement comme épreuve. Que faites-vous ici, eh ?

— Nous fenons pour foir les Indgiens et le peuple du fillage, pour leur fendre montres.

— Tout cela vrai ? Pouvez-vous crier : à bas la rente, eh ?

— C'est très-vacile ; à bas la rente, eh !

— Vrai Allemand, eh ? vous pas espion ? vous pas être envoyé par le gouvernement, eh ? les propriétaires pas vous payer, eh ?

— Que pourrais-che esbionner ? Rien à esbionner, que des hommes afec des fisages de calicot. Bourquoi fous craindre gouferneur ? Che crois gouferneur très-ami des anti-rentistes.

— Pas quand nous agir ainsi. Envoyer cavalerie, envoyer infanterie après nous. Je pense aussi très-ami, quand il oser.

— Qu'il aille au diable ! cria un des membres de la tribu en anglais, aussi clair et aussi rustique que le langage d'un clown. S'il est notre ami, pourquoi a-t-il envoyé de l'artillerie et de la cavalerie à Hudson ? Pourquoi a-t-il traîné le Grand-Tonnerre devant ses cours infernales ? Qu'il aille au diable !

Il n'y avait pas à se méprendre à cette explosion de sentiment. Ce fut apparemment la pensée d'Éclair-Brillant ; car il dit quelque chose à l'oreille d'un de ses compagnons qui prit par le bras l'Indgien indiscret et l'emmena au milieu de ses imprécations.

— Qu'il aille au diable! répéta-t-il aussi longtemps que je pus l'entendre. Dès qu'on fut débarrassé de sa présence, Éclair-Brillant reprit son examen, quoiqu'il fût assez vexé du caractère peu dramatique de l'interruption.

— Vrai; pas espion, eh? vrai, gouverneur pas l'envoyer, eh? vrai, venir vendre montres, eh?

— Che fenir, che fous dis, pour voir si montres peuvent se fendre, et pas pour le gouferneur; che jamais vu l'homme.

Tout cela était vrai, et ma conscience était assez à l'aise quant à ce qu'il pouvait y avoir d'équivoque dans mes paroles.

— Que pense-t-on là-bas sur les Indgiens, eh? Que dit-on de l'anti-rente, eh? Entendre beaucoup parler de cela?

— Eh pien! quelques-uns pensent l'anti-rente ponne chose, quelques-uns maufaise chose. Chacun pense comme il feut.

A ce moment, un léger sifflet se fit entendre derrière les broussailles, et tous les Indgiens furent debout. Chacun rendit la montre qu'il tenait, et en moins d'une demi-minute nous nous trouvâmes seuls. Ce mouvement avait été si subit, que nous restâmes en supens pour savoir ce que nous allions faire. Mon oncle cependant s'occupa froidement à remettre ses bijoux dans la boîte, tandis que je me dirigeais vers le cheval qui s'étant débarrassé de son collier, paissait tranquillement sur les bords du chemin. Bientôt un trot de cheval et un bruit de roues nous annonça l'approche d'un véhicule semblable au nôtre. Au moment où il débouchait derrière un coude formé par la route, je vis qu'il contenait M. Warren et sa charmante fille.

La route étant étroite et notre équipage placé au milieu, il n'était pas possible aux nouveaux venus d'avancer, et le ministre s'arrêta à l'endroit où nous nous tenions.

— Bonjour, messieurs, dit cordialement M. Warren. Êtes-vous occupés à jouer du Handel aux nymphes du bois ou à réciter des églogues?

— Nein, nein, herr pastor; nous avons rencontré des acheteurs qui fiennent de nous quitter, répondit l'oncle Ro, qui remplissait certainement son rôle avec un parfait aplomb. Guten tag, guten tag. Est-ce que herr pastor se rend au fillage?

— Oui. J'apprends qu'il doit y avoir là un meeting de ces hommes égarés appelés anti-rentistes, et que plusieurs de mes paroissiens y assisteront. En pareille occasion, je regarde comme mon devoir de me trouver au milieu des miens et de leur faire entendre quelques bons conseils. Rien n'est plus éloigné de mes idées de convenance que de voir un prêtre se mêler à ce qui touche en général aux affaires politiques; mais ici, c'est une affaire de morale, et le ministre de Dieu ne doit pas se tenir à l'écart quand un mot peut empêcher quelques frères chancelants de tomber dans le péché. Cette dernière considération me conduit au milieu d'une scène que j'aurais sans cela volontiers évitée.

Tout cela peut être fort bien, me dis-je en moi-même, mais que va faire sa fille dans un pareil endroit? Est-ce que l'esprit de Mary Warren ne serait pas au-dessus des esprits ordinaires? et peut-elle trouver du plaisir à entendre des prédications de ce genre, et à se rendre à des meetings publics? Il n'y a pas de meilleure preuve d'une bonne éducation, que le soin qu'on prend d'éviter tout contact avec des gens dont les goûts et les principes ne sont pas à notre niveau; et cependant, voilà une jeune personne pour laquelle je ressentais déjà de l'amour, qui s'en va vers le village pour entendre un prédicateur ambulant débiter des sornettes sur l'économie politique, enfin pour voir et être vue! Je me sentis étrangement contrarié, et j'aurais volontiers donné la meilleure ferme de ma propriété pour qu'il en fût autrement. Mon oncle eut probablement la même pensée que moi, d'après la remarque qu'il fit.

— Et la *jung frau* va-t-elle aussi foir les Indgiens, pour leur persuader qu'ils sont très-méchants?

La figure de Mary m'avait semblé un peu pâle lorsqu'elle nous rencontra. Elle devint alors pourpre; sa tête s'inclina même un peu, et elle jeta sur son père un regard tendre et inquiet.

— Non, non, dit vivement M. Warren; cette chère enfant en s'aventurant dans un tel endroit, fait violence à tous ses sentiments excepté un. Sa piété filiale l'a emporté sur ses craintes et ses goûts, et, lorsqu'elle a su que je voulais y aller, aucun de mes arguments n'a pu la persuader de rester à la maison. J'espère qu'elle n'aura pas lieu de s'en repentir.

De vives couleurs brillaient encore sur la figure de Mary; mais elle parut heureuse de voir que ses véritables motifs étaient si bien appréciés; je la vis même sourire, quoiqu'elle restât muette. Mes propres sentiments éprouvèrent aussi une soudaine révolution. Je n'avais plus besoin de lui demander ces goûts et ces inclinations qui seuls peuvent rendre une jeune femme chère à un homme de cœur ; c'était chez elle un sentiment de haute moralité et d'affection naturelle, qui lui faisait surmonter ses répugnances dans un cas où elle croyait que son devoir lui commandait ce sacrifice. Il était peu probable, toutefois, qu'aucun des événements de la journée dût rendre la présence de Mary utile ou nécessaire, mais il était digne d'elle et de son courage de penser autrement, sous l'influence de son attachement filial.

Une autre pensée cependant, et bien moins agréable, nous vint à l'esprit à tous deux en même temps. La conversation se faisait à haute voix et pouvait être entendue à une certaine distance, notre véhicule nous séparant des interlocuteurs; et il était certain pour nous que beaucoup de ceux que nous savions être derrière les buissons voisins, entendaient ce qui se disait et pouvaient en concevoir de graves ressentiments. Dans cette crainte, mon oncle me fit signe de déranger notre voiture le plus promptement possible, afin que le ministre pût passer. M. Warren, toutefois, ne se pressait pas; car il ignorait absolument quel auditoire était autour de nous.

— C'est une chose pénible, continua-t-il, de voir des hommes prendre leur cupidité pour un amour de la liberté. Pour moi, il est démontré que ce mouvement anti-rentiste n'est que de l'égoïsme excité par le père du mal; cependant vous rencontrerez parmi nous des hommes qui croient, en s'y joignant, appuyer la cause des institutions libres, quand ils ne font au contraire que les discréditer et leur préparer une chute certaine.

Notre position devenait embarrassante ; nous rapprocher de M. Warren pour l'avertir à voix basse, puis changer de conversation, eût été nous trahir et amener de sérieux dangers. Au moment même où le ministre parlait ainsi, je vis la figure masquée d'Éclair-Brillant se montrer à travers une petite ouverture des buissons placés derrière son wagon, d'où il pouvait entendre chaque mot qui s'articulait. Je craignis d'agir par moi-même, et je me reposai sur la plus grande expérience de mon oncle. Je ne sais s'il avait aussi vu le prétendu chef, mais il se décida à poursuivre la conversation commencée, prenant quelque peu la défense de l'anti-rentisme, ce qui, sans produire aucun mal sérieux, pouvait contribuer à notre sûreté. Il est à peine utile de dire que toutes ces considérations traversèrent si rapidement notre esprit, qu'il n'y eut pas d'interruption sensible dans la conversation.

— Beut-être, dit mon oncle, ils n'aiment pas à bayer la rente. On aime mieux afoir terres pour rien, que bayer rentes.

— En ce cas, qu'ils achètent des terres; s'ils ne veulent pas payer de rentes, pourquoi sont-ils convenus de le faire?

— Beut-être ils ont changé de sentiment. Ce qui est pon auchourd'hui ne paraît pas touchours pon demain.

— Cela peut être vrai; mais nous n'avons pas le droit de faire souffrir les autres de notre légèreté. La législature de cet État vient de donner le plus pitoyable spectacle que le monde puisse voir. Depuis plusieurs mois elle s'évertue à éluder les garanties positives de la loi et de la constitution, pour faire le sacrifice des droits de la minorité, afin de gagner les votes du grand nombre.

— Les fotes sont ponne chose au temps des élections; ha! ha! ha! s'écria mon oncle.

M. Warren parut surpris et même un peu piqué. La grossièreté affectée du rire et des manières de mon oncle, avait atteint son but vis-à-vis des Indgiens; mais elle avait presque détruit la bonne opinion que le ministre avait conçue de nous, et bouleversait toutes ses idées sur notre savoir-vivre et nos principes. Toutefois il n'eut pas le temps de demander des explications; car à peine les éclats de rire de mon oncle étaient-ils achevés, qu'un aigre sifflement se fit entendre dans les buissons, et quarante ou cinquante Indgiens s'élancèrent avec des cris, couvrirent la route et entourèrent immédiatement nos voitures.

Mary Warren, à ce spectacle inattendu, poussa un faible cri, et saisit le bras de son père par une sorte de mouvement involontaire, comme pour le protéger contre tous les dangers. Puis elle sembla reprendre ses esprits, et dès ce moment son caractère prit une énergie, un calme et une intrépidité qu'on pouvait difficilement attendre d'une personne si paisible et si douce.

Tout cela fut inaperçu des Indgiens. Ils avaient aussi leur but, et la première chose qu'ils firent fut d'aider M. Warren et sa fille à descendre de voiture; ce qui fut fait avec une certaine bienséance et avec les égards que méritaient les fonctions de l'un et le sexe de l'autre; et nous nous trouvâmes, M. Warren, Mary, mon oncle et moi, au milieu du grand chemin, environnés d'un groupe d'une cinquantaine d'Indgiens.

CHAPITRE XIV.

Plus de travail dans le désespoir, plus de tyran ;
plus d'esclave, plus d'impôt sur le pain, avec
l'estomac vide comme la tombe.

Tout cela fut fait si rapidement, que nous eûmes à peine le temps de la réflexion. Il y eut un instant, toutefois, pendant que deux Indgiens aidaient Mary Warren à descendre, où mon incognito fut en grand danger. Voyant cependant qu'elle était traitée avec convenance, je maîtrisai mes émotions, m'approchant seulement d'elle en silence, afin d'être à portée de lui faire entendre quelques paroles d'encouragement. Mais Mary ne songeait qu'à son père, et n'avait aucune crainte pour elle-même. Elle ne voyait que lui, ne tremblait que pour lui, ne craignait et n'espérait que pour lui.

Quant à M. Warren lui-même, il ne montrait aucune émotion ; ses manières étaient aussi calmes, que s'il eût été sur le point de monter dans la chaire. Il regarda autour de lui pour voir s'il était possible de reconnaître quelqu'un des assistants, puis s'arrêta tout à coup, comme frappé de l'idée qu'il valait mieux ignorer leurs noms. Il aurait pu être appelé en témoignage contre quelque voisin égaré, et c'est ce qu'il ne voulait pas. Toutes ces pensées se lisaient si clairement sur sa bienveillante figure, que les Indgiens eux-mêmes durent en être frappés, et je crois encore que ces circonstances eurent une grande influence sur leur conduite à son égard. Un grand pot de goudron et un sac de plumes avaient été portés sur la route au moment où la bande sortit des buissons ; soit que ce fût accidentel, ou que l'intention fût d'abord de s'en servir contre M. Warren, c'est ce que je ne saurais dire. Cependant bientôt ces appareils menaçants disparurent, et avec eux toute intention d'injure personnelle.

Un silence général succéda aux premiers mouvements de cette étrange intervention. M. Warren en profita pour prendre la parole.

— Qu'ai-je fait, dit-il, pour être ainsi arrêté sur un chemin public., par des hommes déguisés et armés, contre les prescriptions de la loi? C'est là une démarche téméraire et illégale, qui pourra causer plus d'un repentir.

— Pas prêcher ici, répliqua Éclair-Brillant, prédication pour le meeting, pas bon pour la route.

M. Warren m'avoua depuis que cette réponse l'avait beaucoup soulagé, le mot meeting à la place d'église lui ayant prouvé que cet individu, au moins, n'était pas un de ses paroissiens.

— Les conseils et les remontrances sont toujours utiles quand on médite le crime. Vous vous rendez actuellement coupables de félonie, et pour ce fait les lois de ce pays infligent l'emprisonnement; les devoirs de mes fonctions me prescrivent de vous avertir des conséquences de vos actes. La terre elle-même n'est qu'un des temples de Dieu, et ses ministres ne doivent pas hésiter à proclamer ses lois en tous lieux.

Il était évident que la sévérité calme du ministre, fortifiée par son caractère bien connu, faisait impression sur la bande; car les deux hommes qui tenaient encore ses bras les lâchèrent, et il se forma un petit cercle dont il occupait le centre.

— Si vous voulez élargir ce cercle, mes amis, continua-t-il, et faire de la place, je m'adresserai à vous ici où nous sommes, et je vous ferai connaître les raisons pour lesquelles votre conduite devrait être.....

— Non, non, pas prêcher ici, interrompit soudain Éclair-Brillant; allez au village, allez au meeting, prêcher là; deux prêcheurs alors. Apportez le wagon et le remettez dedans. Marche, marche, le sentier est ouvert.

Quoique ces paroles ne fussent qu'une imitation ou plutôt une caricature de la manière sentencieuse des véritables Indiens, chacun en comprit le sens. M. Warren ne fit aucune résistance, et se laissa placer dans le wagon de Miller, avec mon oncle à ses côtés. Alors il pensa à sa fille, quoiqu'elle n'eût pas cessé un instant de penser à lui. J'eus quelque peine à l'empêcher de se précipiter à travers la foule pour s'attacher à son père. M. Warren se leva, et lui faisant un sourire d'encouragement, l'exhorta à être calme, lui dit qu'il n'avait rien à craindre, et l'engagea à remonter dans la voiture et à retourner au presbytère, promettant de la rejoindre aussitôt que seraient accomplis les devoirs qui l'appelaient au village.

— Il n'y a ici, mon enfant, pour conduire le cheval, personne autre que le jeune Allemand. La distance est très-courte, et s'il veut me rendre ce service, il peut revenir au village avec le wagon, aussitôt qu'il vous aura déposée en sûreté à notre porte.

Mary Warren était accoutumée à suivre les avis de son père, et elle se soumit de manière à me permettre de l'aider à monter et de m'asseoir à ses côtés, le fouet à la main, et fier du précieux dépôt confié à mes soins. Ces arrangements étant faits, les Indgiens se mirent en marche, la moitié d'entre eux précédant et l'autre moitié suivant le wagon qui contenait leur prisonnier. Il y en avait quatre, cependant, qui marchaient de chaque côté du véhicule, empêchant ainsi toute possibilité d'évasion. Il ne se faisait aucun bruit, et peu de paroles furent prononcées, les ordres se transmettant par des signes.

Notre wagon resta immobile jusqu'à ce que tous fussent à cent pas de nous, personne ne faisant attention à nos mouvements. J'avais attendu ainsi dans le double but d'examiner la conduite des Indgiens, et de gagner doucement un endroit de la route dont la plus grande largeur nous permettrait de tourner facilement la voiture. Lorsque nous y fûmes arrivés, j'allais tourner la tête du cheval dans la direction voulue, lorsque je vis la petite main gantée de Mary se saisir précipitamment des guides, et s'efforcer de maintenir le cheval sur la route.

— Non, non, s'écria-t-elle d'un ton à montrer qu'elle ne voulait pas de contradiction, nous suivrons mon père au village. Je ne puis pas, je ne dois pas, je ne veux pas le quitter.

Le temps et le lieu me semblèrent favorables pour faire connaître à Mary Warren qui j'étais. Par là je pouvais lui inspirer de la confiance en moi dans un moment où elle était dans les alarmes, et l'encourager dans l'espoir que je pouvais aussi être un appui pour son père. Dans tous les cas, j'étais décidé à ne plus passer à ses yeux pour un musicien ambulant.

— Mademoiselle Mary, mademoiselle Warren, dis-je avec émotion et crainte, je ne suis pas ce que je parais, je ne suis pas un musicien des rues.

Le tressaillement, le regard, la terreur de ma compagne furent aussi éloquents que naturels. Sa main était encore sur les guides, et elle les tira si fortement qu'elle fit arrêter le cheval. Je crus qu'elle voulait sauter de la voiture, comme ne jugeant plus convenable d'y rester.

— Ne vous alarmez pas, Mademoiselle, lui dis-je. Vous n'aurez pas plus mauvaise opinion de moi, je pense, en apprenant que je suis votre compatriote au lieu d'être un étranger, et un gentilhomme au lieu d'un musicien ambulant. Je ferai tout ce que vous m'ordonnerez, et je vous protégerai au péril de ma vie.

— Ceci est tellement extraordinaire! tellement inattendu!... Tout le pays paraît bouleversé! Mais, Monsieur, si vous n'êtes pas la personne que vous aviez annoncée, qui êtes-vous, je vous prie?

— Un homme qui admire votre amour filial et votre courage, qui vous honore pour ces deux qualités. Je suis le frère de votre amie Marthe, je suis Hughes Littlepage.

Sa petite main abandonna alors les guides, et la chère enfant se tourna à demi sur le coussin de la voiture, me regardant avec un muet étonnement. Depuis ma rencontre avec Mary Warren, j'avais mille fois maudit dans mon cœur ma misérable perruque; car on aime autant paraître bien que mal, même sous un déguisement. J'enlevai donc rapidement ma casquette et non moins rapidement ma perruque, ne laissant plus pour ornement à ma figure que les longues boucles de mes propres cheveux.

Mary fit entendre une légère exclamation en me regardant, et à la pâleur de sa figure succéda une douce rougeur. Un sourire aussi courut sur ses lèvres, et elle parut presque rassurée.

— Suis-je pardonné, mademoiselle Warren? demandai-je, et voulez-vous me reconnaître pour le frère de votre amie?

— Est-ce que Marthe, est-ce que madame Littlepage le sait? reprit enfin la charmante fille.

— Toutes les deux le savent; j'ai eu le bonheur d'embrasser ma grand'mère et ma sœur. La première vous fit hier sortir à dessein de la chambre, afin que je pusse rester seul avec la dernière.

— Je vois ce que c'est; au fait, je trouvai cela assez singulier; mais je pensai qu'il ne saurait y avoir jamais aucune inconvenance dans un acte quelconque de madame Littlepage. Chère Marthe! comme elle a bien caché son jeu, et comme elle a admirablement gardé votre secret!

— C'était très-nécessaire. Vous voyez l'état du pays, et vous devez comprendre combien il serait imprudent à moi de me montrer ouvertement, même sur mes propres domaines. J'ai un contrat écrit qui m'autorise à visiter en tout temps mes fermes, pour surveiller mes intérêts, et cependant je doute qu'il soit sans danger pour moi d'en visiter une seule, aujourd'hui que s'agite l'esprit de désordre et d'égoïsme.

— Remettez votre déguisement, monsieur Littlepage, dit vivement Mary, ne perdez pas un instant.

Je fis ce qu'elle désirait, et il me sembla qu'elle paraissait aussi contrariée que moi lorsque cette horrible perruque couvrit de nouveau mon chef.

— Suis-je aussi bien arrangé qu'à notre première rencontre, mademoiselle Warren? Ai-je encore l'apparence d'un musicien ambulant?

— Je ne vois aucune différence, répliqua-t-elle en riant. En vérité, je ne crois pas que Marthe elle-même vous reconnût maintenant pour la même personne que vous étiez tout à l'heure?

— Mon déguisement alors est parfait. J'avais l'espoir que, tout en me cachant aux yeux de mes ennemis, il laisserait quelque chose qui pût être deviné par mes amis.

— Il y a quelque chose, en effet; maintenant que je sais qui vous êtes, je ne trouve aucune difficulté à retracer des lignes de ressemblance avec votre portrait qui est dans la galerie de famille à Ravensnest. Les yeux, d'ailleurs, ne peuvent être changés sans des sourcils artificiels.

Ces paroles étaient consolantes; mais pendant tout ce temps, M. Warren et mon oncle avaient été complétement oubliés. Peut-être était-il excusable chez deux jeunes gens ainsi placés, et qui ne se connaissaient que depuis une semaine, de s'occuper plus de ce qui se passait dans leur voiture, que de songer à la tribu d'Indgiens qui s'éloignait ou au but de leur rassemblement. Je compris la nécessité cependant de consulter ma compagne sur nos mouvements futurs. Mary m'écouta avec une évidente anxiété, et ses pensées semblaient flottantes, car elle changea de couleur plusieurs fois.

— Si ce n'était pour une chose, dit-elle après quelques instants de réflexion; j'insisterais pour suivre mon père.

— Et quelle peut être la raison d'un changement de résolution?

— Est-il sans danger pour vous, monsieur Littlepage, de vous aventurer parmi ces hommes égarés?

— Ne songez pas à moi, mademoiselle Warren, vous voyez que

j'ai déjà été au milieu d'eux sans être découvert, et mon intention est de les rejoindre, même quand je vous reconduirais chez vous.

— Alors je suivrai mon père. Ma présence peut aider à le sauver de quelque outrage.

Je fus charmé de cette décision, pour deux raisons, dont l'une, je l'avoue, ressemblait à de l'égoïsme. Je me réjouissais, d'une part, de voir son tendre dévouement pour son père, j'étais enchanté, de l'autre, de rester auprès d'elle le plus longtemps possible. Cependant, sans m'arrêter à une profonde analyse des motifs, je me mis en route, maintenant le cheval à un pas modéré, ne me trouvant en ce moment nullement pressé d'arriver.

Nous commençâmes alors une conversation ouverte et quelque peu familière. Les manières de Mary étaient toutefois entièrement changées à mon égard : en même temps qu'elle conservait la modestie et la retenue convenables à son sexe, elle déployait aussi une franchise qui était la conséquence de son intimité à Ravensnest et de la sincérité de son naturel. L'idée, en outre, de se trouver avec quelqu'un de sa classe, qui avait des habitudes, des goûts et des pensées conformes aux siennes, bannissait toute contrainte, et rendait ses communications plus faciles et plus naturelles. Je fus près d'une heure, je crois, à parcourir les deux milles qui nous séparaient du village, et, dans cette heure, Mary Warren et moi nous apprîmes à nous connaître l'un l'autre beaucoup mieux que, dans des circonstances ordinaires, nous n'eussions pu le faire pendant toute une année.

Enfin bientôt, trop tôt selon moi, Mary Warren s'écria : —Voilà toute la tribu avec leurs prisonniers qui font leur entrée dans le village. Qui est votre compagnon, monsieur Littlepage? un homme que vous payez pour vous servir de compère?

—C'est mon oncle lui-même. Vous avez souvent entendu parler, je pense, de M. Roger Littlepage?

Mary fit une exclamation, et fut tentée de rire. Puis après une courte pause, elle rougit profondément, et, se tournant vers moi, elle dit :

— Et mon père et moi qui vous avons pris, l'un pour un colporteur, l'autre pour un musicien ambulant!

— Mais des colborteurs et des musiciens de ponne éticatoin, pannis-bour bolitique.

Mary se laissa aller à un franc rire; notre long-dialogue antérieur formant alors un singulier contraste avec ce jargon allemand; on eût dit qu'une troisième personne s'était tout à coup jointe à nous. Je profitai de l'occasion pour prier la charmante fille d'être calme et de ne concevoir aucune inquiétude au sujet de son père. Je lui témoignai combien il serait peu probable qu'aucune violence fût tentée contre un ministre de l'Évangile, et je lui montrai, par le nombre de personnes rassemblées dans le village, qu'il était impossible qu'il n'y trouvât pas beaucoup d'amis chauds et dévoués. Je l'autorisai aussi, ou plutôt je l'engageai à dire à M. Warren qui nous étions et à l'instruire du motif de notre déguisement. Au moment où je lui faisais toutes ces recommandations, nous entrions dans le village, et j'aidai ma belle compagne à mettre pied à terre.

Mary Warren s'empressa d'aller à la recherche de son père, tandis que je prenais soin du cheval. Je l'attachai aux barreaux d'une clôture qui était dans toute sa longueur garnie d'une rangée de chevaux et de wagons au nombre de deux ou trois cents.

Je fus surpris de rencontrer, réunis en cette occasion, presque autant de femmes que d'hommes. Quant aux Indgiens, après avoir escorté M. Warren jusqu'à l'entrée du village, comme pour l'avertir de leur présence, ils l'avaient tranquillement relâché, lui permettant d'aller où il voulait. Mary n'eut pas de peine à le rencontrer, et je la vis, à son côté, causant avec Opportunité et son frère Sénèque. Les Indgiens se tenaient un peu à l'écart, avec mon oncle au milieu d'eux, non pas comme prisonnier, car il était clair que personne ne soupçonnait son véritable caractère, mais comme colporteur. Les montres furent produites de nouveau, et plus de la moitié de la bande était occupée à marchander, quoique quelques-uns parussent pensifs et inquiets.

Un étranger aurait eu peine à deviner le véritable caractère de ce meeting, en voyant la physionomie et les allures de ceux qui venaient y assister. Les hommes, armés et déguisés, se tenaient en corps, il est vrai, et semblaient en quelque sorte se distinguer des habitants; mais beaucoup de ces derniers s'arrêtaient pour leur parler et semblaient en très-bons termes avec eux. Plusieurs femmes paraissaient avoir des connaissances parmi les Indgiens, et c'eût été un objet de surprise pour un philosophe politique de l'ancien hémisphère que de voir « le peuple » tolérer la présence de ces hommes qui violaient ouvertement une loi que « le peuple » venait de faire. Un philosophe politique de notre pays aurait pu cependant expliquer cette apparente contradiction par « l'esprit des institutions. » Mais si l'on eût demandé à Hughes Littlepage de résoudre la difficulté, il aurait pu répondre que « le peuple » de Ravensnest voulait le forcer de vendre des terres qu'il ne voulait pas lui vendre, quelques gens même voulant ajouter à la vente forcée des conditions de prix qui lui déroberaient la moitié de sa propriété; et que ce que les philosophes d'Albany appelaient « l'esprit des institutions, » était en fait « l'esprit du diable », que les institutions étaient précisément destinées à réprimer!

Enfin la cloche sonna, et la foule commença à se porter vers « l'église »; quoiqu'on eût changé ce terme trop épiscopal en celui de *meeting-house* [1], ce bâtiment étant alors consacré aux dissidents. Ce n'était plus celui qui avait été construit dans l'origine, et à l'édification duquel j'avais entendu dire que ma grand'mère, alors jeune fille de quinze ans, s'était fait remarquer par son courage et son intelligence. Le nouveau bâtiment était construit avec beaucoup plus de prétention, quoique le bon goût pût y trouver plus d'une chose à reprendre.

Nous entrâmes pêle-mêle, hommes, femmes et enfants, mon oncle Ro, M. Warren, Mary, Sénèque, Opportunité et moi, tous enfin, excepté les Indgiens. Ces sauvages restèrent en dehors, et toute l'audience se trouvait assemblée dans un profond silence. L'orateur était sur une espèce d'estrade, flanquée des deux côtés par deux ministres; de quelle secte? c'est ce que j'ignore. M. Warren et Mary avaient pris un siége près de la porte. Je vis qu'il semblait mal à l'aise lorsque l'orateur s'avança sur l'estrade, accompagné des deux ministres. Bientôt il se leva, et, suivi par Mary, il sortit précipitamment. En un instant, je fus à ses côtés, car je dus croire qu'une indisposition était la cause de cet étrange mouvement. Heureusement, en ce moment, toute l'audience se leva en corps, et l'un des ministres commença une prière.

Les Indgiens s'approchèrent alors autour du bâtiment et tout contre les fenêtres ouvertes, dans une position qui leur permettait d'entendre tout ce qui se passait. Je sus depuis que cet arrangement avait été fait par suite d'une convention avec ceux de l'intérieur, un des ministres ayant positivement refusé d'adresser aucune

1. Lieu de réunion.

prière à Dieu si un seul homme de la bande entrait dans le sanctuaire. Il est bien vrai de dire que souvent l'homme s'étrangle avec un cousin et avale un chameau !

CHAPITRE XV.

>Je te le dis, Jack Cade, le drapier a l'intention d'habiller la république, de la retourner et d'y mettre un nouveau poil.
>
>*Henri VI.*

Comme je savais que Mary avait communiqué à son père mon véritable nom, je n'hésitai pas à les suivre, afin de leur demander si je pouvais être de quelque utilité. Je n'ai jamais vu la douleur plus fortement empreinte sur une figure humaine, qu'elle ne l'était sur celle de M. Warren lorsque je l'approchai. Son émotion était même si vive, que je m'abstins de l'aborder, et je suivis en silence. Lui et Mary traversèrent lentement la rue, se dirigeant vers l'entrée d'une maison dont tous les habitants étaient probablement réunis dans le meeting. Là M. Warren prit un siége, Mary s'assit à ses côtés, tandis qu'arrivé près d'eux je me tenais debout.

— Je vous remercie, monsieur Littlepage, dit-il enfin avec un sourire douloureux, car c'est ainsi que Mary me dit que vous devez être appelé, je vous remercie de votre attention, Monsieur, mais ce sera passé dans une minute ; je me trouve mieux maintenant, et je me sens maître de moi-même.

Il ne fut rien ajouté alors sur la cause de ce malaise passager ; mais depuis, Mary me l'a expliquée. Quand son père entra dans le lieu de réunion, il n'avait pas la plus petite idée que l'on pût faire figurer parmi les cérémonies du jour rien qui ressemblât à un service religieux. La vue des deux ministres sur l'estrade fut pour lui un avertissement, et alors s'établit dans son âme une lutte douloureuse pour savoir s'il devait rester et devenir complice d'une moquerie en forme de prière, qui faisait intervenir Dieu dans une assemblée convoquée pour outrager une des principales lois divines, dans une assemblée agissant sous l'influence de bandes armées. C'était pour lui une espèce de blasphème qui blessait tous ses sentiments ; il se décida en conséquence à se retirer et à rester en dehors du bâtiment, jusqu'à ce que, sortant des formes religieuses, on commençât la discussion spéciale pour ou contre les droits de propriété.

Il est certain que par cette hardie protestation, M. Warren se fit alors beaucoup d'ennemis et perdit beaucoup de son influence. Le même sentiment qui a fait pousser le cri d'aristocratie contre tout homme qui, par ses habitudes et ses manières, se distingue des masses qui l'environnent, se manifeste aussi dans les questions religieuses et accuse également d'aristocratie l'église dont M. Warren était ministre. Ce reproche est articulé surtout parce qu'elle maintient des usages que les autres églises affectent de rejeter et de proscrire. Mais les dissidents ne savent pas être satisfaits de leurs propres décisions, et tandis qu'ils se glorifient d'avoir une église « sans évêques », ils détestent l'église qui en a, simplement parce qu'elle possède quelque chose qu'ils n'ont pas eux-mêmes.

Il est probable que la moitié des auditeurs, qui ne prêtaient qu'une attention distraite à la prière, ne s'occupait que de la conduite scandaleuse et aristocratique de M. Warren sortant de l'assemblée au moment où commençait la prière. Peu d'entre eux, en vérité, pouvaient apprécier les motifs chrétiens et charitables de cet acte, et il est à croire que pas un ne comprenait les véritables sentiments qui l'avaient dicté.

Quelques minutes se passèrent avant que M. Warren eût entièrement retrouvé son calme habituel. Enfin il m'adressa la parole avec bienveillance et douceur, me faisant quelques compliments sur mon retour, et m'exprimant en même temps les craintes sur les dangers que nous pouvions courir, mon oncle et moi, qui avions été assez imprudents pour nous placer dans la gueule du lion.

— Vous avez, ajouta-t-il, rendu votre déguisement si complet, que jusqu'ici vous avez merveilleusement réussi. Que vous ayez pu tromper Mary et moi, cela n'est pas étonnant, puisque nous ne vous avions jamais vus ; mais la manière dont vos plus proches parents ont été mystifiés, est vraiment prodigieuse. Vous avez néanmoins toute raison d'être prudents ; car la haine et la jalousie ont une pénétration qui n'appartient pas même à l'amour.

— Nous croyons être en sûreté, Monsieur, répondis-je, car

nous sommes dans les termes de la loi. Nous connaissons trop bien notre misérable condition aristocratique, pour nous exposer aux atteintes de la loi; car tels sont les éminents priviléges de notre noblesse territoriale, qu'il est évident que si l'un de nous se rendait coupable de la même félonie que ces Indgiens commettent avec une complète impunité, non-seulement il serait envoyé à la prison d'État, mais il y resterait aussi longtemps qu'une seule larme d'angoisse pourrait être arrachée à l'un de ceux que l'on classe parmi l'aristocratie. La démocratie seule rencontre quelque sympathie, dans l'administration ordinaire de la justice américaine.

— Je crains que votre ironie ne contienne que trop de vérité... Mais les mouvements autour de l'édifice semblent montrer que la véritable affaire du jour est sur le point de commencer, et nous ferions mieux de rentrer.

— Ces hommes déguisés nous surveillent d'une manière fort inquiétante, dit Mary Warren. Cette remarque m'alarma beaucoup moins qu'elle ne me causa de joie, parce que j'y trouvais une preuve de sollicitude et de vigilance.

Il était évident, toutefois, par les démarches de quelques-uns des Indgiens, pendant que nous nous avancions vers l'église, qu'effectivement nous étions surveillés. Ils avaient quitté les postes qu'ils avaient pris pendant la prière, et ceux qui étaient les plus rapprochés de nous semblaient conférer ensemble. Rien ne fut dit cependant à M. Warren et à Mary, qui purent entrer paisiblement dans le lieu d'assemblée; mais deux des masques se placèrent devant moi, mettant leurs fusils en travers de la route, de manière à m'empêcher d'avancer.

— Qui vous? demanda brusquement l'un d'eux; où aller? d'où venir?

— Che fiens de l'Allemagne, che fais dans l'église, comme on dirait dans mon bays, et que fous appelez, je crois, maison de meeting.

Je ne sais ce qui allait suivre, si l'on n'avait entendu la voix sonore et emphatique du prédicateur. Ce parut être un signal pour la tribu de faire un nouveau mouvement; car les deux hommes qui m'avaient arrêté se retirèrent en silence, quoique je pusse les voir dans leur retraite se communiquer l'un à l'autre leurs soupçons. Je profitai de la liberté du passage, et entrant dans l'église je me fis jour jusqu'à l'endroit où se tenait mon oncle.

Je n'ai ni le temps ni le désir de donner une analyse de la prédication. L'orateur fut abondant, enflé, et tout autre chose que logicien. Non-seulement il se contredit à chaque instant, mais aussi à chaque instant il contredit les lois de la nature. Le lecteur intelligent n'a pas besoin qu'on lui rappelle le caractère général d'un discours qui s'adressait aux passions et aux intérêts des auditeurs, plutôt qu'à leur raison. Il fit d'abord des commentaires sur les conditions particulières des baux dans les vieilles propriétés de la colonie, faisant allusion aux redevances des volailles, des journées de travail et des tenures de longue durée. La réserve des mines, aussi, fut signalée comme une condition tyrannique, comme si un propriétaire était tenu de céder plus de droits qu'il ne lui convenait, comme si le tenancier pouvait réclamer plus de droits qu'il n'en avait accepté, comme si le tenancier avait acquis par le temps et l'acceptation certains intérêts mystérieux. L'orateur oubliait que le temps consacrait les droits de l'une des parties non moins que ceux de l'autre, et que si l'un des contractants devenait vieux comme tenancier, l'autre devenait également vieux comme propriétaire. Après ces généralités, il fallait arriver au point spécial pour lequel il était payé ce jour-là; il fallait satisfaire les passions des gens de la contrée, c'est-à-dire les projets des tenanciers mécontents de Ravensnest. Or, à Ravensnest, il n'y avait ni les redevances de volailles, ni les journées de travail, ni la longueur des baux à invoquer, car il était connu de tous que mes baux n'étaient plus que très-courts, la plupart devant expirer incessamment. Voyant qu'il était nécessaire de se placer sur un autre terrain, il résolut de s'y placer hardiment.

La famille Littlepage devint alors le texte de ses déclamations. Qu'avaient-ils fait, demanda-t-il, pour devenir les seigneurs de la terre? Bien entendu qu'il passa sous silence quelques services publics dont pourraient se vanter les Littlepage; rendre justice n'était pas son but; il ne voulait que flatter les désirs de ce qu'il appelait le peuple, c'est-à-dire de masses avides et insensées. Tous ceux qui connaissent quelque chose du système qui règne actuellement parmi nous, doivent savoir comment le « peuple » écoute la vérité quand il s'agit de son pouvoir et de ses intérêts; il n'est donc pas étonnant que même un bien pauvre raisonnement pût facilement jeter un voile sur les yeux des auditeurs de Ravensnest.

Mais bientôt mon attention fut vivement éveillée, lorsque l'orateur vint à me prendre personnellement pour sujet de son éloquence. Il est rare qu'un homme trouve l'occasion que j'avais alors d'entendre retracer son caractère et analyser ses plus secrètes pensées. En premier lieu, l'auditoire apprit que « le jeune Hughes Littlepage n'avait rien fait sur cette terre qu'il appelait avec orgueil, et comme un noble européen, son domaine. La plupart d'entre vous, mes concitoyens, peuvent montrer leurs mains durcies et rappeler les étés brûlants pendant lesquels vous avez labouré et embelli ces délicieuses plaines ; voilà vos titres à la propriété. Mais Hughes Littlepage n'a jamais dans sa vie fait une journée de travail ; non, mes concitoyens, jamais il n'a eu cet honneur, jamais il ne l'aura, jusqu'à ce que, par un juste partage de ce qu'il appelle aujourd'hui sa propriété, vous le réduisiez à la nécessité de labourer pour recueillir les moissons qu'il prétend consommer.

« Où est aujourd'hui ce Littlepage ? à Paris, dissipant en débauches, suivant les beaux exemples de l'aristocratie, le fruit de vos fatigues. Il vit au sein de l'abondance, tandis que vous et les vôtres vous vous nourrissez des sueurs de vos fronts. Il n'est pas homme, lui, à se contenter d'une cuiller d'étain ou d'une fourchette de fer ! non, mes amis ! Il lui faut une cuiller d'or pour quelques-uns de ses mets, et vous aurez peine à le croire, francs et simples républicains que vous êtes, mais ce n'en est pas moins vrai, il lui faut des fourchettes d'argent ! mes compatriotes ; Hughes Littlepage ne voudrait pas approcher son couteau de ses lèvres, comme vous le faites, comme je le fais, comme le font de francs et simples républicains, non, cela l'étranglerait ; il se réserve des fourchettes d'argent pour toucher ses lèvres sacrées. »

Ici il y eut une tentative pour exciter des applaudissements, mais le coup manqua. Les habitants de Ravensnest avaient été accoutumés toute leur vie à voir les Littlepage dans la situation sociale qu'ils occupaient ; et, après tout, il ne semblait pas si extraordinaire que nous eussions des fourchettes d'argent, quand tant d'autres avaient des cuillers du même métal. Le prédicateur s'aperçut que son effet était manqué ; il se rejeta sur une autre question.

Il s'agissait de notre titre de propriété. D'où venait ce titre ? demanda-t-il. Du roi d'Angleterre. Or, le peuple n'avait-il pas conquis le territoire sur ce souverain ? Ne s'était-il pas mis à sa place ? Et n'était-ce pas un principe en politique qu'aux vainqueurs appartiennent les dépouilles ? Par conséquent, en faisant la conquête de l'Amérique, le peuple avait conquis la terre, il avait le droit de s'en emparer et de la garder. « Je n'ai pas, ajouta-t-il, un grand respect pour les titres délivrés par les rois, et je crois que le peuple ne les respecte pas plus que moi. Si Hughes Littlepage désire un domaine, comme il l'appelle, qu'il s'adresse au peuple, qu'il le serve, et qu'il voie quelle sorte de domaine on lui donnera. »

Mais il y eut une partie de son discours qui fut si remarquable, que je dois essayer de la rendre telle qu'elle fut prononcée. Ce fut au milieu de sa discussion sur le sujet des titres, qu'il s'écria d'une voix retentissante : « Ne me parlez pas d'ancienneté, de temps, ou de la durée de possession, comme de choses méritant le respect ; tout cela n'est rien, est moins que rien. La possession est une bonne chose devant la loi, j'en conviens ; et je maintiens que c'est justement ce qui constitue les droits des tenanciers. Ils ont la possession légale de cette propriété même qui s'étend de près et de loin autour de nous ; riche et glorieux héritage s'il est partagé parmi les hommes honnêtes et travailleurs, mais trop considérable d'au moins dix mille acres pour un jeune oisif qui en gaspille le produit dans les terres étrangères. Je soutiens que les tenanciers ont précisément cette possession légale, dans ce moment même ; seulement la loi ne veut pas reconnaître leurs droits. C'est cette loi maudite qui empêche le tenancier de faire valoir son titre contre le propriétaire. Vous voyez, mes concitoyens, que les propriétaires forment une classe privilégiée, qui doit être rabaissée au niveau général de l'humanité. Je sais quelles sont les objections, poursuivit-il en secouant la tête d'un air capable ; je sais que les cas changent avec les circonstances. J'avoue qu'il ne serait pas juste qu'un homme allât emprunter ou louer à son voisin un cheval pour une ou plusieurs journées, et qu'ensuite il cherchât quelques chicanes pour le garder. Mais un cheval n'est pas de la terre, vous m'accorderez cela. Si un cheval était de la terre, le cas ne serait plus le même. La terre est un élément, comme le feu, comme l'eau, comme l'air. Or, qui osera dire qu'un homme libre n'a pas droit à l'air, à l'eau, et par la même raison, à la terre ? Oui, mes concitoyens, il a tous ces droits, il les a. Ces droits forment ce qu'on appelle en philosophie les droits élémentaires, ce qui veut dire droit aux éléments, dont le principal est la terre. En effet, s'il n'y avait pas de terre pour nous tenir dessus, nous tomberions de l'air, nous perdrions notre eau en vapeur, nous ne pourrions l'employer à nos moulins et à nos manufactures; et où placerions-nous nos feux? La terre est donc le premier droit élémentaire, et constitue le premier et le plus sacré droit aux éléments.

« Je ne méprise pas non plus entièrement l'ancienneté; non, je respecte les droits de première acquisition; car ils fortifient et soutiennent le droit aux éléments. Mais si les ancêtres de ce Littlepage ont payé quelque chose pour la terre, à votre place, concitoyens, je serais généreux, et je lui en rendrais le prix. Peut-être ses agents ont-ils payé au roi un cent[1] par acre, peut-être deux; mettons même si vous voulez six pence. Je lui fermerai la bouche en lui donnant les six pence par acre. Non, je ne suis pas ennemi des mesures généreuses.

« Mes concitoyens, je déclare que je suis ce qu'on appelle un démocrate, et je veux donner une esquisse de mes principes, afin que chacun voie pourquoi ils ne peuvent s'accorder avec l'aristocratie ou la noblesse, sous quelque forme que ce soit. Je crois qu'un homme en vaut un autre sous tous les rapports. Ni la naissance, ni la loi, ni l'éducation, ni la richesse, ni la pauvreté, ni rien, ne peut altérer ce principe qui est sacré, fondamental, qui est la clef de voûte de la démocratie. Tout homme en vaut un autre, dis-je, et a juste les mêmes droits qu'un autre à la jouissance de la terre et de ses priviléges. Je crois que la majorité doit décider en toutes choses, et que c'est le devoir de la minorité de se soumettre. Mais on m'a fait dans quelques endroits cette objection : — En ce cas, la minorité ne vaut pas la majorité, et n'a pas les mêmes droits. — La réponse à cet argument est si simple, que je m'étonne qu'un homme de sens ait pu l'invoquer : la minorité n'a qu'une chose à faire, c'est de se joindre à la majorité, et alors toutes choses seront égales. La voie est ouverte, et c'est ce qui fait la vraie liberté. Tout homme peut se joindre à la majorité, et c'est ce que fait tout homme sage lorsqu'il sait où elle est, et ce qui constitue l'homme ou plutôt l'homme libre.

---

1. Petite monnaie.

« Concitoyens, un grand mouvement se prépare ; en avant, en avant, tel est le cri de tous. Déjà nos pensées volent sur les ailes de l'éclair, et nos corps vont presque aussi vite avec les tourbillons de la vapeur : bientôt nos principes s'élanceront avec la même promptitude, et amèneront le jour glorieux de la réforme universelle, de l'amour, de la vertu et de la charité, lorsqu'on n'entendra plus ce mot odieux de rente, lorsque tout homme pourra s'asseoir à l'ombre de son propre pommier, de son propre cerisier, de son propre figuier.

« Je suis un démocrate, oui, un démocrate. Glorieuse appellation ! j'en suis fier ! c'est mon orgueil, ma gloire, ma vertu. Que le peuple seul gouverne, et tout ira bien. Le peuple n'est jamais tenté de faire mal. S'il blesse l'État, il se blesse lui-même, car il est l'État. Or, est-il probable qu'un homme se blesse lui-même ? L'égalité est ma maxime. Et par égalité je n'entends pas cette étroite et misérable égalité devant la loi, comme on dit, car cela peut n'être pas l'égalité du tout ; mais j'entends une égalité substantielle, et qui doit être rétablie, quand le travail de la loi l'a dérangée. Concitoyens, savez-vous ce que veut dire l'année bissextile ? Je suppose que quelques-uns de vous ne le savent pas, surtout les dames qui ne s'occupent pas beaucoup des questions astronomiques. Eh bien, je vais vous le dire. La terre tourne autour du soleil en une année, comme on le sait, et nous comptons pour l'année trois cent soixante-cinq jours, comme on le sait aussi. Mais la terre, dans son évolution, met trois cent soixante-cinq jours et environ six heures. Or, tout le monde sait que quatre fois six font vingt-quatre ; et un vingt-neuvième jour fut ajouté à février tous les quatre ans pour regagner le temps perdu, un autre changement devant avoir lieu à une époque bien éloignée pour arranger les fractions. Ainsi en sera-t-il pour la démocratie. La nature humaine ne peut pas encore établir des lois qui maintiennent à jamais toutes choses sur un pied égal ; et pour rétablir l'équilibre il faudra introduire dans le calendrier politique des bissextiles politiques. En astronomie, il faut diviser de nouveau les heures et les minutes ; en société, il faut de temps en temps partager de nouveau la terre. »

Je ne puis analyser plus longtemps ce mélange de niaiserie et de friponnerie. Il était évident que l'orateur poussait ses idées de réforme bien plus loin que la plupart de ses auditeurs. Mais chaque fois qu'il parlait d'anti-rentisme, il touchait une corde qui vibrait dans toute l'assemblée.

Son discours, qui avait duré plus de deux heures, était à peine achevé qu'un individu se leva, en qualité de président (car trois Américains ne peuvent se réunir sans qu'il y ait un président et un secrétaire), et invita ceux qui auraient des vues différentes de celles de l'orateur, à se lever et à prendre la parole. Ma première impulsion fut de me dépouiller de ma perruque, de me montrer dans mon véritable caractère et de faire justice du misérable jargon qui venait d'être débité. Quoique sans habitude de la parole en public, je ne doute pas que je n'y eusse facilement réussi, et je communiquai tout bas mon dessein à mon oncle, qui était déjà debout pour prendre la tâche sur lui-même, lorsqu'il fut prévenu par une voix éloignée qui s'écria : — Monsieur le président, je demande la parole. Je reconnus aussitôt la figure de l'intelligent mécanicien, Hall, que nous avions rencontré à Mooseridge. Je repris donc mon siége, bien convaincu que notre cause était en de bonnes mains.

Le nouvel orateur commença avec une grande modération de ton et de manières. Son accent, son langage et son élocution se ressentaient un peu de ses habitudes et de sa position sociale; mais son bon sens et ses bons principes étaient des dons naturels qui lui faisaient voir clairement les choses et les démontrer habilement. Comme il était connu de tout le voisinage et généralement respecté, on l'écoutait avec une profonde attention, et il parlait comme un homme qui n'était guère en crainte du goudron et des plumes. Si les mêmes sentiments eussent été exprimés par un homme bien vêtu, par un étranger, ou même par moi qui avais tant d'intérêt dans l'affaire, on les aurait considérés comme aristocratiques; on n'en aurait pas même permis l'émission : l'amateur le plus raffiné de l'égalité tombant fréquemment dans de pareilles contradictions.

Hall commença par rappeler aux auditeurs qu'ils le connaissaient tous, et qu'ils savaient qu'il n'était pas propriétaire. Il était mécanicien et homme de travail, comme la plupart d'entre eux, et n'avait aucun intérêt qui pût le séparer de l'intérêt général de la société. Cet exorde était un petit hommage rendu aux préjugés, puisque la raison est la raison, le droit est le droit, n'importe d'où qu'ils viennent. « Moi aussi, continua-t-il, je suis un démocrate; mais par démocratie je n'entends rien de ce qui a été énoncé par le précédent orateur. Je dois dire à celui-ci clairement que s'il est démocrate, je ne le suis pas, et que si je suis démocrate, il ne l'est pas. Par démocratie, j'entends un gouvernement où le pouvoir souverain réside dans le corps de la nation, et non dans le petit nombre ou dans un seul homme. Mais ce principe ne donne pas au corps de la nation le droit de faire le mal, pas plus que dans une monarchie le pouvoir souverain dans les mains d'un seul, ne donne à celui-ci ce même droit. Par égalité, je n'entends pas autre chose que l'égalité devant la loi. Si la loi avait dit que lorsque feu Malbone Littlepage mourrait, ses fermes seraient dévolues non à ses héritiers, mais à ses voisins, cette loi devrait être obéie, quoique destructive de toute civilisation, car les hommes n'accumuleraient jamais des richesses pour en faire don au public. Il faut quelque chose de plus personnel pour exciter les hommes au travail, et pour les engager à s'imposer des privations.

« L'orateur nous a parlé de bissextiles politiques qui doivent régulariser le calendrier social. Il entend par là que lorsque la propriété devient inégale, elle doit être partagée de nouveau, afin que les hommes aient un nouveau point de départ. Je crains qu'il n'ait bientôt besoin de se dispenser des années bissextiles, pour en venir ensuite aux mois bissextiles, puis aux semaines bissextiles, enfin aux jours bissextiles. En effet, si la propriété de cette contrée était partagée ce matin même, et dans cette assemblée, elle serait déjà inégale avant la nuit. Il y a des gens qui ne peuvent pas garder de l'argent lorsqu'ils en ont; il y en a d'autres qui en sont toujours avides.

« Ensuite, si la propriété du jeune Littlepage doit être partagée, celles de tous ses voisins doivent l'être également, pour donner à la transaction au moins une apparence d'égalité; je dis une apparence, car Hughes Littlepage possède à lui tout seul plus que tous les autres ensemble. Oui, mes concitoyens, Hughes Littlepage paie en ce moment un vingtième des impôts de tout le comté; et ces impôts, en réalité, sortent de sa poche. Ne me dites pas que ce sont les tenanciers qui paient l'impôt; je sais ce qu'il en est. Nous savons tous que le montant probable de l'impôt est estimé dans le contrat de louage, et qu'on diminue d'autant le prix du fermage; par conséquent, c'est le propriétaire seul qui le paie.

« Quant à toutes ces déclamations contre l'aristocratie, je ne les comprends pas. Hughes Littlepage a autant le droit de suivre ses goûts que moi de suivre les miens. L'orateur dit qu'il lui faut des cuillers d'or et des fourchettes d'argent. Eh bien! qu'y a-t-il à dire? Je suppose que l'orateur lui-même trouve un couteau et une fourchette d'acier fort utiles, et qu'il n'a aucune répugnance pour une cuiller d'argent ou au moins d'étain. Il y a cependant des gens qui se servent de fourchettes de bois, d'autres qui n'ont pas de fourchettes du tout, d'autres qui se contentent de cuillers en corne; assurément tous ceux-là pourraient considérer le préopinant comme un aristocrate. Cette habitude de se poser en toutes choses comme le seul modèle à suivre, n'a rien qui ressemble à la liberté. Si je n'aime pas à manger mon dîner en compagnie d'un homme qui se sert d'une fourchette d'argent, rien au monde ne doit m'y contraindre. D'un autre côté, si le jeune Littlepage n'aime pas un compagnon qui chique, ainsi que je le fais par exemple, il a le droit de suivre ses goûts.

« Ensuite, cette doctrine que tout homme en vaut un autre, peut être considérée sous deux points de vue. Un homme doit avoir les mêmes droits généraux qu'un autre, j'en conviens; mais si tout homme en vaut un autre, à quoi servent donc les élections? Nous pourrions tirer au sort, comme pour les jurés, et cela nous épargnerait beaucoup de temps et d'argent. Nous savons tous qu'il y a un choix à faire parmi les hommes, et je pense qu'aussi longtemps que le peuple aura son choix pour désigner ses mandataires, il a tous les droits qu'il doit avoir.

« Puis je ne suis pas grand admirateur de ceux qui disent toujours que le peuple est parfait. Je connais passablement bien ce comté et la plupart de ses habitants; or, s'il y a dans le comté de Washington un homme parfait, je ne l'ai pas encore rencontré. Dix millions d'hommes imparfaits ne feront pas un homme parfait; aussi, je ne cherche pas la perfection dans le peuple, pas plus que je ne la cherche dans les princes. Tout ce que je cherche dans la démocratie, c'est de remettre les rênes du pouvoir dans un assez grand nombre de mains, pour empêcher un petit nombre de tout rapporter à ses propres intérêts. Cependant, nous ne devons pas oublier que lorsque le grand nombre fait le mal, c'est bien plus dangereux que lorsque le mal vient du petit nombre.

« Si mon fils n'hérite pas de la propriété de Malbone Littlepage,

RAVENSNEST

le fils de Malbone n'héritera pas de la mienne. Nos droits sous ce rapport sont égaux. Quant à payer une rente, ce que certaines personnes trouvent si pénible, que feraient-elles si elles n'avaient pas de maison pour y demeurer, ou de ferme pour y travailler? S'il y a des gens qui désirent acheter des maisons et des fermes, personne ne peut les en empêcher, dès qu'ils ont de l'argent pour le faire ; et s'ils n'en ont pas, ils n'ont pas à se plaindre que d'autres personnes leur en fournissent les moyens. »

Ici l'orateur fut interrompu par des cris violents, et les Indgiens firent irruption dans l'église de manière à chasser devant eux tout l'auditoire. Hommes, femmes et enfants sautaient par les fenêtres qui étaient à hauteur d'appui; d'autres s'échappaient par les portes latérales, les Indgiens étant arrivés par l'entrée principale. En moins de temps qu'il n'en faut pour le raconter, l'auditoire était presque entièrement dispersé.

CHAPITRE XVI.

Et cependant l'on dit : le travail est ta vocation; c'est comme si l'on disait : que les magistrats soient des hommes de travail ; par conséquent nous devrions être magistrats.

Henri VI.

EN une minute ou deux le tumulte s'apaisa, et alors se présenta une singulière scène. Dans l'église se trouvaient quatre groupes séparés, outre celui des Indgiens qui occupaient l'aile principale. Le président, le secrétaire, les deux ministres et le prédicateur, demeurèrent parfaitement tranquilles sur leurs siéges, comprenant probablement bien qu'ils n'avaient rien à craindre des perturbateurs. M. Warren et Mary étaient dans un autre coin, sous la galerie ; il avait dédaigné de fuir, et gardait prudemment sa fille auprès de lui. Mon oncle et moi nous faisions pendant avec les deux derniers, occupant le coin opposé, aussi sous la galerie. M. Hall et deux ou trois amis qui restèrent à ses côtés, étaient sur un banc près de la muraille, vers le milieu environ de la longueur de l'église, le premier debout et calme.

— Poursuivez votre argumentation, Monsieur, dit le président, qui était un de ces anti-rentistes opiniâtres, mais qui n'était pas associé aux Indgiens, quoiqu'il les connût tous, et qu'il fût, ainsi que je l'appris, un des plus zélés à faire des collectes pour les payer. Au même instant Sénèque Newcome entra mystérieusement par une des portes latérales, se tenant aussi loin que possible des hommes déguisés, mais curieux de voir ce qui allait se passer.

Quant à Hall il se conduisit avec un admirable sang-froid. Il s'aperçut probablement que les auditeurs expulsés se rassemblaient sous les fenêtres, et il savait qu'en élevant la voix, il serait aisément entendu. Il reprit son discours comme si rien n'était arrivé.

« J'allais dire quelques mots, monsieur le président, sur deux principes que Dieu lui-même a jugés d'une si grande importance qu'il en a fait l'objet de ses saints commandements. Il a dit : Tu ne déroberas pas, tu ne convoiteras pas le bien de ton prochain ; n'est-ce pas une preuve que la propriété est consacrée par l'autorité divine, et qu'elle est revêtue d'une certaine sainteté de privilége. Venons maintenant à l'application.

« Vous ne pouvez toucher aux baux qui existent, parce que l'État ne peut annuler un contrat. On répète sans cesse que le gouvernement appartenant au peuple, le peuple peut faire ce qui lui plaît. Il est vrai que le gouvernement appartient au peuple en ce sens que c'est une démocratie, ou que le pouvoir souverain réside dans le corps du peuple ; mais il n'est pas vrai que le gouvernement appartienne au peuple dans le sens que veulent faire prévaloir les anti-rentistes. Par exemple, cet intérêt qui nous occupe aujourd'hui, qui cause tant de commotions, cet intérêt des propriétaires est au delà des atteintes du peuple ; car il est garanti par une clause de la constitution fondamentale des États-Unis. La constitution pourrait, il est vrai, être modifiée ; on pourrait y introduire une clause portant « défense à tout État de passer aucune loi qui puisse porter atteinte à l'existence des baux à long terme. » Quand même tous les hommes, les femmes et les enfants de New-York s'y opposeraient, il faudrait en passer par là. Voyons si je me ferai mieux comprendre par des chiffres. Il y a aujourd'hui vingt-sept États, il y en aura bientôt trente, d'après toute probabilité. Eh bien ! vingt-trois de ces États pourraient introduire dans la constitution la clause dont je parle. Cela laisserait les sept États les plus populaires opposés à cette modification. D'après un calcul que j'ai fait en 1840 sur les sept États les plus peuplés, j'ai trouvé qu'ils forment plus de la moitié de la population générale, qui par conséquent est obligée de se soumettre à la minorité. Ce n'est pas tout; cette modification peut être introduite par l'effet d'une seule voix de majorité dans chacun des vingt-trois États; or, en ajoutant toutes les voix opposantes à celles des sept autres, vous pourriez avoir une modification constitutionnelle faite dans ce pays contre une majorité de deux millions de voix. Il s'ensuit que le peuple n'est pas tout, n'est pas omnipotent. Il y a quelque chose de plus fort que le peuple, après tout, et ce sont les principes, et si nous nous mettons à déchirer de nos propres mains..... »

Il fut impossible d'entendre un mot de plus de ce que disait l'orateur. L'idée que le peuple n'était pas omnipotent ne saurait avoir cours parmi une portion quelconque de la population qui croit former plus spécialement le peuple. Les assemblées locales deviennent chez nous tellement accoutumées à se considérer comme investies du pouvoir suprême qui, dans tous les cas, ne peut être exercé que par le peuple tout entier, qu'elles se précipitent souvent dans de flagrantes illégalités, s'imaginant que leur petite fraction du corps politique est infaillible et tout-puissant. Avoir par conséquent l'audace de soutenir que l'édifice populaire des institutions américaines est construit de manière à laisser au pouvoir de la minorité le droit de modifier la loi organique, semblait aux auditeurs de M. Hall un blasphème politique. Ceux qui étaient sous les fenêtres firent entendre des murmures, tandis que la bande des Indgiens criait et hurlait à tue-tête. Il paraissait probable que nous touchions à la fin de toute délibération pour ce jour-là.

Hall ne parut ni surpris ni troublé. Il essuya tranquillement son front et reprit son siége, laissant les Indgiens danser à travers l'église, brandissant leurs couteaux et leurs fusils, avec des gestes qui eussent effrayé un homme moins calme. Quant à M. Warren, il fit sortir Mary, quoiqu'il y eût d'abord un mouvement comme pour lui fermer le passage. Mon oncle et moi, nous suivimes, les cris et les hurlements devenant insupportables pour nos oreilles. Le président, le secrétaire et les deux ministres conservèrent leurs siéges sans être molestés. Mais personne ne s'approcha d'eux; et cela prouverait encore ce que j'ai déjà dit, qu'il n'y avait rien de commun entre les véritables anti-rentistes, les tenanciers opprimés de New-York, et ces vils faiseurs de mascarades.

Si je fus enchanté de sortir moi-même de l'église, je ne le fus pas moins de voir M. Warren conduisant Mary vers l'endroit où j'avais laissé son wagon, désirant sans doute échapper à une scène qui ne promettait plus que des clameurs, des disputes et peut-être quelque chose de plus sérieux. Mon oncle Ro me pria de faire sortir notre véhicule, et je me disposais à obéir au milieu d'une espèce de panique générale, les femmes surtout fuyant dans toutes les directions. Ce fut dans ce moment que tous les mouvements s'arrêtèrent soudain, lorsqu'on vit les Indgiens se précipiter hors de l'église, conduisant au milieu d'eux le dernier orateur, M. Hall.

Mon oncle me rappela, paraissant disposé à secourir Hall, qui, assisté courageusement par les deux ou trois amis qui s'étaient tout le temps tenus près de lui, s'avançait alors vers nous, entouré d'un groupe d'Indgiens hurlants et menaçants. On eût dit une troupe de chiens de village jappant autour d'un chien étranger aventuré au milieu d'eux.

Des jurements et des imprécations remplissaient les airs, et les oreilles du pauvre Hall furent outragées par une imputation qu'elles entendaient, je suppose, pour la première fois. On l'appelait un «s.... aristocrate,» un «mercenaire payé par les vils aristocrates.» A tout cela cependant l'honnête et vigoureux ouvrier se montrait très-indifférent, sachant bien qu'il n'y avait pas un fait dans toute son existence, pas une pensée dans son âme qui pût justifier cette accusation. Il y répondit cependant d'une voix ferme et claire :

— Appelez-moi tout ce que vous voudrez, je ne me soucie guère de vos injures. Il n'y a pas un homme parmi vous qui croie que je suis un aristocrate ou un mercenaire aux ordres de quelqu'un. Mais j'espère que je ne suis pas encore assez fripon pour chercher à voler un voisin, parce qu'il est plus riche que moi.

— Qui a donné à Hughes Littlepage sa terre? demanda un de la bande, sans affecter le jargon des autres, quoique son masque modifiât suffisamment la voix.

— Vous savez vous-même qu'il l'a reçue du roi.

— Il n'en a jamais labouré un seul acre, cria un autre. Si c'était un honnête et actif travailleur comme vous-même, Tom Hall, nous pourrions l'endurer; mais vous savez qu'il ne l'est pas. Ce n'est qu'un dépensier et un aristocrate.

— Je sais, répliqua Tom Hall avec vivacité, que des mains dures ne font pas un honnête homme, pas plus que des mains douces ne font un fripon. Quant aux Littlepage, ce sont des gens comme il faut, dans tout le sens du mot, et ils l'ont toujours été. Leur parole vaut de l'or, même aujourd'hui, tandis que la signature de la plupart de ceux qui crient contre eux ne serait pas acceptée.

Je fus touché de voir qu'une réputation, que je crois méritée, fût encore intacte aux yeux de l'homme le plus intelligent parmi les ouvriers. L'envie, la convoitise et la malignité peuvent accumuler leurs mensonges, mais l'homme intègre reconnaît l'intégrité; le véritable pauvre sait qui doit alléger ses douleurs et soulager ses besoins; et le véritable ami de la liberté comprend que ses privilèges ne doivent pas être interprétés seulement à son profit personnel. Je frémissais à l'idée qu'un tel homme pût être maltraité par une bande de vauriens déguisés.

— Je crains, dis-je tout bas à mon oncle, qu'ils ne fassent quelque mal à cette noble créature.

— Si ce n'était pour la honte d'avouer notre déguisement, je me ferais connaître sans balancer, et je tâcherais de le retirer de leurs mains, répondit mon oncle. Mais cela ne peut se faire dans les circonstances actuelles. Soyons patients et voyons ce qui va suivre.

— Le goudron et les plumes! crièrent quelques voix. Goudronnez et emplumez! Tondez-le et renvoyez-le chez lui, répondirent d'autres. Tom Hall a passé à l'ennemi, ajouta l'Indgien qui lui avait demandé d'où je tenais ma propriété.

Je crus reconnaître cette dernière voix, et les mêmes paroles ayant été répétées deux ou trois fois, il me sembla que c'était celle de Sénèque Newcome. Que Sénèque fût anti-rentiste, ce n'était pas un secret. Mais que lui, connaissant la loi, pût être assez imprudent pour se rendre coupable de félonie, c'était un fait sur lequel le doute était permis. Exciter les autres à la violation de la loi, il en était capable, mais la violer lui-même, cela paraissait invraisemblable. Voulant surveiller le masque que je soupçonnais, je cherchai quelque moyen de le reconnaître. Une pièce ou plutôt un gousset dans le calicot me parut un signe convenable; car en regardant les autres, je vis que ce gousset était accidentel, et n'appartenait qu'à ce seul vêtement, probablement à cause de quelque défaut dans la matière employée.

Dans cet intervalle qui ne dura, il est vrai, qu'une ou deux minutes, le tumulte continuait. Les Indgiens semblaient indécis, craignant également de mettre à exécution leurs menaces contre Hall, et de le laisser partir, lorsque, au moment même où nous nous attendions à quelque chose de sérieux, la tempête s'apaisa, et fut suivie d'un calme soudain. Comment et pourquoi? Je ne l'ai jamais su, quoiqu'il soit raisonnable de supposer qu'un ordre avait été communiqué aux Indgiens, par quelque signal connu d'eux seuls. La foule s'ouvrit autour de Hall, et le robuste mécanicien se dégagea, essuyant son front, paraissant animé et tant soit peu en colère. Il ne céda pas cependant, et resta quelques instants en place, toujours soutenu par les amis qui l'avaient accompagné depuis Mooseridge.

Mon oncle Ro crut aussi qu'il ne serait pas sage de trop se hâter de quitter le village, et dès que je vis que M. Warren, guidé par les mêmes réflexions, s'était retiré dans la maison d'un de ses paroissiens, je me trouvai du même avis. En conséquence, pendant que le colporteur faisait un nouvel étalage de ses montres, je me glissai dans la foule au milieu des Indgiens et autres, pour voir et pour entendre. Dans le cours de ma promenade, le hasard me conduisit à côté du masque au gousset. Le touchant doucement au coude, je lui fis signe de s'écarter un peu avec moi, afin de n'être pas entendus.

Avec un air de la plus grande simplicité, je lui dis : — Fous homme gomme il faut; pourquoi parmi les Indgiens?

Le tressaillement qui suivit cette question, me prouva que je ne m'étais point trompé.

— Pourquoi demander cela à l'Indgien? répondit-il.

— Eh pien! cela bourrait réussir, et cela bourrait pas, monsieur Newcome, mais cela ne bourrait pas afec quelqu'un qui fous connaît comme che fous connais. Ainsi, dites-moi; pourquoi fous Indgien?

— Écoutez, dit Sénèque de sa voix naturelle et évidemment troublé de la découverte. Sous aucun rapport, il ne faut laisser savoir qui je suis. Voyez-vous, cette affaire Indgienne est un peu scabreuse, et la loi pourrait... c'est-à-dire vous ne gagneriez rien à me faire connaître; mais, comme vous le dites, comme je suis un gentleman et de plus avocat, cela n'aurait pas bon effet si l'on disait que j'ai été surpris vêtu de cette manière et contrefaisant l'Indgien.

— Ya, ya, che gomprends, les gentleman peufent faire telles choses et n'aiment pas qu'on rie d'eux, foilà tout.

— Oui, voilà tout, comme vous dites ; ainsi, ayez soin de ne pas en parler, de ne pas y faire attention. Eh bien ! puisque vous m'avez découvert, c'est à moi de régaler. Que voulez-vous prendre?

Ceci n'était pas très-élégant pour un gentleman, pour un avocat; mais comme ces procédés appartenaient à l'école de M. Newcome, je jugeai prudent de ne pas me trahir par un refus. Affectant au contraire d'être bien aise, je lui dis que je prendrais ce qu'il voudrait, et il me conduisit à un magasin qui était tenu par son frère, aux entreprises commerciales duquel il était, ainsi que je le sus depuis, associé. Là, il m'offrit généreusement un verre de whiskey brûlant, que je répandis adroitement de côté, dans la crainte d'être étranglé; il me fallait jouer ce jeu, car un refus, lorsqu'il s'agissait de boire, eut paru très-suspect chez un Allemand.

Je remarquai que très-peu d'Indgiens buvaient, quoiqu'ils commençassent à circuler librement à travers la foule et dans les magasins. Sénèque me quitta aussitôt qu'il eut acheté ma discrétion par un régal, et je continuai d'observer la conduite des hommes armés et déguisés.

Je fus bientôt étonné de voir que Orson Newcome, frère et associé de Sénèque, était évidemment peu soucieux de se trouver en contact avec les Indgiens. Dès que l'un d'eux entrait dans la boutique, il semblait mal à l'aise; et aussitôt qu'il en était débarrassé, son contentement était manifeste. D'abord, je fus tenté de croire que Orson obéissait à un sentiment de moralité, et ne cherchait pas à dissimuler le dégoût que lui causaient tous ces actes d'une audacieuse illégalité. Mais je vis bientôt mon erreur, en découvrant la véritable cause de sa répugnance à recevoir les Indgiens.

— Indgien veut calicot pour chemise, dit un de ces vauriens d'un ton impératif à Orson, qui feignit d'abord de ne pas l'entendre.

La demande fut répétée avec plus d'insolence encore, et l'étoffe fut par Orson jetée d'un air maussade sur le comptoir.

— Bon, dit l'Indgien en examinant la qualité, couper vingt aunes, bonne mesure, eh!

Le calicot fut coupé avec une sorte d'obéissance passive; les

vingt aunes furent ployées, enveloppées et remises au chaland qui mit tranquillement le paquet sous son bras et dit en s'en allant :
— Portez au compte de l'anti-rentisme.

Le mystère de la mauvaise humeur d'Orson m'était expliqué. Ainsi qu'il arrive toujours lorsqu'on viole les principes, les instigateurs du mal commençaient à pâtir des empiétements de leurs propres agents. Je pus voir par la suite que ces mêmes Indgiens, qui avaient été embrigadés par centaines pour attaquer la loi et le droit, suivaient les conséquences de leurs principes, et faisaient toutes sortes de brèches à la poche et aux propriétés de leurs meneurs, sous un prétexte ou l'autre, mais toujours à leur propre avantage. L'esprit de l'anti-rentisme commençait à se développer de cette manière sous le système de la violence ; de même que, sous le système de l'usurpation législative, et de la soumission législative au plus grand nombre, ce qui est le plus à craindre d'après le caractère de nos représentants, il se développera, à moins qu'on ne l'étouffe à son origine par des exigences telles, qu'il ne pourra plus avoir pour issue que la guerre civile, ou l'expulsion ou la fuite de tous les hommes honnêtes.

Je ne restai pas longtemps dans la boutique d'Orson Newcome. Après l'avoir quittée, je fus à la recherche de M. Warren et sa fille, désirant savoir si je pouvais leur être de quelque utilité. Le père me remercia de cette attention, et me fit savoir qu'il était sur le point de quitter le village, comme il le voyait faire à tous les autres, parmi lesquels était Hall, qui était une de ses vieilles connaissances et qu'il avait invité à dîner avec lui au presbytère. Il nous conseilla de suivre son exemple, comme il y avait parmi les Indgiens des étrangers qui pourraient bien s'adonner à boire.

D'après cette information, je cherchai mon oncle, qui avait alors vendu la plupart de ses bijoux, et toutes ses montres moins une, le secret de son succès consistant dans la modicité de ses prix. Il vendit au taux qu'il avait acheté, quelquefois au-dessous, et quitta l'endroit avec la réputation du colporteur le plus raisonnable qui s'y fût rencontré.

La route commençait à se couvrir de véhicules ramenant les personnes qui s'étaient rassemblées pour entendre la prédication. Comme c'était pour moi la première occasion depuis mon retour, d'assister à un tel spectacle, j'examinai avec attention les différents groupes qui passaient près de nous. Il y a, même dans les grandes villes d'Amérique, un certain air de rusticité, que l'on ne rencontre pas dans les capitales du vieux monde. Mais les campagnes en Amérique sont moins rustiques que dans toute autre partie du monde que j'ai visitée, à l'exception pourtant de l'Angleterre. Bien entendu qu'en faisant cette réflexion, je ne parle pas du voisinage immédiat des grandes cités, quoique je penche à croire que la population de Saint-Ouen, qui n'est pas à une lieue de Paris, offrirait un aspect plus rustique que celle qui était sous nos yeux. Quant aux femmes, cela était évident; il n'y en avait pas une qui eût cet air de rudesse, d'ignorance et de dépression qui annonce une condition dégradée et une vie de labeurs. Il n'y avait dans leur extérieur rien de ce qui indique le paysan dans le vrai sens du mot; toute la population paraissait aisée, avec ses chariots propres et bien tenus, ses chevaux solides et actifs, ses vêtements bien conditionnés. Cependant toutes ces gens étaient sur un domaine affermé, sous la cruelle oppression d'un propriétaire, et sous le pouvoir ténébreux de l'aristocratie! Un court dialogue s'établit entre mon oncle et deux robustes campagnards, dont le chariot marchait à côté du nôtre. Je vais le rapporter.

— Vous êtes Allemands, je crois, dit le plus âgé des deux, qui était un de mes tenanciers nommé Holmes, bien connu de nous deux; Allemands venant des vieux pays, dit-on?

— Ya, nous fenons des fieux pays, pien loin d'ici.

— Oui, je le suppose. J'ai souvent entendu parler de ces pays. Est-ce que le système des propriétaires existe là-bas?

— Ya, il y a des bropriétaires par tout le monde, che crois, et des tenanciers aussi.

— Eh bien! comment trouve-t-on cela? est-ce qu'on ne songe pas à se débarrasser du système?

— Nein, qui pourrait y soncher? c'est la loi, foyez fous, et ce qui est la loi doit être exécuté.

Cette réponse embarrassa le vieux Holmes, il passa sa main sur sa figure et se tourna vers son compagnon, un certain Tubbs, tenancier aussi sur ma propriété, comme pour lui demander aide. Tubbs était de la nouvelle école, qui fait plus de lois qu'elle n'en respecte, et appartient au mouvement. Il était de ces hommes qui s'imaginent que le monde n'a jamais su ce que c'était que principes, faits ou tendances, jusqu'au commencement de ce siècle.

— Quelle espèce de gouvernement aviez-vous dans votre pays? demanda-t-il.

— Assez pon, mon pays est prussien, et il passe pour un assez pon goufernement.

— Oui, mais c'est un gouvernement royal, je pense; il me semble que j'ai entendu parler de rois dans ce pays.

— Ya, ya, il y a ein Kœnig, un roi. Le dernier était le pon Kœnig Vilhelm, et auchourd'hui c'est son fils, qui est aussi un Kœnig. Ya, ya, il y a un roi.

— Cela explique tout, s'écria Tubbs, avec un air de triomphe. Vous voyez, ils ont un roi, et par conséquent des tenanciers. Mais ici nous n'avons pas de roi, et nous n'avons pas besoin de propriétaires. Tout homme, dans un pays libre, ne doit avoir d'autre propriétaire que lui-même. Voilà ma doctrine et j'y tiens.

— Il y a quelque raison dans cela, ami; est-ce que ce n'est pas votre avis?

— Eh pien! che ne gomprends pas. Est-ce que ce monsieur ne feut pas de bropriétaire dans son pays, parce qu'il y a des bropriétaires dans les pays où il y a des rois?

— C'est ça! c'est juste la vraie raison et le vrai principe, répondit Tubbs. Le roi et la liberté ne peuvent aller ensemble; et les propriétaires et la liberté ne peuvent aller ensemble.

— Mais la loi de ce pays n'est-elle pas aussi d'afoir des bropriétaires; ch'ai entendu qu'il en était ainsi.

— Oui, c'est-à-dire la loi telle qu'elle est aujourd'hui; mais nous voulons la changer. Nous avons maintenant tant de votes, que nous sommes certains d'avoir tous les partis avec nous aux élections générales. Que nous ayons le gouvernement de notre côté, avec la certitude d'avoir assez de votes pour être maîtres des élections, et nous sommes sûrs du succès. Les votes, voilà tout ce qu'il faut, dans une contrée véritablement libre, pour obtenir tout ce qu'on veut.

— Et fous foulez ne rien afoir de ce qui peut être dans les contrées qui ont des rois.

— Assurément. Qu'avons-nous besoin de tous vos usages féodaux qui rendent le riche plus riche et le pauvre plus pauvre.

— Eh pien, fous defez changer la loi de la nature, si les riches ne doivent pas afoir des richesses, les paufres ne pas sentir qu'ils sont paufres. La piple nous dit que le malheur des paufres est leur pauvreté.

— Oui, oui, mais la bible n'a pas grande autorité en politique. Le jour du sabbat est réservé pour la bible; mais les jours de la semaine sont consacrés aux affaires publiques et particulières. Maintenant, voilà Hughes Littlepage de la même chair et du même sang que mon voisin Holmes et moi, ni meilleur ni plus mauvais; oui, j'accorde qu'il n'est pas plus mauvais, à tout prendre, quoiqu'en beaucoup de choses nous puissions réclamer la préférence; mais j'admets qn'il n'est pas plus mauvais. Eh bien! chacun de nous prend à bail une ferme de M. Littlepage, avec cent acres de terre. Cette terre, nous la labourons, nous la semons de nos propres mains, des mains de nos fils, quelquefois de mains que nous louons; et cependant nous avons à payer annuellement cinquante dollars à ce jeune Littlepage; et cet argent il le prend et le dissipe où il veut en libertinage et en dérèglements. Or, c'est-il juste, je le demande; et n'est-ce pas une chose intolérable pour un pays républicain ?

— Et fous pensez que le cheune Littlepage dépense son archent en libertinache dans le pays étrancher?

— Certainement; c'est ce que tout le monde dit ici; et j'ai vu un homme qui en connaît un autre, lequel a une connaissance qui est allée à Paris et qui raconte à ses voisins qu'un jour qu'il se tenait devant le palais du roi, il a vu les deux Littlepage entrer pour payer « leur tribut à César » comme on dit; et l'on m'assura que tous ceux qui vont voir le roi doivent se mettre à genoux et lui baiser la main, quelques-uns disent le pied. Sauriez-vous par hasard comment cela se fait dans les vieux pays?

— Ce n'est pas ainsi. Ch'ai fu plus de rois qu'une demi-douzaine, et l'on ne se met pas à chenoux, et l'on n'embrasse pas la main, excepté dans certaines cérémonies. On n'entend pas touchours ce qui est frai dans ce pays.

— Eh bien! je ne sais pas trop; je n'ai jamais été là pour voir. C'est ce que j'ai entendu dire. Mais pourquoi devons-nous payer à ce jeune Littlepage une rente qu'il dépense en débauches?

— Che ne sais pas, à moins que fous n'ayez affermé sa terre, et que fous n'étiez convenu de lui bayer une rente; dans lequel cas il faut faire ce que fous êtes convenu.

— Mais quand le contrat est d'une nature monarchique, je dis-

non. Chaque pays a sa nature, et chaque gouvernement a sa nature, et toutes choses doivent être conformes à la nature. Or, il est contre nature de payer une rente dans un pays républicain. Nous ne voulons rien ici qui soit commun aux rois et aux seigneurs.

— Eh pien alors, il faut changer toute votre contrée. Fous ne defez pas afoir des femmes et des enfants, fous ne defez pas fifre dans des maisons, et labourer la terre; fous ne defez pas mancher et poire, et fous ne defez pas porter des chemises.

Tubbs parut un peu étonné. Comme le *bourgeois gentilhomme*, il fut surpris de voir qu'il avait pendant toute sa vie fait de la prose sans le savoir. Il est hors de doute que certaines lois qui ne peuvent convenir à une république existent dans une monarchie; mais parmi elles, il ne faut pas mettre la loi qui ordonne au tenancier de payer pour la jouissance de la ferme ou de la maison. Tubbs, cependant, était si profondément persuadé, à force de le dire et de l'entendre, qu'il y avait quelque chose d'anti-républicain à ce qu'un homme payât une rente à un autre, qu'il n'était pas disposé à céder si facilement.

— Sans doute, sans doute, répondit-il, nous avons bien des choses de commun avec les monarchies, comme *hommes*, je l'avoue; mais pourquoi aurions-nous quelque chose d'une nature aussi aristocratique. Un pays libre doit renfermer des hommes libres; or, comment un homme peut-il être libre, s'il n'a pas la propriété de la terre sur laquelle il vit?

— Mais s'il troufe son existence sur la terre d'un autre, il defrait, che crois, être assez honnête pour en payer la chouissance.

— Mais nous prétendons que ce ne devrait pas être la terre d'un autre, mais la terre de celui qui la cultive.

— Dites-moi : est-ce que fous ne louez chamais un champ à un foisin paufre qui partache afec fous le produit?

— Certainement; nous le faisons tous, en même temps pour faire du bien aux autres et pour avoir des récoltes lorsque nous sommes surchargés d'ouvrage.

— Et bourquoi toute la régolte n'abartiendrait-elle pas à celui qui cultife le champ?

— Oh! ce sont des affaires sur une petite échelle, et ça ne peut faire de mal à personne. Mais les institutions américaines n'ont jamais admis qu'il y aurait parmi nous une grande classe privilégiée comme les seigneurs de l'Europe.

— Afez-fous chamais éproufé de la difficulté à toucher fotre portion de broduit pour la location du champ?

— Sans doute. Il y a de mauvais voisins comme de bons. A ma dernière location, j'ai été obligé de poursuivre judiciairement.

— Et la loi fous a-t-elle laissé afoir fotre archent?

— Certainement. A quoi servirait la loi, si elle n'assurait pas les droits de chacun?

— Et les tenanciers de cette bropriété donnent-ils à Hughes Littlepage les rentes qui lui sont dues?

— Ça, c'est autre chose, je vous dis: Hughes Littlepage a beaucoup au delà de ses besoins, et dépense son argent en débauches dans les pays étrangers.

— Pien, et supposez que fos foisins fous demandent ce que fous faites de fos tollars lorsque fous afez fendu fotre porc et fotre bœuf, pour foir si fous en faites un pon usage, est-ce là de la liberté?

— Cela! mais qui donc, croyez-vous, se mêlerait de mes économies? On ne s'occupe que du gros poisson, jamais du fretin.

— Alors les gens font Hughes Littlepage un cros poisson, par leurs propres discours, par leur enfie et leur confoitise. N'est-ce pas ainsi?

— Écoutez, ami, il me semble que vous penchez un peu vers vos habitudes monarchiques, et vers les idées dans lesquelles vous avez été élevé. Croyez-moi, renoncez à toutes ces notions le plus tôt possible; car elles ne seront jamais populaires dans cette partie du monde.

Populaire. Combien s'est agrandi le sens de ce mot! Déjà aux yeux des deux tiers de la population cela veut dire, « ce qui est bien. » *Vox populi, vox Dei.* Quand il est jugé nécessaire d'introduire certaines idées dans l'esprit du peuple, on commence par persuader aux habitants de New-York que telle est l'opinion des habitants de la Pensylvanie. Une opinion publique simulée est le plus solide argument invoqué en toute occasion où la discussion s'engage sur un point quelconque. Celui qui peut compter le plus de voix est un meilleur homme que celui qui peut donner le plus de raisons; les nombres ayant plus de poids que les faits ou la loi.

Il est évident que si, en de certaines choses, un tel système fait faire le bien, il y en a d'autres, et des plus importantes, où il ne fait produire que la corruption.

Dès que Tubbs nous eut donné son dernier avertissement, il fouetta son cheval, et partit au trot, nous laissant suivre selon l'allure pacifique du cheval de Tom Miller.

CHAPITRE XVII.

> S'il était avec moi, roi de Tuscarora, contemplant avec moi ton portrait, dans la gloire de ses ornements, dans la beauté de ses yeux et de son front pensif, son front moitié martial, moitié diplomatique, son œil se déployant comme l'aile de l'aigle; alors pourrait-il dire que nous démocrates, nous surpassons l'Europe, même dans nos rois.
>
> *L'habit rouge.*

Mon oncle Ro ne dit rien lorsque les deux tenanciers nous quittèrent; mais je pus voir à sa contenance qu'il sentait toute l'absurdité du jargon que nous venions d'entendre. Nous étions à un demi-mille des bois, lorsque huit Indgiens vinrent galopant vers un wagon derrière nous, qui contenait un autre de mes tenanciers avec son fils aîné, garçon de seize ans, qu'il avait amené avec lui, comme à une leçon, afin que le sentiment du droit fût compromis chez cet enfant par la méchante mystification qui avait cours dans le pays; espèce de prévoyance paternelle d'un mérite bien suspect. Je disais donc qu'il y avait huit Indgiens; mais il n'y avait que quatre chevaux, chaque bête portant une double charge. A peine eurent-ils atteint le wagon, qu'ils l'arrêtèrent et ordonnèrent au fermier de descendre. Cet homme était un anti-rentiste prononcé, mais il n'obéit que de fort mauvaise grâce, ou plutôt il n'obéit que parce qu'on le fit sortir du wagon avec une certaine violence. Le garçon fut aussi porté au milieu de la route, et deux des masques sautèrent dans le véhicule, et disparurent au galop en faisant un signe de tête au fermier et en le consolant de sa perte temporaire par ces mots : « Indgien en a besoin, Indgien bon enfant, vous savez. »

Qu'il le fût ou non, je ne pourrais le dire, mais il paraissait désirer que les Indgiens fussent partout ailleurs. Nous poursuivions notre chemin en riant de cet échantillon de liberté et d'égalité, d'autant mieux que cet « honnête laboureur du sol » voulait, nous le savions bien, me dépouiller d'une ferme, ou, ce qui revient au même, voulait me forcer de lui en vendre une au prix qu'il stipulerait. Notre amusement ne s'arrêta pas là. Avant que nous eussions atteint les bois, nous rencontrâmes aussi Holmes et Tubbs à pied sur la route, les deux autres Indgiens qui voyageaient en croupe les ayant dépossédés de leur wagon, en leur disant de porter cela au compte de l'anti-rentisme. Nous apprîmes depuis que cette pratique était assez ordinaire, le propriétaire retrouvant au bout de quelques jours son cheval et sa voiture dans quelque taverne voisine de sa résidence. Lorsque nous les rejoignîmes, le vieux Holmes était dans une honnête indignation, et Tubbs lui-même paraissait ennuyé et mécontent, comme s'il jugeait que ses amis avaient droit à un meilleur traitement.

— Qu'y a-t-il donc? demanda mon oncle Ro qui avait peine à retenir son envie de rire; qu'y a-t-il? Où est fotre belle foiture et fotre chentil chefal?

— C'est trop fort! oui, c'est vraiment trop fort, disait Holmes en grommelant. Me voici, à plus de soixante-dix ans, qui forment la vie complète de l'homme, selon la Bible, et ce que la Bible dit doit être vrai, me voilà jeté sur la grande route, comme un sac de pommes de terre, et forcé de marcher quatre milles pour atteindre ma porte. C'est trop fort, c'est vraiment trop fort!

— Oh! c'est une pagatelle en gomparaison d'être cheté hors de sa ferme.

— Je le sais, je le sais, je comprends, tout ça c'est pour la bonne cause, c'est pour abattre l'aristocratie, et rendre les hommes égaux, comme le veut la loi; mais ceci est vraiment trop fort!

— Et fous êtes si fieux?

— Soixante-seize ans comme un jour. Mon temps ne peut pas être long et mes jambes sont faibles. Oui, la Bible dit que le temps d'un homme est limité à soixante-dix, et je ne m'opposerai jamais à ce que dit la Bible.

— Et que dit la Piple de ceux qui feulent afoir les piens de leurs foisins?

— Elle s'élève terriblement contre eux! Oui, il y a beaucoup de ça dans ce bon livre, je le sais pour l'avoir entendu lire et pour l'avoir lu moi-même, depuis soixante ans; elle s'élève terriblement contre eux. Je dirai cela aux Indgiens, la prochaine fois qu'ils voudront prendre mon wagon. La Bible s'oppose à ces pratiques.

— La Piple est un pon lifre.

— Certainement, certainement, et grande est la consolation, grande l'espérance que l'on trouve dans ses pages. Je suis charmé de voir qu'on apprécie la Bible en Allemagne. Je m'étais figuré que nous avions en Amérique tout ce qui restait de religion, et il est agréable de voir qu'il y en a encore en Allemagne.

Pendant tout ce temps, le vieux Holmes marchait en soufflant, mon oncle, pour jouir de son entretien, ayant mis le cheval au pas.

— Oh! ya, ya, il reste encore quelque relichion dans le vieux monde, les buritains, comme fous les appelez, n'ont pas tout emborté.

— Fameuses gens, cela! Nous devons toutes nos bonnes affaires à nos aïeux puritains. On dit que tout ce qu'a l'Amérique, elle le doit à ces saints.

— Ya, et si cela n'est pas, qu'imborte; car ils sont certains d'afoir toute l'Amérique.

Holmes était mystifié, mais il continua à pousser en avant, jetant sur notre wagon d'inquiets regards pendant qu'il tâchait de se maintenir en ligne. Dans la crainte que nous ne prissions une allure plus vive, il poursuivit la discussion.

— Oui, dit-il, la Bible, après tout, doit nous servir d'autorité en toutes choses. Elle nous dit que nous ne devons pas avoir de haine, et je tâche de me conformer à cette règle; car un vieil homme, voyez-vous, ne pourrait même pas satisfaire ses ressentiments, quand il le voudrait. Je suis allé au village pour assister à un meeting anti-rentiste; mais je n'ai pas de haine contre Hughes Littlepage, non, pas plus que s'il n'était pas mon propriétaire. Tout ce que je lui demande, c'est ma ferme à des conditions raisonnables. Je trouve très-dur et très-oppressif que les Littlepage nous refusent une habitation que nous avons cultivée pendant trois générations.

— Et ils sont confenus qu'ils fous fendraient la verme après trois générations?

— Non, pas en propres termes, je l'avoue. Comme contrat, j'avoue que l'avantage est du côté de Littlepage. C'est justement ce dont nous nous plaignons, le contrat étant trop en sa faveur.

Voilà quarante-cinq ans que je tiens le bail, et une des têtes sur lesquelles il repose, celle de ma vieille femme, est encore en existence, comme on dit, quoique ce soit une espèce d'existence qui n'a rien de séduisant. Elle ne pourra pas aller bien loin, et alors cette ferme qui m'a nourri pendant presque toute ma vie, sur laquelle j'ai élevé quatorze enfants, devra sortir de mes mains pour aller dans celles de Hughes Littlepage, qui a déjà tant d'argent, qu'il ne peut pas le dépenser chez lui comme les gens honnêtes; mais le dissipe à l'étranger en débauches. Oui, à moins que le gouverneur et la législature ne nous fassent sortir de cette difficulté, je vois bien qu'il faudra tout rendre à Hughes Littlepage, faisant ainsi les riches plus riches et les pauvres plus pauvres.

— Et bourquoi cette cruelle chose a lieu? bourquoi un homme, en Amérique, peut-il pas garder ce qui lui abartient?

— C'est justement cela. La ferme m'appartient, non d'après la loi, mais d'après les droits de nature, d'après l'esprit des institutions, comme on dit. Je ne tiens pas à savoir comment je l'aurai, pourvu que je l'aie. Si le gouvernement peut seulement contraindre les propriétaires à vendre, il peut certainement compter sur mon appui, pourvu qu'on ne fixe pas des prix trop élevés. Je déteste les prix élevés; ils ne conviennent pas dans un pays libre.

— C'est frai. Che suppose que fotre bail pourrait serfir de base à un prix très-raisonnable, ayant été fait il y a si longtemps.

— Seulement deux schellings l'acre, répondit le vieux fermier d'un air malin, comme s'il se glorifiait de l'excellent marché qu'il avait fait, ou vingt-cinq dollars par an pour cent acres: Ce n'est pas grand'chose, je suis prêt à l'avouer; mais les terres s'étant élevées aujourd'hui jusqu'à quarante dollars par acre, je ne puis espérer un autre bail aux mêmes conditions, pas plus que je n'espère aller au congrès. Je pourrais louer ma ferme demain matin pour cent cinquante dollars du meilleur argent qu'un homme puisse payer.

— Et compien croyez-fous que M. Littlepage demanderait pour un noufeau bail?

— Quelques-uns pensent que ce sera soixante-deux dollars et demi; quoique d'autres disent que pour *moi* il le céderait à cinquante dollars, sur trois têtes.

— Mais compien foudriez-fous payer pour la bropriété de la ferme?

— Beaucoup de personnes disent que la propriété serait bien payée, si les tenanciers accordaient au propriétaire la valeur de la terre au moment de la première concession avec les intérêts jusqu'aujourd'hui.

— Mais la faleur de la terre au moment de la bremière concession était bresque nulle, et auchourd'hui elle peut s'affermer à un dollar par acre. Fous offrez ainsi inviniment peu.

— Vous oubliez, s'écria Shabbakuk Tubbs, que les Littlepage ont touché la rente des terres pendant quatre-vingts ans.

— Et les denanciers ont eu aussi les vermes pendant quatre-vingts ans.

— Oh! noûs compensons par le travail la jouissance de la ferme. Si mon voisin Holmes a eu la ferme pendant quarante-cinq ans, la ferme aussi a eu son travail pendant quarante-cinq ans. Vous pouvez y compter, le gouvernement et la législature comprennent tout cela.

— Alors, répondit mon oncle en fouettant son cheval, ils doifent être dignes de leurs hautes vonctions. Il est pon bour un pays d'afoir de grands gouferneurs et de grands législateurs. *Guten tag.*

Nous partîmes au trot, laissant sur le grand chemin le voisin Holmes, Shabbakuk Tubbs, le gouverneur et la législature avec leur morale, leur sagesse, leur logique et leur philosophie. Mon oncle Ro secoua la tête, et puis se mit à rire en pensant à l'absurdité de tous ces raisonnements.

Bien des gens qui ont ouvertement professé des principes identiques en substance à ceux qui viennent d'être énoncés, seraient sans doute disposés à les désavouer, si on les leur jetait à la face. Il n'est pas rare de voir des hommes refuser de reconnaître leurs enfants, lorsqu'ils ont à rougir des circonstances qui en ont accompagné la naissance. Mais dans le cours de cette controverse, j'ai souvent entendu des arguments dans des discours publics, j'en ai souvent lu dans les journaux, reproduisant les allocutions d'hommes haut placés, arguments qui, dépouillés de leurs voiles transparents, sont assez bien au niveau de ceux de Holmes et de Tubbs.

Nous fûmes bientôt hors de vue de ces deux derniers, et nous entrâmes dans les bois. J'avoue que je m'attendais à tout instant à rencontrer Hall aux mains des Indgiens, car les mouvements de toute cette bande me paraissaient particulièrement dirigés contre lui. Cependant mon attente fut déçue, et nous avions presque atteint les limites septentrionales de la petite forêt, lorsque nous aperçûmes les deux wagons qui avaient été si cavalièrement enlevés, et les deux chevaux que montaient les ravisseurs. Tout cela était rangé d'un côté, sous la garde d'un seul Indgien, de manière à annoncer que nous approchions un point de quelque intérêt.

En nous dirigeant vers cet endroit, mon oncle et moi nous pensions bien devoir encore être arrêtés; mais nous passâmes sans qu'il nous fût adressé une seule question. Tous les chevaux étaient couverts d'écume, comme s'ils avaient été surmenés, quoique, du reste, il ne parût rien qui indiquât du désordre, si ce n'est la présence de la sentinelle solitaire. Nous continuâmes donc à nous avancer au trot modéré du cheval de Tom Miller, jusqu'à ce que nous fussions si près de la limite du bois, que nous pouvions voir les champs qui s'étendaient devant nous. Là, cependant, nous pûmes distinguer certains mouvements qui, je l'avoue, ne me laissaient pas sans craintes.

Au milieu des buissons qui bordaient la route, je vis plusieurs Indgiens qui étaient là évidemment en embuscade. Ils pouvaient être une vingtaine en tout; et il était maintenant suffisamment démontré que ceux qui avaient enlevé les wagons s'étaient rapidement portés en avant pour renforcer leur parti. A cet endroit, j'eus la conviction que nous allions être arrêtés. Cependant nous passâmes encore sans accident, quoiqu'il dût être certain pour les hommes cachés que nous nous étions bien aperçus de leur présence. Bientôt nous nous trouvâmes en pleine campagne.

Alors se trouva expliqué tout le mystère. Au-dessus d'une colline qui s'élevait devant nous, à notre gauche, descendait une route sinueuse sur laquelle s'avançait, à pas pressés, une petite troupe d'hommes que je pris au premier coup d'œil pour un détachement d'Indgiens, mais qu'à un second examen je reconnus pour être des Indiens ou de véritables hommes rouges. Entre les deux la différence est grande, comme tout américain le sait; cependant plusieurs de mes lecteurs me sauront gré de quelques explications. Il y a Indien et Indgien. L'Indgien est un homme blanc qui, guidé par des projets illégaux et coupables, est obligé de cacher sa figure et de se déguiser pour accomplir sa tâche. L'Indien est un homme rouge, qui n'est ni effrayé ni honteux de montrer sa figure à ses amis comme à ses ennemis. Le premier est l'agent de démagogues intrigants, l'esclave mercenaire des mécontents et des ambitieux, qui insulte la vérité et le droit en affirmant qu'il travaille à développer l'esprit des institutions, tandis qu'il l'outrage. L'autre n'est l'esclave de personne et n'a peur de rien. L'un s'écarte des devoirs de la civilisation ; l'autre, quoique sauvage, est du moins fidèle à sa tradition et à ses principes.

Il y avait là un groupe de seize ou dix-huit véritables aborigènes. Il n'est pas rare de rencontrer un ou deux Indiens errant à travers le pays pour vendre des paniers, en compagnie de leurs squaws ; mais il est aujourd'hui très-extraordinaire de rencontrer un véritable guerrier indien au cœur de l'État, portant son fusil et son tomahawk, comme c'était le cas pour ceux qui descendaient si vivement la colline. Mon oncle Ro était aussi étonné que moi, et il s'arrêta au point de jonction des deux routes pour attendre l'arrivée des étrangers.

— Voilà de véritables Peaux-Rouges, Hughes, et d'une noble tribu, dit mon oncle lorsque leur approche les fit mieux distinguer ; des guerriers de l'ouest, accompagnés d'un homme blanc. Quel intérêt peut donc les attirer à Ravensnest ?

— Peut-être que les anti-rentistes veulent agrandir leur plan, et projeter de nous attaquer en faisant alliance avec les vrais fils de la forêt. Sans doute ils veulent faire de l'intimidation.

— Et qui pourraient-ils intimider que leurs femmes et leurs enfants ? Mais les voilà qui arrivent dans toute leur majesté, et nous pouvons les aborder.

Ils arrivaient, en effet, montrant dix-sept des plus beaux exemplaires de Peaux-Rouges, tels qu'ils nous apparaissent quelquefois allant ou venant de leurs lointaines prairies. Car l'homme blanc a déjà chassé l'Indien comme l'ours, l'élan et l'orignal des forêts de l'Amérique, et l'a relégué dans les vastes plaines.

Lorsque les Indiens entrèrent dans la route que nous occupions, la troupe entière s'arrêta avec un air de courtoisie, comme pour attendre que nous leur adressions la parole. Le plus avancé, qui était aussi le plus vieux, inclina la tête et articula les mots ordinaires de salut, « sago, sago. »

— Sago, répliqua mon oncle ; sago, répétai-je.

— Comment va ? continua l'Indien en anglais ; comment appeler ce pays ?

— Ceci est Ravensnest. Le village du Petit-Nest est à environ un mille et demi de l'autre côté du bois.

L'Indien se retourna vers ses compagnons, et, d'un ton profondément guttural, leur communiqua ce renseignement. Il parut être reçu avec grand plaisir, comme s'ils avaient atteint le but de leur voyage. Il s'ensuivit une conversation générale, mais en phrases brèves et sentencieuses, lorsque le vieux chef se retourna encore vers nous. Je l'appelle chef, quoiqu'il fût évident que toute la troupe était composée de chefs. Cela se voyait à leurs médailles, à leur belle tenue, à leur démarche calme et digne, pour ne pas dire majestueuse. Chacun d'eux était en costume d'été, chaussé de mocassins, avec une enveloppe de calicot ou de fine laine jetée autour de leur corps comme une toge romaine; tous portant le fusil, le brillant tomahawk et le couteau dans sa gaîne. Chacun aussi avait une poire à poudre et une poche à balles, et quelques-uns des plus jeunes étaient recherchés dans leurs ornements, composés de plumes ou d'autres présents qu'ils avaient reçus dans leur long voyage. Aucun d'eux cependant n'était peint.

— Ceci Ravensnest, eh? continua le chef avec une certaine politesse.

— Comme je vous l'ai dit. Le village est de l'autre côté du bois; la maison d'où vient le nom est à un mille et demi dans l'autre direction.

Ceci fut encore traduit, et il se manifesta, quoique sans bruit, une expression générale de satisfaction.

— Aucun Indgien par ici, eh? demanda le chef en nous regardant avec une vivacité qui nous surprit tous deux.

— Oui, répondit mon oncle, il y a des Indgiens ; une troupe est là, sur la lisière du bois, à environ cent pas de nous.

Ce fait fut aussitôt communiqué avec promptitude aux auditeurs attentifs, et produisit une certaine sensation, quoique cette sensation ne se manifestât que selon les manières ordinaires des aborigènes, avec calme, réserve, et une froideur ressemblant à de l'indifférence. Nous fûmes amusés néanmoins en voyant quel intérêt cette nouvelle éveillait parmi eux, intérêt bien plus grand, assurément, que si on leur avait annoncé l'existence d'une ville grande comme Londres de l'autre côté de la forêt. De même que les enfants portent naturellement plus d'intérêt aux enfants, ainsi ces enfants de la forêt paraissaient prendre un vif intérêt à ces voisins inattendus, frères de la même race, comme ils se l'imaginaient. Après une conférence sérieuse entre eux, le vieux chef, qui se nommait Feu-de-la-Prairie, s'adressa encore à nous :

— De quelle tribu, eh? Connaître la tribu?

— Ils sont appelés Indgiens anti-rentistes, c'est une tribu nouvelle dans cette partie de la contrée, et qui n'est pas très-estimée.

— Mauvais Indgiens, eh?

— Je le crains. Ils ne sont pas assez honnêtes pour se peindre, mais portent des chemises sur leurs visages.

Une autre longue conférence suivit. Il est à supposer qu'une tribu comme celle des anti-rentistes avait été jusque-là inconnue parmi les sauvages américains. Le premier renseignement sur l'existence de ce peuple devait donc être accueilli avec un vif intérêt, et ils nous demandèrent de les conduire vers l'endroit où était cette tribu inconnue. C'était aller plus loin que n'avait prévu mon oncle; mais il n'était pas homme à reculer dans une entreprise qu'il avait commencée. Après une courte délibération intérieure, il fit un signe de consentement, et mettant pied à terre, nous attachâmes le cheval à un arbre, et nous servîmes de guides à nos nouveaux frères, à la recherche de la grande tribu des anti-rentistes. Nous n'avions pas parcouru la moitié de la distance qui nous séparait des bois, que nous rencontrâmes Holmes et Tubbs qui, après avoir trouvé des places dans un autre chariot, avaient atteint l'endroit où stationnait le leur, qu'ils avaient alors recouvré. Ils se hâtaient de rentrer chez eux, de peur que quelque nouvelle fantaisie de leurs grands alliés ne les rejetât encore sur la grand'route. Ce wagon, le nôtre excepté, était le seul qui se fût aventuré hors du bois, les maîtres d'une vingtaine d'autres préférant rester en arrière, pour voir le résultat de la rencontre des deux tribus. Quand nous approchâmes, Holmes s'écria en arrêtant son cheval :

— Au nom du ciel! que signifie tout cela? Est-ce que le gouverneur envoie contre nous de véritables Indiens pour favoriser les propriétaires?

— Eh bien! che ne sais pas, reprit mon oncle; ceux-ci de féritables hommes rouches, et ceux-là de féritables Indgiens, c'est tout. Ce qui amène ici ces guerriers, si fous foulez savoir, demandez fous-mêmes.

— Il ne peut y avoir de mal à le demander; je ne me laisse pas effrayer par des peaux-rouges, en ayant souvent vu ; et mon père s'est battu avec eux dans son temps, comme je le lui ai entendu dire. Sago, sago.

— Sago, répondit Feu-de-la-Prairie avec sa courtoisie ordinaire.

— D'où donc, au nom du ciel, vous autres hommes rouges, venez-vous, et où pouvez-vous aller?

Il était évident que Holmes appartenait à une école qui n'hésitait jamais à faire des questions, et qui comptait à coup sûr sur une réponse. Le vieux chef avait probablement déjà rencontré de semblables visages pâles, l'Américain sans éducation étant certainement parmi les plus remuants des êtres de cette espèce. Mais, d'un autre côté, l'homme rouge regarde la satisfaction d'une trop vive curiosité comme au-dessous de la dignité du guerrier. Montrer de l'étonnement ou de la curiosité n'appartient, selon lui, qu'à des squaws, et, assurément, depuis longues années, Feu-de-la-Prairie avait appris que l'une ou l'autre de ces deux choses étaient indignes de son sexe. C'est pour cela sans doute qu'il ne fit preuve d'aucune émotion, malgré le ton brusque et les manières dégagées de Holmes. Il répondit cependant avec une froideur qui prouvait un peu de mécontentement :

— Venir du soleil couchant, été voir grand-père à Washington; aller chez nous.

— Mais comment votre chemin se trouve-t-il par Ravensnest?... Je crains bien, Shabbakuk, que le gouverneur et ces gaillards d'Albany ne soient mêlés à tout cela.

Je ne saurais dire ce que pensait Shabbakuk du « gouverneur et de ces gaillards d'Albany », car il ne jugea pas à propos de répondre. Sa tendance ordinaire à intervenir était probablement dominée par la crainte des véritables peaux-rouges.

— Je vous demande *pourquoi* vous venez par ici? reprit Holmes. Si vous avez été à Washington voir le grand chef, et que vous l'ayez trouvé chez lui, pourquoi ne pas reprendre le chemin par lequel vous êtes venus?

— Venir ici pour trouver Indgien; pas d'Indgien ici, eh?

— Des Indgiens; d'une certaine espèce, nous en avons plus qu'il ne semble raisonnable à certaines personnes. De quelle couleur sont les Indgiens que vous cherchez? Sont-ils d'une nature pâle, ou sont-ils rouges ainsi que vous?

— Chercher homme rouge, vieux, maintenant; comme la cime

du sapin; le vent a soufflé à travers les branches jusqu'à ce que les feuilles tombent.

— Par George, Hughes, me dit tout bas mon oncle, ces Peaux-Rouges sont à la recherche du vieux Susquesus. Puis, oubliant entièrement la nécessité de conserver son dialecte germain en présence de ses auditeurs de Ravensnest, et surtout de Shabbakuk Tubbs, il se tourna assez inconsidérément vers Feu-de-la-Prairie, et lui dit :

— Je puis vous aider dans votre entreprise. Vous cherchez un guerrier des Onondagoes, qui a quitté sa tribu il y a près de cent ans, un homme rouge de grand renom, habile à frayer son chemin dans la forêt, et qui n'a jamais voulu goûter l'eau de feu. Son nom est Susquesus.

Jusque-là le seul homme blanc qui fût dans la société de cette étrange troupe, étrange au moins dans cette partie de l'État de New-York, avait gardé le silence. Cet homme était un interprète ordinaire qui avait été envoyé, en cas de besoin, avec les Indiens; mais étant un peu plus au courant des habitudes de la civilisation que ceux qu'il accompagnait, il avait prudemment gardé le silence, jusqu'à ce qu'il pût être de quelque utilité. Nous sûmes depuis que l'agent qui avait accompagné les chefs à Washington, était allé visiter ses parents à Massachusetts, pendant que les Indiens venaient rendre leurs hommages au « Sapin desséché et debout encore, » ainsi qu'ils appelaient poétiquement Susquesus dans leurs différents dialectes; car ils étaient de plusieurs tribus.

— Vous avez raison, dit l'interprète. Ces chefs ne sont pas venus à la recherche d'aucune tribu; mais il y a parmi eux deux anciens Onondagoes, et leurs traditions parlent d'un chef, appelé Susquesus, qui a survécu à tout excepté à la tradition, qui a quitté son peuple depuis de longues, longues années, et qui a laissé derrière lui une grande renommée de vertu; et c'est une chose qu'une Peau-Rouge n'oublie jamais.

— Et tous ces guerriers sont venus à plus de cinquante milles hors de leur route pour rendre cet hommage à Susquesus?

— Tel a été leur désir, et j'ai demandé pour eux au bureau de Washington la permission de venir. Il en coûte à mon oncle Sam cinquante ou cent schellings de plus; mais une telle visite fera parmi tous les guerriers de l'ouest un million de bien, personne n'estimant plus que les Peaux-Rouges le droit et la justice, quoique ce soit à leur façon.

— Je suis sûr que l'oncle Sam a sagement agi, ainsi qu'il le fera toujours, j'espère, à l'égard de ce peuple. Susquesus est un vieil ami à moi, et je vais vous conduire vers lui.

— Mais qui donc, au nom du ciel! êtes-vous? s'écria Holmes, sa curiosité étant attirée dans une nouvelle direction.

— Qui je suis? Vous allez savoir qui je suis, répondit mon oncle en ôtant sa perruque, mouvement que j'imitai aussitôt; je suis Roger Littlepage, naguère curateur de ce domaine, et voici Hughes Littlepage qui en est propriétaire.

Le vieil Holmes était en général de bonne réplique; d'une meilleure étoffe, du reste, que le démagogue bavard, plaignard et hypocrite qui était à ses côtés. Mais, à cette découverte, il resta muet et confondu. Il regarda mon oncle, ensuite moi, puis il jeta sur Shabbakuk un coup d'œil de profonde détresse. Quant aux Indiens, malgré leur habitude de maîtriser leurs émotions, ils firent tous entendre leur exclamation « hugh! » en voyant deux hommes se scalper, pour ainsi dire, eux-mêmes. Mon oncle Ro était animé, et son attitude était tant soit peu dramatique, lorsque d'une main il enleva sa casquette et de l'autre sa perruque, tenant celle-ci avec le bras étendu dans la direction des Indiens. L'homme rouge étant rarement sujet à un acte d'impolitesse, il est probable que le Chippewa vers lequel s'étendait la main qui tenait la perruque, prit ce mouvement pour une invitation d'examiner ce curieux article. Il le tira doucement à lui et, en un clin d'œil tous les sauvages furent rassemblés autour de la perruque, faisant entendre à voix basse des exclamations d'étonnement. Ces hommes étaient tous des chefs, et modéraient par conséquent leur surprise. Si l'on avait eu affaire aux hommes vulgaires parmi eux, il est certain que la perruque aurait passé de main en main, et aurait été essayée sur une douzaine de têtes déjà rasées pour la recevoir.

CHAPITRE XVIII.

> Le Gordon n'est pas bon tous les jours, Campbell est d'acier pour les méchants, et Grant, et Makensie, et Murray, et Caméron ne céderont personne.
>
> Hogg.

Cette scène fut interrompue par Holmes, qui cria à son compagnon, dans le diapason élevé auquel il était habitué :

— Voilà qui n'est pas bien du tout, Shabbakuk; nous n'aurons jamais après ça un renouvellement de nos baux!

— On ne sait pas, répondit Tubbs; hem, hem. Peut-être ces messieurs seront-ils contents d'accepter un compromis. Il est contre la loi, je crois, de se montrer déguisé sur la grande route, et vous remarquerez, voisin Holmes, que les deux messieurs Littlepage sont au beau milieu de la route, et tous deux déguisés.

— C'est vrai. Pensez-vous qu'il puisse en résulter quelque bien ? Je ne veux que des démarches qui nous profitent.

Shabbakuk fit entendre un nouveau « hem », regarda derrière lui pour voir ce qu'étaient devenus les Indgiens, car il ne se sentait évidemment pas grande sympathie pour les vraies Peaux-Rouges qui étaient devant lui, et il répondit :

— Nous pouvons avoir nos fermes, voisin Holmes, si vous consentez, comme je suis prêt à le faire, à être raisonnable sur tout ceci; pourvu que M. Littlepage veuille écouter ses propres intérêts.

Mon oncle ne daigna pas faire de réponse, sachant bien que nous n'avions rien fait qui fût en violation de la loi; il se retourna vers les Indiens, renouvelant son offre de leur servir de guide.

— Les chefs désirent beaucoup savoir qui vous êtes, et comment il se fait que vous ayez de doubles chevelures? dit l'interprète souriant qui entendait parfaitement, pour son compte, la nature d'une perruque.

— Dites-leur que ce jeune homme est Hughes Littlepage, et

que je suis son oncle : Hughes Littlepage est le propriétaire de toutes les terres que vous voyez autour de vous.

La réponse fut communiquée et, à notre grande surprise, plusieurs des Indiens nous entourèrent avec des témoignages d'intérêt et de respect.

— Hughes, dit mon oncle, les droits d'un propriétaire paraissent mieux appréciés parmi ces sauvages que parmi tes propres tenanciers. Mais voilà le vieux Holmes et son digne ami Shabbakuk qui retournent vers les bois; nous pourrions bien avoir de nouveau affaire aux Indgiens?

— Je ne le pense pas, monsieur. Il ne me paraît pas qu'il y ait assez de valeur dans cette tribu, pour faire face à celle-ci. En général l'homme blanc peut tenir tête à un Peau-Rouge ; mais il est plus que probable que des chefs comme ceux-ci seraient de force à battre deux fois leur nombre de faquins de la trempe des misérables cachés là-bas!

— Pourquoi, reprit mon oncle, les chefs nous témoignent-ils tant d'intérêt? Est-il possible qu'ils nous accordent tant de respect à cause de nos droits sur ce domaine?

— Du tout, du tout. Ils savent, il est vrai, la différence qui existe entre un chef et le commun des hommes ; et vingt fois sur notre route, ils m'ont exprimé leur surprise de voir que parmi les faces pâles il y a tant d'hommes communs ayant le rang de chefs ; mais ils ne se soucient guère des richesses. Le plus grand homme parmi eux est le plus vaillant sur le sentier de la guerre, le plus sage devant le feu du conseil, mais ils honorent ceux qui ont eu de grands et d'habiles ancêtres.

— Mais il semble que nous leur inspirions quelque intérêt profond et extraordinaire. Peut-être sont-ils surpris de voir des hommes de notre condition revêtus de ce costume.

— Mon Dieu, monsieur, quel souci peuvent avoir des vêtements des hommes accoutumés à voir revêtus de peaux les chefs des comptoirs et des forts. Ils savent qu'il y a des jours de repos et des jours de travail; des jours pour les vêtements ordinaires et des jours pour les plumes et la peinture. Non, non, ils vous regardent tous deux avec cet intérêt à cause de leurs traditions.

— Leurs traditions! comment peuvent-elles se rapporter à nous? Nous n'avons jamais eu affaire aux Indiens.

— Cela peut être vrai pour vous, et peut-être pour vos pères, mais non pour quelques-uns de vos ancêtres. Hier, pendant que nous nous reposions le soir, deux des chefs, celui qui est de taille moyenne avec la double médaille sur la poitrine, et ce vieux guerrier qui a été une fois scalpé, comme vous pouvez le voir aux cicatrices de son crâne, se mirent à rappeler quelques-unes des guerres de leur tribu, qui était autrefois un peuple du Canada. Le vieux chef racontait les incidents d'un sentier de guerre qui conduisait hors du Canada, à travers les grandes eaux, vers un établissement où ils espéraient recueillir un grand nombre de chevelures et où, en résultat, ils en perdirent plus qu'ils n'en trouvèrent. C'est alors qu'ils rencontrèrent en cet endroit même Susquesus, l'intègre Onondago, comme ils l'appellent, et le propriétaire Yengeese de cette terre, qu'ils appellent d'un nom assez semblable au vôtre, et qui, d'après leurs traditions, était un guerrier vaillant et habile. Ils présument que vous êtes des descendants de ce dernier, et voilà pourquoi ils vous honorent.

— Est-il possible que ces hommes sans éducation aient des traditions aussi exactes?

— Mon Dieu, si vous pouviez les entendre parler entre eux sur les mensonges qui sont lus dans les livres des faces pâles, vous sauriez combien ils amassent chez eux de trésors de vérité. Ils connaissent toute l'histoire de vos ancêtres, et ils connaissent quelque chose de vous aussi, si vous êtes celui qui a offert à l'intègre Onondago ou au Sapin Desséché pour ses vieux jours, un wigwam toujours garni d'aliments et bois.

— Est-ce possible? Et tout cela est connu et raconté parmi les sauvages de l'occident lointain!

— Si vous appelez ces chefs des sauvages, reprit l'interprète, quelque peu offensé d'entendre appliquer ce terme à ses amis et associés... Assurément, ils ont leurs manières à eux, de même que les faces pâles; mais les manières indiennes ne sont pas si sauvages, une fois qu'on s'y est accoutumé. Je me rappelle qu'il se passa beaucoup de temps avant que je pusse m'habituer à voir un guerrier scalper son ennemi; mais en raisonnant un peu, j'entrai dans l'esprit de la chose, et je commençai à croire que c'était bien.

Je marchais devant mon oncle, car nous nous étions remis en mouvement, nous dirigeant vers le bois; je ne pus m'empêcher de me retourner, et de dire en souriant:

— Il paraît, après tout, que cette grande puissance de l'*esprit* doit se trouver ailleurs que dans notre législation. Voici maintenant l'esprit du scalpage en regard de l'esprit des institutions.

— Sans doute, Hughes, et l'esprit du vol comme conséquence Mais il serait bon de ne pas nous avancer plus près du bois. Les Indgiens dont je vous ai parlé sont dans les buissons, sur la lisière, et ils sont armés ; je vous laisse à communiquer avec eux comme vous l'entendrez. Ils sont environ une vingtaine.

L'interprète ayant instruit les chefs de ce qui venait d'être dit, ils se consultèrent entre eux pendant quelques instants. Puis Feu-de-la-Prairie cueillit une branche du buisson le plus voisin, et la tenant en l'air, il s'avança vers le bois, et appela d'une voix haute, dans les différents dialectes qu'il connaissait. Je vis, au mouvement des branches, qu'il y avait encore des hommes dans les buissons ; mais aucune réponse ne fut faite aux interpellations. Il y avait un sauvage de notre bande qui, au milieu de toutes ces démarches, donnait des signes évidents d'impatience. C'était un chef Jowa, grand et athlétique, appelé Cœur-de-Pierre, et renommé pour ses exploits guerriers. Il était toujours difficile de le retenir quand il y avait en perspective quelques chevelures à enlever ; et il était d'autant moins retenu en cette circonstance qu'il n'avait près de lui aucun supérieur de sa tribu. Après que Feu-de-la-Prairie eut en vain fait deux ou trois appels, Cœur-de-Pierre s'avança, articula quelques mots avec énergie, et termina son appel par un long cri perçant. Le son fut répété par la plupart des hommes de la bande, et en un clin d'œil tous se dispersèrent à droite et à gauche, rampant vers la forêt plutôt comme des serpents que comme des bipèdes, et se plongèrent dans l'épaisseur des buissons. En vain l'interprète les rappelait, leur disant de songer où ils étaient, les menaçant du déplaisir de leur grand-père à Washington ; Feu-de-la-Prairie restait seul debout et en place, exposé à tous les feux qu'il attendait de l'ennemi caché. Les autres se portaient en avant, comme autant de limiers qui suivent la piste.

— Ils croient rencontrer des Indiens, s'écria l'interprète d'un ton désespéré, et il n'y a pas moyen de les retenir. Il ne peut y avoir par ici aucun de leurs ennemis, et l'agent sera terriblement mécontent s'il y a du sang répandu ; je m'en soucierais comme de rien s'il s'agissait des Sauks et des Renards[1], que c'est un bienfait de

---

1. Tribus américaines.

tuer; mais c'est différent par ici, et j'aimerais mieux, je l'avoue, que tout ceci ne fût pas arrivé.

Pendant qu'il achevait ces mots, mon oncle et moi nous avancions et nous pénétrions dans le bois, suivis par Feu-de-la-Prairie, qui, s'imaginant par notre mouvement que tout allait bien, poussa à son tour un cri terrible comme pour démontrer que son silence était parfaitement calculé. La route décrivait une courbe au point où elle pénétrait dans la forêt, et étant bordée des buissons dont nous avons parlé, nous ne pûmes d'abord apercevoir ce qui se passait derrière la scène. Mais quand nous eûmes dépassé le coude à l'endroit où avaient fait halte tous les wagons, le spectacle se déploya à nos yeux dans toute sa magnificence.

La déroute d'une grande armée ne pourrait être guère plus pittoresque. La route était couverte de chariots en pleine retraite. Chaque fouet était en activité, chaque cheval était lancé, la moitié des figures tournées en arrière, les femmes répondant par des cris aux hurlements des sauvages. Quant aux Indgiens, ils avaient instinctivement abandonné les bois, et s'étaient répandus sur le grand chemin, une course comme la leur demandant le plein air pour mieux se déployer. Quelques-uns avaient sauté dans les wagons, s'empilant au milieu des vertueuses femmes et filles des fermiers rassemblés pour discuter les meilleurs moyens de me dérober ma propriété. Mais pourquoi nous appesantir sur cette scène, puisque les exploits des Indgiens, durant les six dernières années, ont suffisamment prouvé que la seule chose dans laquelle ils excellent, est la fuite. Ce sont des héros, quand une douzaine d'entre eux peuvent saisir un seul homme pour le goudronner et l'emplumer, vaillants comme cent contre cinq ou six, et quelquefois meurtriers, quand chaque victime peut être tuée à coup sûr par cinq ou six balles à la fois. La lâcheté lente de ces misérables devrait les faire prendre en dégoût; le chien qui à la chasse n'a de cœur qu'en meute, n'est au fond qu'un mâtin.

Je dois cependant ajouter un dernier détail : Holmes et Shabbakuk occupaient l'arrière-garde, et fouettaient à tour de bras leur bête, comme s'ils avaient laissé au petit Nest quelque objet de prix qui pouvait tomber dans d'autres mains. Le vieux Holmes ne cessait de regarder en arrière, comme s'il était poursuivi par les clauses de quarante baux. En moins de temps qu'il ne m'en a fallu pour écrire cette description, la route fut libre, et il n'y resta plus que mon oncle, moi et Feu-de-la-Prairie, qui fit entendre un « Hugh » expressif, lorsque le dernier des wagons disparut dans un nuage de poussière.

Peu de minutes après, tous nos Indiens furent de retour auprès de nous. La victoire n'avait pas coûté de sang, mais elle était complète. Non-seulement les Indiens sauvages avaient mis en déroute les Indgiens vertueux et opprimés par l'aristocratie, ils avaient aussi capturé deux spécimens de vertu et d'oppression dans les personnes de deux hommes de la bande. Les manières des captifs étaient si significatives, leurs terreurs si prononcées, que Cœur-de-Pierre, dans les mains duquel ils étaient tombés, non-seulement n'attacha aucun prix à leurs chevelures, mais dédaigna même de les désarmer. Ils étaient là debout, comme deux paquets de calicot, semblables à des enfants emmaillottés, sans rien montrer de cet esprit de liberté dont se vante constamment leur parti, excepté dans leurs jambes qu'on avait laissées parfaitement libres, et qui leur restaient comme seule ressource *en dernier ressort*. Mon oncle prit alors un peu d'autorité, et commanda aux captifs de retirer leurs masques. Mais il aurait pu aussi bien dire à des chênes ou à des sapins de se dépouiller de leurs feuilles avant la saison; car aucun des deux n'obéit.

L'interprète cependant dont le nom en dialecte Indien était Mille-Langues, se montra en cette occasion un homme de peu de paroles. S'avançant vers un des prisonniers, il le désarma d'abord, puis détacha son capuchon de calicot, et nous montra la figure déconcertée de Brigham, l'ouvrier envieux de Tom Miller. Les Indiens firent entendre des « hughs » très-expressifs, en voyant ainsi paraître une face pâle, devenue même plus pâle qu'à l'ordinaire. Mille-Langues avait beaucoup de cette malice vantarde des hommes de la frontière, et il commençait à comprendre la nature des mouvements du pays. Passant tranquillement sa main sur la tête de Josh, il s'écria :

— Cette chevelure serait plus estimée, en Jowa, qu'elle ne le mérite, je pense. Mais voyons qui nous avons là. »

Et conformant l'action aux paroles, l'interprète saisit l'autre captif; mais il lui fallut subir une lutte assez vive pour le démasquer. Il y réussit cependant avec l'aide de deux chefs qui s'avancèrent. Je prévoyais quel serait le résultat, car j'avais reconnu le gousset fait au calicot; mais grande fut la surprise de mon oncle quand il vit la figure bien connue de Sénèque Newcome.

Le coupable démasqué montrait sur sa figure un mélange de rage et de honte. Mais le premier sentiment dominait, et, comme il arrive souvent dans les désastres militaires, au lieu d'attribuer sa capture aux prouesses de l'ennemi, ou à sa propre faute, il chercha à en rejeter la disgrâce sur le dos de son camarade. Au fait, la manière dont ces deux hommes s'attaquèrent l'un l'autre dès qu'ils furent dépouillés de leur masque, me rappela l'allure de deux coqs de combat au moment où on les tire de leurs sacs pour les placer l'un vis-à-vis de l'autre, avec cette différence que les premiers ne chantèrent pas.

— Tout cela vient de ta faute, chien de poltron, dit Séneky avec colère, car la honte avait rougi sa figure jusqu'au sang. Si tu étais resté sur tes jambes, et que tu ne m'eusses pas fait tomber par-dessus toi, j'aurais pu faire retraite et me sauver comme les autres. »

Cette sortie parut un peu forte à Joshua, et il fut irrité au dernier point par la grossièreté de ce langage, par sa violence et même son injustice; car, ainsi que nous l'apprîmes depuis, c'était Newcome qui, dans la vivacité de sa retraite, s'était jeté par terre, et Brigham, bien loin d'être la cause de sa chute, l'avait seulement empêché de se relever, en tombant par-dessus lui. Ce fut dans cette position que les surprirent leurs ennemis.

— Je ne veux rien de vous, maître Newcome, répondit Joshua d'un ton décidé; votre réputation est faite dans tout le pays.

— Ma réputation! qu'as-tu à dire sur ma réputation, demanda l'homme de loi, d'un air de défi. Je voudrais voir l'homme qui oserait dire quelque chose contre ma réputation. »

Cette assurance était assez grotesque chez un personnage actuellement convaincu de félonie ouverte; quoique je suppose qu'il eût sans peine invoqué comme excuse morale son désir de venger les droits naturels de l'homme et l'esprit des institutions. Mais le défi était trop violent pour la patience de Brigham; bien assuré alors qu'il ne courait pas le danger d'être scalpé, il s'avança vers Sénèque et s'écria d'un ton de fureur :

— Vous êtes un fameux ami du pauvre et du peuple, n'est-ce pas? Tous ceux du pays qui ont besoin d'argent savent bien ce que vous êtes, vil usurier.

Ces mots étaient à peine prononcés, que le poing de Sénèque

tombait sur le nez de Brigham, d'où le sang jaillit avec violence. Mon oncle Ro jugea qu'il était temps d'intervenir et réprimanda avec dignité l'avocat irrité.

— Pourquoi m'a-t-il appelé vil usurier? répliqua Seneky encore rouge de colère. Je ne souffrirai cela d'aucun homme.

— Ce n'est pas une raison, Monsieur, pour vous conduire tout autrement qu'un gentleman. J'en rougis pour vous, monsieur Newcome; en vérité, j'ai honte pour vous.

Seneky murmura quelques paroles inarticulées, mais qui prouvaient peu de repentir, tandis que mon oncle, dédaignant toute autre explication, se retournait vers Mille-Langues en lui disant qu'il était prêt à conduire les chefs vers le but de leur voyage.

— Quant à ces deux Indgiens, ajouta-t-il, leur capture ne nous fera pas grand honneur, et maintenant que nous savons qui ils sont, ils pourront être arrêtés en tout temps par le shériff ou le constable. Ce n'est pas la peine d'encombrer notre marche par de tels personnages.

Les chefs acceptèrent notre proposition, et nous quittâmes les bois, laissant ensemble Seneky et Joshua. Nous sûmes depuis qu'immédiatement après notre départ, le dernier s'était élancé sur l'avocat, et l'avait roué de coups jusqu'à ce qu'il avouât, non-seulement qu'il était un usurier, mais encore par-dessus le marché un vil usurier. Tel était l'homme, telle était la classe, que les anti-rentistes de New-York voulaient mettre à la place des anciens propriétaires du pays.

Après quelques instructions données à Mille-Langues, mon oncle et moi nous remontâmes dans notre wagon, et nous reprîmes notre course, laissant les Indiens nous suivre. Le rendez-vous était à Ravensnest, où nous avions décidé de nous rendre immédiatement et de reprendre notre véritable rang. En passant devant le presbytère, nous trouvâmes le temps de nous arrêter et d'y entrer pour avoir des nouvelles de monsieur et mademoiselle Warren : j'appris avec joie qu'ils étaient partis pour Ravensnest, où ils devaient dîner. Ce renseignement ne tendit pas à diminuer l'allure de mon cheval, et au bout d'une demi-heure, nous nous arrêtions à la porte. On doit se souvenir que les Indiens avaient nos perruques, que nous leur avions abandonnées comme des objets désormais sans utilité. Aussi, malgré nos vêtements, nous fûmes aussitôt reconnus, et il n'y eut bientôt dans toute la maison qu'un seul cri : « M. Hughes est de retour ! » J'avoue que je fus touché des marques d'intérêt et de sympathie que donnèrent tous nos domestiques intérieurs et extérieurs, en me voyant debout devant eux en bonne santé, sinon en belle tenue. Mon oncle aussi fut accueilli avec cordialité, et il se passa plusieurs minutes pendant lesquelles j'oubliai dans un véritable bonheur tous mes sujets de vexation.

Quoique ma grand'mère, ma sœur et Mary Warren n'eussent aucun lieu d'être surprises, les cris de joie appelèrent tout le monde sous le portique. M. Warren avait raconté ce qu'il avait vu des événements du jour; mais ceux-là même qui étaient dans le secret, furent étonnés de nous voir revenir sans perruques et dans notre propre rôle. Quant à moi, je ne pus m'empêcher de remarquer la manière dont les quatre jeunes personnes vinrent à ma rencontre. Marthe vola dans mes bras, jeta ses bras autour de mon cou, m'embrassant sept ou huit fois sans s'arrêter. Vint ensuite mademoiselle Coldbrooke, avec Anne Warston s'appuyant sur son bras, toutes deux, grandement étonnées, et toutes deux belles et distinguées. Elles étaient contentes de me voir, quoiqu'il me parût qu'elles goûtaient peu mon costume. Mary Warren était derrière elles, souriant, rougissant, et timide; mais il ne me fallut pas regarder longtemps pour voir qu'elle n'était pas moins enchantée que mes connaissances plus anciennes. M. Warren s'avoua heureux de pouvoir nous féliciter ouvertement, et de former une plus ample connaissance avec des personnes dont le retour avait été souhaité par lui avec anxiété et espérance depuis trois ou quatre ans.

Peu de minutes suffirent pour les explications, dont une partie d'ailleurs, avait été faite par ceux qui étaient déjà initiés au secret, lorsque ma grand'mère et Patt nous engagèrent à monter dans nos chambres, afin de nous habiller d'une manière plus convenable. Des vêtements d'été en grand nombre avaient été laissés par nous, et notre garde-robe avait été examinée le matin dans l'attente de notre prochaine apparition; aussi ne nous fallut-il pas grand temps pour notre métamorphose. J'étais un peu plus gros qu'au moment de mon départ, mais les vêtements étant fort larges, je n'eus pas de difficulté à m'équiper. Je trouvai un superbe habit bleu pour les jours de cérémonie, et des vestes et pantalons *ad libitum*. Les vêtements sont tellement à meilleur marché en Europe, que les Américains n'en emportent pas beaucoup avec eux quand ils voyagent ; et cela avait été constamment la règle de mon oncle. Chacun de nous, d'ailleurs, conservait d'ordinaire à Ravensnest un supplément d'habits d'été que nous ne pensions jamais à reprendre. En conséquence de tous ces petits détails domestiques, nous fûmes bientôt en état tous deux de nous montrer dans la tenue qui appartenait à notre condition sociale.

Les appartements de mon oncle et les miens étaient voisins l'un de l'autre, dans l'aile septentrionale de la maison. Les fenêtres donnaient du côté de la plaine, qui se terminait par le ravin boisé où s'élevait à portée de vue le wigwam de l'intègre Onondago. Je pus même alors de la fenêtre de mon cabinet de toilette, distinguer les figures des deux vieillards assis au soleil, selon leur habitude à chaque après-midi. Pendant que j'étais ainsi occupé, on frappa légèrement à ma porte et je vis entrer John.

— Eh bien, John, mon garçon, lui dis-je en riant, je trouve qu'une perruque fait une grande différence dans votre manière de reconnaître un vieil ami. Je dois cependant vous remercier pour le bon traitement que vous avez accordé au musicien ambulant.

— Assurément, monsieur Hughes, je suis toujours disposé à vous offrir mes services, sous quelque costume que vous me les demandiez. Ce fut, il est vrai, une surprenante déception ; mais je croyais bien tout le temps que vous n'étiez pas exactement ce que vous sembliez être, comme je le dis à Kitty, aussitôt que je fus en bas : Kitty, lui dis-je, ces deux colporteurs sont les deux colporteurs les plus distingués que j'aie jamais vus dans ce pays, et je ne serais pas étonné qu'ils eussent vu des jours meilleurs. Mais maintenant que vous avez vu les anti-rentistes de vos propres yeux, monsieur Hughes, qu'en pensez-vous, si je puis être assez hardi pour vous faire cette question ?

— A peu près ce que j'en pensais avant que je les eusse vus. C'est un tas de vauriens qui discourent sur la liberté au moment même où ils font tout ce qu'ils peuvent pour la compromettre, de même que leurs souteneurs, dans le gouvernement, emploient le même jargon quand ils n'ont pour objet que d'obtenir des votes. Si aucun tenancier n'avait le droit électoral, cette question n'aurait jamais été soulevée.... Mais je vois que ces deux bons vieillards, Jaaf et Sus, semblent se porter encore parfaitement bien.

— Ma foi oui, Monsieur, ils sont étonnants. C'était déjà deux antiques, comme nous le disons en Angleterre, lorsque je vins ici, et c'était avant votre naissance, monsieur Hughes; il y a de cela bien des années. Ils restent là, assis, jour par jour, comme des monuments des temps passés. Le nègre devient tous les jours de plus en plus laid, et c'est le seul changement que je remarque en lui; tandis que je crois, Monsieur, que l'Indien devient de plus beau en plus beau.

— Susquesus est, en effet, un être magnifique, avec sa tête blanche, ses yeux ardents, ses traits calmes et son air majestueux, répondis-je, et Jaaf n'est pas un beau modèle. Comment s'accordent-ils ensemble?

— Ma foi, Monsieur, ils se querellent beaucoup, c'est-à-dire que le nègre querelle, quoique l'Indien soit trop au-dessus de lui pour faire attention à ce qu'il dit. Je ne dirai pas non plus que Yop querelle véritablement, Monsieur, car il a une très-grande considération pour son ami; mais il baisse terriblement.

— J'espère qu'ils n'ont manqué de rien durant mon absence. Leur table a été soignée, je pense, et tous leurs besoins satisfaits.

— Il n'y a pas de risque, monsieur, tant que vivra madame Littlepage. Elle a pour ces vieillards l'affection d'un enfant, et fait pourvoir à tout ce qu'ils peuvent désirer. Betty Smith, vous vous rappelez Betty, Monsieur, la veuve du vieux cocher qui mourut pendant que vous étiez au collége; eh bien! Betty n'a rien fait depuis quatre ans que de les soigner. Elle tient tout en ordre dans leur cabane, la lave deux fois par semaine, blanchit leur linge, et coud, et ravaude, et fait la cuisine, et veille sur tout. Elle demeure tout près et a tout sous la main.

— J'en suis enchanté. Et ces bons vieillards viennent ici quelquefois jusqu'à la maison? Avant mon départ, nous recevions d'eux une visite journalière.

— Cette habitude est bien tombée, Monsieur, quoique le nègre soit encore passablement assidu. Dans le beau temps, il ne manque pas de se présenter une ou deux fois par semaine. Alors il entre dans la cuisine, où il reste quelquefois assis pendant toute une matinée, racontant les histoires les plus singulières, ah! ah! ah! Oui, Monsieur, les histoires les plus singulières qu'on puisse entendre.

— Mais que dit-il de si drôle pour vous tant amuser?

— Selon lui, Monsieur, tout décroît dans ce pays, tout est inférieur, tout est plus mauvais qu'autrefois. Les dindes ne sont pas si grosses, les poules sont plus chétives, les moutons plus maigres, et une foule d'autres énormités, Monsieur.

— Et Susquesus ne partage pas sans doute l'humeur critique de son ami?

— Sus n'entre jamais dans la cuisine. Il sait que toutes les personnes d'une condition supérieure entrent par la grande porte, et il s'estime trop pour faire autrement. Non, Monsieur, je n'ai jamais vu Sus à la cuisine ou à l'office, et quand madame Littlepage veut lui faire un régal, elle fait mettre sa table dans une des chambres d'en haut, ou bien sous le portique. Le vieil Indien a ce qu'il appelle ses traditions, Monsieur, et peut raconter beaucoup d'histoires des temps anciens; mais ce n'est pas sur des dindes, des poules ou des moutons et autres choses dont aime à parler Yop.

Je congédiai alors John, après l'avoir encore remercié de ses attentions pour les colporteurs, et je rejoignis mon oncle. Quand nous entrâmes dans le petit salon où nous attendaient toutes les dames, il se fit une exclamation générale de satisfaction. Marthe m'embrassa encore, disant que j'étais bien maintenant son Hughes, qu'elle reconnaissait enfin son Hugues, et mille autres choses semblables; tandis que ma grand'mère se tenait debout, caressant mes cheveux et me regardant les yeux pleins de larmes; car je lui rappelais son premier-né, mort si jeune! Quant aux autres, les deux pupilles de mon oncle paraissaient riantes et affectueuses, et disposées à renouveler notre ancienne connaissance; mais Mary se tenait en arrière, quoique je pusse voir à ses joues animées et à ses yeux voilés par la modestie qu'elle prenait une part profonde au bonheur de son amie Patt.

Avant de nous mettre à table, j'envoyai un domestique au haut de la maison, pour voir si nos amis rouges apparaissaient sur la route. Cet homme m'informa qu'on pouvait les voir à quelque distance, et qu'ils atteindraient probablement la maison au bout d'une demi-heure. Ils s'étaient arrêtés, et, au moyen d'une lunette, il avait cru voir qu'ils se coloraient la face et arrangeaient leur toilette pour l'entrevue projetée. En recevant ces renseignements, nous nous mîmes à table, avec l'espérance d'être prêts à recevoir les chefs, aussitôt qu'ils arriveraient.

Notre dîner fut des plus animés. Tout sujet de chagrin fut oublié, et l'état agité du pays et les sinistres projets de mes tenanciers; nous ne nous occupions que de nous-mêmes et de nos sentiments. Enfin ma chère grand'mère me dit d'un air de bonne humeur :

— Tu dois avoir un heureux instinct, Hugues, pour découvrir où se cache la discrétion, car tu ne pouvais choisir une meilleure confidente que tu ne l'as fait ce matin en allant au village.

Mary rougit comme un ciel d'Italie au coucher du soleil, et baissa les yeux pour cacher sa confusion.

— Je ne sais trop, répondis-je, si c'était une question de discrétion ou de vanité, car j'éprouvais une répugnance invincible à passer aux yeux de mademoiselle Warren pour un musicien ordinaire des rues.

— Mais, Hughes, reprit la malicieuse Patt, je t'avais déjà dit que tu étais à ses yeux un musicien ambulant extraordinaire. Quant à la vielle, elle n'en disait pas grand'chose, mais, pour la flûte, oh! elle en parlait très-éloquemment.

— Marthe! s'écria Mary Warren d'un ton réservé et presque de reproche, montrant qu'elle était réellement mal à l'aise. Mon excellente aïeule s'en aperçut et changea adroitement la conversation en offrant à M. Warren un plat de fruits.

Durant tout le repas, je compris qu'il existait entre Mary Warren et moi une secrète et mystérieuse communication qui échappait à l'observation des autres, mais était parfaitement sentie par nous. La conscience de cette vague sympathie se trahissait par la rougeur de Mary et même par ses yeux souvent baissés, dont l'embarras était pour moi d'une grande éloquence.

CHAPITRE XIX.

> Avec un regard comme celui du patient Job, dévoré de maux, avec des mouvements gracieux comme ceux de l'oiseau dans l'air, tu es, il faut le dire, le plus dangereux démon qui ait jamais serré de ses doigts crochus les cheveux d'un captif.
>
> *Habit rouge.*

PARMI les habitudes les plus condamnables que nous ayons empruntées à l'Angleterre, est cette coutume pour les hommes de rester à table après que les dames se sont levées. Et cependant nous sommes tellement imitateurs, tellement accoutumés à suivre les modes bonnes ou mauvaises de ceux que nous avons expulsés, que si cette habitude barbare était abandonnée en Angleterre, je ne doute pas qu'elle ne fût proscrite quelques mois après chez nous. Mon oncle, néanmoins, avait déjà tenté dans le cercle de nos connaissances de retenir les dames à table et de les suivre lorsqu'elles se levaient. Mais il est difficile de marcher contre le vent. Des hommes qui s'imaginent que c'est de bonne compagnie de se réunir pour boire du vin, pour goûter du vin, pour parler de vin et de se surpasser l'un l'autre dans la qualité et la quantité des vins offerts aux convives, ne renoncent pas facilement à de telles coutumes. Je ne connais pourtant rien de plus révoltant que de voir une vingtaine de figures graves rangées autour d'une table pour goûter du vin du Rhin, tandis que les joues de leur hôte sont enflées comme celles de Borée, à force de jouer le rôle d'un siphon.

Quand ma grand'mère se leva avec ses quatre brillantes compagnes, et dit selon l'habitude de la vieille école : « Eh bien, Messieurs, je vous laisse à vos bouteilles; mais vous vous souviendrez que vous serez les bienvenus dans le salon », mon oncle lui prit la main et insista pour qu'elle nous tînt compagnie. Il y avait quelque chose de très-touchant dans les rapports affectueux qui existaient entre mon oncle Ro et sa mère. Vieux garçon tandis qu'elle était veuve, ils étaient particulièrement attachés l'un à l'autre; et souvent je l'ai vu, quand nous étions seuls, aller vers elle, la frapper légèrement sur les joues, et l'embrasser comme il eût fait à une sœur chérie. A son tour, j'ai vu ma grand'mère s'approcher de son Roger, embrasser son front chauve d'une manière qui témoignait qu'elle se souvenait avec charme du temps où elle le portait enfant dans ses bras. En cette occasion, elle céda à sa demande, reprit son siége, imitée par les demoiselles. La conversation alors reprit naturellement sur l'état de la contrée.

— Je suis grandement étonnée, dit ma grand'mère, que les hommes en place parmi nous aient borné leurs remarques et leurs mesures aux faits qui concernent les domaines des Rensselaer et des Livingston, quand les mêmes difficultés existent parmi tant d'autres.

— L'explication en est très-simple, ma bonne mère, dit mon oncle Ro. Les domaines des Rensselaer ont les redevances de volailles, les journées de travail, etc., et il y a sur ces matières tous les vieux arguments captieux qui agissent sur les masses et produisent un certain effet politique, tandis que sur les autres propriétés, ces grands auxiliaires manquent. Il est clair comme le jour qu'il existe un plan concerté de transférer sur toutes les propriétés de l'État les droits des propriétaires aux tenanciers, et à des conditions injustement favorables aux derniers. Mais vous ne rencontrerez rien de la sorte dans les messages des gouverneurs où les discours des législateurs, qui croient avoir tout dit lorsqu'ils ont parlé de la nécessité d'apaiser les plaintes des tenanciers, sans examiner si ces plaintes sont fondées ou non. Il est difficile de calculer le mal que l'on doit faire à la république, en montrant ce qui peut être effectué par des clameurs, et peut-être faudrait-il trente ans pour détruire les fâcheuses conséquences de l'exemple, quand même la coalition anti-rentiste serait entièrement vaincue demain.

— Je vois, dit M. Warren, que l'argument commun contre les propriétaires est le défaut de titre, quand rien de mieux ne peut être inventé. Le prédicateur aujourd'hui semblait condamner tout titre qui dériverait de la royauté, comme étant annulé par la défaite du monarque, par la guerre et la révolution.

— Ce serait un charmant résultat pour les faits glorieux des Littlepage. Mon père, mon grand-père, mon bisaïeul, ont tous pris les armes dans cette guerre, en faveur de la liberté; les deux premiers en qualité d'officiers généraux, le dernier comme major, et la conséquence de leurs fatigues et des dangers qu'ils ont courus serait de les dépouiller de leurs propriétés. Je sais que ce ridicule prétexte a été invoqué même dans une cour de justice; mais la folie et l'audace ne sont pas encore assez mûres parmi nous pour faire adopter une pareille doctrine. Cependant il est possible que ce mouvement soit l'aurore du jour prochain de la raison américaine, au lieu d'être le crépuscule laissé par les rayons éteints du soleil d'une période d'obscurité.

— Vous ne pensez sûrement pas, oncle Ro, dit Patt, que ces gens puissent réellement s'emparer des terres de Hughes?

— Personne ne peut le savoir, ma chère; car, assurément, personne n'est en sûreté quand des opinions et des actes semblables à ceux dont on est témoin depuis quelques années, peuvent avoir cours sans éveiller l'indignation générale. Vois les classes financières dans ce moment même, terrifiées et animées à l'idée d'une guerre à propos de l'Orégon, chose possible certainement, mais peu probable, tandis qu'elles manifestent la plus profonde indifférence sur l'anti-rentisme, quoique l'existence positive de tous les liens sociaux soit compromise par ce mouvement. Un de ces faits est une simple possibilité, et il inquiète toute la classe que j'ai dite; l'autre existe et menace toute la société, et personne n'y fait attention. Tout homme dans la communauté, qui s'élève au-dessus du niveau général, a un intérêt direct à combattre le danger, et personne ne paraît soupçonner l'importance de cette crise. Nous n'avons qu'un ou deux pas à faire pour devenir comme la Turquie, pays où les riches sont obligés de cacher leur opulence, afin de se mettre à l'abri des exactions des gouverneurs; et cependant personne ne s'en préoccupe.

— Quelques voyageurs récents prétendent que nous sommes déjà parvenus à ce point; nos riches affectent une grande simplicité au dehors, tandis qu'ils remplissent leurs maisons de toutes les splendeurs de l'opulence et du luxe. Je crois que M. de Tocqueville, entre autres, a fait cette remarque.

— C'est là tout bonnement une des sagacités ordinaires de l'Européen, qui, ne comprenant rien à l'histoire américaine, confond les causes et tombe dans des erreurs. La simplicité extérieure n'est autre chose qu'une ancienne habitude du pays, tandis que l'élégance et le luxe à l'intérieur n'est qu'une satisfaction accordée aux goûts des femmes qui vivent dans un état social où les habitudes raffinées et les plaisirs intellectuels sont excessivement bornés. L'écrivain qui a fait cette remarque est un homme de grand mérite, surtout si l'on considère la difficulté pour lui d'arriver à la vérité; mais il a commis beaucoup d'autres erreurs semblables.

— Néanmoins, monsieur Littlepage, reprit le ministre, qui était un gentleman dans tout le sens du mot, et connaissait le monde, malgré l'admirable simplicité de son caractère, il y a certainement parmi nous des changements dans le sens indiqué par M. de Tocqueville.

— C'est vrai, Monsieur; mais ils ont aussi eu lieu ailleurs. Quand j'étais enfant, je me le rappelle, je voyais des voitures à six chevaux, et presque tout homme riche avait sa voiture à quatre chevaux, tandis que maintenant c'est très-rare. Mais le même changement s'est opéré dans toute la chrétienté. Lorsque j'allai pour la première fois en Europe, des voitures à six chevaux, conduites par leurs maîtres, se rencontraient tous les jours, tandis qu'aujourd'hui cela se voit à peine ou jamais. L'amélioration des routes, les chemins de fer et les bateaux à vapeur suffisent pour produire ces changements sans avoir recours à l'oppression des masses.

— Je sais, dit Patt en riant, que si la publicité est ce que demande M. de Tocqueville, il a dû en trouver assez à New-York. Toutes les nouvelles maisons avec leurs balcons peu élevés et leurs fenêtres moins élevées encore, sont construites de façon à ce que tous les regards puissent y pénétrer. Si ce que j'ai lu et entendu des maisons de Paris est vrai, placées entre cour et jardin, il y a là infiniment plus d'isolement qu'ici; et l'on pourrait aussi bien dire que les Parisiens s'ensevelissent derrière leurs portes cochères et parmi les arbres pour échapper aux attaques du faubourg Saint-Antoine, que de dire que nous nous retirons dans nos maisons pour être élégants, de crainte que les masses ne le souffrent pas au dehors.

— La jeune personne a fait son profit, je vois, de tes lettres, Hughes, dit mon oncle en inclinant la tête d'un air d'approbation; et, ce qui est mieux, c'est qu'elle fait une juste application de sa science, ou plutôt de la tienne. Non, non, tout cela repose sur des erreurs; et, comme le dit Marthe, les maisons modernes de nos villes semblent être dans la rue. Il serait beaucoup plus juste de dire qu'au lieu de se retirer à l'intérieur pour y faire du luxe loin des yeux de voisins ennuyeux, les Manhattanèses, en particulier, retournent, pour ainsi dire, leurs maisons à l'envers, de peur que leurs voisins ne se fâchent de ne pas voir ce qui se passe dedans. Mais rien de tout cela n'est vrai. La maison est plus opulente, parce qu'elle est sous le contrôle des femmes. Attribuer la simplicité de la vie extérieure et le luxe de la vie intérieure à la crainte des masses, n'est pas plus juste que d'attribuer à la même cause la différence entre les costumes des hommes et des femmes, les uns étant toujours en simple drap, bleu, brun ou noir, les autres étant toujours en soie ou en satin, et même en damas. A Paris, il y a une grande différence entre les salons des faubourgs et ceux de la Chaussée-d'Antin et du boulevard des Italiens. Mais je vois John qui se démanche le cou, comme si nos frères rouges étaient à proximité.

Il en était effectivement ainsi, et nous nous levâmes aussitôt de table pour aller au devant de nos hôtes. Nous eûmes à peine le temps d'atteindre la pelouse, les dames étant allées chercher leurs chapeaux, que Feu-de-la Prairie, Cœur-de-Pierre, Mille-Langues et tous les autres s'avancèrent vers nous, conservant cette espèce de petit trot qui caractérise une marche indienne.

Malgré le changement de nos vêtements, mon oncle et moi nous fûmes immédiatement reconnus et courtoisement salués par les principaux chefs. Puis nos perruques nous furent gravement offertes par deux des plus jeunes; mais nous les refusâmes, en priant les détenteurs de les accepter de nous comme marques de notre considération pour eux. Ils ne se le firent pas dire deux fois, et ne dissimulèrent pas leur contentement. Une demi-heure après, je vis ces deux lions de la forêt avec les perruques sur leur crâne dénudé, et une plume de paon prétentieusement entremêlée aux cheveux. L'effet de cette toilette était passablement grotesque, surtout pour les jeunes filles; mais chacun des guerriers se pavanait et regardait autour de lui pour attirer l'attention qu'il croyait mériter.

A peine les salutations furent-elles échangées, que les hommes rouges commencèrent à examiner la maison, la colline sur laquelle elle s'élevait, les prairies au-dessous, et tout le sol environnant. D'abord, nous supposâmes qu'ils étaient frappés de l'étendue et de la solidité des bâtiments, et d'un certain air de propreté qui ne se rencontre pas partout en Amérique, même dans le voisinage des maisons les mieux établies, mais Mille-Langues nous détrompa bientôt. Mon oncle lui demanda pourquoi tous les hommes rouges s'étaient dispersés autour des bâtiments, ceux-ci regardant un côté, ceux-là montrant l'autre, et tous sérieusement occupés de quelque chose, quoiqu'il ne fût pas aisé de comprendre de quoi il s'agissait; il lui fit en même temps part de sa supposition sur l'étonnement que leur causait l'édifice.

— Que le bon Dieu me bénisse! non monsieur, répondit l'interprète; ils ne se soucient guère d'une maison quelconque. Voilà Cœur-de-Pierre, par exemple, c'est un chef que vous ne pouvez pas plus émouvoir par des richesses, des maisons ou toute autre chose semblable, que vous ne pourriez contraindre le Mississipi à remonter son courant. Quand nous allâmes à la maison de l'oncle Sam, à Washington, il ne daigna pas la regarder; et le Capitole ne fit pas plus d'effet sur eux tous que, si c'eût été un wigwam ; moins encore, car les Indiens sont amateurs de beaux wigwams. Ce qui les occupe actuellement, c'est qu'ils savent être sur un point où s'est livré une bataille, il y a environ quatre-vingt-dix ans, dans laquelle figurait l'intègre Onondago, aussi bien que quelques hommes de leur tribu ; c'est ce qui les tient en émoi.

Et pourquoi Cœur-de-Pierre parle-t-il avec tant d'énergie à ceux qui l'environnent ? Pourquoi montre-t-il la vallée et la colline, et le ravin là-bas qui est au delà du wigwam de Susquesus ?

— Ah ! c'est donc là le wigwam de l'intègre Onondago, s'écria l'interprète avec intérêt. Eh bien ! c'est quelque chose que de voir cela, quoique ce sera mieux de voir l'homme lui-même ; car toutes les tribus des prairies supérieures sont pleines de son nom. Aucun Indien, depuis le temps de Tamenund lui-même, n'a autant occupé la renommée que Susquesus, l'intègre Onondago, si ce n'est peut-être Tecumthe. Mais en ce moment Cœur-de-Pierre raconte la bataille dans laquelle le père de son grand-père a perdu la vie, quoiqu'il n'ait pas perdu sa chevelure. Il a, leur dit-il, évité cette disgrâce, ce qui est un sujet de joie pour son descendant. Un Indien se soucie fort peu d'être tué, pourvu qu'il évite d'être scalpé. Maintenant, il parle de quelque jeune face pâle qui a été tué, et qu'il appelle Ami de la Joie, et maintenant il s'occupe de quelque nègre qui se battait comme un diable.

— Toutes ces personnes sont connues de nous aussi par nos traditions, s'écria mon oncle, avec plus d'émotion que je ne lui en avais vu témoigner depuis longtemps. Mais je suis surpris de voir que les Indiens conservent si longtemps un souvenir tellement exact d'affaires si peu importantes.

— Ce n'est pas si peu important pour eux. Leurs batailles sont rarement sur une grande échelle ; et ils tiennent grand compte de toute escarmouche où sont tombés quelques guerriers distingués.

Ici Mille-Langues s'arrêta et écouta attentivement la conférence des chefs, puis il reprit :

— Ils sont très-embarrassés par rapport à la maison, tandis que tout le reste s'explique, la colline, la portion des bâtiments eux-mêmes, le ravin, enfin tout, excepté la maison.

— Mais qu'est-ce qui les embarrasse ? Est-ce que la maison n'occupe pas l'endroit désigné ?

— C'est justement là la difficulté. Elle occupe précisément l'endroit; seulement ce n'est pas cette espèce de maison, quoique la forme s'accorde parfaitement, deux côtés appuyés à la colline, et la colline elle-même formant l'autre côté. Mais leurs traditions racontent que leurs guerriers tentèrent de brûler vos ancêtres, et qu'ils allumèrent un feu sur le côté du bâtiment, ce qu'ils n'eussent pas fait s'il avait été construit en pierre, comme il l'est aujourd'hui. Voilà ce qui les embarrasse.

— Alors leurs traditions sont prodigieusement exactes. La maison qui s'élevait en ce temps, presque au même endroit, et qui ressemblait par sa forme au bâtiment actuel, était construite en poutres et pouvait par conséquent être incendiée : une tentative fut effectivement faite, mais fut repoussée avec succès. Vos chefs en ont reçu un compte parfaitement vrai ; mais il y a eu ici des changements. La maison de bois est restée debout pendant cinquante ans, et il y en a à peu près soixante que celle-ci a été élevée sur le même plan. Non, non, leurs traditions sont prodigieusement exactes.

Le fait ayant été communiqué aux Indiens, ils en éprouvèrent une grande joie, tous leurs doutes et leurs incertitudes se trouvant résolus. Pendant qu'ils poursuivaient leur examen, et faisaient la reconnaissance des localités, mon oncle continuait sa conférence avec Mille-Langues.

— Je serais curieux de savoir, dit-il, quelle est l'histoire de Susquesus, pour qu'un parti de chefs comme ceux-ci s'écartent si loin de leur route afin de lui faire hommage. Est-ce son grand âge qui en est cause?

— C'est une des raisons, sans doute, mais il y en a une autre de plus grande importance, et qui n'est connue que d'eux seuls. J'ai souvent essayé de savoir cette histoire, mais je n'ai pu réussir. Du plus loin que je me souvienne, les Onondagos, les Tuscaroras et les Indiens des vieilles tribus de New-York, qui se sont retirés dans les prairies, parlent de l'intègre Onondago, qui devait être un vieillard à l'époque de ma naissance. Depuis quelques années, ils en parlent encore davantage ; et une si bonne occasion se présentant de venir le voir, on eût été fort mécontent dans l'ouest, si elle avait été négligée. Son âge est sans doute une raison, mais il y en une autre, quoique je n'aie jamais pu la découvrir.

— Cet Indien a été lié avec ma famille, depuis près de quatre-vingt-dix ans. Il était avec mon grand-père, Cornelius Littlepage, à l'attaque de Ty, faite par Abercromby en 1758, et il ne s'en faut que de douze ou treize ans pour qu'un siècle soit accompli depuis cet événement. Je crois même que mon bisaïeul Herman Mordaunt l'avait connu. Pour moi je l'ai toujours connu avec des cheveux gris, et nous supposons que lui et le nègre qui demeure avec lui ont vécu cent vingt ans, sinon davantage.

— Quelque chose d'important est arrivé à Susquesus ou Sans-Traces, comme on l'appelait alors, il y a environ quatre-vingt-treize hivers ; c'est là ce que j'ai pu recueillir des discours des chefs, mais rien de plus. Dans tous les cas, la visite actuelle a quelque rapport avec cet événement bien plus qu'avec le grand âge du Sapin-Desséché. Les Indiens respectent les années et la sagesse ; mais ils respectent au-dessus de tout le courage et la justice. Soyez persuadés qu'il y a quelque sens dans ce nom de l'intègre Onondago.

Tout cela nous intéressait vivement et ma grand'mère aussi, ainsi que ses aimables compagnes. Mary Warren, en particulier, manifestait un grand intérêt pour l'histoire de Susquesus, comme je pus le voir par un court dialogue que nous eûmes ensemble en nous promenant devant le portique, tandis que les autres suivaient avec curiosité tous les mouvements des sauvages.

— Mon père et moi, dit-elle, nous avons souvent visité les deux vieillards et toujours avec plaisir. Pour l'Indien surtout nous éprouvions une profonde sympathie ; car rien n'est plus touchant que les sentiments qu'il conserve toujours pour ceux de sa race. On nous dit qu'il est souvent visité par des hommes rouges, aussi souvent du moins qu'ils viennent à sa proximité ; et ils témoignent toujours une grande vénération pour ses années, et un grand respect pour son caractère.

— Je sais que cela est vrai ; car j'ai souvent vu ceux qui venaient auprès de lui. Ce sont ordinairement les Indiens ambulants, marchands de paniers, qui ne sont plus sauvages ni civilisés, et qui n'ont entièrement le caractère d'aucune des deux races. Mais c'est la première fois que j'entends parler d'un aussi solennel témoignage de respect. Qu'en dites-vous, grand'mère ? Pouvez-vous vous rappeler que Susquesus ait jamais reçu un aussi grand hommage de son peuple ?

— C'est la troisième fois dans mes souvenirs, Hughes. Peu après mon mariage, qui eut lieu presque immédiatement après la révolution, il vint ici une troupe d'Indiens pour saluer Susquesus.

Ils restèrent dix jours. Les chefs étaient tous Onondagoes, c'est-à-dire des guerriers de sa propre tribu. On disait alors qu'il y avait eu entre eux une espèce de réconciliation, quoique, je l'avoue, je ne pensai pas alors à m'en informer. On croyait généralement que mon beau-père et mon oncle, le porteur de chaînes, connaissaient tous deux l'histoire entière de Sans-Traces, quoique ni l'un ni l'autre ne me l'aient racontée. Je ne pense pas que votre grand-père la sût, ajouta-t-elle avec une certaine mélancolie, sans quoi je l'eusse apprise. Mais cette première visite eut lieu peu de temps après que Susquesus et Jaaf eurent pris possession de leur cabane ; et l'on disait dans le temps que les étrangers ne restèrent si longtemps que dans l'espérance d'engager Sus à rejoindre sa tribu. Si tel était leur désir cependant, ils ne réussirent pas ; car le voilà maintenant, et le voilà où il a toujours été depuis qu'il est entré dans la hutte.

— Et la seconde visite, grand'mère ? Vous disiez qu'il y en avait trois.

— Oh ! racontez-nous-les toutes, madame Littlepage, s'écria Mary avec feu, rougissant aussitôt de sa vivacité. Ma chère grand'mère sourit avec bienveillance, et reprit :

— Vous paraissez, mes enfants, avoir une égale sympathie pour ces hommes rouges ; et j'ai grand plaisir à satisfaire votre curiosité. La seconde visite solennelle que reçut Susquesus eut lieu l'année même de ta naissance, Hughes, et alors nous eûmes réellement peur de perdre le vieillard, tant son peuple fut pressant dans ses prières pour l'emmener. Mais il ne voulut pas ; il est toujours resté ici, et, il y a peu de semaines encore, il me disait qu'il y mourrait. Si les Indiens d'aujourd'hui espèrent mieux réussir, je suis sûre qu'ils seront bientôt détrompés.

— Il l'a dit également à mon père, ajouta Mary, qui lui a souvent parlé de la mort ; et a espéré ouvrir ses yeux aux vérités de l'Évangile.

— Et quel a été le résultat, mademoiselle Warren ? Ce serait une digne fin pour la carrière de ce bon vieillard.

— Je crains que le succès ne soit très-douteux, répliqua la charmante fille d'un ton de mélancolie. Au moins je sais que mon père a peu d'espoir. Sus l'écoute attentivement ; mais il ne manifeste aucun autre sentiment que du respect pour l'orateur.

A ce moment, ma sœur et ses deux compagnes vinrent rejoindre

Mary, et toutes s'éloignèrent ensemble, accompagnées de ma grand'mère. De mon côté j'allai retrouver mon oncle, que je voyais à peu de distance.

— Hughes, me dit-il, l'interprète m'apprend que les chefs désirent faire ce soir leur première visite à la hutte. Heureusement la vieille ferme est inoccupée depuis que Miller a pris possession de la nouvelle; et j'ai dit à Mille-Langues de s'y établir avec les Indiens pendant leur séjour ici. La cuisine est en bon état, et il n'y a plus qu'à leur envoyer, pour compléter leur établissement, quelques ustensiles ordinaires et cinquante bottes de paille. J'ai donné des ordres pour tout cela; on charge déjà la paille dans la grange et dans une demi-heure les hommes rouges seront officiellement les hôtes de Ravensnest.

— Les installerons-nous avant ou après leur visite à Susquesus?

— Avant, certainement. John s'est chargé d'aller prévenir l'Onondago de la visite qui se prépare, et l'aidera à faire sa toilette; car l'homme rouge, pas plus qu'un autre, n'aime à être surpris en déshabillé. Pendant ce temps, nous pouvons installer nos hôtes dans leur demeure, et voir commencer les préparatifs de leur souper. Quant aux *Indgiens*, il y a peu de chose à craindre d'eux, je pense, tant que nous aurons à notre portée une troupe de véritables Peaux-Rouges.

Nous invitâmes en conséquence l'interprète à conduire ses chefs vers le bâtiment qu'ils devaient occuper, les précédant nous-mêmes et laissant les dames sur la pelouse. Dans cette saison où les jours sont les plus longs, il devenait plus agréable de faire la visite à la hutte pendant la fraîcheur de la soirée. Ma grand'mère apprêta la voiture couverte, voulant être présente à une entrevue qui promettait d'être fort intéressante.

— Le bâtiment vide ainsi approprié à l'usage des Indiens, datait d'un siècle, ayant été construit par Herman Moïdaunt, comme première ferme de son domaine. Pendant longtemps on lui avait conservé sa destination primitive; et lorsqu'il fut jugé convenable d'en élever un autre sur un point mieux choisi et d'une forme plus commode, la vieille structure avait été respectée comme une relique. Elle restait donc là en attendant que j'eusse prononcé sur sa destinée, à moins que l'Esprit des Institutions ne s'en emparât avec le reste de ma propriété, pour démontrer à l'humanité combien le grand État de New-York est imbu de l'amour de la liberté.

Comme nous nous dirigions vers la vieille ferme, Miller sortit de l'autre bâtiment pour venir à notre rencontre. Il était aisé de voir qu'il était assez embarrassé des hardies prétentions qu'avait exprimées en notre présence son garçon Tom Miller. Pendant un grand nombre d'années, lui et les siens avaient été employés par moi et les miens, recevant un salaire élevé, ainsi qu'il arrive toujours aux hommes qui servent de méchants aristocrates, bien plus élevé assurément qu'il ne l'aurait obtenu au service des Newcome, des Holmes et des Tubbs, sans compter bien plus de générosité dans le choix et le nombre des ustensiles ; et maintenant il n'avait qu'à invoquer les principes des anti-rentistes, pour réclamer comme un droit la ferme qu'il avait si longtemps gouvernée. Oui, les mêmes principes auraient assuré à Miller ma maison et ma ferme, aussi bien qu'à tout autre tenancier une ferme à bail. Il est vrai que l'un recevait un salaire, tandis que les autres payaient une rente; mais ces faits divers n'altèrent en rien le principe; puisque celui qui recevait un salaire ne récueillait de son travail aucun autre bénéfice, tandis que celui qui payait une rente était maître de toutes les récoltes. Le titre commun à tous deux, s'il y a titre, repose sur ce fait, que chacun avait consacré son travail à une ferme particulière, et avait en conséquence le droit d'en réclamer la propriété.

Miller s'excusa gauchement de ne nous avoir pas reconnus, et s'efforça d'expliquer une ou deux petites circonstances qui semblaient le mettre dans une position un peu équivoque, mais auxquelles mon oncle et moi nous n'attachions pas une grande importance. Nous savions que le pauvre Tom était homme, et que de toutes les fautes, les plus faciles à commettre sont celles qui sont liées à l'amour-propre. L'homme qui se sent éloigné du sommet de l'échelle sociale n'en est pas moins tenté, même par des moyens illicites, de franchir quelques échelons, et s'il ne réussit pas, il cherche à se consoler méchamment, en tâchant de faire descendre les autres à son propre niveau. Nous reçûmes avec bienveillance les excuses de Tom Miller, mais sans nous engager par des promesses ou des déclarations d'aucune sorte.

CHAPITRE XX.

> Deux cents ans! Deux cents ans! Combien de pouvoir humain, combien d'orgueil, combien de glorieuses espérances, combien de sombres craintes se sont perdus dans leurs flots silencieux.
>
> PIERPONT.

UNE heure avant le coucher du soleil, nous sortîmes tous des nouveaux quartiers de nos frères rouges, pour aller visiter la hutte. A mesure que le moment approchait, il était aisé de voir chez les Indiens des symptômes d'un profond intérêt, et même d'une certaine crainte respectueuse. Plusieurs des chefs avaient profité du moment d'attente pour retoucher les peintures fantastiques qui ornaient leurs joues, et donnaient à quelques-uns un aspect vraiment épouvantable. Cœur-de-Pierre, en particulier, se faisait remarquer par ses terribles embellissements; Feu-de-la-Prairie seul n'avait eu recours à aucun artifice de toilette.

Comme le cours de mon récit va m'obliger maintenant de rappeler des conversations qui eurent lieu dans des dialectes que je en connais pas, il est bon de dire une fois pour toutes, que Mille-Langues me traduisait sur l'heure tout ce qui se disait et que je le transcrivais sur place ou immédiatement en rentrant. Cette explication était nécessaire pour empêcher les lecteurs de ce manuscrit de croire que j'invente quelque chose.

La voiture de ma mère, chargée de son brillant bagage, partit quelques minutes avant que nous nous missions en marche, ce qui ne se fit pas sans certaine cérémonie et un certain ordre : les Indiens marchant ordinairement en file, chaque homme suivant exactement les pas de celui qui est devant lui. Feu-de-la-Prairie se mit en tête, comme le chef le plus ancien et le plus sage au conseil. Cœur-de-Pierre était le second et les autres suivaient certaines règles de préséance connues d'eux seuls. Aussitôt que la ligne fut formée, ils se mirent en mouvement, mon oncle, l'interprète, et moi marchant à côté de Feu de la Prairie, tandis que Miller, suivi d'une demi-douzaine de curieux de la ferme et de la maison, formait l'arrière-garde.

On se rappelle que John avait été envoyé à la hutte pour annoncer la visite des Indiens. Il était resté plus longtemps que nous ne le pensions; mais lorsque la procession fut à moitié route, nous le rencontrâmes qui revenait. Le digne serviteur fite volte-face, se plaça près de moi, et me communiqua tout en marchant le résultat de ses observations.

— Pour dire la vérité, monsieur Hughes, le vieillard fut très-ému d'entendre que près de cinquante Indiens étaient venus à une si grande distance...

— Dix-sept, John, dix-sept vous auriez dû dire, c'est le nombre exact.

— Vraiment, Monsieur, eh bien, je déclare que je les croyais au nombre de cinquante; un instant j'ai pensé dire quarante, mais il m'a semblé que ce n'était pas assez. — Pendant ce temps, John regardait derrière lui pour compter les guerriers qui nous suivaient, et convaincu de son erreur, et reconnaissant son exagération, défaut des plus communs parmi les hommes de sa classe, il reprit son discours. — Eh bien, Monsieur, je crois que vous avez raison, et que j'ai été un peu loin. Mais le vieux Sus fut excessivement ému lorsque je lui annonçai la visite de ses frères, et je restai avec lui pour l'aider à s'habiller et à se peindre; car le nègre, Yop, n'est bon à rien maintenant, vous savez. Ce devait être un triste temps, Monsieur, lorsque les habitants de New-York n'avaient que des nègres pour les servir.

— Cela allait pourtant assez bien, John, répondit mon oncle, qui avait un grand attachement pour cette vieille race nègre qui autrefois remplissait généralement toutes les fonctions domestiques dans notre pays. Jaaf, cependant, n'a jamais été exactement ce qu'on appelle un valet de chambre, quoiqu'il fût l'homme de confiance de mon père.

— Eh bien, Monsieur, s'il n'y avait eu que Yop, Sus n'eût jamais été décemment peint et habillé pour cette occasion. Tel qu'il est maintenant, j'espère que vous serez satisfait, Monsieur, car il a tout à fait bon air; à la mode indienne, bien entendu.

— L'Onondago vous a-t-il fait quelques questions?

— Ma foi, monsieur Hughes, vous savez ce qu'il en est avec lui. Susquesus est un homme très-silencieux, surtout lorsqu'il a quelqu'un pour soutenir la conversation. Je parlai presque tout le temps moi-même, ainsi qu'il arrive habituellement quand je lui fais une visite. Les Indiens sont, je pense, Monsieur, remarquablement portés au silence.

— Et qui a eu l'idée de la peinture et de la toilette, est-ce vous ou l'Onondago?

— Ma foi, Monsieur, je suppose que dans l'origine l'idée vint de l'Indien, quoique ce fût à ma suggestion. Oui, Monsieur, je suggérai l'idée; quoique je ne puisse pas assurer que Sus n'en eût pas l'intention, même avant que je donnasse mon opinion.

— Est-ce vous qui avez pensé à la peinture? dit mon oncle Ro. Je ne me souviens pas d'avoir, depuis trente ans, vu Sans-Traces se peindre. Une fois je lui demandai de se peindre et de s'habiller, et je me rappelle sa réponse comme si je l'avais entendue hier. — Quand l'arbre, dit-il, cesse de porter des fruits, les fleurs ne font que rappeler son inutilité.

— J'ai entendu dire que Susquesus était renommé pour son éloquence.

— Je me rappelle, en effet, qu'il avait cette réputation, quoique je ne puisse en garantir la justice. De temps à autre j'ai entendu chez lui des expressions fortes et poétiques, dans son Anglais incorrect et brisé; mais en général il est simple et taciturne. Je me rappelle avoir entendu dire par mon père que lorsqu'il fit la connaissance de Susquesus, il y a de cela soixante ans, le vieillard avait une grande crainte d'être réduit à l'humiliante nécessité de faire des paniers et des balais; mais une fois ses terreurs à cet égard écartées, il avait toujours depuis paru satisfait et sans souci.

— Le sans-souci est l'apanage de ceux qui possèdent le moins, je pense, Monsieur. Ce ne serait pas chose facile pour le gouvernement de New-York de trouver le moyen de dépouiller Sus de ses fermes, soit en élevant des chicanes sur le titre, soit en employant un des ingénieux expédients imaginés par les politiques d'Albany. Mais nous voici arrivés.

Nous touchions effectivement à la hutte. La soirée était délicieuse. Susquesus s'était assis sur un tabouret, au centre de la verte pelouse qui s'étendait devant l'entrée de son habitation. Un arbre touffu le couvrait de son ombre et le protégeait contre les rayons du soleil couchant. Jaaf était placé à côté de lui, dans une attitude qu'il jugeait assortie à sa couleur et à son caractère. Voilà encore un trait de la nature humaine; c'est que tandis que le nègre affecte un grand mépris pour l'homme rouge, l'Indien a la conscience de sa supériorité sur un esclave domestique. Je n'avais jamais vu Susquesus en si grand costume que dans cette soirée. Habituellement il portait les vêtements Indiens ordinaires, mais je ne l'avais pas vu avec ses ornements et sa peinture. Les premiers consistaient en deux médailles, à l'effigie de George III et de son grand-père, de deux autres que lui avaient données les agents de la république; d'anneaux à ses oreilles, si grands qu'ils tombaient presque sur l'épaule, et de bracelets formés avec les dents de quelque animal, que j'avais pris d'abord pour des dents d'hommes. A sa ceinture étaient un tomahawk brillant et un couteau dans sa gaîne, tandis que le fusil bien éprouvé était debout contre un arbre; toutes ces armes semblaient produites comme autant d'emblèmes du passé, le vieillard ne pouvant guère à cette heure s'en servir utilement. Susquesus avait employé la peinture avec un goût peu ordinaire chez un Indien, ayant simplement donné à ses joues une teinte légère, qui servait à rehausser l'éclat de ses yeux autrefois si brillants, maintenant obscurcis par l'âge. Sous les autres rapports, rien n'était changé dans la simplicité ordinaire qui régnait au dehors et au dedans de la cabane, quoique Jaaf eût produit au soleil un vieil habit de livrée qu'il avait autrefois porté et un tricorne qu'il avait l'habitude de mettre les dimanches et jours de fête, le tout pour montrer la supériorité d'un nègre sur un Indien.

Trois ou quatre bancs grossiers, appartenant à l'établissement, avaient été placés en demi-cercle, à quelque distance devant Susquesus, pour la réception de ses hôtes. Ce fut donc vers ces bancs que Feu-de-la-Prairie se dirigea, suivi des autres chefs. Quoiqu'ils se fussent rangés promptement en cercle, ils restèrent plus d'une minute sans s'asseoir. Tous contemplaient avec attention, mais avec respect le vénérable vieillard, qui soutenait leurs regards avec une attention et une gravité égales. Enfin, à un signe de Feu-de-la-Prairie, chacun prit son siége. Ce changement de position toutefois n'interrompit point le silence; pendant dix minutes ils restèrent ainsi, regardant l'Intègre-Onondago, qui de son côté tenait ses yeux fixés sur ses frères. Ce fut pendant cet intervalle du silence qu'arriva la voiture de ma grand'mère, qui s'arrêta juste en dehors du cercle des Indiens graves et attentifs; pas un d'eux ne tourna la tête pour savoir d'où venait cette interruption. Personne ne disait un mot : ma chère grand'mère contemplait avec une profonde attention cette scène intéressante, tandis que toutes les faces brillantes qui étaient autour d'elle formaient autant d'éloquentes images de curiosité féminine mêlée de sentiments d'une nature plus exquise.

Enfin Susquesus se leva avec une grande dignité de manières et sans aucun effort visible, et prit la parole. Sa voix me semblait un peu tremblante, plutôt par l'émotion que par l'âge; mais il se montrait calme, et ses idées étaient extraordinairement nettes. Mille-Langues eut soin de m'interpréter le tout.

— Frères, dit Susquesus, vous êtes les bienvenus. Vous avez parcouru un sentier long, tortueux et plein d'épines pour rencontrer un vieux chef dont la tribu, depuis quatre-vingt dix ans, a pu le considérer comme parmi les morts. Je suis fâché qu'une vue plus belle ne frappe pas vos yeux à la fin d'un si long voyage. Je rendrais plus large et plus droit le sentier qui reconduit vers le soleil couchant, si je le pouvais. Mais je ne sais pas comment; je suis vieux. Le pin dans la forêt n'est guère plus âgé; les villages des faces pâles que vous avez traversés en si grand nombre ne sont pas à moitié si vieux. Je suis né quand les hommes de la race blanche étaient comme l'orignal sur les montagnes, un ici, un autre là; maintenant, ils sont nombreux comme les pigeons après qu'ils ont couvé leurs petits. Quand j'étais enfant, mes jeunes jambes ne pouvaient me conduire hors des forêts dans une plaine, aujourd'hui mes vieilles jambes ne peuvent me porter jusqu'aux bois, tant ils sont éloignés. Tout est changé sur notre terre, excepté le cœur de l'homme rouge. Cela est comme le rocher, qui ne s'altère jamais. Mes enfants, vous êtes les bienvenus.

Ce discours, prononcé dans le diapason rauque et profond de la vieillesse, mais avec un feu qui était couvert plutôt qu'éteint, produisit une vive émotion. Un murmure d'admiration éclata parmi les chefs, quoique aucun ne se levât pour répondre, jusqu'à ce qu'il se passât un temps nécessaire pour que la sagesse du discours fît son impression sur les auditeurs. Quand cette pause fut jugée suffisamment longue pour produire cet effet, Feu-de-la-Prairie, aussi renommé dans le conseil que sur le champ de bataille, se leva. Voici la substance de son discours :

— Père, vos paroles sont toujours sages, elles sont toujours vraies. Le sentier entre votre wigwam et nos villages est effectivement long, il est tortueux, et nous y avons rencontré bien des épines et bien des pierres. Mais toutes difficultés peuvent être surmontées. Il y a deux lunes, nous étions à un bout ; aujourd'hui nous sommes à l'autre bout. Nous sommes venus avec deux entailles sur nos bâtons. L'une nous disait d'aller au grand conseil des faces pâles, pour voir notre Grand Père blanc; l'autre nous disait de venir ici pour voir notre Grand Père rouge. Nous sommes allés à la maison du conseil des faces pâles ; nous avons vu l'oncle Sam. Son bras est long ; il atteint depuis le lac salé, dont nous avons essayé de boire les eaux, mais elles sont trop salées, jusqu'à nos lacs, près du soleil couchant, dont les eaux sont douces. Nous n'avions jamais goûté auparavant des eaux salées, et nous ne les trouvons pas agréables. Nous ne les goûterons plus jamais ; ce n'est pas la peine de venir si loin pour boire de l'eau qui est salée.

— L'oncle Sam est un chef sage. Il a beaucoup de conseillers. Son conseil auprès du feu du conseil doit être un grand conseil ; il s'y dit beaucoup de choses. Ses mots doivent avoir en eux beaucoup de bon, ils sont si nombreux. En les écoutant nous pensâmes à notre Père Rouge, et nous résolûmes de venir ici. Nous y sommes venus. Nous sommes heureux de trouver notre Père Rouge vivant encore et bien portant. Le Grand-Esprit aime un Indien juste et prend soin de lui. Cent hivers, à ses yeux, sont comme un hiver. Nous le remercions de nous avoir conduits par le sentier long et tortueux, au bout duquel nous avons trouvé Sans-Trace, l'Intègre des Onondagoes. J'ai dit.

Un rayon de bonheur glissa sur les traits sombres de Susquesus, lorsqu'il entendit, dans sa propre langue, un titre bien mérité qui n'avait pas réjoui ses oreilles pendant un temps aussi long que la vie ordinaire d'un homme. C'était un titre, un surnom, qui racontait l'histoire de ses rapports avec sa tribu ; et ni les années, ni la distance, ni les nouvelles scènes, ni les nouveaux liens, ni les guerres, ne lui avaient fait oublier les plus petits incidents du passé. Je contemplais le vieillard presque avec terreur, pendant que sa contenance l'illuminait par un torrent de souvenirs, et le regard expressif que jeta vers moi mon oncle, disait combien aussi il se sentait ému.

Lorsque Feu-de-la-Prairie reprit son siége, il se fit encore un profond silence, pendant lequel on n'entendit d'autre son que le grognement mécontent et les sourdes exclamations de Jaaf, qui ne pouvait souffrir aucun Indien que son compagnon. Il était évident, pour nous que le nègre était vivement contrarié de cette visite extraordinaire, mais aucun des hommes rouges n'y prit garde. Sus, qui était près de lui, devait entendre ses murmures; cela ne lui fit pas détourner un seul instant ses regards de dessus ses hôtes. D'un autre côté, les chefs paraissaient ne pas s'apercevoir de la présence du nègre, quoiqu'il en fût tout autrement, ainsi que nous le vîmes depuis. En un mot, l'Intègre Onondago était le centre d'attraction, toute autre chose étant mise en oubli.

Enfin, il se fit un léger mouvement parmi les faces rouges, et un autre orateur se leva. Cet homme était certainement le moins bien tourné de la troupe. Sa stature était au-dessous de celle des autres chefs, ses formes maigres et sans grâce; et son extérieur manquait de cette noblesse qui était si remarquable parmi tous ses compagnons. Comme je l'appris depuis, le nom de cet Indien était Vol-d'Aigle, à cause du caractère élevé de son éloquence. Un tel homme ne pouvait se lever pour parler, sans causer une certaine sensation parmi ses impatients auditeurs. Quelque soin que prennent les hommes rouges de ne pas trahir leurs émotions, nous pouvions découvrir quelques mouvements à peine réprimés, lorsque Vol-d'Aigle se tenait debout, prêt à parler. L'orateur commença sur un ton grave et solennel, changeant ensuite ses inflexions qui passaient alternativement de la douceur à l'éclat, du grave au pathétique. Il me semblait en écoutant que jamais la voix humaine ne posséda autant de pouvoir de persuasion.

— Le Grand Esprit, dit-il, forme les hommes différemment. Quelques-uns sont comme les roseaux, qui plient devant la brise, et sont emportés par l'orage. Quelques-uns sont des pins, avec un tronc frêle, des branches clair-semées et un bois tendre. De temps en temps il y a parmi eux un chêne qui étend ses branches à une grande distance, et donne une ombre agréable. Son bois est dur et il résiste longtemps. Pourquoi le Grand Esprit fait-il cette différence dans les arbres? Pourquoi le Grand Esprit fait-il cette différence parmi les hommes? Il la fait, quoique nous ne le sachions pas. Ce qu'il fait est bien.

— J'ai entendu des orateurs devant la face du conseil se plaindre que les choses soient comme elles sont. Ils disent que la terre, les rivières et les terres de chasse appartiennent à l'homme rouge seulement, et qu'aucune autre couleur ne devrait s'y rencontrer. Le

Grand Esprit a pensé autrement, et ce qu'il pense arrive. Les hommes sont de plusieurs couleurs. Quelques-uns sont rouges, ce qui est la couleur de mon père. Quelques-uns sont pâles, ce qui est la couleur de nos amis. Quelques-uns sont noirs, ce qui est la couleur de l'ami de mon père. Il est noir, quoique l'âge change sa peau. Tout cela est bien ; cela vient du Grand Esprit, et il ne faut pas nous plaindre.

— Mon père dit qu'il est très-vieux, que le pin dans la forêt n'est guère plus vieux. Nous le savons. C'est une raison pour laquelle nous sommes venus si loin le voir, quoiqu'il y ait une autre raison. Mon père sait quelle est cette autre raison, et nous aussi, nous le savons. Depuis cent hivers et autant d'étés, cette raison n'est pas sortie de nos esprits. Les vieillards l'ont racontée aux jeunes gens, et les jeunes gens, quand ils sont devenus plus vieux, l'ont racontée à leurs fils. C'est ainsi qu'elle a atteint nos oreilles. Pendant tout ce temps, combien de mauvais Indiens ont vécu, sont morts et sont oubliés ! C'est le bon Indien qui vit le plus longtemps dans nos mémoires. Nous voulons oublier que les méchants aient jamais été dans nos tribus. Nous n'oublions jamais les bons.

— J'ai vu bien des changements, et je ne suis qu'un enfant en comparaison de mon père; mais je sens dans mes os le froid de soixante hivers. Pendant tout ce temps, les hommes rouges se sont de plus en plus avancés vers le soleil couchant. Je pense quelquefois que je vivrai assez longtemps pour l'atteindre. Ce doit être très-loin, mais l'homme qui ne s'arrête pas, va loin. Allons là, les faces pâles nous y suivront. Pourquoi en est-il ainsi ? Je ne le sais. Mon père est plus sage que son fils, et il peut nous le dire. Je m'asseois pour écouter sa réponse.

Quoique Vol-d'Aigle eût parlé avec calme et conclu d'une manière si différente à celle que j'attendais, il y avait un profond intérêt dans tout ce qui se passait. La raison particulière qui avait appelé de si loin ces hommes rouges vers Susquesus, n'était pas encore révélée, contre notre attente; mais le profond respect que ces étrangers, venus des déserts de l'ouest, témoignaient à leur vénérable ami, nous assurait que lorsque nous la connaîtrions, elle serait digne de nous intéresser. Selon l'habitude, il se fit une pause, après laquelle Susquesus se leva encore et répondit :

— Mes enfants, je suis très-vieux. Il y a cinquante automnes, lorsque tombèrent les feuilles, je croyais qu'il était temps pour moi de passer sur les heureuses terres de chasse de mon peuple et de redevenir un peau-rouge. Mais mon nom n'a pas été appelé. J'ai été laissé seul ici au milieu des faces pâles, au milieu de leurs champs, de leurs maisons, de leurs villages, sans aucun être de ma couleur et de ma race auquel je pusse adresser la parole. Ma tête était presque blanche. Cependant, à mesure que les années descendaient sur ma tête, l'esprit se tourna davantage sur ma jeunesse. Je commençai à oublier les batailles, les chasses et les voyages de mon âge mûr, et à penser aux choses qui se passaient quand j'étais un jeune chef chez les Onondagoes. Mes jours sont maintenant des songes, dans lesquels je rêve du passé. Pourquoi l'œil de Susquesus voit-il si loin, après cent hivers et plus? Quelqu'un peut-il le dire? Je ne le crois pas. Nous ne comprenons pas le Grand Esprit, et nous ne comprenons pas ses actes. Me voici ici, où j'ai passé la moitié de mes jours. Ce grand wigwam est le wigwam de mes meilleurs amis. Quoique leurs faces soient pâles et la mienne rouge, nos cœurs sont de la même couleur. Je n'oublierai jamais ceux-là, non, pas un d'entre eux. Je les vois tous, depuis le plus vieux jusqu'au plus jeune. Ils semblent être de mon sang. Cela vient de leur bonté et de plusieurs preuves d'affection. Ceux-ci sont toutes les faces pâles que je vois. Les hommes rouges sont devant mes yeux, partout et en tous lieux. Mon cœur est avec eux.

Mes enfants, vous êtes jeunes. Soixante-dix hivers sont beaucoup pour chacun de vous. Il n'en est pas ainsi de moi. Pourquoi ai-je été laissé seul ici, debout près des terres de chasse de nos pères? Je ne saurais le dire. Il en est ainsi, et ce doit être bien. Un sapin desséché se voit quelquefois isolé dans les champs des faces pâles. Je suis un arbre semblable. On ne l'abat pas, parce que le bois ne vaut rien, et que les squaws n'en veulent pas pour leur cuisine. Quand les vents soufflent, ils semblent souffler autour de l'arbre. Il est fatigué de rester là seul, mais il ne peut pas tomber. Cet arbre appelle la hache, mais aucun homme ne porte la hache à sa racine. Son temps n'est pas venu. Ainsi en est-il de moi; mon temps n'est pas venu.

Enfants, mes jours maintenant sont des rêves de ma tribu. Je vois le wigwam de mon père. C'était le meilleur du village. Il était un chef, et la venaison n'était jamais rare dans sa demeure. Je le vois venir sur le sentier de guerre avec beaucoup de chevelures pendues à son croc. Il avait beaucoup de wampum, et portait beaucoup de médailles. Les chevelures à son croc venaient quelquefois des hommes rouges, quelquefois des faces pâles. Il les avait toutes gagnées lui-même. Je vois ma mère aussi. Elle m'aimait comme l'ourse aime ses petits. J'avais des frères et des sœurs, et je les vois aussi. Ils vivent, et jouent, et paraissent heureux. Voilà la source où nous recueillions de l'eau dans nos gourdes, et voici les montagnes où nous attendions les guerriers qui revenaient du sentier de la guerre et de la chasse. Tout se représente à moi avec charme. Ceci était un village des Onondagoes, mon peuple, et je les aimais il y a cent vingt hivers. Je les aime maintenant, comme si le temps écoulé n'était qu'un hiver et un été. Le cœur ne sent pas le temps. Pendant cinquante saisons, j'ai peu pensé à mon peuple. Mes pensées étaient avec la chasse, et le sentier de la guerre, et les querelles des faces pâles avec qui je vivais. Maintenant, je le répète, je pense davantage au passé et à mes jours de jeunesse. C'est un grand mystère; pourquoi voyons-nous si clairement des choses si éloignées, et ne pouvons-nous pas voir celles qui sont près de nous ? Cependant, il en est ainsi.

— Enfants, vous demandez pourquoi l'homme rouge s'avance toujours vers le soleil couchant, et pourquoi les faces pâles suivent. Vous demandez si l'endroit où se couche le soleil peut jamais être atteint, et si les hommes pâles iront y labourer, y bâtir et y couper des arbres. Celui qui a vu ce qui est arrivé, devrait savoir ce qui arrivera. Je suis très-vieux, mais je ne vois rien de nouveau. Un jour ressemble à l'autre. Les mêmes fruits viennent chaque été, et les hivers sont tous les mêmes. L'oiseau fait son nid plusieurs fois dans le même arbre.

Mes enfants, j'ai vécu longtemps parmi les faces pâles. Cependant, mon cœur a la même couleur que mon visage. Je n'ai jamais oublié que je suis un homme rouge, jamais oublié les Onondagoes. Quand j'étais jeune, de belles forêts couvraient ces plaines. Près et loin, le chevreuil et l'orignal bondissaient parmi les arbres. Rien ne les arrêtait que le chasseur. Tout est changé ! La charrue a effrayé les cerfs. L'orignal ne veut pas rester près du son de la cloche des églises. Il ne sait pas ce que cela veut dire. Le cerf part le premier. L'homme rouge suit sa piste, et les faces pâles ne sont jamais bien loin derrière. Ainsi en a-t-il été depuis que les grands canots de l'étranger sont entrés dans nos eaux ; ainsi en sera-t-il jusqu'à ce qu'on arrive à un autre lac salé au-dessous du soleil couchant. Alors l'homme rouge devra s'arrêter et mourir dans les plaines ouvertes, où le rhum, le tabac et le pain sont en abondance, ou bien il devra marcher dans le grand lac salé de l'ouest, et être noyé. Pourquoi cela, je ne puis le dire. Il en a été ainsi, je le sais, il en sera ainsi, je le crois. Il y a une raison pour cela ; mais personne ne peut la dire, si ce n'est le Grand Esprit.

Susquesus avait parlé avec calme et d'une voix ferme, et Mille-Langues traduisait phrase par phrase. L'attention des sauvages auditeurs était si profonde, que j'entendais les mouvements de leur respiration comprimée. Nous autres, hommes blancs, nous sommes tellement occupés de nous-mêmes et de nos intérêts passagers, nous regardons les autres races comme tellement inférieures à nous, qu'il est rare que nous ayons le temps ou la volonté de réfléchir sur les conséquences de nos propres actes. Combien cependant est-il de créatures inférieures que nous écrasons négligemment sur notre route, comme la roue qui parcourt rapidement le grand chemin. C'est ainsi qu'il en a été pour l'homme rouge, et, comme le disait Sans-Traces, c'est ainsi qu'il en sera encore. Il sera chassé jusqu'au lac salé de l'extrême occident, où il faut qu'il se plonge pour s'y noyer, s'il n'aime mieux s'arrêter au milieu des blancs et mourir dans l'abondance.

Mon oncle Ro connaissait les Indiens et leurs habitudes, mieux qu'aucun de nous, si ce n'est ma grand'mère. Celle-ci, en effet, avait été beaucoup avec eux dans ses premières années, et lorsque toute jeune elle demeurait avec son oncle le porteur de chaînes, elle avait vécu dans les bois, près de la tribu même de Susquesus, et avait souvent entendu parler avec estime de l'Indien, quoiqu'il fût alors déjà exilé de son pays. Quand notre vieil ami eut repris son siége, elle fit signe à son fils et à moi de nous approcher de sa voiture, et nous parla de ce qui venait de se passer, la traduction de Mille-Langues ayant été faite assez haut pour que tout le monde l'entendît.

— Ceci n'est pas une visite d'affaires, dit-elle, mais seulement de cérémonie. Demain, probablement, le véritable objet du voyage des étrangers nous sera révélé. Tout ce qui s'est passé n'a été qu'une affaire de compliments mêlée au désir d'entendre les paroles du sage. L'homme rouge ne se presse jamais, l'impatience étant à ses yeux un défaut qui n'appartient qu'à nous autres femmes. Eh bien, quoique nous ne soyons que des femmes, nous pouvons attendre. En même temps, quelques-unes de nous peuvent pleurer, comme vous voyez que cela arrive à Mary Warren.

C'était assez vrai ; les beaux yeux des quatre demoiselles étaient brillants de larmes, tandis que les joues de celle qu'on venait de signaler étaient littéralement baignées de pleurs. Mais quand elle entendit cette allusion à sa profonde sensibilité, elle essuya ses yeux, et de si vives couleurs animèrent ses joues, que je crus convenable de détourner les yeux. Pendant cette espèce d'aparté, Feu-de-la-Prairie s'était encore levé, et il fit la clôture de la cérémonie par un autre petit discours.

— Père, dit-il, nous vous remercions. Ce que nous avons entendu ne sera pas oublié. Tous les hommes rouges ont peur du grand lac salé, qui est sous le soleil couchant, et dans lequel on dit qu'il se plonge tous les soirs. Ce que vous nous en avez dit nous y fera penser davantage. Nous venons de loin et nous sommes fatigués. Nous irons maintenant à notre wigwam pour y manger et dormir. Demain, quand le soleil sera ici (indiquant l'endroit du ciel où l'astre devait être vers neuf heures) nous viendrons encore et nous ouvrirons nos oreilles. Le Grand Esprit qui vous a si longtemps épargnés vous épargnera jusque-là, et nous n'oublierons pas de venir. Il nous est trop agréable près de vous que nous puissions oublier. Adieu.

Les Indiens se levèrent alors en corps et restèrent debout et immobiles pendant plus d'une minute à regarder Susquesus dans un profond silence, puis s'éloignèrent d'un pas rapide, et suivirent leurs conducteurs vers leurs quartiers. Pendant que la troupe s'éloignait ainsi sans bruit, un léger nuage passa sur le front de Sans-Traces, et il ne sourit plus de la journée.

Mais le nègre, contemporain de l'Indien, continuait toujours à exprimer son mécontentement de voir devant lui tant de Peaux-Rouges.

— Que faire de tant d'Indiens ? disait-il à son ami qui ne l'écoutait pas ou n'y faisait pas attention. Aucun bien ne vient de cette espèce. Combien souvent ils ont fait embûches dans les bois quand vous et moi tout près, Sus. Vous devenir bien vieux, Peau-Rouge, et bien oublieux. Personne ne peut tant vivre que l'homme de couleur. Bon Dieu ! je crois quelquefois, moi, vivre pour toujours. Étonnant d'y penser combien de temps moi rester sur cette terre.

Des exclamations de cette nature étaient si fréquentes chez le vieux Jaaf, que personne n'y faisait attention. Il ne semblait pas lui-même attendre une réponse, et aucun de nous ne songeait à lui en faire. Quant à Sans-Traces, il se leva d'un air triste, et rentra dans sa cabane comme un homme qui désirait être seul avec ses pensées. Ma grand'mère se remit en route avec sa voiture, et nous reprîmes à pied le chemin de la maison.

CHAPITRE XXI.

>Viens avec tes échos rustiques, cher compagnon de l'aurore pourprée; fais-nous entendre le bourdonnement de l'abeille et le rondeau plaintif du coucou.
>
>CAMPBELL.

Enfin je passais une nuit sous mon propre toit, au milieu de ma famille. Quoique ma présence sur la propriété fût alors généralement connue de tous ceux qui y étaient intéressés, je ne puis dire que je songeasse beaucoup aux anti-rentistes ni aux risques qui pouvaient résulter de mon apparition. La lâcheté manifestée par les Indgiens en présence des hommes rouges, ne tendait pas à me faire beaucoup redouter les mécontents, et me disposait probablement à être bien plus indifférent sur leurs menaces que je ne l'eusse été en toute autre occasion. Au surplus, j'étais heureux avec Patt, Mary et la pupille de mon oncle, et je ne donnai pas une pensée aux désorganisateurs pendant toute la soirée. Cependant la manière mystérieuse avec laquelle John se mit à barricader les portes et les fenêtres, lorsque les dames se furent retirées, me frappa désagréablement et produisit le même effet sur mon oncle. Cette importante mesure étant prise, le fidèle maître d'hôtel, car telle était sa qualité, vint nous trouver mon oncle et moi dans la bibliothèque, armé comme Robinson Crusoé. Il nous apportait à chacun un fusil et un pistolet avec une quantité suffisante de munitions de guerre.

— Madame m'a ordonné, dit-il, de vous apporter ces armes, monsieur Hughes, et chacun de nous a son fusil et son pistolet semblables à ceux-ci; elle en a encore dans la chambre pour elle

et mademoiselle Marthe; les armes que voici étaient dans la chambre des servantes, mais elle a pensé qu'elles seraient beaucoup mieux entre vos mains. Elles sont toutes chargées et sont d'une fameuse qualité.

— Assurément il n'y a pas encore occasion d'avoir recours à ces moyens, s'écria mon oncle Ro.

— On ne sait pas, M. Roger, quand l'ennemi peut se présenter. Nous n'avons eu que trois alertes depuis que ces dames sont arrivées, et fort heureusement, il n'y a pas eu de sang répandu, quoique nous ayons fait feu sur l'ennemi, et que l'ennemi ait fait feu sur nous. Quand je dis qu'il n'y a pas eu de sang répandu, cela veut dire de notre côté; car il n'y a pas moyen de savoir si les anti-rentistes ont souffert, et ils n'avaient pas de bonnes murailles de pierre pour les protéger.

— Grand Dieu! je n'avais nulle connaissance de cela! Hughes, le pays est dans un état plus cruel que je ne le soupçonnais; nous ne devrions pas laisser les dames ici passé demain.

Comme les dames auxquelles se rapportait la pensée de mon oncle ne comprenaient pas Mary Warren, je ne partageai pas entièrement son opinion à cet égard. Rien de plus, toutefois, ne fut ajouté à ce sujet, et peu après chacun de nous prit ses armes et se retira dans sa chambre.

Il était plus de minuit lorsque j'entrai chez moi, mais je ne me sentais aucune disposition à dormir. Ce jour avait été pour moi très-important, plein d'émotions, et j'étais encore tellement sous l'influence de tous ses incidents, que je ne songeais guère à mon lit. Bientôt le bruit des portes et des allées et venues ayant entièrement cessé, il y eut dans la maison un profond silence, et je me mis à la fenêtre pour contempler la scène extérieure. La lune dans tout son éclat répandait assez de clarté pour rendre visible tout le premier plan du paysage. Le côté de la maison où je me trouvais dominait la route voiturable, la ferme de Miller, l'église, le presbytère, demeure de Mary, et une longue suite de fermes répandues dans la vallée et sur le large flanc de la colline qui s'étendait à l'ouest.

Toutes choses, de près et de loin, paraissaient ensevelies dans le calme d'une profonde nuit. John avait placé la lampe dans mon cabinet de toilette et fermé les volets intérieurs; mais je m'étais assis à une fenêtre de la chambre à coucher, hors des rayons de la lumière, et n'étant éclairé que par la lune qui était sur le point de se coucher. J'étais là depuis une demi-heure au plus, songeant aux événements de la journée, lorsque je crus apercevoir un objet en mouvement sur un sentier qui conduisait au village, mais qui était tout à fait séparé de la grande route. Ce sentier était fort isolé et s'étendait pendant un mille à travers mes terres, borné de chaque côté par un treillage élevé, et serpentant ensuite au milieu des taillis et des bosquets de la pelouse. Il avait été tracé afin de permettre à mon grand-père de parcourir à cheval ses champs, sans être arrêté par les barrières; en pénétrant dans le petit bois déjà décrit, il le traversait par un petit coude qui nous conduisait au village en abrégeant considérablement la distance. Ce sentier servait souvent à ceux qui venaient à Ravensnest ou qui en sortaient à cheval, mais rarement à d'autres qu'aux personnes appartenant à la famille.

Je pouvais voir toute la ligne de ce sentier, à l'exception de quelques intervalles cachés par les arbres et les taillis. Je ne me trompais pas. A cette heure tardive, quelqu'un s'avançait en galopant dans le sentier, tantôt complétement à découvert, tantôt caché par les treillages. Le sentier conduisait à la pelouse à travers un joli ravin boisé; le cavalier mystérieux s'y précipita, et je portai aussitôt mes yeux vers l'endroit où il devait reparaître en sortant du couvert.

En deçà du ravin, le sentier restait dans l'ombre pendant environ cinquante pas, après quoi il serpentait sur la pelouse en pleine lumière de la lune. A l'endroit où finissait l'ombre, un chêne antique s'élevait solitaire, et sous ses vastes branches était un siége souvent fréquenté par les dames dans les chaleurs de l'été. Mes regards se promenaient de ce point où commençait la lumière à celui où le sentier sortait du ravin. Vers ce dernier endroit, je pus distinguer un objet en mouvement, et bientôt je vis plus clairement la personne que je surveillais. Le cheval était toujours au galop, et conserva cette allure jusque auprès du chêne. Là, à ma profonde surprise, je vis une femme s'élancer de la selle avec une grande vivacité et attacher son cheval à l'ombre de l'arbre. Après quoi elle marcha rapidement vers la maison. Craignant de déranger le repos de la famille, je sortis de ma chambre et descendis sans lumière, la lune pénétrant à travers les passages de manière à diriger mes pas. Mais quelque prompts qu'eussent été mes mouvements, ils avaient été prévenus. A ma grande surprise, lorsque j'arrivai à la petite porte vers laquelle aboutissait le sentier, je vis une femme, la main posée sur la serrure et paraissant prête à tourner la clef, et mon étonnement redoubla, lorsqu'en m'approchant je reconnus Mary Warren.

— Vous l'avez donc vue aussi, monsieur Littlepage? dit Mary d'une voix basse. Quelle affaire peut donc l'appeler ici à une telle heure?

— Vous savez donc qui c'est, miss Warren? répondis-je, en éprouvant un plaisir inexprimable à l'idée que cette charmante personne, encore tout habillée comme lorsqu'elle avait quitté le salon, avait dû, ainsi que moi, contempler en silence les rayons de la lune : ses méditations romantiques prouvaient au moins entre nous une similitude de goûts, sinon une secrète sympathie.

— Certainement, répliqua Mary avec calme. Je ne puis m'être trompée sur la personne. C'est Opportunité Newcome.

Ma main était sur la clef; j'ouvris la porte, et la personne désignée entra aussitôt. Elle manifesta quelque surprise en voyant quels étaient ses portiers, mais se hâta d'entrer, regardant avec inquiétude derrière elle, comme si elle craignait d'avoir été vue ou poursuivie. Les conduisant toutes deux vers la bibliothèque, j'allumai la lampe, et me tournai vers mes deux compagnes silencieuses, comme pour demander une explication.

Opportunité était une jeune personne de vingt-six ans, nullement dépourvue de charmes personnels. L'exercice qu'elle venait de faire, et probablement l'émotion, avait relevé l'éclat de ses joues, et lui donnait un aspect fort attrayant. Néanmoins Opportunité n'était pas de ces femmes à éveiller en moi aucune passion sérieuse, quoiqu'elle l'eût longtemps essayé. Je soupçonnai, je l'avoue, que sa visite actuelle avait quelque rapport avec ses sentiments passés, et je me préparai à l'écouter avec méfiance. Quant à elle, elle hésitait à parler; mais les premiers mots qu'elle proféra ne trahissaient pas une grande délicatesse de sentiments.

— Eh bien, je le déclare, s'écria-t-elle, je ne m'attendais pas à vous trouver tous deux seuls à cette heure de la nuit!

Je lui aurais volontiers tordu la langue pour sa méchante remarque; mais l'intérêt que m'inspirait Mary Warren m'engagea à me tourner vers elle d'un air inquiet. Jamais ne se manifesta d'une manière plus sensible le calme que donne l'innocence, cette innocence que ne peut troubler la malignité.

— Nous étions tous retirés, répondit-elle, et tout le monde du côté où je suis était couché et endormi, je crois; mais je ne me sentais aucun sommeil, et j'étais assise à la fenêtre, contemplant ce beau clair de lune, lorsque je vous vis sortir du bois et suivre le sentier. Auprès du chêne, je vous reconnus, Opportunité, et je descendis pour vous ouvrir; car j'étais certaine que quelque chose d'extraordinaire devait vous amener ici à cette heure avancée.

— Oh! rien d'extraordinaire, du tout, s'écria Opportunité d'un air dégagé. J'aime le clair de lune ainsi que vous, Mary, et vous savez que je suis grand amateur d'équitation. Je pensai qu'il y aurait quelque chose de romantique à galoper jusqu'à Ravensnest, et à m'en retourner à une ou deux heures du matin. Voilà tout, je vous assure.

Le calme avec lequel furent dits ces mots ne me surprit pas peu, quoique je ne fusse pas assez simple pour en croire une syllabe. Opportunité avait en elle, il est vrai, beaucoup de sentimentalisme vulgaire, que bien des jeunes filles prennent pour du raffinement; mais cela n'allait pas jusqu'à voyager à travers champs, à minuit et seule, sans quelque objet spécial. Il me vint à l'idée que sa démarche se rapportait à son frère, et que naturellement elle désirait me faire cette communication en particulier. Nous avions pris nos sièges devant la table qui était au centre de la chambre, Mary et moi rapprochés l'un de l'autre, Opportunité à un angle éloigné. J'écrivis sur un morceau de papier un petit mot où je priais Mary de nous laisser seuls, et je le plaçai sous ses yeux, sans qu'Opportunité le vît, l'occupant de mille questions sur elle, sur sa promenade, sur le temps et le clair de lune. Pendant que nous discourions ainsi, mademoiselle Warren se leva, et sortit en silence. A peine Opportunité s'en aperçut-elle.

— Vous avez chassé Mary Warren, dis-je, mademoiselle Opportunité, par votre remarque sur ce que nous nous trouvions seuls.

— Mon Dieu, il n'y a pourtant pas grand mal à cela. Je suis accoutumée à me trouver seule avec des messieurs, et je n'y pense pas. Mais sommes-nous maintenant bien seuls, monsieur Hughes?

— Tout à fait, comme vous voyez. Nous deux et Mary sommes, je crois, les seules personnes dans la maison hors du lit. Elle nous a quittés un peu blessée, je crois, et nous sommes complétement seuls.

— Oh! quant aux sentiments de Mary Warren, je ne m'en soucie pas beaucoup, monsieur Hughes. C'est une bonne créature, indulgente d'ailleurs comme la religion. Au surplus, ce n'est que la fille d'un ministre épiscopal ; et si votre famille n'y était pas, cette dénomination disparaîtrait promptement de Ravensnest, je vous assure.

— Je suis enchanté en ce cas que ma famille y soit encore ; car c'est une dénomination que j'aime et que j'honore. Tant que l'esprit avide et novateur du siècle laissera quelque chose aux Littlepage, une bonne portion de ce qu'ils possèdent sera donnée pour soutenir cette congrégation. Quant à mademoiselle Warren, je suis charmé d'apprendre que son caractère soit si doux.

— Je sais bien cela, et je n'ai pas parlé pour obtenir aucun changement dans vos vues, monsieur Hughes. Mary Warren, cependant ne pensera plus à ma remarque demain, et je ne crois pas que ce soir elle y ait pensé la moitié autant que je l'eusse fait, si j'avais été à sa place.

Cela me semblait assez vrai, Mary Warren ayant entendu cette insinuation avec une conscience pure et tranquille, tandis que mademoiselle Opportunité se serait retranchée dans une pruderie que ses habitudes rendaient nécessaire.

— Vous n'avez pas fait cette longue course, mademoiselle Opportunité, seulement pour admirer la lune, repris-je d'un air calme pour amener les choses à une conclusion. Si vous voulez m'en faire connaître le sujet véritable, je serais charmé de l'apprendre.

— Mais si par hasard Mary écoutait à la porte, dit-elle avec cette méfiance qui appartient à un esprit vulgaire. Je ne voudrais pas pour un monceau d'argent qu'elle entendît ce que j'ai à vous dire.

— Il n'y a pas de danger à cela, répliquai-je en me levant et en ouvrant la porte. Vous voyez qu'il n'y a personne ici, et que vous pouvez parler en sûreté.

Opportunité ne fut pas si aisément rassurée. D'une nature curieuse et bavarde, elle ne s'imaginait pas aisément que tout autre ne lui ressemblât pas. Se levant donc à son tour, elle alla sur la pointe des pieds dans le passage, et l'explora elle-même.

Convaincue enfin que nous n'étions pas surveillés, elle rentra, ferma soigneusement la porte, me fit signe de m'asseoir, et sembla disposée à entrer en matière.

— Nous avons eu une terrible journée, monsieur Hughes, dit-elle. Qui aurait pu penser que le musicien ambulant fût vous, et ce vieux colporteur allemand, M. Roger? Je déclare que le monde semble renversé, et personne ne sait s'il est à sa place.

— C'était peut-être une aventure ridicule; mais cela nous a fait connaître d'importants secrets.

— C'est justement là le point délicat. Je vous défends tant que je peux, et je dis à mes frères que vous n'avez rien fait qu'ils ne fissent s'il s'agissait pour eux de la moitié d'une ferme, tandis que pour vous il s'agissait de plus de cent.

— Vos frères alors se plaignent que j'aie paru déguisé parmi les anti-rentistes?

— Ils s'en plaignent terriblement, monsieur Hughes, et sont tout à fait montés. Ils disent que ce n'était pas généreux à vous de venir de cette manière dans votre propre pays, leur voler leurs secrets. Je dis tout ce que je peux en votre faveur, mais les mots ne peuvent calmer les hommes en pareille circonstance. Vous savez, monsieur Hughes, que j'ai toujours été votre amie, depuis les jours de notre enfance, m'étant même souvent mise dans l'embarras pour vous en tirer.

Les derniers mots étaient tant soit peu exagérés : néanmoins en faisant cette déclaration, Opportunité soupira doucement, baissa les yeux, et prit un air de confusion qui ne me semblait pas être beaucoup dans sa nature. Il ne m'appartenait pas de montrer en ce moment une pruderie de mauvais goût, et je ne craignis pas de prendre la main de la jeune personne et de la serrer d'un air sentimental.

— Vous êtes seulement trop bonne, Opportunité, lui dis-je. Oui, j'ai toujours compté sur vous comme sur une amie, et je n'ai jamais douté de votre empressement à me défendre, lorsque je ne serai pas là pour me défendre moi-même.

Je laissai alors aller sa main, craignant, si je n'arrêtais son élan, de la voir se pencher sur mon épaule pour verser des larmes dans mon sein. Elle manifesta une contrariété visible en voyant ma discrétion.

— Oui, reprit-elle, Seneky surtout est dans un état terrible, et pour l'apaiser, j'ai consenti à venir ici moi-même, à cette heure de la nuit, pour vous avertir de ce qui se prépare.

— C'est très-bien à vous, Opportunité, et comme il est si tard, ne feriez-vous pas mieux de me raconter de suite ce qui se passe, et puis de vous retirer dans une de nos chambres pour vous y reposer après une aussi pénible course?

— Vous raconter ce qui se passe, je vais le faire; car il est grand temps que vous l'appreniez; quant au reste, il faut que je me remette promptement en selle et que je reprenne ma route dès que la lune sera couchée. Certainement Mary Warren et vous, vous garderez tous deux le silence sur ma visite, puisqu'elle a été faite pour votre bien.

Je promis pour Mary comme pour moi, et je pressai ma compagne de ne pas tarder plus longtemps à me donner les renseignements qui avaient occasionné une si longue course. Son affaire fut promptement racontée, et elle était d'une nature suffisamment alarmante. Une partie des faits me fut racontée par Opportunité elle-même, tandis que d'autres me vinrent plus tard de différentes sources.

Voici le résumé de toute l'affaire. Lorsque Sénèque suivit la bande des Indgiens et ses anti-rentistes dans leur retraite précipitée, ses révélations produisirent une consternation générale. On apprit que le jeune dissipateur de Paris était sur sa propriété; qu'il s'était mêlé aux mécontents, avait appris beaucoup de leurs secrets, et avait probablement pris des notes sur quelques-uns des tenanciers dont les baux étaient sur le point d'expirer. Les coupables étaient à sa merci, et il y avait assez de bon sens parmi les conspirateurs pour comprendre qu'un homme qui voit qu'on veut lui dérober sa propriété ne serait pas disposé à une grande indulgence. Il fut en conséquence décidé, dans un conclave des chefs, qu'une plainte serait déposée contre mon oncle et moi devant un juge de paix anti-rentiste pour avoir paru déguisés et armés, en violation de la loi nouvelle. C'était un moyen de prévenir notre propre plainte contre les vrais coupables. Il est vrai que nous ne portions pas de masques; mais nos déguisements étaient assez complets pour rentrer dans l'esprit de la loi, si nous avions été armés. Quant à cette dernière circonstance, nous avions eu bien soin de nous en abstenir; mais un serment ne coûte rien à des hommes tels que ceux qui étaient engagés dans ces complots. Les serments avaient donc été faits et reçus, et le mandat signé par le magistrat. Seulement l'exécution en avait été suspendue à la requête de Sénèque, qui voulait arriver à un compromis. Il ne parut pas suffisant, toutefois, de menacer mon oncle et moi d'une poursuite de cette nature; une intimidation d'une autre sorte devait être tentée, une mesure qui devait nous montrer que nos adversaires nous faisaient une guerre sérieuse. Opportunité s'était convaincue qu'une tentative désespérée était projetée, et elle croyait que c'était pour cette nuit même, quoiqu'elle ne sût pas précisément ce que c'était, ou que, le sachant, elle ne voulût pas le dire.

L'objet de sa visite était donc de faire des conditions pour son frère ou ses frères; de m'avertir de quelque danger inconnu mais prochain, et d'obtenir sur moi toute l'influence que devait donner un service aussi éminent. Assurément, j'étais heureux de rencontrer une amie dans le camp des ennemis; mais l'expérience passée m'avait appris à me précautionner contre mon malheureux et trop sensible cœur, et à ne pas me laisser prendre dans des filets qui avaient été si souvent jetés sur moi.

Quand Opportunité, avec sa volubilité ordinaire, eut achevé son récit, je lui répondis :

— Je reconnais toute l'importance des services que vous m'avez rendus, et j'en serai toujours reconnaissant. Quant à faire aucun arrangement direct avec votre frère Sénèque, je ne le puis en aucune façon; ce serait transiger avec la félonie et mériter moi-même un châtiment; mais je puis être passif, et vos désirs seront auprès de moi d'un grand poids. Le projet d'arrêter mon oncle et moi, si on l'accomplissait, ne me donne aucune inquiétude. Il est très-douteux que nous fussions déguisés dans le sens de la loi, et il est certain que nous n'étions pas armés. Une telle poursuite tombe donc d'elle-même, à moins que le parjure.....

— Ah! dit Opportunité d'un air significatif, dans les temps de l'anti-rentisme il se fait de terribles serments.

— Je sais cela. Le témoignage humain est en général fragile, et souvent il faut s'en méfier; mais dans des moments d'excitation, de passion et de cupidité, il n'est que trop fréquent de le trouver corrompu. La plus importante chose actuellement est de connaître précisément la nature du mal qu'ils méditent contre nous.

— Je voudrais pouvoir vous le dire, monsieur Hughes, reprit-elle, mais je ne puis dire que ce que je sais. Quelque tentative sera faite cette nuit, j'en suis certaine ; mais quelle sera cette tentative, voilà ce que je ne sais pas. Il faut maintenant que je parte, car la lune sera bientôt couchée ; et il ne ferait pas bon pour moi si j'étais vue par quelques-uns des anti-rentistes. Le peu que j'ai déjà dit en faveur des Littlepage m'a fait des ennemis ; mais on ne me pardonnerait jamais si cette démarche était connue.

Opportunité alors se leva, et me faisant un gracieux sourire, de même qu'un corsaire ferait la bordée d'adieu pour faire durer aussi longtemps que possible le souvenir de sa présence, elle se retira en toute hâte. Je l'accompagnai jusqu'au chêne et l'aidai à se remettre en selle. Pendant tous ces mouvements, il y eut chez elle un jeu continuel de coquetterie ; et elle montrait une répugnance manifeste à partir, quoiqu'elle eût dit être très-pressée. La lune n'était pas encore tout à fait couchée, et cette circonstance servit de prétexte à ses délais ; de mon côté je m'imaginais qu'elle pouvait avoir quelque chose à me communiquer.

— Cette démarche de votre part, chère Opportunité, lui dis-je en plaçant ma main sur la sienne, est tellement bienveillante, tellement d'accord avec les jours d'autrefois, que je ne sais comment vous remercier. Mais nous vivrons pour voir renaître le bon vieux temps, quand la même intimité pourra revenir parmi nous. C'étaient d'heureux jours, lorsque nous allions tous ensemble galopant à travers les montagnes, en véritables enfants, il est vrai, mais en enfants heureux et contents.

— Ah ! c'est bien vrai, et je voudrais les voir revivre. C'est égal, Hughes, vous viendrez à bout de vos ennemis, et alors vous vous établirez et vous vous marierez. Vous comptez vous marier, sans doute ?

C'était là une attaque assez directe ; mais j'y étais accoutumé, et un danger connu est à moitié évité. Je pressai doucement la main que je tenais, puis l'abandonnant, je dis d'un ton un peu mélancolique :

— Eh bien, je ne vous demande plus quel est le genre d'attaque que je dois redouter cette nuit. Un frère passe avant un ami, je le sais, et je puis apprécier votre embarras.

Opportunité avait déjà lâché les rênes de sa monture et était sur le point de s'élancer, quand ces dernières paroles touchèrent son cœur. Se penchant en avant, et baissant la tête jusqu'à ce que nos figures fussent presque l'une contre l'autre, elle dit d'une voix basse :

— Le feu est un bon serviteur et un mauvais maître. Un seau d'eau jeté à temps eût empêché le dernier incendie de New-York.

A peine ces mots étaient-ils prononcés, que l'audacieuse jeune fille donna à son cheval un vigoureux coup de fouet, et partit comme une flèche à travers la pelouse. Je la suivis des yeux jusqu'à ce qu'elle descendit dans le ravin, et quand je me trouvai seul, je réfléchis sérieusement sur ce qui venait de m'être annoncé.

Le feu ! C'était là en effet un mot effrayant. C'est l'instrument du lâche, et c'est un péril contre lequel il est difficile de se défendre. On y avait déjà eu recours depuis les troubles anti-rentistes, et le mot de « brûleur de granges » était devenu assez commun parmi nous. Il était d'ailleurs d'une grande importance pour certaines personnes à Ravensnest d'arrêter par la terreur les plaintes que nous pourrions faire. Je me décidai donc à ne pas me coucher cette nuit, jusqu'à ce que je fusse assuré que le danger était passé.

La lune était alors couchée, et les étoiles versaient leurs rayons scintillants sur le paysage obscur. Je ne fus pas fâché de ce changement, car il me permettait de faire tous mes mouvements sans crainte d'être vu. La première chose à faire était de chercher des auxiliaires pour m'aider dans ma surveillance, et je résolus de les prendre parmi mes hôtes, les Indiens.

Sans rentrer à la maison, je me dirigeai de suite vers le quartier des hommes rouges. Familier avec toutes les localités, je me tins dans l'ombre, et je traversai la pelouse et les champs par des chemins si cachés, que je ne courais pas grand risque d'être vu, quand même il y eût eu des ennemis dans les environs. La distance n'était pas grande, et je fus bientôt au pied de la colline sur laquelle s'élevait la vieille ferme, protégé par une haie épaisse de vieux groseilliers qui bordaient un jardin abandonné. Ici, je m'arrêtai pour regarder autour de moi et pour prendre quelques moments de réflexion.

CHAPITRE XXII.

> Oh! Temps et Mort! d'un pas certain, quoique inégal, vous avancez toujours, bouleversant dans votre terrible course la chaumière, le palais et le trône.
>
> SANDS.

Là se tenait debout la vieille et solide demeure de nos pères, avec ses grandes lignes dans l'ombre, avec ses formes massives et son aspect vénérable. On pouvait sans doute à l'extérieur y mettre le feu, mais non sans difficulté. A l'exception du toit, du portique et des portes, il se présentait peu de bois aux atteintes de l'incendiaire, et il ne fallait pas une grande surveillance pour détourner ce péril.

Mais outre la maison avec ses murs de pierre, il y avait de nombreux bâtiments extérieurs. Les maisons, les écuries et la grange étaient aussi construites en pierre; mais une mèche jetée sur une meule de foin pouvait produire une conflagration. D'ailleurs, les granges dans la vallée et près de la demeure de Miller étaient toutes en bois, suivant la coutume du pays, et l'incendie d'une grange n'entraînait pas la peine de mort. Les coupables ne devaient pas courir plus de risques par là qu'ils n'en couraient déjà par leur déguisement avec prise d'armes. Tout en faisant ces réflexions, je m'ouvris un passage à travers la haie de groseilliers pour pénétrer dans le jardin, et de là dans la maison. Mais en sortant de la haie, j'eus un moment d'étonnement et presque d'alarme, en voyant devant moi un homme armé.

— Qui là? Où aller? Que vouloir? demanda cet homme que je reconnus aussitôt pour un des Peaux-Rouges placé là en sentinelle.

Je me fis connaître, et je lui dis que je venais chercher l'interprète Mille-Langues. Il m'offrit aussitôt la main et sembla satisfait. Il ne fit aucune question, et il ne manifesta aucune curiosité à une visite aussi inattendue au milieu de la nuit. Quelque chose d'important devait assurément m'avoir conduit là; il le savait;

mais il ne chercha pas à savoir ce que c'était. M'accompagnant sans bruit vers la maison, il me désigna l'endroit où Mille-Langues ronflait bien étendu sur une botte de paille.

Au premier contact de main, l'interprète fut debout. Il me reconnut aussitôt malgré l'obscurité de la chambre, et me touchant le bras pour me faire signe de le suivre, il me conduisit en plein air. Après s'être avancé assez loin pour ne pas être entendu, il s'arrêta et prit la parole, comme un homme accoutumé à de pareilles interruptions.

— Y a-t-il quelque mouvement cette nuit, demanda cet homme des frontières, avec le calme de quelqu'un qui est toujours prêt. — Faut-il appeler mes Peaux-Rouges, ou n'est-ce qu'un avertissement à donner?

— Vous allez en juger par vous-même. Vous connaissez sans doute l'état agité de ce pays, et les troubles qui existent au sujet des rentes pour les fermes. Ce que vous avez vu aujourd'hui est un échantillon des scènes qui, tous les jours, se passent parmi nous.

— Colonel, me dit-il en me donnant le titre le plus honorable des frontières, je ne puis dire que je comprenne exactement l'état des choses. Il me semble que ce n'est ni la guerre ni la paix, ni le tomahawk, ni la loi. Je comprends bien l'une ou l'autre de ces choses, mais ce qui est à moitié l'une à moitié l'autre m'embarrasse. Vous devriez avoir une loi ou n'en pas avoir; mais ce que vous avez, vous devriez y tenir.

— Vous voulez dire que vous ne trouvez cette partie du pays ni civilisée ni sauvage. On ne se soumet pas aux lois, mais on ne peut en appeler à la force naturelle.

— Quelque chose comme ça. L'agent me dit, lorsque je partais avec ma troupe de Peaux-Rouges, que nous allions dans un pays où il y avait des juges de paix, et qu'aucun homme, rouge ou pâle, ne devait se faire justice lui-même. Aussi nous avons tous essayé de nous conformer à cette règle; et je puis certifier que pas une créature n'a été tuée ou scalpée, depuis que nous avons traversé le Mississipi. Cette loi est même assez nécessaire parmi nous; car nous venons de tribus différentes et hostiles, et rien ne serait plus facile que d'éveiller une querelle parmi nous, si la troupe y était disposée. Mais, je dois le dire, non-seulement j'ai été bien contrarié moi-même; la plupart des chefs l'ont été également.

— Et en quoi particulièrement avez-vous été contrarié?

— En beaucoup de choses. La première chose qui m'a donné à penser, c'est la lecture de vos journaux. La manière dont les hommes parlent l'un de l'autre dans ces feuilles est étrange, et pour moi je m'étonne qu'au bout de l'année il en reste encore quelques-uns pour recommencer le même jeu l'année d'après. Ma foi, colonel Littlepage......

— Je ne suis pas colonel, pas même enseigne, vous confondez avec quelque autre membre de ma famille.

— Vous devriez l'être, monsieur, et je ne vous ferai pas l'injure de vous donner un titre inférieur. J'ai connu dans l'ouest des hommes qui n'avaient pas un quart de votre mérite et qu'on appelait des généraux. J'ai chassé dans les Prairies pendant vingt-cinq ans, j'ai traversé six fois les lacs supérieurs, et je sais aussi bien que tout autre ce que l'on doit à un gentleman. Ainsi donc, comme je le disais, colonel Littlepage, si dans les Prairies les hommes parlaient sur eux comme ils impriment ici, les scalps deviendraient si abondants qu'ils perdraient considérablement de valeur. Je ne suis pas du tout rancunier ; mais mes sentiments ont été blessés de ce que j'ai entendu lire ; car quant à lire moi-même, c'est une chose à laquelle je ne veux pas condescendre. Cela m'avait un peu préparé à trouver les choses différentes de ce qu'elles étaient autrefois, et en cela je ne me suis pas trompé. Ce sont les vieilles idées qui sont un peu bouleversées.

— Je ne suis pas étonné d'entendre cela, et je suis disposé à penser avec vous que les nations qui peuvent résister à une presse aussi dégradée que celle de notre pays, doivent être composées d'êtres supérieurs à l'homme. Mais venons aux affaires ; vous devez connaître quelque chose de ces fous sauvages, de ces hommes qu'on appelle anti-rentistes ?

— Un peu oui, un peu non. Je ne puis comprendre qu'un homme qui est convenu de payer une rente ne veuille pas la payer. Un marché est un marché, et la parole d'un gentleman est aussi bonne que sa signature.

— Cette opinion surprendrait quelques personnes parmi nous, y compris nos législateurs. Ils paraissent croire que la valeur morale d'un engagement dépend de la volonté des parties.

— Un mot, s'il vous plaît, colonel. Écoute-t-on aussi volontiers les plaintes des propriétaires du sol que celles de ceux qui l'ont pris à bail ?

— Pas du tout. Les plaintes des propriétaires ne trouveraient pas une seule corde sympathique dans le cœur du plus sensible des politiques Américains, quelle que fût la justice de ces plaintes. Assurément vous qui menez la vie errante des prairies, vous ne pouvez avoir un grand respect pour les titres de propriété?

— La prairie est la prairie, colonel, et les hommes suivent la loi des prairies sur le territoire des prairies. Mais le droit est le droit aussi, colonel, aussi bien que la prairie est la prairie. Je ne pense pas que vous trouviez un Peau-Rouge parmi tous les chefs endormis sous ce toit, qui voulût approuver la violation d'un contrat solennel.

— Ces hommes rouges connaissent-ils donc quelque chose de la nature des difficultés qui existent ici?

— Ils en ont appris quelque chose et en ont beaucoup parlé entre eux. Il est contraire à la nature d'un Indien de convenir d'une chose et d'en faire une autre. Mais voici un chippewa qui fait sa tournée de garde. Je vais le questionner, et vous entendrez sa réponse.

Mille-Langues s'adressa alors à la sentinelle. Après un rapide échange de questions et de réponses dans la langue de l'Indien, l'interprète me communiqua ce qui venait d'être dit.

— Le chippewa a entendu dire qu'il y a dans cette partie du monde des gens qui entrent dans des wigwams en convenant de payer une rente, et qui, une fois en possession, veulent échapper à leurs conventions, et forcer l'homme de qui ils les tiennent à prouver son droit. Cela est-il vrai, colonel?

— C'est malheureusement trop vrai; et non-seulement les tenanciers veulent accomplir cette fraude, mais ils ont trouvé pour les appuyer d'autres hommes qui s'appellent législateurs. C'est comme si vous empruntiez un fusil pour chasser pendant un jour, et que le soir même vous demandassiez au propriétaire qui le réclame de prouver son droit de propriété.

— Que m'importe, cependant? c'est de lui que je tiens le fusil; je n'ai d'autre droit que celui qu'il avait, et je dois accomplir mon marché. Non, non, colonel, il n'y a pas un homme rouge dans les prairies qui ne fût révolté de ce procédé. Mais qui vous amène ici à cette heure de la nuit? Ceux qui dorment dans des lits n'aiment pas à les quitter jusqu'à ce que le matin leur dise de se lever.

Je fis connaître à Mille-Langues la visite que j'avais reçue et l'avis qu'on m'avait donné, sans cependant nommer Opportunité. L'interprète ne fut aucunement contrarié à l'idée d'une collision avec les Indgiens, contre lesquels il avait un certain ressentiment, non-seulement à cause de ce qui s'était passé dans la journée, mais aussi parce qu'ils lui semblaient compromettre les vrais sauvages par la manière grossière dont ils les imitaient.

— Il n'y a rien de bon, dit-il, à attendre de ces créatures, quoique le feu soit considéré même dans les prairies comme un moyen de guerre légitime. Pour ma part je ne suis pas du tout fâché qu'il y ait quelque chose à faire, et mes chefs s'en réjouiront; car il est pénible de passer plusieurs mois entiers sans rien faire que de fumer dans les conseils, et de prononcer des discours devant des gens qui ne font que parler, manger et boire. L'activité est l'élément de l'homme de la prairie, et il est toujours content de se remuer un peu après un long repos. Je vais dire au chippewa d'entrer et d'amener ici les Peaux-Rouges, après quoi vous donnerez vos ordres.

— J'aimerais mieux de la surveillance que de la violence. Vos hommes peuvent rester en sentinelle auprès des bâtiments principaux, et il serait bon d'avoir de l'eau sous la main pour éteindre les flammes qui pourraient être allumées.

— Nous vous obéirons, colonel, car vous êtes notre capitaine général. Mais je puis vous dire ce que je fis une fois dans nos prairies, lorsque j'attrapai un scélérat de Sioux soufflant le feu qu'il avait allumé dans une de mes propres cabanes. Je le plaçai lui-même dans les flammes jusqu'à ce qu'elles fussent éteintes dans son sang.

— Nous ne devons pas user de violence, à moins que ce ne soit indispensable pour sauver les bâtiments. La loi ne nous permet d'avoir recours aux armes qu'à la dernière extrémité. Je désire que vous fassiez des prisonniers, car ils peuvent servir d'otages et d'exemples pour intimider les autres. Je vous prie de bien avertir vos amis à ce sujet.

L'interprète fit entendre un certain grognement, mais n'ajouta rien. Notre conversation, d'ailleurs, n'alla pas plus loin alors, car les Indiens sortirent doucement de la maison, tous armés, préparés et marchant avec précaution. Mille-Langues leur raconta brièvement la cause de ce dérangement, après quoi son autorité parut complétement cesser. Cœur-de-Pierre devint le premier de la troupe, quoique Feu-de-la-Prairie et un autre guerrier donnassent aussi des ordres. Je remarquai que Vol-d'Aigle ne prenait aucune part à ces arrangements qui étaient spécialement militaires, quoiqu'il fût armé et prêt à marcher avec les autres. En cinq minutes ils étaient tous partis, marchant par couples, et nous laissant l'interprète et moi seuls debout devant la maison abandonnée.

Il pouvait être alors plus d'une heure du matin, et je jugeai que selon toute probabilité l'ennemi se montrerait bientôt, s'il devait venir cette nuit. Accompagné de l'interprète, je me dirigeai vers la maison, pensant que des armes ne seraient pas inutiles. En quittant ma chambre, j'y avais laissé le fusil et le pistolet apportés par John, et je voulais rentrer à la maison, prendre ces armes, éteindre ma lumière et rejoindre mon compagnon, l'interprète, sans réveiller aucun de ceux qui dormaient.

Je montai donc dans ma chambre, et après avoir fait tout ce que j'avais projeté, je m'apprêtai à sortir. Mais au moment où j'allais fermer la petite porte derrière moi, je sentis une petite main douce se poser sur la mienne, et en me retournant, je vis devant moi Mary Warren. J'exprimai ma surprise de la trouver encore debout, et je témoignai quelque crainte sur sa santé qui pouvait être altérée par une veille si prolongée.

— Je ne pouvais dormir après ce qui s'est passé ce soir, répondit-elle, sans savoir la raison de tous ces mouvements. Je me suis tenue à ma fenêtre, et je vous ai vu aider Opportunité à remonter en selle, puis marcher vers la vieille ferme où sont logés les Indiens. Dites-moi, franchement, monsieur Littleplage, y a-t-il quelque danger à craindre?

— Je serai franc avec vous; car je sais que votre prudence et votre sang-froid ne causeront pas d'alarme inutile, tandis que votre surveillance ne sera pas sans utilité. Il y a quelque raison de craindre le feu.

— Le feu!

— C'est ce qu'Opportunité m'a donné à entendre; et je ne pense pas qu'elle eût chévauché à une si grande distance, et à une pareille heure, si sa mission n'eût été sérieuse. Le feu est une arme qui convient à l'anti-rentiste; j'ai cependant appelé tous les hommes rouges à veiller avec nous, et je ne pense pas que la tentative puisse être faite cette nuit sans être découverte. Demain, nous pourrons nous adresser à l'autorité.

— Je ne veux pas me coucher cette nuit, s'écria Mary, ramenant sur ses épaules son léger châle de même qu'un vaillant guerrier aurait endossé son armure dans un moment de péril. Je ne me soucie pas du repos. Ils n'oseront certainement pas tenter ce crime. Avez-vous quelques craintes pour la maison, monsieur Littlepage?

— On ne sait pas. La maison ne serait pas facilement incendiée par dehors, et je ne pense pas que nous ayons un ennemi au dedans. Les domestiques sont éprouvés, et je ne crois pas qu'aucun d'eux puisse être acheté. Je n'éprouve donc aucune inquiétude pour l'intérieur, quoique, je l'avoue, je ne puisse m'empêcher d'en concevoir de la part des ennemis extérieurs. Le feu est un si terrible adversaire, et à la campagne on a si peu de secours contre ses ravages! Je ne vous demande plus de vous retirer, car je sais que vous ne voudriez pas, que vous ne pourriez pas dormir; mais en allant de fenêtre en fenêtre pendant une heure, ou jusqu'à ce que je vous rejoigne, votre esprit sera occupé, et quelque tentative pourrait peut-être se trouver déjouée.

— Je le ferai, dit vivement Mary; et si je découvre quelque chose, j'ouvrirai un côté des volets dans ma chambre. Vous pourrez alors voir la lumière, et en venant aussitôt à cette porte, vous m'y trouverez, et je vous communiquerai ce que j'aurai vu.

Ces conventions faites, j'allai rejoindre Mille-Langues qui se tenait dans les ombres du portique, où il ne pouvait être vu que de tout près. Après une courte explication, nous nous séparâmes, l'un suivant le côté nord des bâtiments, l'autre le côté sud, afin de nous assurer qu'il n'y avait aucun incendiaire à l'œuvre sur les deux ailes.

Au surplus, pour une tentative de ce genre, notre maison avait beaucoup moins à craindre que la plupart des autres maisons américaines. La bâtisse étant en pierre, présentait à l'extérieur peu de matériaux inflammables. Il y avait, il est vrai, outre les deux portes déjà décrites, une grande barrière assez spacieuse pour admettre une charrette dans la cour intérieure; et au-dessous de l'arche un incendiaire pouvait faire un essai. Mais là même il y avait peu de bois, et une fois la barrière brûlée, il ne restait plus d'aliment pour les flammes. J'examinai cependant l'endroit avec soin, et voyant tout en sûreté de mon côté, j'allai rejoindre l'interprète qui devait me rencontrer au pied d'un grand hêtre, dont

17

les larges rameaux s'étendaient au-dessus de la pelouse, à cent pas environ de la maison.

Je trouvai Mille-Langues au rendez-vous, assis sur un banc et semblant tout à fait à l'aise comme un homme accoutumé aux embûches, à la vigilance et aux assauts nocturnes. Nous nous fîmes nos mutuelles communications, nous assurant que tout allait bien, et je pris place à côté de lui avec l'intention de tuer le temps par quelque causerie.

— Nous avons eu, lui dis-je, un spectacle intéressant dans cette entrevue de vos compagnons avec le vieux Sans-Traces. J'avoue que je serais très-curieux de savoir quelle influence exerce notre vieil ami sur ces tribus éloignées, pour que des chefs renommés viennent le voir de si loin.

— Ils ne sont pas venus depuis les prairies jusqu'ici seulement dans ce but, quoique je ne doute pas qu'ils ne le fissent volontiers. D'abord les sauvages ont, en général, un grand respect pour la vieillesse lorsqu'elle est accompagnée de sagesse et de renommée. Mais il y a parmi les actes de Susquesus quelque chose de particulier que je ne connais pas, et qui l'élève aux yeux des hommes rouges bien au-dessus des autres. Il faudra que je tâche de savoir ce que c'est avant de quitter ce pays.

Il y eut une pause de quelques minutes; puis je parlai des prairies, et je fis quelques réflexions sur la vie qu'on devait y mener, le mettant à même de vanter les charmes de cette existence.

— Je vous dirai une chose, colonel, reprit l'interprète non sans une certaine émotion. La vie des prairies est délicieuse pour ceux qui aiment la liberté et la justice.

— La liberté, sans doute, lui dis-je; mais quant à la justice, je pense que des lois sont absolument nécessaires.

— Ah! c'est là une idée de vos villes; mais ce n'est pas si vrai qu'on le suppose. Il n'y a ni cour ni jury qui vaille ceci, colonel, dit-il en frappant avec énergie le canon de son fusil, et quelques grains de poudre combinés avec du plomb sont au-dessus de tous les avocats. J'ai essayé des deux, et je parle par expérience. La loi m'a chassé dans les prairies, et l'amour des prairies m'y retient. Par ici vous n'avez ni l'un ni l'autre, ni la loi ni le fusil; car si vous aviez la loi, la loi telle qu'elle devrait être, nous ne serions pas tous deux ici, veillant à cette heure pour empêcher vos faux Indgiens de mettre le feu à vos maisons et à vos granges.

Il y avait trop de vérité dans cette dernière assertion pour qu'on pût la contredire, et, comme l'affirmait Mille-Langues, nous n'avions ni la protection de la loi, ni celle du fusil.

Pendant une heure et demie environ, notre conversation se poursuivit sur différents sujets. Il y avait dans les opinions de mon compagnon beaucoup de bon sens, et ses réflexions formaient un singulier mélange de justice naturelle et de préjugés locaux. Son dernier argument mérite d'être rapporté.

— Je vous dirai quoi, colonel. Le droit est le droit, et l'absurdité est l'absurdité. Ainsi donc ; s'il nous arrivait d'attraper un de ces coquins déguisés mettant le feu à votre maison ou à votre grange, la meilleure chance pour obtenir justice serait d'arranger les affaires de suite. Si je suivais ma méthode, j'attacherais au gaillard pieds et poings, et je le jetterais dans les flammes pour l'aider à continuer sa besogne. Un coquin fait un excellent combustible.

Au moment où il cessait de parler, je vis s'ouvrir un des côtés du volet de la chambre de Mary Warren, car mes yeux n'avaient guère cessé de se porter de ce côté. La lumière avait été placée si près de l'ouverture qu'il n'y avait pas à douter que ma charmante sentinelle n'eût fait quelque importante découverte. Je ne pouvais pas hésiter : recommandant à Mille-Langues de continuer sa surveillance, je franchis rapidement la pelouse. En deux minutes, ma main se trouvait sur le loquet de la petite porte ; deux secondes après elle s'ouvrit, et je vis Mary Warren en face de moi. Un geste de sa main me recommanda la prudence, et, après avoir fermé la porte, je demandai une explication.

— Parlez bas, dit-elle avec inquiétude, conservant toutefois un sang-froid merveilleux. Je les ai découverts : ils sont ici.

— Ici ! pas dans la maison, sans doute ?

— Dans la maison même ! dans la cuisine, où ils allument du feu par terre en ce moment. Venez vite ; il n'y a pas un moment à perdre.

Pour rendre ce qui suit plus intelligible, il est bon de donner une courte description des localités. La barrière et l'arche dont j'ai parlé coupaient en deux parties l'aile méridionale de la maison. Du côté occidental étaient les offices et les salles à manger. Du côté oriental étaient la cuisine, la salle des domestiques, la buanderie et un escalier étroit qui conduisait aux chambres occupées par les domestiques. La porte extérieure de cette dernière portion du bâtiment était sous l'arche; une autre porte correspondante était située en face pour la facilité du service. Puis venait la cour environnée par le bâtiment principal d'une part, et de deux côtés par les ailes, tandis que le quatrième côté était adossé à la colline. Cette colline n'était pas très-élevée, et quoiqu'elle fût perpendiculaire, il. était possible à un homme agile d'y monter ou d'en descendre, en s'aidant des inégalités du rocher. Dans mon jeune âge je l'avais fait cent fois, et souvent les domestiques essayaient avec succès cette escalade. Je conclus de là que les incendiaires s'étaient introduits en escaladant le rocher, la cuisine devant leur fournir les matériaux nécessaires pour leur entreprise.

Le lecteur peut être certain qu'après avoir reçu de Mary Warren cette terrible communication, je ne m'arrêtai pas à discuter toutes ces probabilités. Mon premier mouvement fut de la prier de courir au hêtre, et d'engager Mille-Langues à me rejoindre; mais elle ne voulut pas me quitter.

— Non, non, me dit-elle. Vous ne devez pas aller seul à la cuisine. Ils sont deux, et ils paraissent des coquins déterminés, avec leurs figures noircies; ils ont aussi des mousquets. Non, non, je veux vous accompagner.

Je n'hésitai plus, et je m'avançai ayant Mary à mes côtés. Heureusement, j'avais apporté mon fusil, et mon pistolet était dans ma poche. Nous passâmes par les salles à manger et les offices. C'était le chemin que Mary avait pris dans sa tournée, et c'était d'une fenêtre de l'office qui s'ouvrait sous l'arche qu'elle avait vu ce qui se passait, au moyen d'une fenêtre semblable dans la cuisine. Deux hommes avec la figure noircie étaient occupés à entasser des bûches dans un coin de la cuisine, où les flammes devaient se communiquer rapidement au petit escalier, d'où elles atteindraient les attiques et les poutres du toit. Par bonheur, les planchers de cette partie de la maison étaient tous en carreaux.

Dans ce moment, une lumière brillante qui éclaira la fenêtre opposée annonçait les progrès de l'incendie. Priant Mary de rester où elle était, je franchis la porte, je me dirigeai promptement vers une rangée de fenêtres basses qui ouvraient sur la cour, et je distinguai parfaitement tout ce qui se passait à l'intérieur.

— Les voilà, s'écria Mary, qui, malgré ma recommandation, m'avait suivi de près; le bois brûle rapidement.

Maintenant que je voyais le feu, le mal ne me sembla pas si

grand que l'avait fait mon imagination. C'était au pied de l'escalier que les incendiaires avaient construit leur bûcher. Il était composé du bois qu'avait accumulé la cuisinière pour les besoins du lendemain, et ils l'avaient allumé avec le charbon pris au foyer. La pile était assez considérable, le feu pétillait vivement, et les deux coquins y entassaient les chaises, lorsque je les aperçus. En moins d'un quart-d'heure, certainement, toute cette portion du bâtiment aurait été en feu.

J'aurais pu, d'où j'étais, tuer les incendiaires sans difficulté et sans risque, mais j'avais une profonde répugnance à répandre le sang. J'avais cependant la perspective d'une lutte sérieuse, et je voyais la nécessité d'avoir de l'aide.

— Voulez-vous courir à la chambre de mon oncle, Mary, et lui dire de se lever immédiatement, puis à la porte de devant appeler Mille-Langues. Cela ne prendra que deux minutes, et pendant ce temps je surveillerai ces bandits.

— Je n'ose pas vous laisser seul avec ces scélérats, monsieur Littlepage, dit Mary d'une voix douce.

Cependant j'insistai avec vivacité, et elle partit comme une flèche. Bientôt je l'entendis appeler l'interprète. La nuit était si calme, que malgré la prudence de Mary, et malgré toute l'attention qu'ils mettaient à leur besogne, les incendiaires l'entendirent aussi, ou du moins ils crurent entendre quelque chose qui leur fit prendre l'alarme. Ils se dirent quelques mots, contemplèrent pendant un instant leur œuvre, prirent leurs armes qu'ils avaient déposées dans un coin de la cuisine, et se préparèrent évidemment à partir.

La crise approchait. Il n'était plus temps de recevoir du secours avant qu'ils sortissent, et je devais ou me préparer à une lutte ou leur permettre de s'échapper. Ma première pensée fut de tirer sur le premier, et de me jeter sur l'autre avant qu'il eût le temps de préparer ses armes; mais une réflexion prudente m'arrêta. Les incendiaires se retiraient, et je ne savais s'il y avait légalité à tuer un félon en retraite. Je jugeai que mes chances devant un jury seraient beaucoup moindres que celles d'un voleur ordinaire, et j'avais assez vu et entendu pour être persuadé qu'autour de moi il y avait des milliers d'hommes qui regarderaient comme une provocation morale le fait d'être propriétaire de fermes que d'autres désiraient posséder.

Il n'y avait cependant pas de temps à perdre ; et la résolution que je pris sera connue par le récit des choses telles qu'elles se passèrent. J'entendis la porte s'ouvrir et je m'apprêtai à agir. Je ne savais si les incendiaires voulaient se retirer par la colline ou bien ouvrir la barrière qui se fermait en dedans ; mais je me tins prêt pour les deux alternatives.

A peine entendis-je le premier pas sur le pavé de l'arche que je tirai mon fusil en l'air ; c'était un signal d'alarme. Saisissant aussitôt mon arme par le canon, je m'élançai, et d'un vigoureux coup de crosse sur la tête je renversai celui qui marchait le premier ; il tomba comme un bœuf sous la hache du boucher. Jetant mon fusil, je sautai par-dessus le corps étendu et saisis son compagnon. Mon attaque était si soudaine, qu'il laissa aussi tomber son fusil, et nous nous saisîmes comme deux lutteurs. J'étais jeune et actif, mais mon adversaire avait plus de force ; je vis aussi qu'il avait l'habitude de la lutte, et bientôt je fus renversé sous lui. Par bonheur, je tombai sur le corps de l'autre incendiaire, qui commençait à reprendre ses sens. Mais ma situation n'en était pas moins périlleuse. L'incendiaire m'avait saisi par la cravate, et la tordait de manière à m'étouffer. Le feu brillait à travers la porte de la cuisine de manière à rendre toutes choses distinctes sous l'arche ; et Mary revint en courant à temps pour me délivrer. Avec une résolution extraordinaire, elle saisit le fusil que j'avais laissé tomber et passa le canon entre le bras plié et le dos de mon adversaire, s'en servant comme d'un levier. Ce mouvement me permit de reprendre haleine ; je recueillis mes forces, saisis mon ennemi à la gorge, et par un effort désespéré je me dégageai, et fus en un instant debout. Sortant mon pistolet, j'ordonnai au bandit de se rendre, en le menaçant de lui faire sauter le crâne. La vue de cette arme fit son effet : cet homme recula avec terreur dans un coin, et me supplia de ne pas le tuer. Au même moment l'interprète parut sous l'arche, suivi de tous les Peaux-Rouges, qui avaient été appelés dans cette direction par la détonation du fusil.

CHAPITRE XXIII.

> Vous dites qu'ils ont tous disparu
> Les hommes de cette race noble et vaillante ;
> Que leurs légers canots ne se voient plus
> Au sommet de la vague écumante ;
> Qu'au milieu des forêts où ils régnaient
> Ne s'entend plus le cri du chasseur.
> Mais leurs noms sont sur vos eaux,
> Il n'est plus besoin de l'effacer.
>
> Madame Sigourney.

Ordonnant à Mille-Langues de s'assurer des incendiaires, je m'élançai dans la cuisine pour éteindre les flammes. Il était grandement temps, quoique là aussi Mary Warren m'eût prévenu. Elle avait déjà jeté plusieurs seaux d'eau sur le feu qui pétillait à travers les chaises empilées, et était parvenue à diminuer l'intensité des flammes. Je savais qu'il y avait dans la cuisine même un réservoir, et j'en employai si activement le contenu que bientôt la pièce fut remplie d'une vapeur épaisse, et à la clarté de l'incendie succéda en peu de temps une profonde obscurité.

Le tumulte produit par la scène que nous venons de décrire amena bientôt toute la maison à cet endroit. Les domestiques, hommes et femmes, descendaient l'escalier sous lequel le feu avait été allumé, et bientôt, de tous les coins de la maison, on vit briller les lumières des habitants réveillés.

La cuisine fut promptement débarrassée de la vapeur et de la fumée, et je me vis environné d'un nuage de Peaux-Rouges. Feu-de-la-Prairie, Vol-d'Aigle et Cœur-de-Pierre examinaient les effets du feu d'un air sombre. Je cherchai des yeux Mary Warren ; mais cette charmante jeune fille, après avoir fait preuve d'une présence d'esprit et d'un courage qui eussent fait honneur à un jeune homme de son âge, s'était retirée avec timidité et s'était cachée parmi les personnes de son sexe. Sa tâche, si utile et si efficace, était accomplie, et elle ne demandait plus qu'à être oubliée.

Mille-Langues s'était emparé des incendiaires, et ils étaient aussi dans la cuisine, les mains et les bras attachés derrière le dos. Comme leurs figures étaient encore noires, je ne pouvais les reconnaître. Celui qui était tombé sous mon premier coup était encore abasourdi, et j'ordonnai aux domestiques de le débarbouiller, en même temps pour lui faire complétement reprendre ses sens, et pour examiner qui il était.

La besogne fut bientôt faite, et je reconnus la physionomie confuse et effrayée de Joshua Brigham, le valet de Miller, ou plutôt le mien, car c'était moi qui payais ses gages.

Oui, tel était l'un des effets des dangereuses opinions qui ont circulé dans le pays durant la profonde manie qui faisait ses ravages parmi nous avec plus de violence et de péril que ceux du choléra. Un homme qui appartenait presque à la famille avait non-seulement conspiré avec d'autres pour me voler ma propriété; mais il avait aussi eu recours au feu et aux armes pour accomplir ses vertueux projets. Et ce n'était pas le résultat d'un misérable penchant au vol, c'était la conséquence d'un système qui envahit l'esprit de nos politiques, et que certains hommes, se fiant à l'efficacité des majorités, ne craignent pas de défendre dans les chambres législatives.

J'avoue que la découverte de ce premier coupable me rendait un peu curieux de savoir quel était son compagnon. La cuisinière fut chargée de faire un second lavage; elle s'y mit avec empressement; et la couche noire étant enlevée, je vis que j'avais encore une fois capturé Sénèque Newcome. On doit se rappeler que la dernière fois que j'avais vu ces hommes, je les avais laissés se battant ensemble sur la grande route.

Cette nouvelle découverte m'indigna. Il n'y avait jamais eu un seul être de la tribu des Newcome, depuis le grand-père jusqu'à Opportunité, qui eût été estimé ou respecté parmi nous : des ruses, des manigances, de bas complots, avaient toujours caractérisé cette famille depuis Jason jusqu'à ce jour. Je l'avais entendu dire à mon grand-père, à ma grand'mère, à mon père, à mon oncle, à mes tantes, et à tous ceux qui m'appartenaient. Cependant l'habitude avait créé pour eux une espèce d'attachement; il y avait eu aussi dans cette famille une sorte de prétention qui les avait plus rapprochés de nous qu'aucune autre famille de nos tenanciers. Le grand-père avait reçu une certaine éducation, et ce bienfait avait été étendu aux autres, jusqu'à ce malheureux qui venait d'être pris *flagrante delicto* dans un crime capital.

Opportunité aussi avait reçu une quasi-éducation beaucoup plus prétentieuse que celle de ma sœur Patt, mais rien ne lui avait été bien enseigné, pas même la lecture, car elle avait une affreuse prononciation provinciale qui m'agaçait les nerfs; mais Opportunité avait quelques bons sentiments, et ne pouvait soupçonner les intentions de son frère quand elle me fit son importante révélation, et elle allait probablement tomber dans le désespoir en apprenant ce résultat inattendu de ses propres démarches.

Pendant que je faisais ces réflexions, je fus appelé vers ma grand'-mère. Elle était dans sa chambre environnée des quatre demoiselles; Mary Warren seule était en toilette régulière, mais les autres, avec une coquetterie instinctive, s'étaient enveloppées dans de grands châles, de manière à paraître plus belles que jamais. Quant à ma grand'mère, elle avait appris que la maison était en sûreté, mais elle avait un vague désir de me voir, qui était peut-être naturel dans les circonstances présentes.

— L'état du pays est effrayant, dit-elle, quand je lui eus fait savoir quels étaient les prisonniers, et nous pouvons à peine rester ici en sûreté. Penser que l'un des Newcome, que Sénèque avec son éducation et sa profession puisse être engagé dans un tel crime !

— Oh! grand'mère, dit Patt un peu vivement, je ne vous ai jamais entendu dire beaucoup de bien des Newcome, et vous ne toleriez Opportunité que dans l'espoir de la rendre meilleure.

— Il est vrai que la race est mauvaise, et les circonstances montrent quel mal peut produire dans une famille une série de fausses notions transmises de père en fils pendant plusieurs générations. Nous ne pouvons songer, Hughes, à garder ces demoiselles ici, une heure de plus que la journée de demain. Demain, ou plutôt aujourd'hui, car il est plus de deux heures, c'est dimanche, et nous pourrons aller à l'église. Le soir nous ferons bonne garde, et lundi matin mon oncle partira pour Satanstoe avec ces trois demoiselles.

— Je ne quitterai pas ma chère grand'mère, dit Patt, et je ne pense pas qu'il soit bien aimable de laisser Mary Warren derrière nous dans un endroit comme celui-ci.

— Je ne puis quitter mon père, dit Mary d'un air tranquille et ferme, il est de son devoir de rester avec ses paroissiens, surtout aujourd'hui qu'il y en a parmi eux qui sont égarés ; et c'est aussi pour moi un devoir et un plaisir de rester avec lui.

Ma grand'mère contempla en souriant cette excellente personne, lui prit la main, et ajouta d'un ton bienveillant :

— Mary et moi nous resterons ensemble, son père n'est pas en danger. Les anti-rentistes eux-mêmes respecteront un ministre de l'Évangile, et comprendront que c'est son devoir de combattre leurs méchantes intentions. Quant aux autres, au moins quant aux pupilles de ton oncle, il est de notre devoir de les éloigner de tout danger.

Les deux jeunes personnes cependant protestaient avec grâce de leur résolution de ne pas se séparer de leur « grand'maman », ainsi qu'elles appelaient affectueusement la mère de leur tuteur, lorsque mon oncle Ro entra dans la chambre après avoir jeté un dernier coup d'œil à la cuisine.

— Voilà une charmante affaire! s'écria-t-il : incendie, anti-rentisme, tentative de meurtre, et toutes sortes d'énormités se donnant la main au cœur même de la communauté la plus sage que la terre connaisse; et pendant ce temps la loi sommeille, comme si ces beaux actes étaient méritoires. Ceci dépasse la répudiation, mon cher Hughes.

— Sans doute, Monsieur, mais on n'en parlera certes pas autant. Lisez les journaux qui vous tomberont dans les mains demain matin, tout frais imprimés dans les nombreux bureaux de New-York. Ils pousseront des cris de fureur si quelque malheureux sénateur propose d'ajouter un caporal de plus à un régiment, et ils vous citeront la baisse d'actions industrielles imaginaires comme le présage de la chute de la nation; tandis qu'ils dorment sur ce volcan qui bouillonne sous nos pieds, et menace de détruire la nation elle-même, cette digne mère des actions industrielles.

— L'égoïsme immodéré qui domine tout est assurément un fâcheux symptôme, et personne ne peut dire où il conduira. Une chose est certaine; il amène les hommes à borner tous leurs calculs au moment présent, et pour faire disparaître un obstacle qui gêne des intérêts actuels, on sacrifie tout ce qui appartient à l'avenir. Mais qu'allons-nous faire de Sénèque Newcome et de l'autre incendiaire, son digne complice?

— J'avais pensé laisser cela à votre discrétion, Monsieur. Ils ont été coupables d'incendie, et doivent, je suppose, subir les mêmes chances que des criminels ordinaires.

— Leurs chances ne seront pas bien terribles, Hughes. Si toi, par exemple, tu avais été surpris dans la cuisine de Sénèque Newcome, mettant le feu à sa maison, un châtiment exemplaire et sans pitié aurait été ton partage ; mais pour eux c'est bien différent. Je parierais cent contre un qu'ils ne seront pas condamnés, ou s'ils le sont, qu'ils seront graciés.

— Un acquittement, Monsieur, est impossible. Mademoiselle Warren et moi, tous deux nous les avons vus entassant le bois et mettant le feu, et il n'est pas difficile de prouver leur identité.

Cet aveu indiscret attira tous les regards sur ma charmante auxiliaire, toutes les dames vieilles et jeunes répétant avec surprise le nom de « Mary. » Quant à celle-ci, rouge et confuse, elle recula honteuse, sans savoir pourquoi, à moins que ce ne fût de l'idée de se trouver si étrangement associée à moi.

— Mademoiselle Warren est effectivement encore seule habillée comme hier soir, dit ma grand' mère un peu gravement, et ne peut s'être couchée. Comment cela se fait-il, ma chère ?

Ainsi apostrophée, Mary était d'un naturel trop pur et trop sincère, pour hésiter à faire savoir ce qui s'était passé. Chaque incident fut raconté avec une calme simplicité ; seulement, par égard pour Opportunité, elle ne dit pas le nom de notre visiteur nocturne, et personne n'eut l'indiscrétion de le demander ; mais tout le monde écouta le récit avec un intérêt marqué. Lorsque Mary eut achevé, ma grand'mère l'embrassa, et Patt l'entoura de ses bras avec une tendresse toute fraternelle.

— Il paraît donc que nous devons notre salut à Mary? s'écria ma bonne grand'mère ; sans son intelligente et courageuse surveillance, Hughes serait peut-être resté sur la pelouse, jusqu'à ce qu'il fût trop tard pour nous sauver.

— Ce n'est pas tout, ajouta mon oncle Ro. Tout autre aurait pu crier au feu ou donner trop tôt l'alarme ; mais il est évident que sans le calme et le sang-froid dont a fait preuve mademoiselle Warren, on ne serait pas arrivé à la moitié des résultats qui ont été obtenus. Bien plus, si Hughes au lieu de surprendre ces misérables, avait été surpris par eux, nous aurions peut-être à déplorer sa perte.

Je vis un frémissement naturel agiter Patt et Mary, qui se tenaient encore embrassées ; mais la dernière était si évidemment tremblante, que pour la calmer, je repris la parole.

— Je ne vois pas, dis-je à mon oncle, la possibilité pour ces incendiaires d'échapper à leur punition, avec les témoignages qui peuvent être produits, et je suis surpris de vous entendre émettre un doute sur les résultats d'un procès.

— Tu parles et tu raisonnes comme un jeune homme, qui s'imagine que les choses sont toujours ce qu'elles doivent être. La justice est aveugle aujourd'hui, non pour témoigner de son impartialité, mais pour prouver qu'elle ne voit trop souvent qu'un côté de la question. Comment échapperont-ils? Peut-être que le jury déclarera que de mettre le feu à une pile de bois et à quelques chaises, ce n'est pas mettre le feu à une maison, dût l'intention être aussi visible que le nez au milieu du visage. Rappelle-toi ceci, Hughes Littlepage; avant un mois d'ici, les événements mêmes de cette nuit seront invoqués comme un argument en faveur de l'anti-rentisme.

Une exclamation générale d'incrédulité à laquelle se joignit même ma grand'mère, accueillit cette assertion.

— Tout cela est bel et bon, Mesdames, reprit froidement mon oncle; mais les choses parleront d'elles-mêmes. J'ai déjà entendu signaler d'autres abus de ces anti-rentistes comme des raisons pour changer la loi, afin que les hommes ne soient pas tentés au delà de leurs forces; et pourquoi n'emploierait-on pas le même argument pour ce crime, quand il a été employé dans des cas de meurtre? « Les tenures à bail, dit-on, entraînent les hommes au meurtre, il faut donc les supprimer. » Maintenant on dira : « Les tenures à bail entraînent les hommes à incendier; et qui voudrait conserver des lois qui poussent à l'incendie? »

— D'après le même principe on pourrait prétendre que personne ne devrait avoir aucun objet en propriété, car les objets personnels entraînent les hommes à commettre de petits larcins.

— Sans doute, on le pourrait; il y a plus, on soutiendrait hardiment cette proposition, si l'on croyait par là obtenir des votes. Pour atteindre ce but, on est prêt à soutenir tous les sophismes et même toutes les fraudes. Mais il est tard, et nous devons songer à loger les prisonniers pour la nuit... Mais que signifie cette lumière? la maison n'est cependant pas en feu!. »

En ce moment, en effet, quoique les volets fussent fermés et les rideaux tirés, une lumière soudaine pénétrant dans la chambre, nous causa de vives alarmes. J'ouvris la porte et vis les passages éclairés, quoique tout au dehors parût tranquille. Tout à coup, cependant, il se fit une clameur dans la cour, et le terrible cri de guerre des sauvages retentit dans les airs. Ce cri me sembla venir du dehors ; me précipitant vers la petite porte, j'atteignis la pelouse, et alors se dévoila tout le mystère. Une grange étendue, toute pleine de la récolte de foin de l'année passée, était la proie des flammes, dont les langues fourchues s'agitaient à une hauteur de plus de cent pieds. C'était simplement un nouvel argument contre les tenures à bail et en faveur de l'esprit des institutions. L'année prochaine il pourra figurer dans le message d'un gouverneur, ou dans le discours philanthropique de quelque orateur d'Albany. Doit-on permettre un contrat qui engage des hommes libres à mettre le feu aux granges?

La grange incendiée était située dans la plaine, au-dessous de la colline, à un demi-mille de la maison, et la conflagration produisait d'immenses jets de lumière. La perte, pour moi, n'excédait pas quelques centaines de dollars, et quoique cet argument spécial en faveur de l'anti-rentisme ne fût pas entièrement agréable, il n'était pas si grave qu'il aurait pu l'être si l'on eût entrepris d'autres bâtiments. Enfin, je n'étais pas tellement affecté de cette perte que je ne pusse jouir de la beauté du spectacle, surtout quand mon oncle m'eut appris que Dunaing avait assuré la grange à la compagnie mutuelle de Saragota ; cela devait faire supporter aux tenanciers une part dans la perte occasionnée par leur propre folie.

Comme il était trop tard pour songer à sauver la grange et les meubles, et que Miller et ses gens s'étaient déjà portés sur les lieux pour veiller à ce que les objets environnants fussent préservés des flammèches qui volaient de toutes parts, il ne nous restait rien à faire que de demeurer spectateurs passifs. Et en vérité, le spectacle était digne d'être vu et mérite d'être décrit.

La lumière de l'incendie se reflétait à une grande distance, et ce qui était le plus remarquable dans cette scène pittoresque, c'était de voir les vrais et les faux Peaux-Rouges, les Indiens et les Indgiens se mouvoir à travers les prairies, séparés les uns des autres par la grange en flammes, ce qui les empêchait de s'apercevoir mutuellement.

Les Indiens s'étaient formés avec beaucoup d'ordre, et s'avançaient avec précaution vers l'autre partie, se traînant à quatre pattes ou rampant comme des chats sauvages. Les Indgiens, au nombre d'environ cinquante, ne se doutant pas de l'approche du danger, criaient, gesticulaient, dansaient et se réjouissaient des progrès de l'incendie, sans pourtant s'approcher assez pour paraître y avoir eu aucune part. Il semblait que leur présence et leurs gestes dussent être pour nous autant d'avertissements menaçants destinés à nous faire connaître la part qu'ils avaient prise à tous les dégâts de la nuit, et à nous effrayer pour l'avenir.

Mille-Langues qui avait de certaines notions de légalité, n'accompagna pas les frères rouges, mais vint nous rejoindre, mon oncle et moi, sur le revers de la colline, d'où nous suivions tous les mouvements de la Prairie. J'exprimai ma surprise de le voir en cet endroit, et je lui demandai si sa présence n'était pas nécessaire auprès des chefs.

— Pas du tout, colonel, pas du tout, répondit-il avec calme. Les sauvages n'ont guère besoin d'un interprète pour une affaire de cette nature ; et s'il arrive de cette rencontre quelque chose de fâcheux, il vaut peut-être mieux que les deux partis ne se comprennent pas, car on pourra tout attribuer à un malentendu. J'espère qu'ils ne chercheront pas à enlever des chevelures, car j'ai dit à Cœur-de-Pierre, en le quittant, que dans cette partie du monde, les gens n'avaient pas de goût pour le scalp.

Voilà tout ce que nous dit pour nous rassurer l'interprète, qui paraissait croire que les choses alors étaient en bon train, et que toute difficulté serait résolue *secundum artem*. Les Indgiens cependant prirent la chose autrement, se souciant fort peu d'une rencontre sérieuse, surtout avec un ennemi de la trempe des Peaux-Rouges. Je ne saurais dire comment ils s'aperçurent de la présence de ces redoutables adversaires, malgré toutes les précautions de ceux-ci ; mais l'alarme fut donnée, et ils firent une retraite aussi prompte que le jour précédent.

Tels étaient ces hommes dans toutes les occasions où ils se sont trouvés en face de corps armés : fiers et brutaux lorsque des individus isolés tombaient en leur pouvoir, lâches et soumis lorsqu'ils rencontraient une force armée, quelque petite qu'elle fût. Leur conduite démontre combien il eût été facile d'empêcher leurs déprédations dès les premiers temps, par un emploi judicieux du pouvoir de l'État, et combien sont coupables ceux qui ont négligé de remplir à cet égard leurs devoirs de gouvernants.

Aussitôt que Cœur-de-Pierre et ses compagnons s'aperçurent

que les bandits déguisés s'étaient enfuis, et que la matinée se passerait sans escarmouche, ils poussèrent des cris et des hurlements tels que n'en avaient pas entendu ces prairies depuis quatre-vingts ans. L'effet de ces clameurs fut de précipiter la retraite, dont nous pouvions distinguer les effets désordonnés de l'endroit où nous nous tenions sur la colline; mais les guerriers des prairies étaient trop adroits pour s'exposer aux atteintes d'une balle ennemie en se plaçant dans la lumière de l'incendie. Convaincus d'ailleurs qu'il n'y avait rien à faire, et dédaignant de vaines parades lorsqu'il n'y avait aucun coup à donner ou à recevoir, ils se retirèrent lentement, et regagnèrent la colline par des chemins détournés.

Cette démonstration militaire de la part de nos frères rouges ne fut pas sans utilité. Elle prouva aux Indgiens que nous étions sur nos gardes, tout prêts à les recevoir. En outre, elle devait empêcher toute autre tentative durant cette nuit, et convaincre chacun de nous qu'il n'y avait à redouter aucun danger immédiat. Cette conviction était également partagée par les dames, et après une courte entrevue avec ma grand'mère, elle consentit à se retirer, et chacun se disposa à regagner son lit. Toutefois, nous jugeâmes à propos d'établir une sentinelle, et Mille-Langues se chargea de surveiller, quoiqu'il ne crût pas à la probabilité d'aucune autre tentative pour cette nuit.

— Quant aux Peaux-Rouges, dit-il, dans cette saison de l'année ils dormiraient aussi bien sous les arbres que sous un toit; et pour s'éveiller au premier bruit, les chats ne leur sont comparables. Non, non, colonel, rapportez-vous-en à moi, et je vous ferai traverser la nuit aussi paisiblement que si nous étions sur les prairies, et vivant sous la protection de la loi des prairies.

Aussi tranquillement que si nous étions sur les prairies! Voilà où nous en étions arrivés à New-York, qu'après un premier incendie, un citoyen pouvait espérer de passer le reste de la nuit aussi tranquillement que s'il était sur les prairies! Et à cinquante milles de là se trouvait, à Albany, cette lourde, inutile et vaine machine appelée gouvernement, qui restait aussi tranquille, aussi satisfaite, aussi glorieuse que si nos contrées agitées étaient autant de jardins d'Éden avant le péché et la chute! Si ce gouvernement s'occupait de quelque chose, c'était probablement de calculer le *minimum* que devait payer le tenancier pour la terre du propriétaire, lorsque ce dernier serait suffisamment fatigué des vexations, pour consentir à se défaire de sa propriété. Peut-être s'apprêtait-il à révéler ses profondes notions sur la liberté, en désignant la somme précise que devait recevoir un citoyen afin de satisfaire l'avidité d'un autre.

J'étais sur le point de gagner enfin mon lit, lorsque mon oncle Ro me fit remarquer qu'il serait peut-être bon de voir au moins un de nos prisonniers. Des ordres avaient été donnés pour leur ôter leurs liens et pour les garder dans un fruitier vide qui n'avait d'autre issue qu'une porte soigneusement surveillée. Nous y étant rendus, nous fûmes aussitôt admis par les sentinelles. Sénèque Newcome tressaillit à mon aspect, et j'avoue que je fus moi-même embarrassé de lui parler, ne voulant rien lui dire qui ressemblât à un triomphe, rien qui parût une concession. Mon oncle, cependant, n'avait pas les mêmes scrupules, probablement parce qu'il connaissait mieux le personnage; en conséquence il aborda immédiatement la question.

— Le mauvais esprit, dit-il gravement, doit avoir une grande influence dans ce pays, monsieur Sénèque Newcome, pour que des hommes de votre éducation prennent une part si active au mal. Que vous a fait mon neveu pour que vous veniez chez lui comme un incendiaire, comme un voleur au milieu de la nuit?

— Ne me faites aucune question, monsieur Littlepage, répondit rudement l'homme de loi, je ne répondrai à aucune.

— Et ce misérable homme égaré qui a été votre complice! La dernière fois que nous avons vu ces deux hommes, Hughes, ils se querellaient sur la grande route comme chien et chat, et l'on peut encore voir sur leurs figures la preuve que leur entrevue est devenue plus hostile que lorsque nous étions présents.

— Et voilà encore que nous les retrouvons associés dans une entreprise de vie et de mort!

— Il en est toujours ainsi des fripons. Ils pousseront leurs querelles aux dernières extrémités, puis se raccommoderont en une heure, lorsque le démon de la rapine les dirigera vers un but commun de déprédation. On voit la même chose en politique et même en religion. Des hommes qui ont passé la moitié de leur vie à se combattre, dans des intérêts d'égoïsme, se coaliseront tout à coup pour suivre un objet commun, et travailleront ensemble comme des amis de cœur tant qu'ils verront une chance de réaliser leurs désirs. Si l'honnêteté était la moitié aussi active que le vice, les choses en iraient beaucoup mieux ; mais l'honnête homme a ses scrupules, le sentiment de sa dignité et surtout d'invariables principes qui lui tracent sa ligne de conduite dont il ne sait pas dévier à chaque occasion comme le franc coquin, pour changer des ennemis en amis et des amis en ennemis. — Et toi, dit-il en se tournant vers Joshua Brigham, qui mangeais le pain de Hughes Littlepage, que t'a-t-il fait pour que tu viennes à minuit chercher à le brûler dans sa maison comme une chenille sur l'arbre ?

— Il a eu sa ferme assez longtemps, murmura le vaurien, il est temps que les pauvres aient leur part.

Mon oncle haussa les épaules ; puis, comme s'il eût repris tout à coup le sentiment de sa position, il ôta son chapeau, salua d'un air digne Sénèque Newcome, et sortit. Pendant que nous nous retirions, il se déclara convaincu que toute remontrance était, dans cette occasion, inutile, et qu'il fallait laisser la loi suivre son cours. Il pouvait être désagréable de voir pendre un Newcome, mais un pareil exemple était peut-être nécessaire pour extirper le mal dans sa racine. Fatigué de tout ce qui s'était passé, je me mis enfin au lit, où je dormis profondément pendant plusieurs heures. Chacun répara le temps perdu, Ravensnest étant alors devenu aussi calme qu'aux jours où la loi avait quelque force dans la république.

CHAPITRE XXIV.

>A bon droit pouvons-nous célébrer les beautés
>De cette terre chérie, qui est à nous,
>Ses sourires brillants, ses fruits d'or,
>Et tout son monde de fleurs.
>A bon droit peut-on nous dire encore,
>Dans ces moments si chers à tous,
>Que malgré les péchés que renferment nos seins,
>Nous avons notre Éden ici-bas.
>
>SIMMS.

LE jour suivant était un dimanche. Je ne me levai pas avant neuf heures, et quand après avoir tiré les rideaux j'ouvris ma fenêtre pour jeter un coup d'œil sur la pelouse et sur les prairies au loin et sur la voûte azurée qui se déployait sur toutes ces beautés, il me sembla que jamais ne brilla aux cieux un jour plus beau et plus en harmonie avec le caractère tranquille de cette scène champêtre. Je respirai avec délices l'air matinal qui remplissait ma chambre des parfums de mille fleurs. Je crois que personne ne peut être insensible à la différence qu'il y a dans la campagne entre le jour du repos et le jour du labeur. C'est surtout dû, sans doute, à la simple abstention du travail; mais les traditions historiques de cette fête, ses pratiques ordinaires, et le calme qui règne partout, en font un jour si solennel, qu'un dimanche au beau mois de juin est pour moi comme un délicieux séjour de repos, une halte poétique dans le tumulte et le mouvement du monde. Tel était le jour qui succédait à la nuit agitée que nous venions de passer, et ce jour venait à propos pour calmer les esprits, dissiper les craintes et laisser carrière à de paisibles réflexions.

Devant moi, il est vrai, s'étendaient les fumantes ruines de la grange, noir monument d'une méchante action; mais l'esprit qui avait présidé au méfait me semblait avoir disparu, et, sous tous les autres rapports, les fermes et les champs de Ravensnest ne s'étaient jamais présentés aux yeux sous des couleurs mieux assorties aux charmes d'une nature bienveillante. En contemplant cet admirable spectacle, je sentis renaître en moi tous les souvenirs et les intérêts qui m'attachaient à cet endroit, et je ne rougis pas d'avouer que je ressentis un profond sentiment de reconnaissance envers Dieu, dont la Providence m'avait fait naître héritier de toutes ces richesses, au lieu de m'avoir relégué parmi les serfs et les hommes dépendants d'autres régions.

Lorsque la famille se rassembla dans la salle à manger, il régnait parmi nous une remarquable tranquillité. Quant à ma grand'-mère, je connaissais son cœur et son expérience de bonne heure acquise, et je ne fus pas surpris de la trouver calme et résignée; mais ces qualités semblaient s'être aussi communiquées à ses quatre jeunes compagnes. Mary Warren toutefois me surprit par son air et sa tenue : modeste, douce et timide, elle semblait, pour ainsi parler, la plus féminine de toutes. Je pouvais à peine me figurer que cette jeune fille naïve et réservée fût la même personne active, résolue et courageuse, qui nous avait été d'un si grand secours dans la nuit, et dont le sang-froid et la discrétion avaient été le salut de notre maison et peut-être de nos personnes.

Malgré cet air de sécurité, néanmoins, le déjeuner fut silencieux et grave. Mon oncle et ma grand'mère firent presque tous les frais de la conversation, qui se rapporta surtout aux mesures à prendre à l'égard de nos prisonniers. Il n'y avait à plusieurs milles autour de Ravensnest aucun magistrat qui ne fût partisan de l'anti-rentisme ; conduire devant eux Sénèque et son compagnon eût été assurer leur impunité. On exigerait d'eux une caution fictive, et il était plus que probable que le constable employé permettrait leur évasion, quand même ils croiraient nécessaire de jouer cette comédie. Mon oncle, en conséquence, adopta le plan qui suit. Il avait fait transporter les deux incendiaires dans la vieille ferme, où se trouvait un caveau vide et parfaitement sec, offrant par conséquent toute la sécurité d'une prison, sans obscurité et sans humidité. Les hommes rouges acceptèrent les fonctions de gardiens, un d'eux prenant son poste à la porte, tandis qu'un autre était placé près de l'ouverture qui donnait du jour au caveau, et qui du reste était à peine assez grande pour que le corps d'un homme pût y passer. L'interprète avait reçu de l'agent l'ordre de respecter le jour du sabbat ; et comme on ne prévoyait aucun mouvement, l'accomplissement de ce devoir de surveillance convenait parfaitement aux habitudes oisives des Indiens en un jour de repos. Les aliments nécessaires avaient aussi été fournis aux prisonniers ; et là se bornèrent les précautions de mon oncle, qui se proposait de faire conduire les coupables le lundi matin devant un magistrat éloigné qui était un des juges du comté. Quant aux autres perturbateurs de la nuit dernière, on n'en voyait plus aucun signe apparent ; et après leur premier échec, il n'y avait guère à redouter immédiatement une nouvelle tentative.

Nous étions encore à table lorsque le son des cloches de Saint-André se firent entendre à travers les airs, comme un avertissement pour nous préparer à nos devoirs de la journée. L'église n'était guère qu'à un mille de la maison, et les jeunes personnes proposèrent d'y aller à pied. Ma grand'mère, accompagnée de son fils, fut donc la seule à prendre la voiture, et nous autres jeunes gens nous partîmes en corps, une demi-heure avant le tintement de la seconde cloche. A considérer l'état du pays et les événements de la nuit, je m'étonnai de ma profonde sécurité en cette occasion, non moins que de celle de mes charmantes compagnes, et je ne fus pas longtemps sans exprimer mon sentiment à cet égard.

— Il faut avouer, dis-je, que notre Amérique est un singulier pays. Nous avons ici tout le voisinage aussi tranquille que si jamais crime ne l'eût troublé, et cependant il n'y a pas douze heures que l'émeute, l'incendie et le meurtre peut-être étaient médités par des centaines de ceux qui vivent tout autour de nous. C'est un merveilleux changement!

— Mais il faut se rappeler, Hughes, que c'est aujourd'hui dimanche, répondit Marthe. Pendant tout l'été, quand venait le dimanche, nous avons eu une trêve aux troubles et aux craintes. Dans cette partie de la contrée, le peuple est trop religieux pour profaner le dimanche par la violence et les rassemblements armés. Les anti-rentistes perdraient plus qu'ils ne gagneraient s'ils suivaient une autre voie.

J'avais peu de peine à croire cela; car il est assez habituel parmi nous de voir des pratiques de cette nature conservées par habitude longtemps après l'extinction des sentiments religieux qui leur ont donné naissance. Quelque chose de semblable se retrouve aussi dans les autres pays, et même parmi les classes les plus élevées et les plus intelligentes, qui savent concilier le respect extérieur envers l'autel et le culte, avec l'oubli le plus complet des préceptes du Décalogue. Nous ne sommes donc pas les seuls à montrer ces dispositions pharisiennes, qui existent, au surplus, de manière ou d'autre, partout où se rencontre l'homme.

Mais cette piété équivoque se manifestait en ce jour à Ravensnest d'une manière frappante. Les mêmes hommes qui étaient si acharnés dans leurs mauvais penchants, se montrèrent à l'église, et suivirent tout le service avec autant de dévotion apparente que si leur conscience n'avait rien à leur reprocher; et une trêve générale paraissait régner dans le pays, quoiqu'il dût y avoir beaucoup d'amertume au fond des cœurs. Je pus néanmoins apercevoir parmi les vieux tenanciers de la famille une expression de froideur, un mécontentement dans les regards qui témoignait tout autre chose que le sentiment affectueux qui autrefois les attachait à nous. La cause en était bien simple : les démagogues avaient soulevé chez eux l'esprit non pas des institutions, mais de l'envie, et tant que dominerait cette mauvaise tendance, il y avait peu de place pour de meilleurs sentiments.

— Maintenant, m'écriai-je en traversant la dernière prairie qui conduisait à l'église, je vais jeter un nouveau coup d'œil sur le dais qui surmonte notre banc. J'avais entièrement oublié cet objet inoffensif, jusqu'à ce que mon oncle me le rappelât, en me faisant savoir que Jack Dunning, son conseil et son ami, insistait fortement pour qu'il fût enlevé.

— Je suis entièrement de l'avis de M. Dunning, répliqua vivement ma sœur. Je voudrais de tout mon cœur, Hughes, que tu fisses disparaître, cette semaine même, ce hideux objet.

— Pourquoi cet empressement, ma chère Patt? Ce hideux objet a été là depuis l'édification de l'église, c'est-à-dire, depuis soixante ans, et je ne vois pas quel mal il en est résulté.

— C'est un mal d'être si laid. Cela défigure l'église; et puis je ne crois pas que des distinctions de cette nature soient convenables dans la maison de Dieu. Je sais que telle a toujours été l'opinion de ma grand'mère; mais voyant que son beau-père et son mari tenaient à cet *ornement*, elle a consenti en silence pendant leur vie à le laisser subsister.

— Que dites-vous de tout cela, mademoiselle Warren, dis-je en me tournant vers ma voisine; car, dirigé par quelque secrète influence, je marchais à ses côtés. — Êtes-vous pour ou contre le dais?

— Contre, répondit-elle avec fermeté. Je suis de l'avis de madame Littlepage, qui trouve que des églises ne devraient rien contenir qui marque des distinctions mondaines. Ces distinctions, je le sais, sont inséparables de la vie; mais c'est pour nous préparer à la mort que nous entrons dans ces édifices.

— Et votre père, mademoiselle Warren, l'avez-vous quelquefois entendu parler de mon malheureux banc?

Mary hésita un instant, changea de couleur, puis me regarda d'un air si ingénu et si aimable, que je lui aurais pardonné les commentaires les plus sévères sur quelque acte de folie de ma part.

— Mon père est d'avis de supprimer à la fois tous les bancs séparés, et par conséquent ne peut avoir aucune raison de faire exception pour le vôtre. Il me dit que dans les églises catholiques, toute la congrégation s'asseoit, se tient debout, ou s'agenouille devant l'autel ou autour de la chaire, sans distinction de rang ou de personnes. Assurément, cela vaut mieux que d'apporter dans le temple la plus pitoyable de toutes les classifications mondaines, celle de l'argent.

— Cela vaut mieux, mademoiselle Warren, et je désirerais de

tout mon cœur que la coutume fût adoptée ici. Mais il n'est pas absolument vrai que tout le monde se tienne pêle-mêle dans les églises du vieux continent. Le seigneur de l'ancien régime, en France, avait habituellement son banc, et dans aucun pays les hauts fonctionnaires de l'État ne se mêlent avec la masse des fidèles, à moins que ce ne soit dans une société choisie. Il est vrai que dans la plupart des églises romaines, une duchesse se confond avec la foule; mais ce n'est que dans les grandes villes, où il y a trop de gens élevés pour que tous puissent avoir des siéges privilégiés. Dans les campagnes, il y a presque toujours des bancs séparés pour les grands du voisinage. Nous ne sommes pas à cet égard aussi mauvais que nous nous l'imaginons, quoique nous puissions être mieux.

— Mais tu avoueras, mon frère, qu'un banc avec un dais n'est pas bien convenable dans ce pays.

— Pas plus dans ce pays que dans tout autre. Je conviens que c'est déplacé dans tout édifice religieux, où les petites distinctions créées par les hommes devraient disparaître en présence de Dieu. Mais dans ce pays, je vois naître une tendance à l'envie qui voudrait partout refuser des récompenses, des honneurs et de la considération à ceux qui le méritent le mieux. Dès qu'un homme s'élève au-dessus de la foule, il devient le point de mire de tous les outrages, comme s'il était exposé au pilori, comme si ses concitoyens ne voulaient tolérer aucune différence, même dans la grandeur morale.

— Comment concilier cela avec le grand nombre de Catons, de Brutus, et même de Gracchus, que l'on rencontre parmi nous? demanda Mary Warren d'un air malicieux.

— Oh! ceux-là sont seulement des instruments de parti, de grands hommes pour la parade. On s'en sert dans l'intérêt des factions, et ils sont grandis pour certaines occasions. C'est pour cela que les neuf dixièmes des Catons dont vous parlez sont oubliés, même de nous, à chaque lutte politique. Mais qu'un homme s'élève indépendamment du peuple, et vous verrez comme le peuple le traitera. C'est ainsi qu'il en est pour mon banc surmonté du dais; c'est un *grand* banc, il est devenu grand sans l'intervention de la multitude, et par conséquent la multitude ne veut pas le tolérer.

Les demoiselles se mirent à rire de cette saillie, comme rient toujours de tout des jeunes personnes insouciantes et heureuses ; et Patt répliqua avec sa courtoisie ordinaire :

— C'est une *grande* laide chose, dit-elle, je te ferai cette concession pour satisfaire ta vanité, et je te prie de t'en défaire *grandement* cette semaine même. Vraiment, Hughes, tu ne peux pas te figurer combien depuis quelque temps cela fait jaser.

— Je n'en doute pas, ma chère. Tout ce bavardage vient de la discussion sur les baux ; et l'on fait entrer en compte contre nous autres, pauvres propriétaires, tout ce qui peut rendre notre cause impopulaire, et par conséquent faciliter les projets de vol en ce qui concerne notre propriété. Le bon peuple de ce pays s'imagine peu que les maux depuis longtemps prédits par les ennemis de nos institutions, sont maintenant imminents parmi nous, et que la grande expérience d'un gouvernement populaire est sur le point de manquer, au moment même où l'on s'exalte sur le succès. Que cette tentative contre la propriété réussisse, et elle sera suivie de beaucoup d'autres qui nous pousseront vers le despotisme, seul remède contre l'anarchie, aussi sûrement que l'effet succède à la cause. Le danger existe aujourd'hui sous sa plus mauvaise forme, le démagogisme politique ; et il faut l'attaquer de front, courageusement et d'après les vrais principes, ou, selon moi, nous sommes perdus. L'hypocrisie est le vice dominant de la nation, surtout l'hypocrisie politique et religieuse, et l'hypocrisie ne peut jamais être vaincue par nos concessions. Le dais restera jusqu'à ce qu'il n'y ait plus d'anti-rentistes à Ravensnest, à moins qu'on ne le détruise par la violence ; mais lorsque les hommes rentreront dans leur bon sens et commenceront à admettre la distinction entre le tien et le mien, le cuisinier pourra en faire du bois pour son four, quand il voudra.

Comme nous étions sur le point de franchir la barrière qui donnait sur la grande route, juste en face de l'église, la conversation cessa. La congrégation de Saint-André était peu nombreuse, comme c'est presque toujours le cas dans les campagnes pour les congrégations épiscopales, que les puritains regardent avec méfiance et quelquefois avec aversion. La sombre religion que Cromwell et ses associés imposèrent aux Anglais, mais qui n'était pas sans un certain degré de sincérité farouche, a été transmise en Amérique avec toutes ses particularités originaires, plus qu'en aucun pays du monde. Les exagérations et les faux principes qui étaient si communs parmi les fanatiques religieux des colonies américaines au dix-septième siècle, lorsqu'on brûlait les sorcières, qu'on pendait les quakers, qu'on dénonçait tout le monde excepté le petit nombre d'élus, suivent encore aujourd'hui leur cours naturel, et produisent des hostilités sans cesse renaissantes.

M. Warren était un prédicateur populaire, malgré la défaveur généralement attachée à sa secte. Une population provinciale et pleine de préjugés est naturellement disposée à regarder avec aversion tout ce qui diffère de ses opinions et de ses habitudes; et le seul fait d'appartenir à une église qui admettait des évêques, était considéré comme une preuve que la secte favorisait l'aristocratie et les classes privilégiées. Il est vrai que presque toutes les autres sectes avaient établi dans leurs églises des ordres hiérarchiques sous le nom de ministres, d'anciens et de diacres, et s'exposaient par conséquent à la même critique; mais enfin ils ne reconnaissaient pas d'évêques, et dans des cas de cette nature on n'est choqué que de ce qu'on n'a pas soi-même. Malgré ces obstacles à la popularité, M. Warren commandait le respect à tous ceux qui l'environnaient; et, chose étrange, ce qui y ajoutait c'est que de tous les ecclésiastiques du voisinage, il avait été le seul qui eût osé combattre l'esprit de convoitise qui régnait et que la haute morale des intéressés appelait l'esprit des institutions. Cette conduite courageuse avait donné lieu à des menaces et à des lettres anonymes, armes ordinaires des poltrons et des hommes vils; mais elle avait aussi ajouté au poids de sa parole, et mérité la secrète déférence de beaucoup de gens qui se seraient montrés bien différents envers lui, si c'eût été en leur pouvoir.

Ma grand'mère et mon oncle avaient déjà pris place, lorsque nous entrâmes dans l'église. Mary Warren accompagnée de ma sœur, se dirigea vers le banc réservé au ministre, tandis que leurs deux compagnes, pénétrant dans le chœur, prirent leurs places accoutumées. Je m'avançai le dernier, et pour la première fois de ma vie, je me trouvai assis sous le dais objet de tant d'accusations. Par ce mot « dais » le lecteur ne doit pas se représenter des draperies festonnées, des couleurs éclatantes, et des broderies dorées; notre ambition ne s'éleva jamais si haut. Voici à quoi se bornaient les distinctions entre notre banc et les autres. D'abord, il était plus grand que ceux qui l'entouraient, avantage que chacun aurait pu se procurer en payant; ensuite, il était surmonté d'un baldaquin en bois, lourd et disgracieux, qui était une parfaite caricature du célèbre *baldachino* de Saint-Pierre de Rome. C'est là pourtant ce qui nous faisait accuser d'aristocratie, et ce qui ne pouvait se tolérer. Ainsi que les teneurs à bail, le baldaquin était contraire à l'esprit des institutions. Il est vrai qu'il ne faisait aucun mal réel; il est vrai qu'il était comme un vieux souvenir d'anciennes coutumes; il est vrai que c'était notre propriété, et que personne ne pouvait y toucher sans violer les droits de la propriété; il est vrai que tous ceux qui le voyaient sentaient secrètement qu'il n'y avait, après tout, rien de si inconvenant à ce que ce banc appartînt aux Littlepage; il est vrai que ceux qui s'y plaçaient ne s'étaient jamais imaginé qu'ils fussent pour cela meilleurs ou moins bons qu'aucun de leurs compatriotes. Cependant, il était là ce monument inoffensif, et rien ne blessait autant les esprits à Ravensnest, si ce n'est peut-être le caractère féodal des baux.

Lorsque je levai les yeux, après les premiers actes de dévotion qui nous sont habituels en entrant dans l'église, et que je jetai un coup d'œil autour de moi, je vis que l'édifice était plein d'une multitude pressée. Un second regard me fit voir que tous les yeux étaient fixés de mon côté. D'abord, comme le dais avait été le sujet de tant de discours, je m'imaginai que c'était cela qui attirait l'attention; mais je pus bientôt m'apercevoir que c'était vers mon indigne personne qu'elle se dirigeait. Je ne m'arrêterai pas à raconter tous les propos qui avaient circulé au loin sur mon apparition soudaine dans le pays, sur mon déguisement ou sur trente autres incidents des événements de la veille; mais je ne puis passer sous silence un des bruits qui furent les plus accrédités, parce qu'il démontre le degré de malice et de crédulité de nos adversaires. Il se disait partout que la seconde nuit de mon arrivée, j'avais fait mettre le feu à une de mes granges, pour jeter tout l'odieux de cet acte sur « les vertueux travailleurs », qui n'avaient fait que mettre sur pied un corps armé pour me chasser de ma propriété. Oui, j'étais là sur mon banc, sans soupçonner l'honneur qu'on me faisait, et regardé par la moitié de la congrégation comme un jeune homme intègre et respectable capable d'imaginer et d'exécuter un acte aussi abominable. Or, pour ceux qui n'ont pas eu occasion d'en faire l'essai, il est impossible de se former une idée de la puissance effrayante de ces mots en Amérique : « Tout le monde dit. » L'*on dit* français n'est qu'un pauvre, un misérable instrument placé à côté de ce vaste levier qui, comme celui d'Archimède, n'a besoin que d'un point d'appui pour remuer le monde. La rumeur américaine a une certaine omnipotence qui repose non pas sur l'esprit mais sur le caractère des institutions. Dans un pays où le peuple gouverne, « tout le monde » veut que son « dire » ne soit pas considéré comme rien. Si peu de gens mettent en doute la justice des décisions populaires, que l'Écriture sainte elle-même n'a pas la moitié de l'influence qu'exercent ces rumeurs lorsqu'une fois elles sont accréditées. Peu de personnes osent y résister, moins encore osent en contester la vérité, quoique, dans la plupart des cas, elles soient rarement justes. Elles font et défont les réputations ; pour un certain nombre, bien entendu, elles font même et défont les patriotes. Chacun sait néanmoins qu'il n'y a aucune durée, aucune fixité dans ce que « tout le monde dit, » et que souvent ou plutôt toujours, tout le monde dédit ce qui a été dit six mois auparavant ; et cependant on se soumet à l'autorité de ces dires aussi longtemps qu'ils durent. La seule exception à cette règle, et qui vient encore la confirmer, se rencontre dans les discussions politiques, lorsqu'il y a une contradiction manifeste dans ce que tout le monde dit d'une part et tout le monde dit de l'autre, lorsque souvent même il y a une demi-douzaine de rumeurs toutes différentes entre elles.

J'étais là sur mon banc, comme je le disais, le point de mire de tous les yeux, simplement parce qu'il convenait à ceux qui désiraient m'enlever ma propriété d'élever contre moi de faux bruits dont aucun, je suis heureux de le dire, n'avait le moindre fondement. Toutefois une observation attentive me prouva que la plus grande partie des hommes réunis dans l'église n'appartenait pas à la paroisse. La curiosité ou quelque sentiment plus dangereux avait triplé en ce jour le nombre des auditeurs de M. Warren, ou plutôt de mes surveillants.

Il n'y eut cependant d'autre interruption dans le service que celle qui pouvait résulter des maladresses de tant de gens étrangers au rite. Le respect habituel accordé aux cérémonies religieuses suffit pour maintenir l'ordre, et, malgré les sentiments d'égoïsme et de méchanceté qui dominaient, je restai à l'abri de toute violence et de toute insulte. Quant à mon caractère et à mes dispositions, on ne me connaissait que peu ou point à Ravensnest.

L'école, le collège, les voyages, les résidences d'hiver en ville, avaient fait de moi presque un étranger dans mes domaines, et l'on me jugeait plutôt par les clauses de mes baux que par aucun autre fait. Il en était à peu près de même de mon oncle, qui avait vécu si longtemps à l'étranger qu'on le considérait comme un homme qui préférait les autres pays au sien. C'est là une injure que les masses pardonnent difficilement en Amérique. Ses longues absences et ses préférences supposées pour l'étranger, avaient rendu mon oncle Ro passablement impopulaire. Ce défaut de popularité cependant était un peu corrigé par une réputation bien établie de probité et de générosité, la bourse de mon oncle n'ayant pas plus de cordons que la porte du général Harrison n'avait de serrures et de loquets. Quant à ma grand'mère, c'était tout différent. Depuis sa jeunesse, sa vie tout entière s'était passée à Ravensnest, et il était impossible qu'une aussi excellente femme ne fût pas respectée. Il était difficile de faire tomber sur elle une accusation quelconque ; cependant on en fit l'essai, et non sans quelque succès, et elle se vit reprocher une préférence aristocratique pour sa propre famille, au préjudice des enfants des autres. Patt et moi, disait-on, n'étaient que ses petits-enfants, et se trouvaient abondamment pourvus de biens de toutes sortes ; et une femme de l'âge de madame Littlepage, avec un pied dans la tombe, aurait dû avoir assez de philanthropie pour ne pas mettre les intérêts de ses petits-enfants au-dessus des intérêts des enfants de tant de familles qui depuis soixante ans payaient des rentes à son mari et à ses fils. Cette attaque était même descendue de la chaire, ou plutôt d'un tonneau renversé employé en guise de chaire par un prédicateur ambulant, qui cherchait à concilier les préceptes de l'Évangile avec les préceptes de l'anti-rentisme. En conséquence, ma bonne grand'mère avait un peu vu décroître à son égard la publique estime, l'impopularité étant parmi nous le péché que l'on pardonne le moins et qui résume en lui seul toutes les autres offenses.

Le lecteur, qui n'est pas au courant de nos habitudes sociales, ne doit pas supposer que je charge mes couleurs pour produire de l'effet. Loin de là, je suis convaincu que je suis encore au-dessous de la réalité, car aucune question de quelque intérêt ne se décide ici d'après les principes ou les lois. Le pouvoir du nombre est si efficace, qu'il n'y a même pas un procès privé de quelque importance confié à un jury, sans que l'on cherche par des moyens plus ou moins directs à influencer l'esprit public pour ou contre, dans l'espérance que les jurés seront portés à penser ce que pense la majorité. On sait qu'en Europe, les juges sont visités et sollicités par les parties; mais ici c'est le public que l'on courtise et que l'on sollicite. Je suis loin de vouloir exagérer les défauts de mon propre pays, et je sais par expérience qu'il existe ailleurs des maux correspondants, ne différant que par leur aspect extérieur et par leur mode d'action; mais je signale les formes dans lesquelles se présentent nos défauts, et celui-là n'est ni un ami de son pays, ni un homme honnête, qui veut les couvrir d'un voile au lieu de les montrer et de les corriger. La maxime *nil nisi bene* a fait un mal infini à notre pays, et par suite à la liberté.

Je ne crois pas qu'en ce jour le culte fût très-fervent à l'église de Saint-André; la moitié de la congrégation s'occupait de toute autre chose que de la liturgie, et tous ceux qui avaient perdu leur page dans le livre de prière, ou qui n'avaient pas suivi du tout, s'imaginaient que c'était suffisamment rendre hommage à notre rituel semi-papiste, que de tenir leurs yeux fixés sur moi et sur mon banc surmonté d'un baldaquin. Combien y avait-il là de pharisiens qui croyaient sincèrement que j'avais moi-même fait brûler ma grange pour rejeter l'odieux du fait sur les vertueux et honnêtes tenanciers, qui ajoutaient foi à toutes les histoires débitées sur mon titre, à toutes les accusations répandues dans le pays par une cupidité calculée? Beaucoup de gens, je n'en doute pas, sortirent ce jour-là de l'église, après avoir dans leur injustice remercié Dieu de n'être pas aussi méchant que l'homme qu'ils se proposaient de maltraiter.

Le service fini, je m'arrêtai dans le vestiaire pour dire quelques mots à M. Warren, car il n'avait pas passé la nuit avec nous à Ravensnest.

— Votre auditoire a été plus nombreux ce matin qu'à l'ordinaire, lui dis-je en souriant, quoiqu'il n'ait pas été aussi attentif qu'il l'aurait dû.

— Je dois cela à votre retour, monsieur Littlepage, ajouté aux événements des jours passés. J'ai craint un moment qu'il n'y eût sous jeu quelque projet secret, et que le jour et l'endroit ne fussent profanés par quelque scène de violence. Tout néanmoins s'est bien passé sous ce rapport, et j'espère qu'aucun méfait nouveau ne sortira de cette foule. Nous autres Américains, nous avons pour les choses religieuses un respect qui ordinairement protége le temple.

— Avez-vous donc cru, Monsieur, que Saint-André courait aujourd'hui quelque risque?

M. Warren rougit un peu, et hésita un instant avant que de répondre.

— Vous connaissez sans doute, jeune homme, dit-il, la nature du sentiment qui a envahi le pays? Pour arriver à ses fins, l'antirentisme appelle à lui tous les auxiliaires qu'il peut rencontrer dans les mauvaises passions, et, entre autres choses, il excite les esprits contre le dais qui surmonte votre banc. J'avoue que d'abord j'ai redouté quelque tentative violente contre cet objet d'envie.

— Nous verrons bien, Monsieur : si je fais enlever le dais, ce sera d'après un principe juste et vrai ; mais je ne le ferai pas tant qu'il sera un sujet d'envie, de méchanceté et d'égoïsme. Il vaudrait mieux le laisser subsister pendant encore un demi-siècle, que de faire une telle concession.

En disant ces mots, je pris congé du ministre, me hâtant d'aller rejoindre les dames dans les champs.

CHAPITRE XXV.

> C'est là une république pure ; pure mais forte, une vigoureuse démocratie, où tous obéissent à ce qu'ils ont eux-mêmes voté, bon ou mauvais : et à leurs lois qu'ils appellent lois bleues; si elles étaient rouges, elles pourraient appartenir au code de Dracon.
> HALLECK.

Telle était ma précipitation en sortant de l'église, que je ne regardai ni à droite ni à gauche. Je voyais devant moi la taille fine et élégante de Mary Warren, qui s'avançait lentement au milieu des autres, comme si elle eût semblé attendre que je les eusse rejointes. Traversant la route et franchissant une petite barrière, je me trouvai en un instant dans la prairie environné de toutes ces demoiselles.

— Que signifie cette foule, Hughes? me dit ma sœur en dirigeant la pointe de son ombrelle vers la route.

— Cette foule ! je n'ai vu aucune foule, chacun avait quitté l'église avant moi, et tout s'était passé paisiblement. Ah! par ma foi, cela ressemble effectivement à une foule réunie là-bas sur la route : on dirait même un meeting organisé. Oui, voilà le président assis sur une barrière, et celui qui tient un papier à la main est sans doute le secrétaire : c'est très-régulier et très-américain; tout cela! Ils méditent quelque méchant projet, j'en réponds, sous la forme d'une manifestation de l'opinion publique. Voyez, il y a un gaillard qui pérore et gesticule avec beaucoup de vigueur.

Nous nous arrêtâmes tous un instant pour examiner les mouvements de cette foule qui avait tous les caractères d'un meeting public. Ces hommes étaient là, me dirent mes compagnes, depuis le moment où ils avaient quitté l'église, paraissant occupés de sérieuses délibérations. Le spectacle étant curieux et le temps très-beau, nous nous promenâmes tranquillement dans la prairie, nous arrêtant de temps en temps pour voir ce qui se passait derrière nous.

Nous avions de cette manière parcouru environ la moitié de la distance qui nous séparait de la maison, lorsqu'en nous retournant nous vîmes que la foule s'était dispersée, les uns s'en allant dans leurs wagons, les autres à cheval, d'autres à pied. Trois hommes cependant se dirigeaient vers nous en toute hâte, comme s'ils voulaient nous atteindre. Ils avaient déjà traversé la barrière, et suivaient le sentier de la prairie : c'était un chemin que prenaient seulement les personnes qui venaient habituellement à la maison. Dans cet état de choses, je résolus de m'arrêter et de les attendre, et je communiquai ma résolution aux jeunes personnes qui m'accompagnaient.

— Comme ces hommes viennent évidemment à ma rencontre, leur dis-je, veuillez, Mesdemoiselles, poursuivre votre marche vers la maison pendant que je les attends ici.

— Au fait, répondit Patt, ils ne peuvent avoir à te dire que des choses que nous désirons peu entendre, et tu nous rejoindras promptement. N'oublie pas, Hughes, que le dimanche nous dînons à deux heures, le service du soir commençant à quatre.

— Non, non ! s'écria vivement Mary Warren, nous ne devons pas, nous ne pouvons pas quitter M. Littlepage, ces hommes peuvent lui faire quelque mal.

Je fus enchanté de ce témoignage d'intérêt si naturellement

exprimé, aussi bien que de l'air de résolution qui l'accompagnait. Mary elle-même ne put s'empêcher de rougir, mais elle n'en persista pas moins dans son projet.

— Mais de quelle utilité pouvons-nous être à Hughes, ma chère, répondit Patt, même en supposant qu'il y eût quelque danger? Il vaut mieux que nous regagnions promptement la maison pour envoyer ici de l'aide, plutôt que d'y rester immobiles et sans utilité.

Profitant aussitôt de cet avertissement, mesdemoiselles Colebrooke et Marston, qui étaient déjà en avant, prirent leur course, sans doute pour mettre à exécution le projet de ma sœur; mais Mary Warren resta ferme, et Patt ne voulut pas abandonner son amie, quelle que fût sa disposition à me traiter avec moins de cérémonie.

— Il est vrai, reprit la première, que nous ne serions pas capables d'assister M. Littlepage si l'on avait recours à la violence; mais la violence est peut-être ce qui est le moins à craindre. Ces misérables gens respectent si peu la vérité, et ils sont trois contre un si votre frère reste seul, qu'il nous vaut mieux rester et entendre ce qui sera dit, afin que nous puissions témoigner des faits, si ces hommes voulaient les travestir, comme il arrive trop souvent.

Je fus frappé de la prudence et de la sagacité de cette réflexion, et Patt alors s'approcha de la barrière sur laquelle je m'étais assis avec un air aussi calme et aussi résolu que Mary Warren. En ce moment les trois envoyés se trouvaient près de nous; deux d'entre eux étaient de mes tenanciers; ils se nommaient Bunce et Mowatt. Je les connaissais fort peu, mais c'étaient d'ardents anti-rentistes. Le troisième m'était complétement inconnu; c'était un démagogue ambulant qui avait été l'un des meneurs les plus actifs du dernier meeting, et se servait des deux autres comme d'aveugles instruments. Ils s'avancèrent tous trois vers moi avec un air de grande importance. Bunce prit le premier la parole.

— Monsieur Littlepage, dit-il, il y a eu ce matin un meeting public dans lequel ont été adoptées diverses motions; nous avons été délégués pour vous en présenter une copie, et notre mission est accomplie en vous remettant ce papier.

— Et qui vous dit, répondis-je, que je juge à propos de le recevoir?

— Je ne pense pas qu'aucun homme, dans un pays libre, se refuse à recevoir une série de motions adoptées dans un meeting de ses concitoyens.

— Cela dépend des circonstances, et en particulier du caractère des motions. C'est précisément cette même liberté du pays qui donne à un homme le droit de dire qu'il se soucie peu de vos motions, aussi bien qu'à vous le droit de les voter.

— Mais vous n'avez pas encore vu ces motions, monsieur, et tant que vous ne les connaîtrez pas, vous ne pouvez pas savoir si elles vous conviennent.

— C'est très-vrai ; mais j'en ai vu les porteurs, j'ai vu leurs manières, et je n'admets pas que la première réunion venue d'hommes connus ou inconnus puisse m'adresser des motions, sans savoir si cela me convient ou non.

Cette déclaration sembla frapper d'étonnement les délégués. L'idée qu'un homme seul pût hésiter à se soumettre au joug imposé par une centaine, était quelque chose de si nouveau, de si inconcevable pour des gens accoutumés à considérer la majorité comme la seule expression du vrai, qu'ils ne savaient comment se rendre compte de tant de hardiesse. D'abord ils semblèrent ouvertement disposés à relever l'injure ; puis vint la réflexion, qui leur disait probablement que ce serait une mauvaise voie à suivre, enfin ils se résolurent à mener les choses plus doucement.

— Dois-je donc conclure, monsieur Littlepage, que vous refusez d'accepter les motions d'un meeting public ?

— Oui ; d'une demi-douzaine de meetings publics mis ensemble, si ces motions sont injurieuses, ou sont présentées d'une manière injurieuse.

— Quant aux motions, vous ne pouvez rien en savoir, ne les ayant pas vues. Quant au droit qui appartient à des hommes assemblés de voter telles motions qu'ils jugent convenables, je présume qu'il ne peut y avoir question.

— Ce droit même, Monsieur, peut être mis en question, ainsi que nous avons pu le voir dans plusieurs de nos cours. Mais alors que le droit existerait dans toute l'étendue que vous lui supposez, cela ne vous donnerait pas le droit de m'imposer ces motions.

— J'ai donc à dire au peuple que vous refusez même de lire ses résolutions, monsieur Littlepage.

— Vous lui direz ce que vous voudrez, monsieur. Je ne reconnais de peuple que dans le sens légal du mot, et avec les pouvoirs limités qu'il exerce en vertu de la loi. Quant à ce pouvoir nouveau qui s'élève dans le pays, et qui a l'effronterie de s'appeler le peuple, quoique composé d'hommes réunis par l'intrigue et égarés par le mensonge ; il ne me cause ni respect ni crainte, et comme je ne le considère qu'avec mépris, je le traiterai avec mépris, chaque fois que je le rencontrerai sur ma route.

— J'ai donc à dire au peuple de Ravensnest, Monsieur, que vous le considérez avec mépris.

— Je ne vous autorise à rien dire de ma part au peuple de Ravensnest ; car je ne sais si le peuple de Ravensnest vous a donné aucune mission. Si vous voulez me demander respectueusement, comme sollicitant une faveur plutôt que réclamant un droit, de lire le contenu du papier que vous tenez à la main, je serais disposé à vous écouter. Ce que je n'admets pas, c'est qu'une poignée d'hommes se réunisse, se donne le nom de peuple, prétende ainsi à l'autorité, et s'arroge le droit d'imposer ses motions aux autres.

Les trois délégués firent quelques pas en arrière, et se consultèrent ensemble pendant deux ou trois minutes. Pendant qu'ils étaient ainsi occupés, j'entendis la douce voix de Mary Warren, qui me disait tout bas : — Prenez leurs motions, monsieur Littlepage, et débarrassez-vous d'eux. Je ne doute pas qu'elles ne contiennent une foule d'absurdités ; mais tout sera fini en prenant le papier.

Ceci était un conseil de femme, prompte à la concession, quand ses craintes sont éveillées ; mais je me vis épargner la douleur de repousser sa demande, par le changement de ton du trio qui s'avança de nouveau vers nous.

— Monsieur Hughes Roger Littlepage, junior, dit Bunce d'une voix solennelle, comme s'il faisait une sommation légale de la plus haute importance, je vous demande maintenant, de la manière la plus respectueuse, si vous consentez à recevoir ce papier. Il contient certaines résolutions prises avec une grande unanimité par le peuple de Ravensnest, et qui ne sont pas sans intérêt pour vous. Je suis chargé de vous demander respectueusement si vous voulez accepter cette copie desdites résolutions.

Je coupai court aux paroles de l'orateur en recevant le papier qui m'était offert, et il me sembla que les trois dignes ambassadeurs en étaient tant soit peu contrariés. Cela donna une nouvelle tournure à mes idées, et s'ils eussent alors redemandé la copie de leurs résolutions, je ne l'aurais certainement pas rendue. Je crois que pendant un moment, Bunce voulut tenter l'expérience. Lui et ses compagnons eussent été enchantés de pouvoir crier à travers le pays que le propriétaire aristocrate, le jeune Littlepage, considérait le peuple avec mépris, et refusait même d'accepter les résolutions qu'il lui avait plu dans sa majesté de voter. Quoi qu'il en soit, j'avais suffisamment rabattu la présomption de ces prétendus apôtres de la liberté, j'évitais toutes les conséquences de leurs clameurs, et je trouvais l'occasion de satisfaire ma curiosité sur le contenu de ce formidable papier que m'adressait le meeting. Je pliai donc cette pièce importante, et la mettant dans ma poche, je saluai les délégués en leur disant :

— C'est bien, Messieurs ; si les résolutions du meeting méritent qu'on en tienne compte, je saurai comment agir. Des meetings publics tenus un dimanche sont une chose si rare dans cette partie du monde, qu'ils peuvent avoir quelque intérêt pour cette petite portion de l'État qui ne dépend pas de Ravensnest.

Les délégués parurent un peu confus ; mais l'étranger ou le démagogue ambulant répondit au moment où je m'en allais avec Patt et Mary :

— Aux jours saints, les actions saintes. Le sujet a rapport au sabbat, et il n'y a pas de meilleur temps que le sabbat pour s'en occuper.

J'avoue que je mourais de curiosité de jeter un coup d'œil sur les motions ; mais ma dignité m'empêcha de me satisfaire, jusqu'à ce que nous fussions arrivés à un endroit où le sentier conduisait à travers un taillis qui nous cachait aux regards. Une fois sous le couvert, je retirai vivement le papier de ma poche, et mes deux compagnes s'approchèrent pour écouter, avec une vivacité d'intérêt égale à la mienne.

— Ici vous pouvez voir d'un coup d'œil, m'écriai-je en déployant cette pièce, comment le peuple a l'initiative de ses résolutions. Toute cette écriture est soignée, et a été faite certainement à main posée ; une si belle copie n'a pu être improvisée sur la grande route. Cela prouve que la besogne a été apportée toute taillée au peuple souverain, auquel, comme aux autres monarques, on a la bonté d'épargner le travail et la peine.

Me préparant alors à lire le contenu de ce papier, je vis qu'il avait été soigneusement préparé pour la publication ; et sans doute il devait bientôt figurer dans quelques-uns des journaux. Heureusement, ces menées deviennent si fréquentes, on en a tant abusé, et il se tient tant de meetings qui se contredisent l'un l'autre, quoique tous veuillent représenter l'opinion publique, que toutes ces jongleries sont tombées dans le mépris. Tout homme intelligent sait parfaitement aujourd'hui que les manifestations les plus actives et les plus bruyantes sont les moins sincères, les moins éclairées, et il ne daigne pas leur accorder son attention. Il en est de même de la presse en général : elle est tombée dans un tel discrédit, que non-seulement son influence pour faire le mal est beaucoup amoindrie, mais qu'elle a perdu aussi presque tout moyen de faire le bien.

Enfin, je lus tout haut les résolutions du meeting. J'en donne ici le texte :

« A un meeting des citoyens de Ravensnest, spontanément assemblé le 22 juin 1845, sur la grande route, après le service divin dans la maison épiscopale, accompli suivant les formes de l'Église établie en Angleterre, Onésiphore Hayden a été nommé président et Puloski Todd secrétaire. Après une éloquente et lumineuse exposition sur le sujet du meeting, et quelques considérations remarquables sur l'aristocratie et les droits de l'homme, développées par Démosthène Hewett et John Smith, les manifestations suivantes du sentiment public ont été adoptées à l'unanimité :

« Résolu, qu'une manifestation modérée de l'opinion publique est utile aux droits des hommes libres, et est un des plus précieux priviléges de la liberté, de cette liberté qui nous a été transmise par nos ancêtres qui combattirent pour obtenir des institutions libres ;

« Résolu, que nous apprécions ce privilége, et que nous en maintiendrons toujours l'exercice avec constance comme le prix de notre liberté ;

« Résolu, que comme tous les hommes sont égaux aux yeux de la loi, ils le sont encore plus aux yeux de Dieu ;

« Résolu, que les maisons de prière sont des endroits destinés aux réunions du peuple, et qu'on ne doit y admettre rien qui soit opposé au sentiment public, ou qui puisse le blesser ;

« Résolu, que dans notre jugement le siége qui est bon pour un homme est bon pour un autre ; que nous ne reconnaissons aucune distinction de famille ou de race, et que les bancs doivent être construits sur des principes d'égalité, aussi bien que les lois ;

« Résolu, que les dais sont des distinctions royales tout à fait étrangères aux républicains, et surtout aux maisons de prière républicaines;

« Résolu, que la religion doit être conforme aux institutions d'un pays, et qu'une forme républicaine de gouvernement demande une forme républicaine de religion, et que des siéges privilégiés dans la maison de Dieu sont contraires aux principes de la liberté;

« Résolu, qu'en plaçant un dais au-dessus de son banc dans la maison de prière de Saint-André, le général Cornelius Littlepage s'est conformé à l'esprit des temps passés, plutôt qu'à l'esprit du siècle présent, et que nous regardons le maintien de ce dais comme une prétention aristocratique à une supériorité qui est opposée au caractère du gouvernement, aux principes de la liberté, et qui est d'un exemple dangereux;

« Résolu, que nous voyons une connexité évidente entre les têtes couronnées, les patentes de noblesse, les bancs surmontés de dais, les distinctions personnelles, les tenures à bail, les propriétaires de domaines, les redevances de volailles, les baux sur trois têtes et la RENTE;

« Résolu, que lorsque les propriétaires de granges veulent les détruire, pour quelque raison que ce soit, nous sommes d'avis qu'il y a des moyens moins alarmants pour le voisinage que d'y mettre le feu, et de donner ainsi naissance à mille faux bruits et accusations qui blessent la vérité;

« Résolu, qu'une copie sera faite de toutes ces résolutions, afin d'être délivrée à un Hughes Roger Littlepage, citoyen de Ravensnest, dans le comté de Washington, et que Pierre Bunce, John Mowatt et Hezekiah Prott sont délégués pour accomplir cet acte.

« Sur quoi, le meeting s'est ajourné *sine die*. Signé Onésiphore Hayden président, Puloski Todd secrétaire. »

— Que signifie cette dernière résolution, monsieur Littlepage? demanda Mary Warren avec anxiété, celle qui concerne la grange?

— Assurément il y a là un sens caché qui n'est pas sans perfidie. Les misérables veulent-ils insinuer que c'est moi qui ai fait mettre le feu à la grange?

— Ce ne serait guère que ce qu'ils ont essayé de faire avec tous les propriétaires qu'ils ont essayé de voler, répliqua Patt avec vivacité. La calomnie semble l'arme naturelle de ceux qui ne gagnent du pouvoir qu'en faisant appel au nombre.

— C'est assez naturel, ma chère sœur, puisque le préjugé et la passion sont des agents aussi actifs que la raison et les faits. Mais ceci est une calomnie qui mérite d'être poursuivie. Si je vois que ces hommes veuillent réellement faire croire que j'ai ordonné l'incendie de ma grange..... Mais bah! ce sont après tout des niaiseries. N'avons-nous pas ici Newcome et son complice, emprisonnés pour avoir essayé d'incendier ma maison?

— Ne soyez pas trop confiant, monsieur Littlepage, dit Mary avec une anxiété si marquée, que je ne pus m'empêcher d'en être flatté; cette histoire même peut être imaginée exprès pour jeter de la méfiance sur vos propres accusations contre les deux incendiaires. Rappelez-vous combien les faits dépendront de votre propre témoignage.

— Vous serez là pour l'appuyer, mademoiselle Warren, et il n'y a pas de juré qui hésitât à croire ce que vous témoignerez. Mais nous approchons de la maison; nous ne dirons plus rien sur ce sujet, de peur de tourmenter ma grand'mère.

Tout était tranquille chez nous; il n'y avait rien de nouveau du côté des hommes rouges. Le dimanche était pour eux comme un autre jour; seulement, par déférence pour nos habitudes, ils le respectaient jusqu'à un certain point en notre présence. Quelques écrivains ont prétendu que les aborigènes de l'Amérique sont des tribus perdues d'Israël; mais il me semble qu'un tel peuple vivant à part, hors de toute influence étrangère, aurait nécessairement conservé quelque tradition sur le sabbat hébraïque.

A la porte de la maison nous rencontrâmes Jonh, qui nous rassura sur la situation intérieure et extérieure.

— Ils en ont eu assez hier soir, dit-il, et ils ont pu se convaincre qu'il vaut mieux faire du feu dans son propre four, que de venir l'allumer dans la cuisine d'un autre. Je n'avais jamais entendu dire que les Américains fussent plus Irlandais qu'Anglais; mais ils me semblent devenir de jour en jour semblables aux sauvages irlandais, dont on nous parlait si souvent à Londres. Votre honoré père, monsieur Hughes, n'aurait jamais pu croire que sa maison serait envahie la nuit par des hommes qui sont ses propres voisins, qui agissent comme des brigands, comme de véritables oiseaux de Newgate[1]. Comment! ce M. Newcome est un avocat, et souvent il a dîné à la maison. Je lui ai servi cinquante fois sa soupe, son poisson et son vin, comme s'il avait été un gentleman, et à sa sœur aussi, mademoiselle Opportunité ; et ils viennent tous deux, à minuit, mettre le feu à la maison!

— Vous êtes injuste envers mademoiselle Opportunité, John, car elle n'a aucunement trempé dans cette affaire.

— Eh bien, Monsieur, on ne sait trop que penser dans ces jours-ci..... Je déclare que mes yeux deviennent faibles, ou voilà précisément la jeune personne elle-même.

— Quelle jeune personne? vous ne voulez pas dire, assurément, mademoiselle Opportunité?

— Si fait, Monsieur, et c'est certes bien elle. Si ce n'est pas mademoiselle Opportunité, le prisonnier que tiennent les sauvages dans la ferme n'est pas son frère.

John avait raison; Opportunité était là, debout dans le sentier et à l'endroit même où je l'avais vue la nuit précédente disparaître à mes yeux. C'était au point où le sentier plongeait dans le ravin boisé, et la descente cachait une partie de sa personne, de sorte que nous ne pouvions voir que sa tête et la partie supérieure de son corps. Elle s'était montrée de manière à attirer mon attention, et lorsqu'elle eut réussi, elle descendit quelques pas jusqu'à ce qu'on ne pût plus la voir. Recommandant à John de ne rien dire, je m'élançai dans la direction du ravin, bien persuadé que j'étais attendu, et redoutant que cette visite ne présageât de nouvelles catastrophes.

La distance était si courte, que je fus bientôt sur le bord du ravin; mais lorsque je l'eus atteint, Opportunité avait disparu. D'après la disposition du taillis, elle pouvait aisément être cachée, même à quelques pas de moi, et je m'avançai pour l'atteindre. Un éclair de défiance, je l'avoue, traversa mon esprit pendant que je suivais la descente; mais cette pensée fut bientôt dissipée par la curiosité qu'éveilla la prompte rencontre d'Opportunité. Elle s'était placée près d'un banc rustique qui se trouvait dans le plus épais du taillis, mais si près du sentier, qu'elle put me faire connaître où elle était en m'appelant doucement par mon nom. En un instant, je fus auprès d'elle. Elle se laissa aussitôt tomber sur le banc, soit par coquetterie, soit qu'elle fût réellement émue.

---

1. Lieu d'exécution à Londres.

— Oh! monsieur Hughes, s'écria-t-elle en me regardant avec une anxiété sérieuse qui se voyait rarement sur sa figure; Sen, mon pauvre frère Sen! Qu'ai-je fait! qu'ai-je fait!

— Voulez-vous me répondre avec franchise à une ou deux questions, mademoiselle Opportunité? Je vous donne d'avance ma parole que vos répliques ne seront jamais invoquées ni contre vous ni contre les vôtres. Ceci est une affaire très-sérieuse, et doit être traitée avec une parfaite franchise.

— Je vous répondrai à vous, dit-elle, quelque question que vous m'adressiez, quand même je devrais rougir de le faire; mais, ajouta-t-elle en appuyant sa main familièrement pour ne pas dire tendrement sur mon bras, pourquoi serions-nous l'un pour l'autre monsieur Hughes et mademoiselle Opportunité, quand nous avons été si longtemps Hughes et Op. Appelez-moi Op encore, et je verrai que l'honneur de ma famille et le bonheur du pauvre Sen sont, après tout, entre les mains d'un véritable ami.

— Personne n'est plus que moi disposé à conserver de bons souvenirs, et je consens volontiers à être Hughes encore. Mais vous savez tout ce qui s'est passé.

— Je le sais; oui, les terribles nouvelles sont venues nous trouver, et ma mère ne m'a pas laissé un moment de repos, jusqu'à ce que je vinsse encore une fois vous trouver.

— Encore une fois! Votre mère était-elle donc informée de la visite d'hier soir?

— Oui, oui, elle la connaissait et l'a conseillée.

— Votre mère est une femme très-prévoyante et très-prudente, répondis-je en me mordant les lèvres, et je saurai désormais combien je lui ai d'obligation. Quant à vous, Opportunité, je vous dois la conservation de ma maison, et peut-être le salut de tous ceux qui me sont le plus chers.

— Eh bien, c'est quelque chose; il n'y a aucun chagrin qui n'ait son soulagement. Mais vous devez savoir, Hughes, que je n'aurais jamais supposé que Sen lui-même fût assez faible pour se mêler en personne à une telle entreprise. Je savais parfaitement que, dans les temps anti-rentistes, le feu et l'épée font la loi; mais Sen est en général prudent et habile. Je me serais coupé la langue avant que d'entraîner mon propre frère dans un tel abîme. Non, non, ne me jugez pas assez mal, pour croire que je venais dénoncer Sen!

— Il me suffit de savoir combien vous vous êtes donné de peine pour m'avertir du danger. Il est inutile pour moi de vous considérer sous un autre point de vue que sous celui d'une amie.

— Ah! Hughes, que nous étions tous heureux et gais, il y a quelques années! C'était avant que vos demoiselles Colebrooke ou Marston ou Mary Warren fussent dans le pays. Alors nous avions de la joie, et j'espère que ces beaux jours reviendront. Si mademoiselle Marthe voulait se tenir aux anciennes amies au lieu de courir après de nouvelles, Ravensnest serait encore ce qu'il était.

— Vous ne devez pas blâmer ma sœur de préférer les amies de son choix. N'oubliez pas qu'elle est de beaucoup plus jeune que nous, et se trouvait à peine, il y a six ans, en âge d'être notre compagne.

Opportunité ne put s'empêcher de rougir un peu, car elle ne s'était servie de Patt que comme d'un manteau pour diriger ses attaques sur moi, et elle savait aussi bien que moi que ma sœur avait bien sept ans de moins qu'elle. Ce sentiment, toutefois, ne fut que momentané, et elle revint au sujet véritable de sa visite.

— Que dois-je dire à ma mère, Hughes? Vous relâcherez Sen, n'est-ce pas?

Je réfléchis, pour la première fois, sur les difficultés de ma position; mais j'éprouvais une forte répugnance à laisser échapper des incendiaires.

— Les faits doivent être bientôt connus par toute la ville, répliquai-je.

— Sans doute; on les connaît même probablement déjà. Les nouvelles vont vite à Ravensnest, il faut en convenir.

— Eh bien, votre frère ne peut guère rester ici, après tout ce qui s'est passé.

— Mon Dieu! comme vous parlez! Si la loi veut le laisser tranquille, qui l'inquiéterait pour cela? Il y a trop peu de temps que vous êtes de retour pour savoir que, dans ces jours d'anti-rentisme, on ne s'inquiète pas plus d'un incendie qu'on ne se serait inquiété autrefois d'une offense vénielle : l'anti-rentisme change toutes les dispositions.

Combien c'était malheureusement vrai! Et nous avons parmi nous des jeunes gens qui ont passé de leur dixième à leur vingtième année dans une condition de société presque entièrement abandonnée à l'influence corruptrice des plus mauvaises passions. Il n'est pas étonnant que les hommes regardent l'incendie comme une offense vénielle, lorsque dès leur jeunesse ils ont été élevés au milieu de notions aussi contraires à l'ordre et à la justice.

— Mais la loi, répondis-je, n'est pas aussi complaisante que les gens ; elle ne permettrait guère à des incendiaires de s'échapper, et votre frère serait obligé de quitter le pays.

— Qu'importe ? Combien de gens s'en vont et reviennent bientôt ! Je n'ai pas peur que Sénèque soit pendu, car le temps n'est guère à la pendaison aujourd'hui ; mais c'est une disgrâce pour une famille que de voir un de ses membres dans la prison d'État. Quant à une punition de longue durée, vous pouvez voir ce qu'il en est, aussi bien que moi. Il y a eu des hommes assassinés dans les mouvements anti-rentistes ; eh bien, les sénateurs et les représentants feront tant de bruit, si l'on propose de punir les coupables, que bientôt, pour peu que les choses continuent, on trouvera plus honorable d'être mis en prison pour avoir tué un officier de paix, que de rester libre pour ne l'avoir pas fait. Les paroles font tout ; et si l'on se met en tête de faire qu'un acte quelconque soit considéré comme honorable, il suffit de le dire et de le répéter souvent pour que cela soit admis.

Telles étaient les notions de mademoiselle Opportunité Newcome au sujet de la morale moderne, et l'on ne peut dire qu'elle fût très-loin de la vérité. Je ne pouvais m'empêcher de sourire de la manière dont elle traitait les choses, quoiqu'il y eût chez elle un certain sens pratique qui ne manquait pas d'habileté ; elle voyait les choses comme elles étaient, et c'est toujours un moyen de réussir.

Quant à moi, j'étais assez disposé à venir en aide à Opportunité dans cette malheureuse affaire ; car c'eût été une chose cruelle qu'elle pût croire avoir contribué à la condamnation de son frère. Il est vrai qu'il n'y a pas grand danger aujourd'hui à voir pendre un fripon, et Sénèque n'était pas assez gentilhomme, quoique très-jaloux de ce titre, pour mettre en danger son cou. Eût-il été propriétaire et surpris dans l'acte d'incendier la cuisine de son tenancier, l'État n'aurait pas eu assez de chanvre pour son exécution ; mais c'est bien différent de surprendre un tenancier à cette œuvre.

Les résultats de mon entrevue avec Opportunité furent ceux-ci : Premièrement, je conservai mon cœur à l'état où il se trouvait, quoique je ne sois pas certain qu'il fût véritablement libre ; secondement, la jeune personne me quitta très-rassurée sur le sort de son frère, quoique j'eusse eu bien soin de ne prendre aucun engagement; troisièmement, je l'invitai à venir ouvertement à la maison dans la soirée, comme le meilleur moyen d'obtenir quelque chose en faveur de Sénèque; enfin, nous nous séparâmes aussi bons amis qu'auparavant, et conservant chacun de notre côté les mêmes dispositions l'un à l'égard de l'autre. Quelles étaient-elles? ce ne serait peut-être pas très-modeste à moi de le faire savoir.

CHAPITRE XXVI.

> Si l'homme accepte le droit de propriété, il doit en accepter les conséquences, c'est-à-dire les distinctions sociales. Sans le droit de propriété la civilisation peut à peine exister; tandis que les plus grands progrès sociaux sont le résultat de ces distinctions sociales que tant de gens décrient. Le grand problème politique à résoudre est de savoir si les distinctions sociales, qui sont inséparables de la civilisation, peuvent réellement exister avec une parfaite égalité dans les droits politiques. Je soutiens qu'elles le peuvent.
>
> Essai politique.

Mon entrevue avec Opportunité Newcome demeura un secret entre ceux qui en avaient eu connaissance. Le service du soir à Saint-André n'attira que la congrégation ordinaire, toute la curiosité de la multitude semblant être entièrement satisfaite par les incidents de la matinée. Le reste du jour se passa comme d'habitude, et après avoir joui d'une belle soirée en compagnie des dames, je me retirai de bonne heure, et je dormis profondément jusqu'au matin. Mon oncle Ro partageait mon calme philosophique, et nous nous y encourageâmes mutuellement dans une courte conversation que nous eûmes dans sa chambre avant que d'aller reposer dans nos lits.

— Je conviens avec toi, Hughes, dit-il en réponse à une remarque que je lui avais faite, qu'il ne sert à rien de nous rendre malheureux pour des maux que nous ne pouvons éviter. Si nous devons être incendiés et dépouillés de notre propriété, eh bien, qu'il en soit ainsi. J'ai des fonds placés en Europe, et nous pourrons vivre là-dessus avec économie, en supposant que les choses en viennent au pire.

— Il est étrange d'entendre un Américain parler de chercher un refuge dans quelque endroit du vieux monde.

— Si les choses continuent comme elles vont depuis dix ans, tu l'entendras souvent. Jusqu'ici les riches de l'Europe ont été dans l'habitude de mettre de côté quelques fonds en Amérique pour les mauvais jours ; mais bientôt le temps viendra, à moins de grands changements, où les riches de l'Amérique rendront le compliment. Nous sommes plus mal placés sous beaucoup de rapports que si nous étions à l'état de nature, ayant les mains liées par la responsabilité qui appartient à notre position sociale, tandis que ceux qui nous attaquent n'ont aucune contrainte. Ils choisissent les magistrats qui sont dans leurs intérêts, ils nomment les shérifs qui doivent veiller à l'exécution des lois. La théorie suppose que le peuple est assez vertueux pour bien remplir ces devoirs, mais aucune mesure n'a été prévue pour le cas où le peuple s'égarerait en masse.

— Nous avons nos gouverneurs et nos maîtres à Albany, Monsieur.

— Oui, nous avons nos gouverneurs et nos serviteurs à Albany, et les voilà calmes et indifférents! Une seule proclamation du gouverneur de cet État, une seule, claire, énergique et résolue, aurait suffi pour réveiller les bons sentiments de la communauté et pour triompher de l'esprit de révolte; mais quelque faible que fût ce tribut accordé au bon droit, il n'a jamais été payé, et il ne le sera jamais jusqu'à ce que nous soyons débarrassés des patriotes superfins, jusqu'à ce que nous remettions les fonctions importantes entre les mains des hommes de la vieille école, des gentlemen qui ne sont guidés que par des principes élevés. Que le ciel me préserve des citoyens ultra-patriotiques et ultra-vertueux! il ne faut attendre d'eux rien de bon.

— Je crois, Monsieur, que le meilleur moyen est de vous persuader que nous avons atteint le point extrême de la réaction, et de nous tenir prêts à nous soumettre aux pires événements.

Après quelques mots de plus à ce sujet, nous nous séparâmes, et je puis dire que je n'ai jamais de ma vie dormi plus profondément. Si je devais perdre ma propriété, c'était un malheur que d'autres avaient souffert sans en mourir, et pourquoi n'en ferais-je pas de même ? Il est vrai que ces hommes avaient été les victimes de ce qu'on appelle des tyrans; mais d'autres encore avaient été dépouillés par les masses. Les gros mots ne changeraient rien à l'affaire. Aucun homme n'a jamais été plus libre, parce qu'il se vantait de son indépendance, et je n'en étais pas à apprendre que lorsque les majorités vous font injure, les votes sont d'une nature intolérable. D'habitude, cependant, elles ne sont pas disposées à cette sorte de crime; mais les hommes en masse ne sont pas plus infaillibles que les individus. Ce fut au milieu de ces réflexions philosophiques que je m'endormis.

Je fus éveillé le lendemain matin par John, qui se tint debout auprès de mon lit, après avoir ouvert les volets.

— Je vous déclare, monsieur Hughes, dit-il, que je ne sais pas ce qui arrivera encore à Ravensnest, maintenant que le méchant esprit a pris le dessus parmi les habitants !

— Bah, bah, John, ce que vous appelez le méchant esprit n'est que l'esprit des institutions, qui doit être honoré au lieu d'être critiqué.

— Eh bien ! Monsieur, je ne sais pas comment ils l'appellent, car ils parlent si souvent des institutions dans ce pays, que je ne sais plus où elles se trouvent. Il y avait une institution près de l'endroit où je demeurais dans le West-End à Londres, et là, on enseignait aux jeunes gens à parler grec et latin. Mais les institutions, en Amérique, doivent signifier autre chose; car des gens qui ne savent pas plus de latin que moi, semblent parfaitement au courant des institutions américaines. Mais voudriez-vous croire, monsieur Hughes, pourriez-vous croire que le peuple a commis un parricide hier soir !

— Je n'en serais pas surpris; car selon moi, ils sont disposés au matricide, si l'on appelle la patrie leur mère.

— C'est effrayant, Monsieur, c'est vraiment effrayant, que tout un peuple commette un crime tel que le parricide ! Je savais que vous seriez stupéfait de l'apprendre, monsieur Hughes, et c'est pour cela que je suis venu vous le raconter.

— Je vous suis infiniment obligé de cette attention, mon bon garçon, et je le serai davantage, lorsque vous me direz ce dont il s'agit.

— Très-volontiers, Monsieur, et très à regret aussi. Mais il n'y a plus à cacher le fait; il est à bas, monsieur Hughes !

— Qui est-ce qui est à bas, John?.... Parlez, mon garçon, je puis tout entendre.

— Le dais, Monsieur, ce superbe baldaquin qui couvrait le banc et le faisait paraître aussi beau que le siége du lord-maire à Guildhall. J'ai admiré et honoré ce baldaquin, Monsieur, comme la chose la plus élégante du pays.

— Ainsi ils l'ont enfin détruit! Encouragés et soutenus par le sentiment public exprimé dans un meeting qui avait un président et un secrétaire, ils l'ont enfin enlevé!

— Oui, Monsieur, et ils ont fait de belle besogne! Il est là le dais, chez Miller, placé sur le toit de la cabane des porcs!

Ce n'était pas une fin très-héroïque de la carrière du malheureux dais; mais je ne pus m'empêcher d'en rire de bon cœur. John fut un peu offensé de cette légèreté, et il me laissa seul achever ma toilette. Je suppose que bien des gens de Ravensnest auraient été aussi surpris que John lui-même de l'indifférence qui se manifestait sur le destin de cet ornement aristocratique. Mais assurément, en ce qui concernait mon élévation sociale ou mon humiliation, je m'en souciais peu. Cela me laissait juste où j'étais, sans en être ni plus grand ni plus petit; et quant aux monuments qui devaient rappeler au monde ce qu'avaient été mes ancêtres, il y en avait assez dans le pays lui-même, ou au moins dans la partie que nous habitions. Son histoire devait être oubliée ou altérée, avant que notre position pût être méconnue; quoique je pense bien que le temps viendra où quelque ami raffiné de l'égalité désirera éteindre toutes les lumières du passé, afin qu'il ne puisse plus exister ces traditions gênantes qui rendent illustre le nom d'un homme, tandis que celui d'un autre ne l'est pas. L'orgueil de famille est avec raison considéré comme le plus insupportable de tous, puisqu'un homme peut s'en applaudir sans qu'il ait le moindre droit à une distinction dans son mérite personnel, tandis que ceux qui ont le mérite personnel le plus élevé sont privés d'un avantage que des ancêtres seuls peuvent créer. Il est vrai que les institutions, et dans leur lettre et dans leur esprit, cherchent à effacer autant que possible toutes ces distinctions; mais elles en conservent encore l'agent le plus puissant, en déclarant dans la loi que l'enfant héritera de la propriété de son père. Quand les choses se feront-elles avec logique dans ce pays progressif, Dieu seul le sait; mais je trouve que mes tenanciers font sonner bien haut cet argument, à savoir que leurs ancêtres occupent à bail mes terres depuis bien longtemps, tandis qu'ils oublient volontiers que mes ancêtres étaient pendant tout ce temps les bailleurs.

Je trouvai les quatre demoiselles sous le portique, respirant l'air embaumé de la plus belle matinée que pût offrir la nature. Elles connaissaient l'aventure du dais, et elles en étaient affectées de différentes manières, selon le tempérament de chacune. Henriette Colebrooke en riait aux éclats et d'une manière qui me plaisait peu, toutes ces jeunes personnes rieuses n'ayant guère autre chose que de la frivolité. Je fais certainement des concessions à l'esprit de jeunesse et à ces dispositions naturelles qui font voir le côté plaisant des choses; mais il me semblait déplacé de rire pendant une grande demi-heure de cet exploit des anti-rentistes. Les manières d'Anna Marston me parurent plus convenables. Elle rit tout juste assez pour montrer qu'elle n'était pas insensible à l'effet d'une absurdité, et même elle parut se reprocher cet accès de gaieté. Quant à Patt, elle était tout à fait indignée de l'insulte qui nous avait été faite; et elle ne dissimula pas les sentiments qu'elle éprouvait. Mais la manière dont Mary Warren envisagea l'affaire me sembla ce qu'il y avait de mieux. Elle ne montra ni légèreté ni ressentiment. Une ou deux fois, quand quelque remarque plaisante échappait à Henriette, elle sourit légèrement et comme malgré elle, juste assez pour prouver qu'elle n'était pas insensible à la gaieté; puis elle faisait des remarques très-sensées sur les mauvaises passions qui avaient envahi la population; c'était là, selon elle, la seule chose qui méritât de fixer l'attention. Personne, en effet, ne tenait au baldaquin, pas même mon excellente grand'mère qui avait vu bâtir l'église dans sa jeunesse, alors que des distinctions de cette nature étaient plus en harmonie avec le caractère et les habitudes de l'époque. J'avais été sous le portique juste assez de temps pour noter ces différences dans les manières de mes compagnes, quand ma grand'mère me rejoignit.

— Oh! grand'mère, vous a-t-on dit ce que ces scélérats d'Indgiens ont fait du dais de notre banc? s'écria Patt, qui, une heure auparavant, avait embrassé à son réveil notre vénérable aïeule; ils l'ont enlevé et l'ont placé sur le toit à porcs!

Un rire général auquel s'associa Patt elle-même interrompit la réponse, madame Littlepage même ne refusant pas de prendre part à la gaieté commune.

— Je sais tout cela, ma chère, répliqua ma grand'mère, et après tout, je crois qu'il est bon d'en être débarrassé ainsi. Hughes n'aurait pu faire ôter le dais sous le coup d'une menace, tandis qu'il valait peut-être mieux qu'il ne restât pas en place.

— De tels ornements étaient-ils communs dans votre jeunesse, madame Littlepage? demanda Mary Warren.

— Sans doute, ma chère, mais bien moins dans les églises des villes que dans celles des campagnes. Rappelez-vous que nous venions d'être séparés de l'Angleterre lorsque fut bâtie l'église de Saint-André, et que presque toutes les vieilles idées coloniales dominaient parmi nous. Le peuple avait alors sur les conditions sociales des notions bien différentes de celles qui existent aujourd'hui; et New-York était, dans un certain sens, la colonie peut-être la plus aristocratique du pays. Elle l'était déjà sous les Hollandais, malgré leur gouvernement républicain; mais lorsque la colonie fut transférée aux Anglais, elle devint aussitôt une colonie royale, et les notions anglaises y prirent de suite racine. Dans aucune autre colonie, peut-être il n'y avait plus de grands domaines, l'esclavage du sud y introduisant un système tout différent de celui qui régnait dans la Pensylvanie et la Nouvelle-Angleterre, qui étaient beaucoup plus démocratiques. Je crains, Roger, que nous ne devions ce mouvement anti-rentiste, et surtout la faiblesse avec laquelle il est combattu, à cette différence d'opinion qui domine parmi le peuple de la nouvelle Angleterre, dont tant d'émigrants sont venus parmi nous.

— Vous avez parfaitement raison, ma chère mère, répondit mon oncle, quoiqu'il ne manque pas de New-Yorkistes d'origine pour soutenir l'innovation. Ces derniers agissent par esprit de cupidité ou par un désir de gagner de la popularité, tandis que les autres sont influencés par les souvenirs de l'état de société où ils se trouvaient eux ou leurs parents. Une très-grande proportion de la population actuelle de New-York est originaire de la Nouvelle-Angleterre. Un tiers peut-être de nos habitants a cette extraction, soit par naissance, soit par filiation. Or, dans la Nouvelle-Angleterre, il existe généralement une grande égalité de conditions, surtout quand on s'élève au-dessus des classes inférieures; car, hors des grandes villes commerçantes, il y a très-peu de gens qui seraient considérés comme riches à New-York, et à peine rencontre-t-on un grand propriétaire terrien. Les relations de propriétaire à tenancier, telles qu'elles existent dans ce que nous appelons de grands domaines, sont à peu près inconnues dans la Nouvelle-Angleterre, quoique le Maine offre quelques exceptions. Cette circonstance est due à l'origine particulière du peuple, et au fait de l'émigration qui a si longtemps enlevé la population surabondante, la masse de ceux qui restent pouvant alors posséder en toute propriété. Chez des hommes élevés dans un tel état de société, il y a une antipathie naturelle envers toute chose qui semble placer les autres dans des positions qu'ils ne peuvent pas occuper eux-mêmes. Mais, outre que la population de New-York compte un tiers environ d'originaires de la Nouvelle-Angleterre, la proportion est plus grande encore parmi les avocats, les journalistes, les médecins et les politiques actifs. Nous songeons peu à ces circonstances, nous en parlons peu ; car aucune nation ne s'occupe moins que l'Amérique du principe de ses influences morales, de ce que je pourrais appeler sa statistique politique ; de là cependant naissent de graves conséquences.

— Devons-nous en conclure, Monsieur, que l'anti-rentisme est originaire de la Nouvelle-Angleterre ?

— Peut-être non. Son origine vient plus directement du diable, qui tente les tenanciers comme il a tenté notre sauveur. Le premier symptôme éclata parmi les descendants des Hollandais, parce qu'ils se trouvèrent être les tenanciers ; et quant aux théories qui ont été formulées, elles se ressentent plus de la réaction des abus américains que d'aucune idée américaine, et surtout que d'aucun principe de la Nouvelle-Angleterre, où il existe généralement un grand respect pour les droits de propriété et une vénération profonde pour la loi. Cependant, je persiste à croire que nous devons nos plus grands dangers aux opinions et aux habitudes des descendants de la Nouvelle-Angleterre qui se trouvent parmi nous.

— Ceci me semble un peu paradoxal, oncle Ro, et j'avoue que j'aimerais à l'entendre expliquer.

— Je vais m'efforcer de le faire et en aussi peu de mots que possible. Le véritable danger vient de ceux qui influencent la législation. Or, tu rencontreras parmi nous des hommes par centaines, qui sentent toute l'importance du respect des contrats, qui voient les dangers de l'anti-rentisme, qui désirent le voir réprimer dans ses formes violentes, et qui en même temps se prononcent contre les propriétaires, par suite de ces jalousies secrètes qui poussent les hommes à détester des avantages qu'ils ne partagent pas : aussi, ces mêmes hommes verraient-ils volontiers annuler tous les baux, pourvu que cela pût se faire sans violer trop ouvertement la justice. Quand vous causez avec eux, ils argumentent avec des lieux communs ; ils désirent voir tout laboureur propriétaire de sa ferme, ils disent que c'est bien dur de payer une rente, et mille autre fadaises. Henri IV, dans un bien meilleur esprit, souhaitait que chacun de ses sujets eût la *poule au pot;* mais ce souhait ne l'y mettait pas. Ainsi en est-il de ce souhait de voir chaque laboureur américain devenir propriétaire. Nous savons tous qu'un tel état de société n'a jamais existé et n'existera probablement jamais. Pour ma part, je suis un de ceux qui ne croient pas que ce pays ou tout autre devienne plus heureux en faisant disparaître les propriétaires et les tenanciers.

— Tout cela sent terriblement l'aristocratie, oncle Ro, s'écria Patt.

— Quand cela serait, est-ce que l'aristocratie n'a pas ses avantages? Même un riche oisif a son utilité dans une nation. Il contribue pour beaucoup à la haute civilisation, qui est attachée aux goûts raffinés, et au fait il la forme. En Europe on vous dira qu'une cour est nécessaire pour une telle civilisation ; mais les faits contredisent cette théorie. Des distinctions sociales sont nécessaires sans doute, mais elles peuvent exister indépendamment des cours, comme elles existent en effet et existeront toujours, même en présence de la démocratie. Maintenant, que ces classes supérieures soient liées aux intérêts terriens, et vous verrez combien s'accroissent les chances en faveur des intérêts matériels. Coke, de Norfolk, a probablement fait plus de bien à l'agriculture de l'Angleterre que tous les laboureurs qui existaient de son temps. C'est de tels hommes, en effet, de leur esprit d'entreprise et de leurs richesses, que dérivent les plus grands biens sociaux. La belle laine d'Amérique est due seulement à ce que Livingston s'est consacré à l'agriculture, et si vous voulez proscrire de tels hommes, il faut aussi proscrire les avantages qu'ils nous ont valus. Un corps de propriétaires intelligents et libéraux répandu sur le territoire de New-York, ferait plus pour les intérêts généraux de la communauté que tous les avocats, que tous les gouverneurs élus ou à élire pendant un an. Et ce qui est mieux, c'est que nous avons ici justement l'état de société où l'on peut recueillir tous les avantages de cette classification, sans craindre les abus de l'aristocratie réelle. Ces hommes n'auraient aucun pouvoir politique spécial, et ils n'auraient pour eux ni loi sur les céréales, ni aucune législation exclusive.

— J'aime à entendre quelqu'un soutenir les opinions franchement et vigoureusement, dit ma grand'mère, et c'est ce que tu as toujours fait, Roger, depuis ton enfance. Je souscris pour ma part à la plus grande partie des choses que tu as dites. Il est temps, cependant, de penser à déjeuner, car voilà John qui depuis une ou deux minutes reste saluant à la porte.

Nous gagnâmes donc la salle à manger, et malgré les incendiaires, l'anti-rentisme et la chute du baldaquin, nous passâmes à table une heure fort gaie. Henriette Colebrooke et Anne Marston ne furent jamais si brillantes que ce matin. Je crois que je parus un peu surpris, car je vis mon oncle me jeter quelques coups d'œil qui semblaient dire : « Eh bien, mon garçon, qu'en penses-tu maintenant ? »

— Avez-vous entendu dire, Madame, demanda mon oncle à sa mère, que nous devons avoir ici ce matin le vieux Sus et Jaaf, et tous deux en grand costume? Il paraît que les hommes rouges sont sur le point de partir, et qu'il doit y avoir grand conseil. Sans-Traces a jugé qu'il serait plus digne de le tenir devant la maison de ses amis les faces pâles, que près de sa propre cabane.

— Comment as-tu appris cela, Roger?

— Je suis allé ce matin au wigwam; et je l'ai appris de l'Onondago lui-même, aussi bien que de l'interprète que j'y ai rencontré. A propos, Hughes, nous avons à décider ce que nous ferons des prisonniers, ou nous recevrons bientôt des mandats d'*habeas corpus*, afin de rendre compte de leur détention.

— Est-il possible, oncle Ro., car c'est ainsi que l'appelaient habituellement ses pupilles, de sauver un homme des galères en l'épousant? demanda gravement Henriette Colebrooke.

— Voilà une question si étrange, que comme tuteur je suis curieux d'en apprendre le sens.

— Dites, dites, Henriette, s'écria l'autre pupille, ou plutôt je vous en épargnerai la confusion, et j'agirai comme interprète. Mademoiselle Colebrooke a eu l'honneur de recevoir une lettre, il y a peu d'heures; de M. Sénèque Newcome, et comme c'est une affaire de famille, je crois qu'elle doit être soumise à un conseil de famille.

— Anne, dit Henriette en rougissant, ce n'est pas bien ; je ne sais s'il est convenable que je permette la lecture publique de cette lettre, quoique vous la connaissiez déjà.

— Peut-être votre répugnance à la communiquer ne s'étend pas jusqu'à moi, Henriette, dit mon oncle.

— Certainement non, Monsieur; ni à ma chère madame Littlepage, ni à Marthe; mais je ne vois pas quel intérêt elle peut avoir pour M. Hughes. La voici, prenez-la, et lisez-la quand vous voudrez.

Mon oncle crut devoir la lire immédiatement. Pendant qu'il la parcourait, je pus voir froncer ses sourcils, il se mordit les lèvres, comme s'il était vexé. Puis il se mit à rire et jeta la lettre sur la table, où personne ne crut devoir la déranger. Comme Henriette rougissait pendant tout ce temps, quoique s'efforçant de rire, notre curiosité devint si vive et si évidente, que ma grand'mère sentit le besoin d'intervenir.

— Cette lettre ne peut-elle pas être lue tout haut pour le profit de tous? demanda-t-elle.

— Il ne peut y avoir aucune raison particulière pour la cacher, répondit mon oncle dépité; plus on la connaîtra, plus on aura le droit de se moquer de ce misérable comme il le mérite.

— Est-ce convenable, oncle Ro, s'écria miss Colebrooke; est-ce traiter un gentleman comme il.....

— Bah! ce n'est pas traiter un gentleman du tout. Cet homme est en ce moment prisonnier pour avoir essayé d'incendier, au milieu de la nuit, une maison habitée.

Henriette n'insista plus, et ma mère prenant la lettre la lut tout haut. Je ne donnerai pas le texte des effusions de Sénèque; elles contenaient une chaleureuse déclaration d'amour, écrite un peu en style d'affaires, et le tout se terminant par une généreuse offre de sa main à l'héritière de huit mille dollars par an. Et cette proposition était faite seulement un jour ou deux avant que cet homme fût pris sur le fait, et au moment même où il était le plus profondément engagé dans ses menées anti-rentistes.

Après que tout le monde se fut amusé de cette offre magnifique, mon oncle ajouta :

— Il y a parmi nous des hommes qui n'ont pas la moindre idée des convenances. Comment est-il possible que ce faquin ait un instant rêvé qu'une jeune personne de rang et de fortune s'allierait à lui, sans même le connaître à peine? Je crois qu'Henriette ne lui a pas parlé dix fois dans sa vie.

— Pas cinq fois, Monsieur, et encore à peine quelques paroles ont-elles été échangées entre nous.

— Et vous avez sans doute répondu à cette lettre, ma chère, demanda ma grand'mère? Une réponse était due, quoiqu'il eût mieux valu peut-être qu'elle vînt de votre tuteur.

— J'ai répondu moi-même, Madame, ne voulant pas prêter à rire dans cette affaire. J'ai refusé l'honneur que voulait me faire M. Newcome.

— Eh bien, s'il faut dire la vérité, reprit Patt à son tour, j'ai fait la même chose il y a trois semaines.

— Et moi il y a huit jours, dit Anne Marston.

Jamais, je crois, je ne vis mon oncle Ro si affecté. Pendant que tout le monde riait autour de lui, il conservait un air grave et même farouche. Puis il se tourna tout à coup vers moi, et s'écria:

— Il faut le laisser pendre, Hughes. Quand même il vivrait mille ans, il n'apprendrait jamais à se conduire convenablement.

— Vous y réfléchirez, Monsieur, et vous deviendrez plus indulgent. Cet homme a eu une noble audace. Mais j'avoue que j'ai un vif désir de savoir si mademoiselle Warren seule a évité ses propositions?

Mary, la charmante Mary rougit profondément, secoua la tête, et refusa de répondre. On voyait bien que ce n'était pas chez elle une affaire de sentiment; mais il y avait évidemment quelque chose de plus sérieux dans les égards de Sénèque envers elle que dans toutes ses adresses épistolaires aux autres. Il avait réellement une sorte d'affection pour Mary, et en considération de son bon goût sous ce rapport, je me sentais prêt à lui pardonner ses hardies tentatives envers les autres. Mais Mary ne voulut rien nous dire à cet égard.

— Il ne faut pas donner tant d'importance à cette affaire, dit-elle, car ce n'est, après tout, qu'agir selon le grand principe des anti-rentistes. Dans un cas, l'on désire avoir à bon marché de bonnes fermes, dans l'autre de bonnes femmes.

— Il faut laisser agir la loi, et faire pendre ces hommes, reprit mon oncle. J'aurais pu pardonner la tentative d'incendie, je ne pardonnerai pas ceci. Des misérables de cette sorte mettent toutes choses sens dessus dessous, et je ne m'étonne pas de voir l'anti-rentisme régner dans cette contrée. De telles expériences matrimoniales ne peuvent être tentées que dans une région envahie par l'anti-rentisme, ou inspirées par le diable.

— Un Irlandais aurait compris ma grand'mère dans ses expériences; voilà la seule différence, Monsieur.

— C'est vrai; parbleu, vous l'avez échappé belle, chère mère. Et cependant vous avez un beau domaine de veuve.

— Parce que le poursuivant n'était pas un Irlandais, ainsi que le dit Hughes. Je n'en vois pas d'autre raison, mon fils. Mais un homme aussi dévoué aux dames ne doit pas être traité d'une manière aussi cruelle que tu le dis. Il faut relâcher ce malheureux.

Toutes les demoiselles se joignirent à ma grand'mère pour appuyer sa pétition, et pendant quelques minutes, nous n'entendîmes que des paroles de regret, et des sollicitations en faveur de Sénèque.

— Tout cela est bel et bon, tout à fait humain et féminin, et parfaitement en situation; mais en premier lieu, il s'agit d'un crime détestable, et dont les conséquences ne sont pas si fort à dédaigner. Puis, voilà un gaillard qui entreprend d'allumer une flamme dans les cœurs de quatre personnes à la fois; et parce qu'il n'y réussit pas, il s'en venge en allumant un feu dans la cuisine de notre maison! Savez-vous que je me sens disposé à le punir pour le premier de ces crimes plus peut-être que pour le dernier!

— Il y a un grand mouvement qui se fait parmi les Peaux-Rouges, madame, dit John, debout sur la porte de la salle, et j'ai pensé que ces dames, M. Littlepage et M. Hughes seraient bien aises de voir ce qui se passe. Le vieux Sus est en route, suivi de Yop, qui vient en grognant derrière lui, comme s'il ne goûtait pas du tout l'amusement.

— A-t-on fait les dispositions nécessaires pour la réception de nos hôtes, Roger?

— Oui, Madame, au moins j'ai donné des ordres pour faire placer des bancs sous les arbres, et pour faire apporter beaucoup de tabac. La pipe joue un grand rôle dans le conseil, et nous serons prêts à commencer la fumée dès qu'ils seront réunis.

— Oui, Monsieur, tout est disposé, reprit John. Miller a envoyé une charrette pour apporter les bancs, et nous avons autant de tabac qu'ils en pourront user. Les domestiques espèrent, Madame, qu'ils auront la permission d'assister à la cérémonie. Il est assez rare que des personnes civilisées puissent voir de véritables sauvages.

— Ma grand'mère donna son consentement, et il se fit un mouvement général pour aller sur la pelouse assister à la dernière entrevue de Sans-Traces et de ses frères.

— Vous avez été bien généreuse, mademoiselle Warren, dis-je tout bas à Mary, en l'aidant à mettre son châle, de ne pas trahir ce que je regarde comme le plus important des secrets de Sénèque.

— J'avoue que ces lettres m'ont étonnée, répondit-elle d'un air pensif. Personne n'est disposé à concevoir une opinion très-favorable de M. Newcome; mais il n'est pas nécessaire de compléter son caractère en le montrant aussi détestable qu'il le paraît maintenant.

Je n'ajoutai rien; mais ce peu de paroles, qui semblaient échapper involontairement à Mary, me prouvèrent que Sénèque avait sérieusement tenté de gagner son cœur, nonobstant sa pauvreté.

CHAPITRE XXVII.

> Et sous cette physionomie calme comme un songe d'été, sous ces lèvres immobiles, sous ces joues paisibles, sommeille l'ouragan des émotions du cœur: l'amour, la haine, l'orgueil, l'espérance, la douleur, tout excepté la crainte.
>
> HALLECK.

QUELQUE chose de plus singulier encore que le grand âge de l'Indien et du Nègre, était le fait de leur association pendant près d'un siècle, et de leur union intime dans toutes les aventures de leur longue amitié. Je dis amitié, car le terme n'est pas en désaccord avec le sentiment qui attachait ensemble ces deux vieillards, quoiqu'il y eût dans leurs caractères si peu de points de contact. Tandis que l'Indien possédait toutes les qualités fières et viriles d'un guerrier des bois, d'un chef, d'un homme qui n'avait jamais reconnu de supérieur, l'autre se signalait nécessairement par beaucoup des défauts qu'entraîne l'état de servitude, conséquences amères d'une caste dégradée. Heureusement, tous deux étaient sobres, vertu assez rare parmi les hommes rouges qui fréquentent les blancs, quoique plus commune chez les noirs. Mais Susquesus était né parmi les Onondagoes, tribu remarquable par sa tempérance, et à aucune époque de sa longue existence, il n'avait voulu goûter de boisson fermentée ; Jaaf, de son côté, était essentiellement sobre, quoiqu'en sa qualité de nègre il eût un goût décidé pour le cidre piquant. Il est hors de doute que ces deux débris des temps passés et des générations presque oubliées, devaient leur force et leur santé à ces bonnes habitudes ajoutées à d'heureuses dispositions naturelles.

On avait toujours pensé que Jaaf était un peu plus âgé que l'Indien, quoique la différence entre eux ne pût pas être grande. Il est certain que l'homme rouge conservait le mieux ses forces corporelles, quoique depuis cinquante ans il les eût le moins exercées. Susquesus ne travaillait jamais, et ne voulait jamais travailler dans le sens ordinaire du mot. Il considérait le travail comme au-dessous de sa dignité de guerrier, et j'avais entendu dire que la nécessité seule aurait pu le décider à labourer ou à planter, même dans la force de l'âge. Tant que la forêt sans limites lui fournissait le daim, l'orignal, le castor, l'ours, et tous les autres animaux dont l'homme rouge fait sa nourriture, il se souciait peu des fruits de la terre, si ce n'est de ceux qui se produisaient d'eux-mêmes : la chasse avait été la dernière occupation régulière qu'il eût abandonnée. Il portait le fusil, et fouillait les bois avec une remarquable vigueur, lorsque déjà il avait vu cent hivers ; mais le gibier avait déserté devant les défrichements continuels, qui ne laissaient plus rien de la forêt primitive, si ce n'est les petites pièces de bois invariablement attachées à toute ferme américaine, et qui donnent au paysage un relief et une beauté qui souvent manquent dans les vues des contrées antiques de l'Europe.

Pour Jaaf, quoiqu'il eût un goût assez prononcé pour la forêt et la vie des bois, les choses, sous bien des rapports, étaient bien différentes. Acccoutumé au travail dès son enfance, il ne pouvait s'en abstenir, même dans son extrême vieillesse. Toujours il avait en main soit la bêche, la pioche ou la houe, quoique les résultats de ses efforts fussent à peine sensibles. Le peu qu'il faisait n'avait pas pour but de chasser ses pensées, car il n'en eut jamais à chasser; c'était simplement l'effet de l'habitude, et le désir d'être toujours Jaaf et de continuer son train de sa vie ordinaire.

Je regrette de dire qu'aucun de ces deux hommes ne connaissait ou ne comprenait les vérités du christianisme. On ne s'occupait guère, il y a cent ans, de donner des notions spirituelles aux nègres, et la difficulté de faire aucune impression à cet égard sur les Indiens est une vérité traditionnelle. Peut-être obtient-on plus de succès sous ce rapport lorsque le pieux missionnaire peut pénétrer dans les villages écartés, et répandre ses doctrines loin des misérables exemples qui les contredisent au milieu des habitations de l'homme civilisé. Il est probable que ces exemples avaient eu beaucoup d'effet sur Susquesus, qui avait passé un grand nombre de ses jeunes années avec les faces pâles, sur les flancs des armées, ou parmi des chasseurs, des coureurs et des batteurs d'estrades ; de tels compagnons ne devaient pas lui donner une haute idée des influences morales du christianisme. Néanmoins de longs et continuels efforts avaient été tentés pour éveiller chez le vieil Indien quelques notions sur la vie future des faces pâles, et pour l'engager à se faire baptiser. Ma grand'mère, en particulier, s'était vouée à cette entreprise depuis plus de cinquante ans, mais sans succès. Les différents membres du clergé de toutes les sectes avaient plus ou moins fait de tentatives du même genre, mais sans mieux réussir. M. Warren, entre autres, n'avait pas négligé cette mission, mais il n'avait pas eu plus de succès que ceux qui l'avaient précédé. Et chose singulière pour certaines personnes, quoique je n'y visse rien que de naturel, Mary Warren s'était jointe à ces bienveillantes tentatives avec un zèle éclairé et un intérêt affectueux et tendre, qui promettait de produire plus d'effet que les leçons de tous les ministres pendant de si longues années. Ses visites à la cabane avaient été fréquentes, et Patt m'avait appris, dans la matinée que, quoique Mary elle-même ne parlât jamais sur ce sujet, d'autres en avaient assez vu pour assurer que ses douces admonitions avaient au moins réussi à émouvoir à un certain degré le cœur de marbre de Sans-Traces.

Quant à Jaaf, ce fut peut-être un malheur pour lui d'être esclave dans une famille qui appartenait à l'Église épiscopale, dont les rites religieux sont si éloignés de toute exagération, qu'ils paraissent froids à tous ceux qui cherchent des excitants, et qui s'imaginent que le calme et la dignité sont incompatibles avec une foi vive. « Vos prêtres ne sont pas faits pour opérer des conversions parmi le peuple, me disait dernièrement le ministre enthousiaste d'une autre secte. Ils ne peuvent s'avancer parmi les ronces et les épines sans déchirer les robes et les surplis. » Il peut y avoir en cela un certain degré de vérité, quoique l'obstacle existe plutôt chez les gens à convertir que chez le missionnaire. Les esprits vulgaires aiment les excitations grossières, et se figurent qu'une profonde sensibilité spirituelle doit nécessairement éveiller une puissante sympathie physique. Pour de tels hommes, il faut des soupirs, des lamentations et des gémissements réels, bruyants et dramatiques, des pratiques grossières qui agissent plus sur les sens que sur l'esprit. Peut-être en était-il ainsi de Jaaf, qui n'était pas tombé entre les mains des exagérés durant cette période de la vie où l'on est le plus susceptible de recevoir les impressions extérieures.

Il ne faut pas oublier que Susquesus était de beaucoup supérieur au nègre, comme homme, dans le sens le plus élevé du mot. L'intelligence de Jaaf était flétrie par cette influence délétère qui semble s'appesantir sur l'esprit africain, quelle qu'en soit la cause; tandis que celle de son compagnon avait toujours été douée des qualités d'une grande nature abandonnée à ses impulsions premières par les excitations d'une liberté sauvage et illimitée.

Tels étaient les caractères des deux hommes extraordinaires que nous nous apprêtions à revoir. Au moment où nous sortions sur la pelouse, ils s'avançaient tranquillement vers le portique, ayant déjà atteint les bocages qui l'environnent et répandent leurs parfums jusque dans la maison. L'Indien marchait devant, comme il convenait à son caractère et à son rang; car Jaaf n'avait jamais profité de ses années et de nos bontés pour oublier sa condition. Il était né esclave, il avait vécu esclave, et il voulait mourir esclave; et cela en dépit de la loi d'émancipation qui l'avait libéré bien avant qu'il eût atteint sa centième année. J'avais entendu dire que quand mon père lui annonça que lui et toute sa progéniture, qui était très-nombreuse, étaient libres et maîtres de faire ce qu'ils voulaient et d'aller où ils voulaient, le vieux nègre avait été fort mécontent. « Quel bien tout cela fera-t-il, maître Malbone? avait-il dit. Pourquoi ne pas me laisser tranquille? Le nègre est nègre et l'homme blanc est blanc. Je m'attends maintenant que la pauvreté et les disgrâces vont tomber sur mes enfants. Nous avons toujours été nègres d'un bon gentilhomme, pourquoi ne pas nous laisser nègres tant que nous voulons? Le vieux Sus a eu liberté toute sa vie, et quel bien cela lui a-t-il fait? Ce n'est rien qu'un pauvre sauvage rouge, pour tout ça, et ne peut être rien de plus. S'il pouvait être le sauvage d'un gentilhomme, ce serait quelque chose. Mais non, trop fier pour cela. Aussi il n'est rien que son propre sauvage.

L'Onondago était en grand costume, beaucoup plus brillant même que la première fois qu'il reçut les Indiens de la prairie. La peinture dont il s'était orné donnait un nouveau feu à ses yeux que l'âge avait certainement obscurcis, quoiqu'ils n'eussent pas éteint leur éclat; et quelque sauvage que fût sa toilette, elle dissimulait avec avantage les ravages du temps. Que le rouge soit la couleur favorite des Peaux-Rouges, c'est peut-être aussi naturel que de voir nos dames se servir de cosmétiques qui imitent les lis et les roses qui leur manquent. L'Onondago, cependant, visait surtout à se donner un aspect terrible; son but étant pour le moment de paraître devant ses hôtes avec tous les attributs du guerrier. Il est inutile de décrire en détail les médailles et le wampum et les plumes et le manteau et les mocassins ornés de pointes de porc-épic, teints de diverses couleurs, et le tomahawk poli jusqu'à imiter l'argent. On a tant dit, tant écrit, tant vu depuis quelque temps, à ce sujet, que tout le monde sait aujourd'hui comment apparait le guerrier américain, lorsqu'il se montre dans son appareil.

Jaaf n'avait rien négligé non plus pour faire honneur à la fête qui était un hommage particulier rendu à son ami. Son costume était ce qu'on peut appeler de la vieille école du nègre. L'habit était écarlate avec des boutons de nacre de la largeur d'un demi-dollar; les culottes bleu de ciel; le gilet vert; les bas rayés de bleu et blanc, et les jambes ne présentant aucune particularité, si ce n'est que ce qui restait des mollets s'était logé sur le tibia, et que la partie postérieure du pied semblait de moitié plus longue que la partie attachée aux orteils. Les souliers, par exemple, étaient une des parties les plus remarquables du vêtement, ayant une longueur, une largeur et des proportions qui auraient justifié un naturaliste dans la supposition qu'ils n'avaient jamais été destinés à un être humain. Mais la tête et le chapeau résumaient dans la pensée de Jaaf la véritable gloire de sa toilette et de sa personne. Le chapeau à cornes était orné de broderies, ayant formé une partie de l'uniforme de mon grand-père le général Cornelius Littlepage, tandis que les cheveux laineux qui s'échappaient dessous, étaient blancs comme la neige des montagnes. Ce genre d'habillement a depuis longtemps disparu chez les nègres de même que parmi les blancs ; mais on en voyait encore des vestiges, me disait mon oncle, dans son jeune temps, surtout au jour particulier consacré à la fête des nègres. Malgré les excentricités de son costume, le vieux Yop faisait bonne figure en cette occasion, quoique son grand âge et celui de l'Onondago, fût la circonstance qui s'accordait le moins avec leur magnificence extérieure.

Comme les hommes de la prairie n'avaient pas encore paru, nous allâmes au-devant des deux vieillards qui s'avançaient vers nous. Chacun de nous, y compris les demoiselles, donna une poignée de main à Susquesus en lui souhaitant le bonjour. Il connaissait ma grand'mère, et montra une certaine émotion en lui serrant la main. Il connaissait Patt et lui fit un signe de tête bienveillant en réponse à sa politesse. Il connaissait Mary Warren aussi, et retint sa main pendant un certain temps, en la considérant tout le temps d'un air attentif. Mon oncle Ro et moi nous fûmes aussi reconnus, et son regard s'attacha sur moi fixe et sérieux. Les deux autres demoiselles furent accueillies avec courtoisie, mais elles semblèrent ne lui inspirer que peu d'intérêt. Une chaise fut apportée sur la pelouse pour Susquesus, et il s'y assit. Quant à Jaaf, il s'avança lentement vers nous, ôta son chapeau, mais refusa respectueusement le siége qu'on lui offrait. Se trouvant ainsi salué le dernier, il fut le premier auquel ma grand'mère adressa la parole.

— C'est un spectacle agréable, Jaaf, de vous voir encore une fois avec votre vieil ami Susquesus, sur la pelouse de la vieille maison.

— Pas tant vieille maison, miss Dus, après tout, murmura le nègre. Je m'en souviens assez bien, bâtie seulement l'autre jour.

— Voilà soixante ans qu'elle est bâtie ; si vous appelez cela l'autre jour... J'étais alors jeune moi-même, heureuse au delà de mes mérites. Hélas ! combien les choses sont changées depuis ce moment !

—Oui, vous êtes prodigieusement changée; je dois dire ça pour vous, miss Dus. Je suis souvent surpris moi-même qu'une si jeune dame change aussi vite.

—Ah! Jaaf, quoique le temps puisse vous sembler court à vous qui êtes bien plus âgé que moi, quatre-vingts ans sont un lourd fardeau à porter. J'ai pour mon âge une excellente santé; mais le temps fera bientôt sentir sa puissance.

—Je me souviens de vous, miss Dus, lorsque vous étiez comme cette jeune demoiselle-là (indiquant Patt). Maintenant vous semblez prodigieusement changée. Le vieux Sus, aussi terriblement changé depuis peu, peut pas aller loin, je pense. Mais l'Indien n'a jamais une grande vigueur réelle en lui.

—Et vous, ami, dit ma grand'mère en se tournant vers Susquesus qui était resté immobile pendant qu'elle parlait à Jaaf, voyez-vous aussi un grand changement en moi? J'ai connu Jaaf, et vos souvenirs de moi doivent remonter presque jusqu'à mon enfance, lorsque je demeurais d'abord dans les bois, en compagnie de mon cher et excellent oncle, le porte-chaîne.

—Pourquoi Susquesus oublierait-il la petite fauvette? sa chanson est encore dans mon oreille. Aucun changement du tout chez la petite fauvette, aux yeux de Susquesus.

—Ceci est au moins galant et digne d'un chef Onondago. Mais, mon digne ami, le temps laisse sa marque même sur les arbres, et nous ne pouvons espérer d'être toujours épargnés.

—Non; l'écorce est tendre sur jeune arbre; dure sur vieil arbre. Jamais oublier porte-chaîne. Même âge que Susquesus, plus vieux même. Brave guerrier; homme bon. Le connaître quand il était jeune chasseur. Il était là quand *cela* est arrivé.

—Quand quoi est arrivé, Susquesus? J'ai longtemps désiré savoir ce qui vous a séparé de votre peuple, et pourquoi vous, homme rouge de cœur et d'habitudes jusqu'à vos dernières années, vous avez vécu si longtemps parmi nous autres faces pâles, loin de votre tribu. Je comprends pourquoi vous nous aimez, pourquoi vous voulez passer le reste de vos jours au milieu de cette famille; car je connais toutes les traverses que nous avons subies ensemble, et vos liaisons avec mon beau-père et avec son beau-père aussi. Mais la raison qui vous a fait quitter votre peuple si jeune, et vous a fait vivre pendant près de cent ans loin de lui, voilà ce que je voudrais connaître avant que l'ange de la mort me fasse entendre sa voix.

Pendant que ma grand'mère interrogeait, pour la première fois de sa vie, l'Onondago sur ce sujet, l'œil du guerrier ne se détachait pas du sien. Il parut d'abord surpris, puis son regard se chargea de tristesse, et courbant la tête, il demeura quelque temps silencieux, comme s'il méditait sur le passé. Le sujet avait évidemment réveillé les plus fortes sensations du vieillard, retraçant des images de choses dès longtemps passées et dont le souvenir était accompagné de douleur. Il resta dans cette position pendant environ une minute.

— Porte-chaîne ne l'a jamais dit? demanda-t-il enfin en relevant la tête. Le vieux chef aussi savait; jamais dit, eh?

— Jamais. J'ai entendu mon oncle et mon beau-père dire qu'ils connaissaient la raison qui vous a fait quitter votre peuple, il y a de si longues années, et que cette raison vous faisait honneur; mais ils n'en ont pas dit davantage. On assure ici que ces hommes rouges qui sont venus de si loin pour vous voir, le savent aussi, et que c'est une des causes qui les ont fait détourner de leur chemin pour vous rendre une visite.

Susquesus écoutait attentivement, quoique aucune partie de sa physionomie ne trahît d'émotion, excepté ses yeux. Tout le reste de sa personne semblait fait de quelque substance entièrement privée de sensibilité; mais ses yeux vifs, mobiles, pénétrants, prouvaient que l'esprit intérieur était beaucoup plus jeune que l'enveloppe qui le renfermait. Cependant, il ne fit aucune révélation, et notre curiosité qui devenait de plus en plus vive, fut complétement déjouée. Il se passa même quelque temps avant que l'Indien prononçât une autre parole. Quand il jugea à propos de parler, ce fut simplement pour dire :

— Bon. Porte-chaîne chef sage; général sage aussi. Bon dans le camp, bon devant le feu du conseil. Savoir quand il faut parler; savoir quoi il faut dire.

Je ne sais si ma grand'mère se disposait à poursuivre le sujet; car à ce moment même, nous vîmes les peaux-rouges sortir de leurs quartiers, s'avançant de la vieille ferme vers la pelouse, pour rendre leurs derniers hommages à Sans-Traces avant de reprendre leur long voyage vers les prairies. Ma grand'mère fit donc quelques pas en arrière, et mon oncle conduisit Susquesus vers l'arbre où avaient été disposés les bancs pour les chefs, pendant que par derrière je portais sa chaise. Chacun suivit, même les domestiques de la maison qui pouvaient s'abstenir des occupations ordinaires.

L'Indien et le nègre étaient tous deux assis, et des chaises ayant été apportées pour tous les membres de la famille, nous prîmes nos places auprès d'eux, mais assez en arrière pour ne gêner en aucune façon.

Les Indiens des prairies s'avancèrent selon leur habitude sur un seul homme de file. Mille-Langues marchait en tête, suivi par Feu-de-la-Prairie; Cœur-de-Pierre et Vol-d'Aigle venaient ensuite, et les autres suivaient dans un ordre parfait. A notre grande surprise, toutefois, ils amenaient avec eux les deux prisonniers, attachés avec une habileté sauvage, de manière à rendre toute évasion impossible.

Il est inutile d'insister sur l'attitude de ces étrangers quand ils prirent leurs places sur les bancs, tout se passant absolument de même qu'à leur première visite. Le même intérêt cependant se trahissait dans leurs manières, et leur curiosité et leur respect ne semblaient pas le moins du monde diminués, quoiqu'ils eussent passé un ou deux jours dans le voisinage immédiat de l'homme qu'ils honoraient. Ces sentiments leur étaient inspirés sans doute, en grande partie, par la gravité et l'expérience étendue de Sans-Traces; mais je ne pouvais m'ôter de l'idée qu'il y avait encore derrière cela quelque chose d'inusité que la tradition rendait familier à ces enfants du sol, et que nous ne pouvions pas saisir.

Le sauvage américain a un grand avantage sur l'homme civilisé des mêmes contrées. Les traditions sont ordinairement vraies, tandis que les moyens multipliés que nous avons de transmettre les événements ont engagé une si grande multitude de prétendants à se ranger parmi les sages et les savants, qu'il est trois fois heureux celui dont l'esprit échappe à la contagion des faussetés et des préjugés. Les hommes devraient se souvenir plus souvent que les facilités mêmes qui existent pour faire circuler la vérité sont autant de facilités pour faire circuler le mensonge; et que celui qui croit la moitié de ce qu'il lit dans le récit des événements passés, est aussi disposé à apporter tout autant de crédulité lorsqu'il s'agit de faits qui n'ont jamais existé ou qui ont été tellement mutilés que les témoins oculaires seraient les derniers à les reconnaître.

Le silence habituel succéda à l'arrivée des visiteurs; puis, Vol-d'Aigle prit une pipe faite de pierre tendre curieusement sculptée et l'alluma de manière à ce qu'elle ne pût pas facilement s'éteindre. Se levant ensuite, il s'avança d'une manière respectueuse et la présenta à Susquesus qui la prit et la fuma pendant quelques secondes, après quoi il la rendit à celui de qui il l'avait reçue. Ce fut un signal pour allumer d'autres pipes ; on en offrit une à mon oncle et à moi, que nous rendîmes après une ou deux bouffées ; même John et les autres domestiques mâles ne furent pas oubliés. Feu-de-la-Prairie alla lui-même faire cet hommage à Jaaf. Le nègre avait examiné ce qui se passait, et avait trouvé très-mauvais cette lésinerie qui contraignait de rendre la pipe si promptement. Il ne chercha pas à dissimuler à cet égard sa pensée, comme on le vit bientôt lorsqu'on lui offrit la pipe. Le cidre et la pipe avaient été de temps immémorial les deux grands délices de la vie du nègre, et en voyant quelqu'un debout devant lui prêt à reprendre la pipe après une ou deux bouffées, il éprouvait le même sentiment qu'aurait fait naître en lui l'acte de lui enlever la cruche de sa bouche après une ou deux gorgées.

— Pas besoin d'attendre là, murmura-t-il, quand j'aurai fini, vous rendre la pipe ; ayez pas peur. Maître Corny, ou maître Malbone, ou maître Hughes..... mon Dieu ! je ne sais lesquels sont vivants, lesquels morts, je deviens si vieux ! N'importe, je puis fumer encore, et je n'aime pas la mode indienne de donner les choses ; c'est donner pour retirer, Nègre est nègre, et Indien est Indien ; mais nègre vaut mieux. N'attends pas, Indien, quand j'ai fini ; tu auras ta pipe, je te dis. Conseille pas de mettre le vieux Jaaf en colère ; car il est terrible.

Quoiqu'il fût probable que Feu-de-la-Prairie ne comprît pas la moitié des paroles du nègre, il comprit qu'il désirait finir sa pipe avant de la rendre. C'était contre toutes les règles, et une dérogation aux usages indiens ; mais l'homme rouge se conduisit avec la courtoisie d'un homme élevé dans la haute société, et s'en alla aussi tranquillement que si tout se passait dans les formes. Dans ces occasions, le sentiment des convenances est toujours remarquable chez un Indien. Il serait impossible de saisir dans son air, dans son attitude, un mouvement d'épaules, un sourire mal dissimulé, un regard d'intelligence, rien enfin de ces signes ou de ces communications mystérieuses qu'on regarde en bonne compagnie comme un témoignage de mauvaise éducation. En toutes choses il conserve son calme et sa dignité, soit que ce soit un effet de sa froideur, ou un résultat de son éducation.

L'action de fumer devint alors générale, mais seulement en manière de cérémonie, Jaaf seul s'attachant à finir régulièrement sa pipe. Son opinion sur la supériorité de sa race comparée à celle des hommes rouges était aussi opiniâtre que la conscience de son infériorité vis-à-vis des blancs, et il suffisait que la coutume d'épargner ainsi le tabac fût une mode indienne, pour qu'il ne l'adoptât pas. Les pipes furent bientôt déposées, et il se fit une pause silencieuse. Alors Feu-de-la-Prairie se leva et parla ainsi :

— Père, nous allons vous quitter. Nos squaws et nos papooses dans les prairies désirent nous revoir; il est temps que nous partions. Leurs yeux se portent vers le grand lac salé pour nous voir; nos yeux se portent vers les grands lacs d'eau douce pour les voir. Là le soleil se couche, ici il se lève; la distance est grande, et bien des tribus de faces pâles demeurent le long du sentier. Notre voyage a été une promenade de paix. Nous n'avons pas chassé; nous n'avons pas pris de scalps; mais nous avons vu notre grand-père, oncle Sam, et nous avons vu notre grand-père Susquesus; nous retournerons satisfaits vers le soleil couchant. — Père, nos traditions sont vraies; elles ne mentent jamais. Une tradition menteuse est pire qu'un Indien menteur. Ce que dit un Indien menteur trompe ses amis, sa femme, ses enfants; ce que dit une tradition menteuse trompe une tribu. Nos traditions sont vraies; elles parlent de l'intègre Onondago. Toutes les tribus dans les prairies ont entendu cette tradition, et elles sont satisfaites. Il est bon d'entendre parler de justice; il est mauvais d'entendre parler d'injustice. Sans la justice, l'Indien ne vaut pas mieux qu'un loup. Non; il n'y a pas une langue parlée dans les prairies qui ne raconte cette bonne tradition. Nous ne pouvions pas passer près du wigwam de notre père sans nous tourner de côté pour le voir. Nos squaws et nos papooses désirent nous voir, mais ils nous eussent dit de revenir sur nos pas, et de nous tourner pour voir notre père, si nous avions oublié de le faire. — Pourquoi mon père a-t-il vu tant d'hivers? C'est la volonté du Manitou. Le Grand Esprit veut le garder ici plus longtemps. Il est comme ces pierres entassées pour dire aux chasseurs où se trouvent les sentiers agréables. Tous les hommes rouges qui le voient pensent au bien. Non; le Grand Esprit ne peut pas encore retirer mon père du monde, de peur que les hommes rouges n'oublient ce qui est bien. Il est comme des pierres entassées.

Ici Feu-de-la-Prairie se tut et s'assit au milieu d'un murmure d'applaudissements. Il avait exprimé les sentiments de tous ; cela suffisait pour son succès. Susquesus avait tout entendu, tout compris, tout senti, quoiqu'en cette occasion il trahît moins d'émotion qu'à la première entrevue. Alors, sans doute, la nouveauté de la scène contribuait à influer sur ses sentiments. Une pause suivit ce discours d'ouverture, et nous attendions avec impatience que l'orateur renommé, Vol-d'Aigle, prît la parole, lorsque nous vîmes se lever un guerrier beaucoup plus jeune. Nous apprîmes que son nom était Pied-de-Biche, et qu'il le devait à la rapidité de sa course. A notre grande surprise, il s'adressa à Jaaf, la politesse indienne exigeant qu'il fût dit quelque chose à l'ami constant et au compagnon dévoué de Sans-Traces. Pied-de-Biche fit entendre les paroles suivantes :

— Le Grand Esprit voit toutes choses ; il fait toutes choses. A ses yeux la couleur n'est rien. Quoiqu'il ait créé des enfants qu'il aime d'une couleur rouge, il a aussi créé des enfants qu'il aime avec des faces pâles. Il ne s'est pas arrêté là. Non ; il a dit : Je veux voir des hommes et des guerriers avec des faces plus noires que la peau de l'ours. Je veux avoir des guerriers qui effraient leurs ennemis par leur aspect. Il a fait les hommes noirs. Mon père est noir ; sa peau n'est ni rouge comme la peau de Susquesus, ni blanche comme la peau du jeune chef de Ravensnest. Elle est maintenant grise, parce que le soleil a brillé sur elle pendant un grand nombre d'étés ; mais elle était autrefois de la couleur du corbeau. Alors il devait être agréable de la regarder. Mon père noir est bien vieux. On me dit qu'il est même plus vieux que l'Intègre Onondago. Le Manitou doit être content de lui, pour ne l'avoir pas appelé plus tôt. Il l'a laissé dans son wigwam, afin que tous les hommes noirs puissent voir celui qui aime leur Grand Esprit. — Voici la tradition que nous racontent nos pères. Les hommes pâles viennent du soleil levant, et ils étaient nés avant que la chaleur brûlât les peaux. Les hommes noirs vinrent sous le soleil à midi, et leurs faces furent noircies pendant qu'ils levaient leurs têtes pour admirer la chaleur qui mûrissait leurs fruits. Les hommes rouges naquirent au soleil couchant, et leurs faces furent colorées par les rayons du soir. L'homme rouge est né ici, l'homme pâle est né au delà du lac salé ; l'homme noir vient d'un pays à lui, où le soleil est toujours au-dessus de sa tête. Qu'importe? nous sommes frères. La Lèvre-Épaisse (tel est le nom que les Indiens donnaient à Jaaf) est ami de Susquesus. Ils ont vécu dans le même wigwam pendant tant d'années que leur venaison a le même goût. Ils s'aiment l'un l'autre. Tout ce qu'aime, tout ce qu'honore Susquesus, les Indiens l'aiment et l'honorent. J'ai dit.

Il est très-certain que Jaaf n'aurait pas compris une syllabe de ce qui lui était adressé, si Mille-Langues ne l'eût d'abord averti que c'était à lui en particulier qu'était destinée l'allocution de Pied-de-Biche, et si de plus il n'avait traduit le discours de l'orateur, mot par mot et avec beaucoup d'exactitude, à mesure que chaque phrase se terminait. Ces précautions mêmes n'eussent peut-être pas suffi pour donner au nègre la conscience de ce qui se passait, si Patt ne s'était approchée de lui et ne lui eût recommandé de faire attention à ce qui allait être dit, et de tâcher de répondre lorsque l'orateur aurait fini. Jaaf était tellement accoutumé à ma sœur, et si profondément convaincu de la nécessité de lui obéir, qu'elle réussit parfaitement à réveiller son attention ; et il nous étonna tous par la promptitude avec laquelle il se mit au courant de son rôle. Il est probable aussi qu'il lui restait quelques souvenirs de scènes semblables auxquelles il avait assisté dans ses jeunes années, dans les différents conseils tenus par les tribus de New-York, auprès desquelles mon grand-père, le général Mordaunt Littlepage, avait été plus d'une fois envoyé en commission.

— Eh bien ! dit Jaaf d'un ton brusque, suppose que le nègre doit dire quelque chose. Pas grand parleur, cependant, car il n'est pas un Indien : nègre travaille trop pour parler beaucoup. Ce que vous avez dit de l'endroit d'où vient le nègre n'est pas vrai, il vient de l'Afrique, il y a long longtemps. Hélas ! comme je deviens vieux ! Quelquefois je pense que le pauvre homme noir ne pourra jamais se coucher pour prendre son repos. Je vois que tout le monde prend son repos, excepté le vieux Sus et moi. Je suis encore très-fort, et je deviens tous les jours de plus fort en plus fort, quoique terriblement fatigué ; mais lui devient chaque jour de plus faible en plus faible. Il ne peut pas aller longtemps maintenant, le pauvre Sus ; chacun doit mourir un jour. Les vieux vieux maître et maîtresse, ils sont d'abord morts ; puis maître Corny ; ensuite est venu le tour de maître Mordaunt et de maître Malbone, et maintenant il y a un autre maître Hughes. Eh bien, ils sont tous à peu près les mêmes pour moi; je les aime tous et tous m'aiment. Ensuite mademoiselle Dus compte pour quelque chose, mais elle vit encore. Un jour elle devra mourir, mais ne paraît pas disposée. Hélas! comme je deviens vieux! Ah! voici encore ces démons d'Indgiens, et cette fois il faut que nous nous en débarrassions. Prends ton fusil, Sus; prends ton fusil, mon garçon, et n'oublie pas que le vieux Jaaf est à tes côtés.

C'était vrai, en effet, une troupe nombreuse d'Indgiens s'avançait; mais je réserve le récit de ce qui se passa pour le commencement d'un autre chapitre.

CHAPITRE XXVIII.

> Espère que tes souffrances te seront, par le Grand Esprit, mises en compte, et vengées lorsque tu ne seras plus. Pleure que personne ne te soit laissé pour hériter de ton nom, de ta renommée, de tes passions, de ton trône.
>
> Habit Rouge.

Il était assez étrange que le vieux nègre fût le premier d'entre nous à découvrir l'approche des Indgiens : cette circonstance était probablement due à ce que tous les autres regards étaient fixés sur l'orateur, tandis que ses yeux, au contraire, ne s'attachaient sur rien. Quoi qu'il en soit, les Indgiens s'avançaient en force au nombre d'environ deux cents : ils venaient par le grand chemin à un pas modéré, nous laissant ainsi le loisir de prendre position si nous le jugions nécessaire. Mon oncle fut d'avis qu'il serait imprudent à nous de rester sur la pelouse exposés à une si grande supériorité de forces, et il prit ses mesures en conséquence. En premier lieu, les femmes, maîtresses et servantes, furent priées de se retirer dans la maison. Les dernières, avec John à leur tête, reçurent ordre de barricader tous les volets des fenêtres basses, et de fermer solidement la barrière et les deux portes extérieures. Ces précautions furent promptement prises, et l'on n'aurait pu sans risque livrer un assaut à notre forteresse.

En même temps nous engageâmes Susquesus et Jaaf à changer

de position, et à se transporter sous le portique. Ce qui fut promptement fait; et les deux vieillards étaient tranquillement remis dans leurs siéges avant qu'un seul des Peaux-Rouges eût fait un mouvement. Ils se tenaient là tous immobiles comme des statues, si ce n'est que Cœur-de-Pierre semblait reconnaître des yeux le taillis qui bordait le ravin, et qui formait, ainsi que nous l'avons dit, un couvert épais d'une étendue assez considérable.

— Désirez-vous que les Peaux-Rouges entrent dans la maison, colonel? dit l'interprète avec calme; si cela est, il est temps de parler, autrement ils seront bientôt dispersés sous ce couvert comme une volée de pigeons. Alors il y aurait certainement un combat, car il n'y a pas à plaisanter avec ces hommes ni à faire des grimaces; ainsi il vaut mieux parler à temps.

Mon oncle profita aussitôt de l'avis, et pria les chefs de suivre l'intègre Onondago. Ce mouvement se fit avec le calme le plus régulier; et, ce qui nous surprit surtout, c'est que pas un des chefs ne parut faire la moindre attention aux ennemis qui s'avançaient, ou au moins à ceux qu'ils devaient considérer comme tels. Nous attribuâmes cette réserve extraordinaire à leur force de caractère, et au désir de conserver en présence de Susquesus une tenue pleine de dignité.

Les Indgiens se présentaient sur la pelouse au moment où nos dispositions étaient terminées. John était venu nous annoncer que toutes les fenêtres et les portes étaient fortement barricadées; il nous apprit aussi que les jardiniers, journaliers et palefreniers, au nombre de cinq ou six, étaient dans le petit passage, bien armés; on y avait aussi déposé des fusils pour nous. Enfin, les préparatifs qui avaient été faits par ma grand'mère immédiatement après son arrivée, se trouvaient maintenant d'une grande utilité, et nous mettaient en mesure de faire une formidable résistance, surtout avec l'aide des hommes rouges des prairies.

Nos arrangements étaient très-simples. Les dames étaient assises près de la grande porte, afin de pouvoir se mettre les premières à couvert, en cas de nécessité; près de ce groupe étaient sur leurs siéges Susquesus et Jaaf, et les hommes de l'occident occupaient l'extrémité opposée du portique; Mille-Langues se tenait entre les deux divisions de notre compagnie, prêt à servir d'interprète à l'une ou à l'autre, tandis que mon oncle et moi, avec deux ou trois des autres domestiques, nous prîmes position derrière nos vieux amis : Sénèque et son complice étaient au milieu des chefs.

Au moment même où les Indgiens couvraient la pelouse, nous entendîmes le galop d'un cheval, et tous les yeux se tournèrent vers l'endroit d'où partait le son : c'était du côté du ravin, et il semblait que quelqu'un s'approchait à travers le vallon. Je ne me trompais pas; car bientôt Opportunité, à cheval, se présenta à nos regards. Elle arrêta sa monture sous l'arbre, en descendit d'un seul bond, et, attachant la bride de l'animal à une branche, s'avança rapidement vers la maison. Ma sœur Patt descendit les marches du portique pour recevoir cette visite inattendue, et je me trouvai immédiatement derrière elle pour faire mon salut; mais les manières d'Opportunité étaient brusques et loin d'être composées. Elle jeta un coup d'œil autour d'elle, reconnut la position de son frère, et me prenant le bras, m'entraîna sans cérémonie dans la bibliothèque ; car, pour rendre justice à cette jeune personne, elle était d'une grande énergie quand il s'agissait de quelque chose de sérieux. Rien ne sembla la détourner de l'objet qu'elle avait en vue, si ce n'est qu'elle s'arrêta un instant en passant devant ma grand'mère pour lui offrir ses hommages.

— Au nom du ciel, me dit-elle en m'adressant un regard moitié tendre, moitié hostile, que prétendez-vous faire de Sen? Vous êtes sur un volcan, monsieur Hughes, sans vous en douter.

Opportunité confondait l'effet avec la cause ; mais c'était peu important dans une occasion aussi intéressante; elle était très-sérieuse, et j'avais appris par expérience que ses conseils et ses renseignements pouvaient nous être d'une grande utilité.

— A quel danger particulier faites-vous allusion, ma chère Opportunité?

— Ah! Hughes, si les choses étaient aujourd'hui ce qu'elles étaient autrefois, combien nous pourrions être heureux ensemble à Ravensnest? Mais ce n'est pas le moment de parler de ces choses... Ne voyez-vous pas les Indgiens?

— Parfaitement; et ils voient probablement aussi *mes* Indiens.

— Oh! ils ne les craignent guère, maintenant. D'abord, lorsqu'ils croyaient que vous aviez loué une bande d'hommes désespérés pour scalper les gens, il y a eu quelque mécompte ; mais on sait toute leur histoire, et personne ne les redoute. S'il y a des crânes dépouillés, ce seront les leurs. Tout le pays est debout, et le bruit court que vous avez amené avec vous une troupe de sanguinaires sauvages des prairies pour couper la gorge aux femmes et aux enfants, et pour chasser les tenanciers, afin de rentrer dans vos fermes même avant l'expiration des baux. Quelques personnes ajoutent que les sauvages ont la liste de ceux sur les têtes desquels reposent les baux, et qu'ils doivent avant tout massacrer ceux-là. Vous êtes sur un volcan, monsieur Hughes, vous êtes sur un volcan.

— Ma chère Opportunité, répondis-je en riant, je vous suis infiniment obligé de l'intérêt que vous me portez, et j'avoue franchement que vous m'avez samedi soir rendu un service signalé; mais je dois aujourd'hui penser que voux exagérez le danger, que vous donnez au tableau de trop sombres couleurs.

— Nullement; je vous le déclare, vous êtes sur un volcan, et, comme votre amie, je suis venue ici pour vous en avertir, pendant qu'il en est temps encore.

— Pour l'éviter, je suppose. Mais comment ces méchants bruits sur mes projets sanguinaires peuvent-ils obtenir quelque crédit, puisque vous avouez vous-même qu'on sait toute l'histoire de ces Indiens de l'ouest, et que la crainte qu'on en avait est tout à fait dissipée? Il y a là une contradiction.

— Oh! vous savez ce qui se passe dans les temps d'anti-rentisme. Quand il faut de l'agitation, les gens ne s'attachent pas exactement aux faits, mais font courir des bruits et répètent des bruits, selon qu'ils le jugent convenable.

— C'est vrai; je comprends cela, et je n'ai aucune difficulté de vous croire à présent. Mais êtes-vous venue ici ce matin simplement pour me faire connaître le danger qui me menace?

— Je crois que je suis toujours trop prête à venir dans cette maison. Mais chacun a sa faiblesse et je suppose que je ne fais pas exception, répliqua Opportunité en me lançant un regard tendre. Mais Hughes, je vous appelle Hughes, monsieur Littlepage, car pour moi vous ressemblez plus à Hughes qu'à cet aristocrate dur et orgueilleux pour lequel on veut vous faire passer ; mais je ne vous aurais jamais rien dit l'autre soir, si j'avais supposé que cela devait amener Sénèque dans cette cruelle position.

— Je comprends combien vos inquiétudes doivent être graves en ce qui concerne votre frère, Opportunité, et votre bienveillant service ne sera pas oublié quand il s'agira de lui.

— Si cela est, pourquoi ne permettriez-vous pas aux Indgiens de le retirer des mains de vos vrais sauvages, reprit-elle d'un air caressant. Je prends l'engagement pour lui qu'il s'en ira, qu'il restera éloigné plusieurs mois, si vous l'exigez; quand tout sera oublié, il reviendra.

— La délivrance de votre frère est-elle donc l'objet de la visite de ces Indgiens?

— En partie : ils tiennent à l'avoir. Il a tous les secrets des antirentistes, et ils ont peur pour eux, tant qu'il sera entre vos mains. S'il était un peu effrayé, et qu'il fît connaître seulement un quart de ce qu'il sait, il n'y aurait aucune paix dans la contrée d'ici à un an.

Avant que j'eusse le temps de faire une réponse, je fus appelé sous le portique, les Indgiens s'étant avancés si près que mon oncle jugea ma présence nécessaire. Je fus obligé de quitter Opportunité, qui ne crut pas devoir se montrer, quoique sa visite à la maison pour intercéder en faveur de son frère ne dût causer ni surprise ni ressentiment.

Quand j'atteignis le portique, les Indgiens s'étaient approchés jusqu'à l'arbre où nous avions d'abord été postés, et là ils avaient fait halte. Derrière eux était M. Warren s'avançant rapidement vers nous, en ligne droite, sans se préoccuper de ceux qu'il savait lui être hostiles, et ne s'attachant qu'à gagner la maison avant qu'ils en eussent fermé les issues. Cette circonstance donna lieu à un incident d'un touchant intérêt, et que je ne puis m'empêcher de raconter, quoique cela puisse interrompre le récit d'événements que d'autres considéreraient peut-être comme plus importants.

M. Warren ne passa pas directement à travers la foule des rebelles, car c'est le nom qu'ils méritaient, mais il fit un détour pour empêcher une collision qui était inutile. Cependant lorsqu'il fut à moitié chemin entre l'arbre et le portique, les Indgiens poussèrent des cris discordants, et plusieurs d'entre eux s'élancèrent comme pour le devancer et l'arrêter. Au moment même où nous nous levions tous involontairement sous l'impulsion d'un intérêt commun en faveur du bon recteur, Mary se précipita en avant, fut à côté de son père et l'enveloppa de ses bras, par un mouvement si rapide, qu'elle paraissait avoir volé. S'attachant à lui, elle semblait vouloir l'entraîner vers nous. Mais M. Warren prit un parti plus sage que celui de la fuite. Certain de n'avoir rien dit ou fait qui fût hors du cercle de ses devoirs, il s'arrêta et fit face à ceux qui le poursuivaient. L'action de Mary Warren avait déjà imposé à ces hommes égarés, et l'aspect calme et digne du ministre acheva son triomphe. Les meneurs des Indgiens s'arrêtèrent, conférèrent ensemble, et tous rejoignirent bientôt le corps principal dont ils s'étaient détachés, laissant M. Warren et sa charmante fille nous rejoindre tranquillement.

Au moment où Mary Warren avait quitté le portique pour remplir sa pieuse mission, poussé par un mouvement irrésistible je m'étais élancé pour la suivre. Mais mon oncle m'avait saisi par les basques de mon habit, et la main plus délicate de ma grand'mère avait produit encore un plus grand effet. Tous deux me firent des représentations, et avec une raison si évidente, que je compris bientôt la folie de ma démarche. Si j'étais tombé entre les mains des antirentistes, leur triomphe eût été momentanément complet.

M. Warren monta les marches du portique d'un pas aussi assuré et d'un air aussi tranquille que s'il entrait dans son église. Le bon vieillard avait si bien maîtrisé ses impressions, et était tellement accoutumé à se considérer comme spécialement protégé, ou comme prêt à tout souffrir pour l'accomplissement de ses devoirs, que la crainte lui était inconnue. Quant à Mary, jamais elle ne parut si belle que lorsqu'elle montait les marches, s'attachant encore avec confiance et tendresse au bras de son père.

Patt s'élança pour embrasser son amie avec une vive tendresse et ma vénérable grand'mère la baisa sur les deux joues, tandis que les deux autres demoiselles lui témoignaient leur sympathie. Mon oncle Ro lui-même poussa la galanterie jusqu'à lui embrasser la main, tandis que le pauvre Hughes était obligé de se tenir en arrière et de se contenter de témoigner son admiration par ses regards. J'obtins cependant d'elle un coup d'œil rempli de consolation, puisqu'il m'indiquait que ma réserve était appréciée.

Pendant cette singulière scène, les hommes de la prairie parurent seuls sans émotion. A peine un d'entre eux avait-il détourné les yeux de dessus Susquesus, bien qu'ils dussent tous s'apercevoir qu'il se passait près d'eux quelque événement intéressant, et que tous certainement comprissent que leurs ennemis étaient tout près. L'apathie des chefs semblait s'étendre à l'interprète, qui allumait froidement sa pipe au moment même où se passait l'épisode de M. Warren, sans que rien l'interrompît dans cette occupation, ni les clameurs des Indgiens, ni le trouble qui régnait parmi nous.

Les Indgiens ne paraissant pas encore disposés à s'approcher davantage, nous eûmes le loisir de conférer entre nous. M. Warren nous dit qu'ayant vu les hommes déguisés passer devant le presbytère, il les avait suivis, afin d'agir comme médiateur entre nous et eux.

—La destruction du dais devait vous avoir averti que les choses en étaient venues à l'extrême, observa ma grand'mère.

Mais M. Warren n'avait pas entendu parler de cette affaire, tant elle avait été conduite avec mystère. Il en exprima vivement sa surprise ; toutefois ses regrets me parurent assez froids. Il n'était pas homme à tolérer l'illégalité et la violence, et moins encore le vice particulier aux Américains, l'envie ; mais, d'un autre côté, il n'était pas homme à regarder avec faveur de vaines distinctions, surtout lorsqu'elles étaient établies dans la maison du Seigneur.

Il ne se passa qu'un très-court intervalle pendant lequel les Indgiens demeurèrent en repos. Il devint bientôt évident qu'ils ne voulaient pas rester tranquilles spectateurs de ce qui se passait sous le portique, mais que leur intention était d'agir de manière ou d'autre. Se formant en une ligne qui rappelait bien plutôt la milice de notre grande république que la régularité sévère des guerriers de l'ouest, ils s'avancèrent en battant des pieds, comme s'ils voulaient nous épouvanter par le bruit de leur marche. Nos arrangements furent bientôt faits, et chacun se disposa de son mieux. Les dames, dirigées par ma grand'mère, conservèrent leurs siéges près de la porte ; les hommes de la maison étaient debout et immobiles, et pas un Indien ne bougeait. Quant à Susquesus, il avait trop vécu pour se laisser aller aux surprises et aux émotions, et les hommes de la prairie semblaient diriger toute leur conduite sur la sienne. Tant qu'il demeura immobile, ils paraissaient disposés à l'être comme lui.

La distance entre l'arbre et le portique n'avait pas plus de cent pas, et il ne fallait pas grand temps pour la franchir. Je remarquai cependant que, contrairement aux lois de l'attraction, plus les Indgiens s'approchaient du but, plus leur mouvement se ralentissait. Leur ligne avait aussi perdu sa forme, décrivant alors plusieurs courbes, quoique le piétinement devînt plus bruyant, comme s'ils voulaient se donner du courage en faisant du bruit. Quand ils furent à environ cinquante pas, ils cessèrent d'avancer, se bornant à piétiner avec fracas dans l'espoir de nous faire fuir. Je pensai que le moment était favorable pour accomplir, ainsi que nous en étions convenus mon oncle et moi, une démarche qui appartenait au propriétaire de la terre ainsi envahie par ces hommes sans principes. M'avançant sur le front du portique, je demandai par un signe un moment d'attention. Le piétinement cessa aussitôt, et il se fit un profond silence.

—Vous me connaissez tous, dis-je avec calme et aussi avec fermeté, et vous savez par conséquent que je suis le propriétaire de cette maison et de ces terres. Comme tel, j'ordonne à tous et à chacun de vous de quitter cet endroit, et de vous retirer sur la grande route ou sur la propriété d'une autre personne. Tout individu qui restera après cet avertissement sera considéré comme un perturbateur de la paix publique, et en subira les conséquences aux yeux de la loi.

J'articulai ces paroles assez haut et assez distinctement pour être entendu de tous, et je ne puis prétendre avoir obtenu un grand succès. Les masques de calicot se tournèrent l'un vers l'autre, et il y eut une apparence de commotion; mais les meneurs ranimèrent la multitude, la toute-puissante multitude, en cette occasion comme en beaucoup d'autres. La souveraineté de la masse est une excellente chose en principe, et une fois par hasard en pratique. Dans un certain sens elle fait du bien en mettant un frein à une foule d'abus les plus odieux et les plus intolérables; mais pour les pratiques quotidiennes de la politique, leurs majestés impériales les souverains de l'Amérique, dont je fais partie, ont aussi peu de part aux mesures qu'ils semblent demander et soutenir que le nabab d'Oude.

Il en fut ainsi de la décision de la foule armée et déguisée dans l'occasion actuelle. Il lui fallut consulter ses chefs pour savoir ce qu'elle avait à faire, et alors il fut résolu qu'on ne répondrait à mon avertissement que par des clameurs de mépris. Le cri fut passablement général et eut un bon effet, celui de persuader aux Indgiens qu'ils avaient clairement démontré leur mépris pour mon autorité, ce qu'ils considéraient comme une victoire suffisante pour le moment; néanmoins la démonstration ne s'arrêta pas là, il s'ensuivit un court dialogue qu'il n'est pas sans intérêt de rapporter.

— Roi Littlepage, cria l'un des masques, qu'est devenu votre trône ? La maison de réunion de Saint-André a perdu le trône de son monarque !

— Ses porcs sont devenus maintenant de grands aristocrates, bientôt ils voudront devenir des patrons.

— Hughes Littlepage, sois un homme, descends au niveau de tes concitoyens, et ne te crois pas meilleur que les autres; tu n'es, après tout, que de la chair et du sang.

— Pourquoi ne nous invites-tu pas à dîner avec toi aussi bien que le prêtre Warren? je puis manger aussi bien et autant qu'aucun homme du comté.

— Oui, et il peut boire aussi, Hughes Littlepage; ainsi prépare tes meilleurs liquides pour le jour où il sera invité.

Tout cela passait pour de l'esprit parmi les Indgiens, et parmi cette portion des vertueux et honnêtes travailleurs qui non-seulement les mettaient sur pied, mais encore en cette occasion leur tenaient compagnie; car il fut démontré depuis que la moitié de la bande se composait des tenanciers de Ravensnest. Je tâchai de conserver mon sang-froid, et je réussis assez bien, considérant les provocations qui m'étaient faites. Des arguments avec de tels hommes étaient inutiles, et connaissant leur nombre et leur supériorité physique, ils ne tenaient guère compte de mes droits légaux. Cependant ne voulant pas être battu sur le pas de ma porte, je résolus de dire encore quelque chose avant de reprendre ma place. Des hommes comme ceux qui étaient devant moi ne peuvent jamais comprendre que le silence est un signe de mépris, et je pensai qu'il valait mieux faire quelque réponse aux apostrophes que j'ai rapportées, et à vingt autres de même calibre. Sur un signe que je fis, j'obtins encore le silence.

— Je vous ai ordonné, repris-je, en ma qualité de propriétaire, d'évacuer cette pelouse, et en restant vous violez la loi. Quant à ce que vous avez fait relativement au dais, je vous en remercierais si ce n'était pas un acte de violence, car mon intention était de l'enlever aussitôt que vous auriez fait taire vos menaces. Je suis aussi opposé qu'aucun de vous à toutes distinctions dans la maison de Dieu, et je ne les demande ni pour moi ni pour aucun des miens. Je ne demande rien que d'avoir des droits égaux à ceux de mes concitoyens; je demande que ma propriété soit autant protégée que les leurs, mais pas davantage. Je ne conçois pas néanmoins qu'aucun de vous ait le droit de partager mes biens, pas plus que je n'ai le droit de partager les siens ; que vous puissiez plus justement réclamer une portion de mes terres que moi une portion de vos récoltes et de vos troupeaux : c'est une règle bien simple qui n'a pas deux poids et deux mesures.

— Vous êtes un aristocrate, s'écria un des Indgiens, ou bien vous laisseriez d'autres hommes posséder autant de terres que vous en avez vous-mêmes. Vous êtes un patron, et tous les patrons sont des aristocrates et des hommes haïssables.

— Un aristocrate, répondis-je, est un homme qui, parmi le petit nombre, possède le pouvoir politique ; la plus haute naissance, la plus grande fortune, l'association la plus exclusive, ne ferait pas un aristocrate si l'on n'y ajoute un pouvoir politique privilégié. Dans notre pays il n'y a pas de pouvoir privilégié, par conséquent il n'y a pas d'aristocrates. Il existe cependant une fausse aristocratie que vous ne reconnaissez pas, simplement parce qu'elle n'est pas dans la main de gens comme il faut. Les démagogues et les journalistes forment vos classes privilégiées, et conséquemment vos aristocrates ; il n'y en a pas d'autres. Quant aux aristocrates propriétaires, écoutez une histoire véritable qui vous montrera combien ils méritent le reproche d'aristocratie. Il y avait un propriétaire dans cet État, un homme de grande fortune, qui s'était rendu responsable des dettes d'un autre pour une somme considérable. Au moment où ses rentes ne pouvaient être touchées, grâce à votre intervention et à la faiblesse de ceux qui doivent protéger la loi, le shérif se présenta dans sa maison et en vendit tout le mobilier afin d'exécuter une saisie contre lui. Voilà l'aristocratie américaine, et, je suis fâché de le dire, la justice américaine, telle qu'elle est administrée parmi nous.

Je vis que ma narration produisait un certain effet. Chaque fois que j'ai fait entendre cette évidente vérité, elle a confondu le plus intrépide démagogue, et a réveillé momentanément dans son cœur quelques-uns des principes que Dieu y avait originairement placés. L'aristocratie américaine, en vérité ! heureux le gentleman qui peut obtenir une maigre et boiteuse justice !

CHAPITRE XXIX.

> Comme s'étendent les rayons de ce petit flambleau,
> ainsi brille une bonne action dans un méchant
> monde.
>
> SHAKSPEARE.

Un profond silence succéda à mes paroles; et après que les hommes déguisés eurent échangé entre eux quelques mots à voix basse, ils se tinrent tranquilles, et semblèrent disposés pour le moment à ne pas nous molester davantage. Je crus l'occasion favorable pour reprendre ma place, décidé à laisser les choses suivre leur cours naturel. Ce changement et le calme profond qui suivit rappelèrent notre attention vers les Indiens.

Durant tout le temps qui avait été consacré à la conférence précédente avec les Indgiens, les hommes des prairies et Susquesus étaient restés presque aussi immobiles que des statues. Il est vrai que les yeux de Cœur-de-Pierre demeuraient fixés sur les ennemis, mais il avait soin de ne trahir aucune inquiétude. A cela près, je puis affirmer qu'il n'y avait aucun signe extérieur de vigilance parmi ces êtres extraordinaires. Cependant Mille-Langues me fit savoir depuis qu'ils étaient bien au courant de ce qui se passait. Maintenant qu'il se faisait une pause, chacun sembla ne plus s'occuper que de la visite solennelle qui se préparait, comme s'il n'y avait eu aucune interruption. Mille-Langues s'adressant alors aux Indgiens d'une voix impérative, les avertit de ne pas troubler la conférence des chefs, qui avait un certain caractère religieux, et qui ne devait pas être interrompu avec impunité.

« Tant que vous serez tranquilles, dit-il, mes guerriers ne vous insulteront pas; mais si quelques hommes, parmi vous, a jamais été sur les prairies, il doit connaître assez la nature des Peaux-Rouges pour savoir que quand ils se fâchent, c'est tout de bon. Des hommes qui ont fait un voyage de trois mille milles, ne se détournent pas pour des bagatelles, et c'est un signe que ces chefs ont été amenés ici par des affaires sérieuses. »

Soit que cet avertissement produisît son effet, ou que la curiosité eût quelque influence sur les hommes déguisés, ou qu'ils ne se souciassent pas d'en venir à des extrémités, toujours est-il que la troupe entière s'arrêta et qu'ils restèrent attentifs observateurs de ce qui se passa, jusqu'à ce qu'il se fit une interruption qui sera racontée en temps et lieu. Mille-Langues, qui s'était placé au centre du portique pour interpréter les discours, avertit les chefs qu'ils pouvaient accomplir avec tranquillité l'objet de leur visite.

Après une pause convenable, le même jeune guerrier qui s'était adressé à Jaaf se leva de nouveau, et avec un raffinement de politesse qu'on chercherait en vain dans la plupart des corps délibérants d'une contrée civilisée, il rappela les circonstances qui avaient empêché le nègre de terminer son adresse, l'engageant à poursuivre et à achever son discours. Ses paroles furent transmises au nègre par Mille-Langues, qui assura que pas un des chefs ne dirait un mot jusqu'à ce que le dernier orateur eût complété son allocution.

Ce ne fut pas sans difficulté que nous parvînmes à remettre sur ses jambes le vieux Jaaf. Comme il était bien entendu cependant qu'aucun chef ne parlerait jusqu'à ce que le nègre épuisât son droit, ma chère Patt dut intervenir, et plaçant sa blanche main sur l'épaule du vieux nègre, elle l'engagea à se lever et à terminer son discours. Il la reconnut et obéit; car une chose digne de remarque, c'est que tandis qu'il se rappelait à peine ce qui s'était passé une heure auparavant, faisant une terrible confusion de dates, parlant de ma grand'mère comme d'une jeune fille; il connaissait cependant tous ceux de la famille qui vivaient encore, nous aimait et nous honorait, même alors qu'il s'imaginait que nous avions été présents à des scènes qui avaient eu lieu lorsque nos grands parents étaient jeunes. Mais venons à son discours.

« Que veulent ces gens habillés en calicot, comme autant de squaws? s'écria Jaaf en regardant les Indgiens rangés en ligne tout près du portique. Pourquoi les laisser venir, maître Hughes, maître Hodge, maître Malbone, maître Mordaunt. Lequel de vous est ici, je ne sais pas, il y en a tant, et il est si difficile de se rappeler toutes choses. Oh! je suis si vieux! Je me demande quand mon jour viendra. Voilà Sus aussi, il n'est bon à rien. Autrefois il était grand marcheur, grand guerrier, grand chasseur, fameux homme pour ces Peaux-Rouges; mais il est tout à fait usé. Je ne vois pas à quoi sert qu'il vive plus longtemps. Indien bon à rien quand il ne peut pas chasser. Quelquefois il fait paniers et balais; mais on se sert de meilleurs balais maintenant, et l'Indien perd ce commerce. Que veulent ici ces démons en calicot, dites mademoiselle Patty ? Il y a des Peaux-Rouges aussi ; deux, trois, quatre, tous venus pour voir Sus. Pourquoi nègres ne viennent-ils pas me voir ? Vieux noir aussi bon que vieux rouge. Où ces gens ont-ils pris tout ce calicot pour mettre sur leur visage. Maître Hodge, que veut dire tout cela ? »

« Ceux-ci sont les anti-rentistes, Jaaf, répondit froidement mon oncle : des hommes qui veulent prendre les fermes de ton jeune maître Hughes, et lui épargner l'embarras de recevoir ses rentes. Ils couvrent leurs figures, je suppose, pour cacher leur rougeur ; leur modestie naturelle se révélant par le sentiment de leur propre générosité. »

Quoiqu'il fût probable que Jaaf ne comprit pas la moitié de ce qu'on lui disait, il en avait cependant saisi la majeure partie, parce que son esprit ayant été frappé de ce sujet deux ou trois ans auparavant, il en était resté une impression durable. Mais l'effet des paroles de mon oncle fut visible parmi les Indgiens, qui semblèrent vouloir faire un mouvement. Cependant soit crainte, soit prudence, ils reprirent leur calme, et Jaaf continua en les apostrophant rudement :

« Que veux-tu ici, garnement ? Va-t'en, retourne chez toi. Oh ! je deviens si vieux ! je voudrais avoir la force de ma jeunesse pour te la faire sentir, vermine ! Que veux-tu de la terre de maître Hughes ? Pourquoi penses-tu à prendre la propriété d'un gentleman, eh ? Rappelle-toi le temps où ton père vint supplier auprès de maître Mordy pour obtenir un petit bout de ferme, pour devenir son tenancier, pour travailler pour la famille ; et maintenant tu viens dans tes haillons de calicot pour dire à maître Hughes qu'il ne sera plus maître de sa propre terre. Qui es-tu, je voudrais le savoir, pour venir parler ce langage à un gentleman ! Va-t'en ! hors d'ici, ou je te ferai entendre des paroles que tu n'aimeras pas. »

On n'aurait pu s'empêcher de sourire, malgré la gravité des circonstances, en voyant le sérieux des Indiens pendant cet étrange épisode. Pas un d'eux ne tourna la tête, ou ne manifesta la moindre impatience, la moindre curiosité. La présence de deux cents hommes armés, habillés de calicot, ne leur fit pas lever les yeux, quoique, selon toute probabilité, ils se tinssent parfaitement sur leurs gardes.

Le moment était alors venu pour les Indiens d'accomplir l'objet de leur visite à Ravensnest, et Feu-de-la-Prairie se leva lentement pour parler.

« Père, dit-il avec solennité, les esprits de vos enfants sont pesants. Ils ont voyagé à travers un long sentier couvert d'épines, avec des mocassins usés et des pieds meurtris ; mais leurs esprits étaient légers. Ils espéraient au bout du sentier contempler la face de l'intègre Onondago. Ils sont venus au bout du sentier et ils le voient ; ils le voient comme ils s'attendaient à le voir. Il est comme le chêne que l'éclair peut déchirer, que la neige peut couvrir de mousse, mais que mille orages et cent hivers ne peuvent dépouiller de ses feuilles. Il ressemble au chêne le plus vieux de la forêt. Il est plein de grandeur ; il fait bon de le regarder. Quand nous le voyons, nous voyons un chef qui a connu les pères de nos pères, et les pères de *leurs* pères. Il y a de cela longtemps. Il est une tradition, et sait toutes choses. Il n'y a qu'une chose avec lui qui ne devrait pas être. Il est né homme rouge, mais il a vécu si longtemps avec les Faces-Pâles, que lorsqu'il s'en ira aux heureuses terres de chasse, nous craignons que les bons esprits ne le prennent pour un Face-Pâle et ne lui indiquent un faux sentier. Si cela arrivait, les hommes rouges perdraient l'intègre Onondago pour toujours. Cela ne doit pas être. Mon père ne désire pas que cela soit. Il aura une meilleure pensée. Il reviendra parmi ses enfants, et laissera sa sagesse et ses conseils parmi le peuple de sa couleur. Je lui demande de faire cela.

« Le sentier est long, maintenant, d'ici aux wigwams des hommes rouges. Il ne l'était pas autrefois, mais il a été agrandi. C'est un sentier bien long. Nos jeunes guerriers le parcourent souvent pour visiter les tombeaux de leurs pères ; ils savent combien il est long. Ma langue n'est pas fourchue, mais elle est droite ; elle ne chantera pas une fausse chanson ; elle dit la vérité à mon père. Le sentier est bien long. Mais les Faces-Pâles sont étonnants. Que n'ont-ils pas fait ? que ne feront-ils pas ? Ils ont fait des canots et des voitures qui volent aussi vite que les oiseaux. Le daim ne pourrait les attraper. Ils ont des ailes de feu qui ne se fatiguent jamais. Ils marchent quand les hommes dorment. Le sentier est long, mais il est bientôt parcouru avec de telles ailes. Mon père peut entreprendre le voyage sans penser à la fatigue. Qu'il l'essaie. Ses enfants prendront soin de lui. L'oncle Sam lui donnera de la venaison et il ne manquera de rien. Alors, quand il partira pour les heureuses terres de chasse, il ne se trompera pas de sentier, et restera pour toujours avec les hommes rouges.

Une longue et solennelle pause succéda à ce discours, qui fut prononcé avec beaucoup de dignité et d'emphase. On pouvait voir que Susquesus était touché de cette requête, et de l'hommage rendu à son caractère, en voyant des tribus des prairies, des tribus dont il n'avait jamais entendu parler, même dans les traditions de ses jeunes années, venir si loin pour rendre justice à sa renommée, et pour lui demander d'aller mourir au milieu d'elles. Il devait savoir, il est vrai, que les débris des tribus de New-York avaient pour la plupart fait retraite dans ces régions éloignées; néanmoins il était honorable pour lui qu'elles eussent, par leurs souvenirs, réussi à produire une impression si favorable à son égard. Bien des hommes de son âge eussent été insensibles à des sentiments de cette nature. Il en était ainsi assurément de Jaaf, mais non de l'Onondago. Comme il l'avait dit aux chefs dans son discours précédent, son esprit vivait surtout parmi les scènes de sa jeunesse, et ses premières émotions redevenaient plus vives aujourd'hui que dans le milieu de sa carrière. Tout ce qui restait du feu de ses jeunes ans semblait s'être ranimé, et, dans son extérieur, excepté quand il marchait, il ne paraissait pas dans cette matinée, avoir plus de soixante-dix ans.

Maintenant que les chefs des prairies avaient si glorieusement pour lui fait connaître le grand objet de leur visite et si vivement exprimé leur désir de recevoir au milieu de leur communauté un homme de leur couleur et de leur race, il ne restait plus à l'Onondago qu'à se prononcer aussi clairement sur cette proposition. Le profond silence qui régnait autour de lui devait lui montrer avec quelle anxiété était attendue sa réponse. Cette anxiété s'étendait même jusque parmi les Indgiens, qui semblaient autant absorbés par l'intérêt de cette curieuse scène, que tous ceux qui étaient sous le portique. Je crois que l'anti-rentisme fut momentanément oublié par tout le monde, par les tenanciers comme par les propriétaires.

Feu-de-la-Prairie avait repris son siége depuis plus de trois minutes avant que Susquesus se levât; pendant ce temps le silence resta ininterrompu.

— Mes enfants, reprit l'Onondago, dont la voix avait ce tremblement que produit une vive impression, mais qui était encore si distincte que pas une parole ne fut perdue ; mes enfants, nous ne savons pas, quand nous sommes jeunes, ce qui doit arriver ; tout est jeune alors autour de nous. C'est quand nous devenons vieux que tout vieillit autour de nous. La jeunesse est pleine d'espérance, mais l'âge est plein d'yeux, il voit les choses telles qu'elles sont. J'ai vécu seul dans mon wigwam depuis que le Grand Esprit a appelé le nom de ma mère, et qu'elle est allée aux heureuses terres de chasse préparer la venaison pour mon père, qui avait été appelé le premier. Mon père fut un grand guerrier. Vous ne l'avez pas connu. Il fut tué par les Delawares, il y a plus de cent hivers.

Je vous ai dit la vérité. Quand ma mère s'en alla préparer la venaison pour mon père, je fus laissé seul dans mon wigwam.

Ici se fit une nouvelle pause, durant laquelle Susquesus sembla lutter avec ses émotions, quoiqu'il restât debout et droit comme un arbre profondément enraciné. Quant aux chefs, la plupart d'entre eux penchèrent leur corps en avant pour écouter, tant était vif leur intérêt ; parmi eux quelques-uns expliquaient, en sons gutturaux, certains passages du discours à d'autres chefs, qui ne comprenaient pas entièrement le dialecte dans lequel il avait été prononcé. Susquesus poursuivit :

— Oui, j'ai vécu seul. Une jeune squaw devait entrer dans mon wigwam et y rester. Elle n'est jamais venue. Elle désirait y entrer, mais elle n'y vint pas. Un autre guerrier avait sa promesse, et il était juste qu'elle gardât sa parole. Son esprit fut pesant d'abord, mais elle vécut pour sentir qu'il était bon d'être juste. Aucune squaw n'a jamais vécu dans mon wigwam. Je n'ai pas songé à être père ; mais voyez combien les choses ont tourné différemment ! Je suis maintenant le père de tous les hommes rouges ! Chaque guerrier Indien est mon fils. Vous êtes mes enfants ; je vous reconnaîtrai quand nous nous rencontrerons dans les beaux sentiers qui sont au delà de vos chasses d'aujourd'hui. Vous m'appellerez votre père, et je vous appellerai mes fils ; cela suffira.

Vous me demandez d'aller avec vous dans le long sentier et de laisser mes os dans les prairies. J'ai entendu parler de ces terres de chasse. Nos anciennes traditions nous en parlent. « Vers le soleil levant, disent-elles, est un grand lac salé, et vers le soleil couchant, de grands lacs d'eau douce. Au delà du grand lac salé est un pays éloigné, rempli de Faces-Pâles, qui vivent dans de grands villages et au milieu de champs éclaircis. Vers le soleil couchant étaient aussi de grands champs, mais pas de Faces-Pâles et peu de villages. Quelques-uns de nos sages croyaient que ces champs étaient ceux des hommes rouges qui suivaient les Faces-Pâles à la suite du soleil ; d'autres croyaient que c'étaient des champs dans lesquels les Faces-Pâles suivaient les hommes rouges. Je crois que ceci était la vérité. L'homme rouge ne peut se cacher dans aucun coin où la Face-Pâle ne puisse le trouver. Le Grand Esprit le veut ainsi ; c'est sa volonté ; l'homme rouge doit se soumettre.

Mes enfants, le voyage que vous me proposez de faire est trop long pour la vieillesse. J'ai tant vécu avec les Faces-Pâles, que la moitié de mon cœur est blanc, quoique l'autre moitié soit rouge. Une moitié est remplie des traditions de nos pères, l'autre moitié est remplie de la sagesse de l'étranger. Je ne puis couper mon cœur en deux. Il doit aller tout entier avec vous, ou rester tout entier ici. Le corps doit rester avec le cœur, et tous deux doivent rester où ils ont maintenant vécu si longtemps. Je vous remercie, mes enfants, mais ce que vous désirez ne peut arriver.

Vous voyez un homme très-vieux, mais vous voyez un esprit très-incertain. Il y a des traditions rouges et des traditions de Faces-Pâles. Toutes deux parlent du Grand Esprit, mais une seule parle de son fils. Une douce voix a parlé à mon oreille du fils de Dieu. Vous parle-t-on ainsi dans vos prairies ? Je ne sais que penser. Je voudrais penser ce qui est vrai ; mais ce n'est pas aisé à comprendre.

Ici Susquesus se tut et reprit son siége, comme un homme qui était embarrassé d'expliquer ses propres sentiments. Feu-de-la-Prairie attendit quelques instants, mais voyant que l'Onondago restait assis, il se leva pour demander de nouvelles explications.

— Mon père a parlé avec sagesse, dit-il, et ses enfants ont écouté. Ils n'ont pas entendu assez, ils désirent entendre davantage. Si mon père est fatigué de se tenir debout, il peut s'asseoir ; ses enfants ne lui demandent pas de rester debout. Ils aimeraient à savoir d'où venait cette douce voix et ce qu'elle disait. »

Susquesus ne se leva pas, mais il se préparait à répondre. M. Warren se tenait tout près de lui, et Mary s'appuyait sur le bras de son père. L'Onondago fit signe au ministre de s'avancer, ce qui amena aussi la jeune fille auprès du vieillard.

— Voyez, mes enfants, reprit Susquesus. Voici un grand médecin des Faces-Pâles. Il parle toujours du Grand Esprit et de sa bonté pour les hommes. Ses fonctions consistent à parler des heureuses terres de chasse, et des bons et des méchants parmi les Faces-Pâles. Je ne puis vous dire s'il fait du bien ou non. Beaucoup d'hommes parlent de ces choses parmi les blancs, mais je ne vois que peu de changement, et j'ai vécu parmi eux plus de quatre-vingts hivers, oui, près de quatre-vingt-dix. La terre est tellement changée, que je la reconnais à peine; mais les hommes ne changent pas. Regardez là; voilà des hommes, des Faces-Pâles dans des sacs de calicot. Pourquoi rôdent-ils ainsi, déshonorant l'homme rouge en s'appelant Indgiens? Je vais vous le dire.

Il se fit alors un mouvement très-prononcé parmi les « vertueux travailleurs », quoique le désir d'entendre jusqu'au bout le vieillard empêchât pour le moment toute interruption violente.

— Ces hommes ne sont pas des guerriers. Ils cachent leurs figures et portent des fusils; mais ils n'effraient que les squaws et les papooses. Quand ils prennent une chevelure, c'est parce qu'il sont cent contre un ennemi. Ils ne sont pas braves. Pourquoi viennent-ils? Que veulent-ils? Ils veulent la terre du jeune chef. Mes enfants, toute la terre qui s'étend autour de nous, de près et de loin, était à nous. Les Faces-Pâles vinrent avec leurs papiers et firent des lois, et dirent : « C'est bien! nous voulons cette terre. Il y en a beaucoup vers l'océan pour les hommes rouges. Allez là, chassez, pêchez, semez votre blé, et laissez-nous cette terre. » Nos frères rouges firent ce qu'on leur demandait. Les Faces-Pâles eurent ce qu'ils désiraient. Ils firent des lois et vendirent la terre, comme les hommes rouges vendaient les peaux de castors. Quand l'argent fut payé, chaque Face-Pâle eut un contrat, et crut qu'il était propriétaire de toute la terre qu'il avait payée. Mais le méchant Esprit qui chassa l'homme rouge est maintenant sur le point de chasser les chefs des Faces-Pâles. C'est le même démon, ce n'en est pas un autre. Il voulait de la terre alors, il veut de la terre aujourd'hui. Il y a une différence, et la voici : Lorsque les Faces-Pâles chassèrent les hommes rouges, il n'y avait pas de traité entre eux. Ils n'avaient pas fumé ensemble, ni donné un wampum, ni signé un papier. S'ils le firent, c'était pour convenir que l'homme rouge partirait et que les Faces-Pâles resteraient. Quand le Face-Pâle chasse un autre Face-Pâle, il y a un traité; ils ont fumé ensemble, et donné un wampum, et signé un papier. Voilà la différence. L'Indien garde sa parole avec un Indien; le Face-Pâle ne garde pas sa parole avec un Face-Pâle.

Susquesus cessa de parler, et les yeux de chaque chef se tournèrent pour la première fois vers les hommes déguisés. Un léger mouvement parcourut les rangs de ceux-ci, mais sans qu'il s'ensuivît aucune action, lorsque au milieu de la sensation qui se manifestait, Vol-d'Aigle se leva lentement, et avant que l'effet produit par Susquesus fût apaisé, ce nouvel orateur commença:

— Mes frères, dit-il en s'adressant aux Indgiens aussi bien qu'à ses autres auditeurs, vous avez entendu les paroles de la vieillesse. Ce sont des paroles de sagesse; ce sont des paroles de vérité. L'intègre Onondago ne peut pas mentir; il ne l'a jamais pu. Le Grand Esprit a fait de lui un Indien juste, et l'Indien reste ce que le Grand Esprit l'a fait. Mes frères, je vous dirai son histoire; il sera bon pour vous de l'entendre. Nous avons entendu votre histoire, d'abord de l'interprète, puis de Susquesus. C'est une méchante histoire. Nous nous sommes attristés lorsque nous l'avons entendue. Ce qui est bien doit être fait; ce qui est mal ne doit pas être fait. Il y a de mauvais hommes rouges et de bons hommes rouges; il y a de mauvais Faces-Pâles et de bons Faces-Pâles. Les bons hommes rouges et les bons Faces-Pâles font ce qui est bien, les mauvais font ce qui est mal. Le Grand Esprit de l'Indien et le Grand Esprit des blancs est le même; il en est ainsi des méchants esprits. Il n'y a pas de différence en cela.

« Mes frères, un homme rouge sait dans son cœur lorsqu'il fait ce qui est bien et lorsqu'il fait ce qui est mal. Il n'a pas besoin qu'on le lui dise; il se le dit à lui-même. Sa face est rouge, et il ne peut pas changer de couleur. La peinture est trop épaisse. Quand il se dit à lui-même combien il a fait de mal, il va dans les buissons et devient triste. Lorsqu'il en sort, il est devenu meilleur.

« Mes frères, il n'en est pas ainsi avec le Face-Pâle. Il est blanc, et ne se sert d'aucune pierre pour se peindre. Quand il se dit qu'il a fait mal, sa face se peint d'elle-même. Tout le monde peut voir qu'il a honte. Il ne va pas dans les buissons; cela ne ferait aucun bien. Sa face se peint si promptement qu'il n'en aurait pas le temps. Il cache sa face dans un sac de calicot. Cela n'est pas bien, mais cela vaut mieux que d'être montré au doigt.

« Mes frères, l'intègre Onondago n'a jamais été dans les buissons pour cacher sa honte. Il n'en a pas eu besoin. Il ne s'est jamais dit qu'il était méchant. Il n'a pas mis sa face dans un sac de calicot; il ne peut se peindre comme un Face-Pâle.

« Mes frères, écoutez; je veux vous dire une histoire. Autrefois, il y a longtemps, toutes choses ici étaient différentes. Les éclaircies étaient petites et les forêts étendues. Alors, les hommes rouges étaient beaucoup, et les Faces-Pâles peu. Maintenant, c'est différent. Vous savez ce qu'il en est aujourd'hui.

« Mes frères, je parle de ce qui existait il y a cent hivers. Nous n'étions pas nés alors. Susquesus était alors jeune, fort et actif. Il était chef, parce que ses pères étaient chefs avant lui. Les Onondagoes le connaissaient et l'aimaient. Il ne s'ouvrait pas de sentier de guerre sans qu'il y fût le premier. Aucun autre guerrier ne pouvait compter autant de chevelures. Aucun autre chef n'avait autant d'auditeurs au feu du conseil. Les Onondagoes étaient fiers d'avoir un si grand chef et si jeune. Ils croyaient qu'il vivrait longtemps et qu'ils le verraient, et qu'ils seraient fiers de lui pendant plus de cinquante hivers.

« Mes frères, Susquesus a vécu deux fois cinquante ans de plus, mais il ne les a pas passés au milieu de son peuple. Non; il a été tout ce temps un étranger parmi les Onondagoes. Les guerriers qu'il a connus sont morts. Les wigwams où il est entré sont tombés à terre; les tombes sont en poussière, et les enfants des enfants de ses compagnons marchent appesantis par l'âge. Susquesus est là; vous le voyez; il vous voit. Il peut marcher, il parle, il voit, il est une tradition vivante. Pourquoi en est-il ainsi. Le Grand Esprit ne l'a pas rappelé. Il est un Indien juste, et il est bon qu'il reste sur terre, afin que tous les hommes rouges sachent combien il est aimé. Tant qu'il sera ici, aucun homme rouge n'aura besoin d'un sac de calicot.

« Mes frères, les jeunes années de Susquesus le Sans-Traces furent heureuses. Quand il eut vu trente hivers, on parlait de lui dans toutes les tribus voisines. Les entailles des scalps étaient en grand nombre. Quand il eut vu trente hivers, aucun chef des Onondagoes n'avait plus d'honneur et de pouvoir. Il était le premier parmi les Onondagoes. Il n'y avait qu'un défaut en lui. Il ne prit pas une squaw dans son wigwam. La mort vient quand on ne la recherche pas; il en est de même du mariage. Enfin, mon père devint comme les autres hommes, et désira prendre une squaw. Voici comment cela arriva.

« Mes frères, les hommes rouges ont des lois comme les Faces-Pâles. S'il y a une différence, c'est dans l'observation de ces lois. Une loi des hommes rouges donne à chaque guerrier ses prisonniers. S'il prend un guerrier, il est à lui ; s'il prend une squaw, elle est à lui. Cela est bien. Il peut prendre la chevelure du guerrier ; il peut mener la squaw dans son wigwam, s'il est vide. Un guerrier, nommé Poule-d'Eau, ramena captive une fille des Delawares. Elle s'appelait Ouithwith, et était plus belle que le colibri. Poule-d'Eau avait les oreilles ouvertes et apprit combien elle était belle. Il veilla longtemps pour la prendre, et la prit. Elle était à lui, et il songea à la conduire dans son wigwam quand il serait vide. Trois mois se passèrent avant que cela pût être. Durant ce temps, Susquesus vit Ouithwith, et Ouithwith vit Susquesus. Leurs regards ne se détournaient jamais l'un de l'autre. Il était à ses yeux le plus magnifique élan des bois ; elle était pour lui la biche tachetée. Il désirait l'avoir dans son wigwam ; elle désirait y aller.

« Mes frères, Susquesus était un grand chef; Poule-d'Eau n'était qu'un guerrier. L'un avait du pouvoir et de l'autorité ; l'autre n'en avait pas. Mais il y avait parmi les hommes rouges une autorité supérieure à celle du chef. C'est celle de la loi. Ouithwith appartenait à Poule-d'Eau ; elle n'appartenait pas à Susquesus. Un grand conseil fut tenu, et les opinions différaient. Quelques-uns disaient qu'un chef aussi utile, un guerrier aussi renommé que Susquesus, devait être l'époux de Ouithwith ; quelques autres disaient que son époux devait être Poule-d'Eau, qui l'avait ramenée de chez les Delawares. De grandes difficultés s'élevèrent sur cette question, et les six nations s'en occupèrent. Plusieurs guerriers étaient pour la loi ; mais le plus grand nombre étaient pour Susquesus. Il était aimé, et l'on pensait qu'il ferait le meilleur mari pour la fille Delawarre. Pendant six lunes la querelle grossit, et un noir nuage planait sur les sentiers qui traversaient les tribus. Les guerriers qui avaient pris des chevelures en compagnie se regardaient comme la panthère regarde le daim. Quelques-uns étaient prêts à déterrer la hache pour soutenir la loi; d'autres pour défendre l'orgueil des Onondagoes et le colibri des Delawares. Les squaws se prononcèrent pour Susquesus. Nuit et jour elles se rencontraient pour en parler, et elles allèrent jusqu'à menacer d'allumer un feu de conseil et de fumer autour, comme des guerriers et des chefs.

« Frères, les choses ne pouvaient durer ainsi une lune de plus. Ouithwith devait aller dans le wigwam de Poule-d'Eau ou dans le wigwam de Susquesus. Les squaws dirent qu'elle irait dans le wigwam de Susquesus, et elles se réunirent et la conduisirent à la porte de l'Onondago. Comme elle allait le long du sentier, Ouithwith baissait ses yeux vers ses pieds, mais son cœur bondissait comme le jeune faon lorsqu'il joue aux rayons du soleil. Cependant elle ne franchit pas la porte. Poule-d'Eau était là, et le lui défendit. Il était venu seul; ses amis étaient en petit nombre, tandis que les têtes et les bras des amis de Susquesus étaient nombreux comme les baies des buissons.

« Mes frères, l'ordre de Poule-d'Eau fut comme une muraille de rocher devant la porte du wigwam de Sans-Traces. Ouithwith ne pouvait entrer. Les yeux de Susquesus disaient non, quand son cœur disait oui. Il offrit à Poule-d'Eau son fusil, sa poudre, toutes ses peaux, son wigwam; mais Poule-d'Eau voulait avoir la prisonnière, et répondit non. — Prenez ma chevelure, dit-il, vous êtes fort et pouvez le faire; mais ne prenez pas ma prisonnière.

« Mes frères! Susquesus alors se leva au milieu de la tribu, et ouvrit son cœur. — Poule-D'eau a raison, dit-il. Elle est à lui par la loi; et ce que dit la loi de l'homme rouge, l'homme rouge doit le faire. Quand le guerrier va subir la torture, et qu'il demande quelque temps pour retourner chez lui voir ses amis, ne revient-il pas au jour et à l'heure convenus? Et moi, Susquesus, le premier chef des Onondagoes, serai-je au-dessus de la loi? Non; si cela arrivait, ma face serait à jamais cachée dans les buissons. Cela ne doit pas être; cela ne sera pas. Prends-la, Poule-D'eau; elle est à toi. Traite-la bien; car elle est tendre comme la fauvette, quand elle quitte son nid pour la première fois. Il faut que je me retire pour un temps dans les bois. Quand mon esprit sera en paix, Susquesus reviendra.

« Frères, pendant que Susquesus prenait son fusil, sa poudre, ses meilleurs mocassins et son tomahawk, le silence qui régnait dans la tribu était semblable à celui qui règne dans l'obscurité. Les hommes le virent partir, mais aucun n'osa le suivre. Il ne laissa derrière lui aucune piste, et fut appelé Sans-Traces. Son esprit ne fut jamais en paix, car il ne revint jamais. L'été et l'hiver vinrent et passèrent, avant que les Onondagoes entendissent parler de lui parmi les faces pâles. Pendant ce temps, Poule-d'Eau vécut avec Ouithwith dans son wigwam, et elle lui donna des enfants. Le chef était parti, mais la loi resta. Allez donc, hommes des Faces-Pâles, qui cachez votre honte dans des sacs de calicot, et faites de même. Suivez l'exemple d'un Indien. Soyez honnêtes comme l'intègre Onondago !

Aux derniers mots de cette simple narration, on put découvrir parmi les meneurs des Indgiens des symptômes de mécontentement. Ils ne pouvaient supporter la comparaison entre leur déloyauté et la loyauté de l'Indien ; car rien ne provoquait plus les abus de l'anti-rentisme que les fausses doctrines concernant l'omnipotence des masses. Ils se sentirent blessés dans leur amour-propre et menacés dans leurs projets. De longs murmures se firent entendre dans leurs rangs, et ils poussèrent de vives clameurs, agitant leurs armes et s'imaginant réussir par l'intimidation ; mais les chefs semblaient avoir des intentions plus sérieuses. Les Indiens alors se tenaient debout sous les armes, et je ne doute pas que le sang n'eût été répandu, si tout à coup le shérif du comté ne s'était montré sous le portique, avec Jack Dunning à ses côtés. Cette apparition inattendue suspendit les hostilités. Les Indgiens reculèrent d'environ une vingtaine de pas, et les dames se retirèrent dans la maison. Quant à mon oncle et à moi, nous ne fûmes pas les moins étonnés de cette interruption.

CHAPITRE XXX.

Un sens profond, un vif sentiment, de grandes passions, la haine du tyran et du fripon, l'amour du bien, le mépris du mal, du lâche et de l'esclave.
HALLECK.

Quoique l'expérience eût démontré dans ce mouvement anti-rentiste, que la présence du shérif ne fut pas toujours l'annonce d'un protecteur de la loi, dans cette occasion nous fûmes plus heureux. Il fut bientôt évident, pour les hommes déguisés, que le magistrat était décidé à faire son devoir. Une des plus grosses absurdités de la démocratie, car la démocratie n'est pas plus infaillible que les individus démocrates, est d'avoir rendu électifs les officiers de la milice et les shérifs des comtés. Il en résulte que la milice est devenue une véritable farce, et que l'exécution des lois dans chaque comté dépend de la disposition où se trouve le comté de s'y soumettre ou non. C'est un excellent arrangement, par exemple, pour le débiteur résident, dans le cas où les créanciers sont absents; mais tout cela n'est pas de grande importance, puisque les théories en vogue sur les lois et les gouvernements sont actuellement de nature à rendre tout à fait inutiles les lois et les gouvernements. Des restrictions d'une nature quelconque sont injurieuses quand on les impose à la perfection !

Au moment où la collision était menaçante, et où les dames étaient rentrées, j'avais conduit dans la bibliothèque Sénèque et son complice; il ne me semblait pas loyal de laisser des prisonniers exposés au danger. De retour immédiatement sous le portique, je restai témoin de tout ce qui se passa.

Ainsi que je l'ai dit, le shérif était connu pour être opposé au mouvement anti-rentiste, et personne ne supposant qu'il se présentât sans être appuyé, les Indgiens reculèrent, évitant ainsi le danger d'une collision immédiate. J'appris même depuis que quelques-uns d'entre eux, après le discours de Vol-d'Aigle, furent réellement honteux de voir qu'un Peau-Rouge eût un plus vif sentiment de la justice que les hommes blancs.

L'apparition inattendue de Dunning produisit son effet; car ceux qui étaient derrière le rideau croyaient difficilement que cet agent détesté osât se montrer à Ravensnest sans être suffisamment appuyé. Ceux qui pensaient ainsi, néanmoins, ne connaissaient pas Jack Dunning. Il ne se souciait pas, il est vrai, d'être goudronné et emplumé; mais quand il devenait nécessaire de s'exposer, personne ne le faisait avec plus de courage. Voici l'explication de son arrivée soudaine.

Inquiet de notre départ pour Ravensnest, ce digne ami, après un jour ou deux d'attente, résolut de nous suivre. En atteignant le comté, il avait appris l'incendie de la grange, la tentative faite sur la maison; et, sans plus tarder, il était allé chercher le shérif. Comme son principal but était de mettre promptement les dames à l'abri du danger, il n'avait pas attendu les sommations légales; mais louant une douzaine d'hommes déterminés, il les fit armer, et se mit en route avec eux. A un mille ou deux de la maison, le bruit lui vint que nous étions assiégés, et il devenait nécessaire d'avoir recours à quelques manœuvres pour introduire du secours dans la place. Dunning était familier avec tous les détours et toutes les issues de la maison, ayant passé bien des mois à Ravensnest avec mon oncle et mon père ; il connaissait la situation exacte de la colline, de la cour et des autres particularités de l'endroit. Parmi les arrangements qui avaient été faits dans les dernières années, on avait ouvert une porte à l'extrémité de la longue galerie qui conduisait à travers une des ailes, et l'on avait construit contre les rochers un escalier, au moyen duquel on pouvait atteindre les sentiers qui serpentaient dans les prairies, en suivant les contours des eaux. Dunning résolut de s'introduire par ce côté, espérant se faire entendre de quelques personnes de l'intérieur, s'il trouvait la porte fermée. Toutes choses réussirent à souhait ; la cuisinière étant seule à son poste, l'aperçut au moment où il se présentait sur le haut des marches ; et Jack Dunning était si bien connu chez nous, que l'excellente femme n'hésita pas à l'admettre. Il pénétra ainsi dans les bâtiments, suivi de tous ses compagnons. Ces derniers furent cachés dans les chambres, tandis que lui-même et le shérif descendirent vers la porte, d'où il entendit la plus grande partie du discours de Vol-d'Aigle. Le lecteur sait le reste.

Je dois en même temps ajouter qu'Opportunité qui, de sa place dans la bibliothèque, avait vu entrer Dunning et ses hommes, ne se trouva pas plus tôt seule avec les prisonniers, qu'elle les débarrassa de leurs liens, et les fit échapper par la même voie. Au moins telle fut ma supposition ; car la sœur ne fut jamais interrogée à ce sujet. Sénèque et son complice disparurent, et on ne les a plus revus dans cette partie de la contrée. Par suite de leur absence, personne n'a porté plainte sur la tentative d'incendie.

Lorsque je regagnai le portique, après avoir placé Sénèque dans la bibliothèque, les Indgiens, comme je l'ai dit, s'étaient retirés en arrière ; tandis que les hommes rouges se tenaient immobiles, la main sur leurs armes et prêts à s'élancer, mais maintenus par le calme avec lequel leurs chefs suivaient la marche des événements. Le shérif alors somma les premiers de se disperser, comme violateurs de la loi, les menaçant de toutes les peines prévues, d'une voix assez distincte pour se faire entendre de tous. Pendant un moment, les Indgiens parurent indécis. Mais tout à coup le corps entier de ces vertueux citoyens qui cachaient leur honte sous des masques de calicot, se mit en retraite, d'abord avec quelque ordre, puis avec tous les symptômes de l'épouvante, jusqu'à ce que leur mouvement dégénéra en une véritable fuite. Le fait est que les hommes de Dunning commençaient à se montrer aux fenêtres, armés de leurs fusils dont ils menaçaient les rebelles, qui se croyaient déjà foudroyés par des ennemis invisibles.

Bientôt le dernier d'entre eux disparut, et nous eûmes le loisir de nous occuper des Indiens. Ces guerriers contemplaient avec un silencieux mépris ceux qui avaient cherché à imiter leurs manières; et Feu-de-la-Prairie, qui parlait un peu anglais, me dit avec emphase : — Pauvre Indien, pauvre tribu, se sauvent au bruit qu'ils font eux-mêmes. Voilà toutes les paroles que les hommes de la prairie daignèrent faire entendre sur le compte de ces perturbateurs de la paix publique, ces agents de convoitise, qui rôdent la nuit, comme des loups, prêts à saisir l'agneau isolé, mais prompts à se sauver devant les grognements du mâtin. On ne saurait s'exprimer en termes assez sévères sur ces misérables, qui, dans aucun cas, n'ont montré une étincelle solitaire du véritable esprit de liberté; s'humiliant toujours devant l'autorité quand elle a voulu faire acte de pouvoir, et la bravant avec audace quand leur nombre les préservait de tout danger.

Le vieux Susquesus avait été tranquille spectateur de tout ce qui s'était passé. Il connaissait la nature de la querelle, et comprenait tout ce qui avait rapport au mouvement anti-rentiste. Dès que l'ordre fut rétabli sous le portique, il se leva encore une fois pour s'adresser à ses hôtes.

— Mes enfants, dit-il solennellement, vous entendez ma voix pour la dernière fois. Le rossignol lui-même ne peut chanter toujours. Les ailes de l'aigle se fatiguent enfin. Je cesserai bientôt de parler. Lorsque j'atteindrai les heureuses terres de chasse des Onondagoes, je raconterai votre visite aux guerriers que j'y rencontrerai. Vos pères sauront que leurs fils aiment la justice. Que les Faces-Pâles signent des papiers, et s'en moquent ensuite. La promesse d'un homme rouge est sa loi. S'il est fait prisonnier, et que ses vainqueurs veuillent le torturer, ils sont trop généreux pour le faire sans le laisser retourner à sa tribu pour prendre congé de ses amis. Quand le temps est accompli, il revient. S'il promet des peaux, il les apporte, quoique aucune loi ne puisse le suivre dans les bois pour l'y contraindre. La promesse va avec lui; la promesse est plus forte que des chaînes; elle le ramène.

« Mes enfants, n'oubliez jamais ceci : vous n'êtes pas des Faces-Pâles pour dire une chose et en faire une autre. Ce que vous dites, vous le faites. Quand vous faites une loi, vous l'observez; cela est bien. Aucun homme rouge ne demande le wigwam d'un autre. S'il veut un wigwam, il en bâtit un lui-même; il n'en est pas ainsi des Faces-Pâles : l'homme qui n'a pas de wigwam cherche à prendre celui de son voisin. Pendant qu'il agit ainsi, il lit sa bible et va à l'église. J'ai quelquefois pensé que plus il lisait ou priait, plus il essayait d'entrer dans le wigwam de son voisin. C'est ce qui semble du moins à l'Indien, mais peut-être qu'il n'en est pas ainsi. »

« Mes enfants, l'homme rouge est son propre maître; il va et vient comme il lui plaît. Si les jeunes gens ouvrent le sentier de guerre, il peut l'ouvrir aussi. Il peut aller sur le sentier de guerre, ou chasser, ou rester dans son wigwam. Tout ce qu'il doit faire est de garder sa promesse, ne pas voler, et ne pas s'introduire furtivement dans le wigwam d'un autre homme rouge. Il est son propre maître. Il ne le dit pas, mais il l'est. Comment en est-il avec les Faces-Pâles? Ils disent qu'ils sont libres quand le soleil se lève; ils disent qu'ils sont libres quand le soleil est au-dessus de leurs têtes; ils disent qu'ils sont libres quand le soleil descend derrière les montagnes. Ils ne cessent jamais de dire qu'ils sont leurs propres maîtres. Ils parlent de cela plus qu'ils ne lisent leur bible. J'ai vécu près de cent ans au milieu d'eux, et je sais ce qu'ils sont. Ils font cela, et puis ils prennent le wigwam d'un autre. Ils parlent de liberté, et puis ils disent : Vous aurez cette ferme, vous n'aurez pas celle-là. Ils parlent de liberté, et s'appellent l'un l'autre pour mettre des masques de calicot, et pour que cinquante hommes en maltraitent un seul. Ils parlent de liberté, et veulent tout avoir à leur fantaisie. »

« Mes enfants, ces Faces-Pâles devraient retourner avec vous dans les prairies, et apprendre ce qui est juste. Je ne suis pas étonné qu'ils cachent leurs figures dans des sacs; ils doivent se sentir honteux. »

« Mes enfants, c'est la dernière fois que vous entendez ma voix. La langue d'un vieillard ne peut se mouvoir à jamais. Voici mon conseil : faites ce qui est bien. Le Grand Esprit vous dira ce que c'est. Que ce soit fait. Ce que mon fils a raconté de moi est vrai. C'était cruel à faire ; la passion me disait de faire autrement, mais ce ne fut pas fait. En peu de temps, la paix revint à mon esprit, et je fus satisfait. Je ne pouvais pas retourner au milieu de mon peuple ; car je craignais de faire ce qui était mal. Je restai parmi les Faces-Pâles, et je m'y fis des amis. Adieu, mes enfants ; faites ce qui est bien, et vous serez plus heureux que le plus riche Face-Pâle qui fait mal.

Susquesus reprit son siége et, au même instant chacun des hommes rouges s'avança et lui prit la main. Les Indiens font peu de démonstrations, mais ils laissent leurs actes parler pour eux. Pas une syllabe ne fut articulée par ces rudes guerriers, quand ils prirent congé de Susquesus. Chacun d'eux payait volontiers son tribut à un homme dont la justice et le désintéressement étaient célébrés dans leurs traditions, et, après avoir accompli ce devoir, il s'en allait satisfait sinon heureux. Chacun d'eux aussi vint tendre la main à ceux qui se trouvaient sous le portique, et ils nous exprimèrent leurs remerciements pour notre amicale réception. Mon oncle Ro avait distribué parmi eux le reste de ses bijoux, et ils nous quittèrent avec les sentiments les plus affectueux. Cependant il n'y avait rien de dramatique dans leur départ : il fut simple comme leur arrivée. Ils étaient venus pour voir l'intègre Onondago ; ils avaient rempli leur mission ; ils étaient prêts à partir. Ils partirent en effet, et en les voyant en ligne serpenter sur la route, l'épisode de cette visite me faisait plus l'effet d'un rêve que d'une réalité. Aucun incident n'interrompit leur marche ; et, une demi-heure après qu'ils eurent quitté le portique, nous les vîmes gravir la colline à la descente de laquelle nous les avions d'abord rencontrés.

— Eh bien, Hodge, dit Jack Dunning deux ou trois heures après, que décidez-vous ? Restez-vous ici, ou bien retournez-vous dans votre propre maison dans le Westchester ?

— Je resterai ici jusqu'à ce qu'il nous plaise de partir ; alors nous tâcherons d'être libres comme des Indiens, et d'aller où il nous plaira, pourvu que nous n'entrions pas dans le wigwam du voisin contre sa volonté.

Jack Dunning sourit, et il fit un ou deux tours dans la bibliothèque avant de reprendre.

— On m'a dit, aussitôt que je suis arrivé dans le comté, que vous et tous ceux qui vous appartenaient, vous vous prépariez à vous retirer dans la matinée qui suivit la tentative d'incendie.

— C'est encore un de ces aimables mensonges qui rehaussent la moralité de toute l'affaire. Ce que les hommes désirent, ils l'inventent, et ce qu'ils inventent, ils le disent. Les demoiselles elles-mêmes protestent qu'elles ne voudraient pas quitter la maison tant qu'elle aurait un toit pour couvrir leur tête. Mais, Jack, d'où vient cette rumeur?

— Je crois que c'est la dernière question que peut faire un homme au courant des choses, reprit Dunning en riant. D'où elle vient, c'est très-clair. Elle vient du diable et a tous les caractères de son œuvre. En premier lieu, l'amour de l'argent ou la convoitise en est la racine. Ensuite, le mensonge est son agent. Son premier mensonge est le mot de liberté, dont chaque principe est foulé aux pieds. Puis viennent les cinquante auxiliaires sous forme de petites inventions, la négation des faits en ce qui concerne les premiers établissements dans le pays, la fausseté des assertions touchant leurs progrès, et un audacieux défi jeté à toute vérité. Il n'y a pas à se tromper sur l'origine de toutes ces menées, ou bien tout ce qui nous a été appris sur le bien et le mal n'est qu'une fiction. Réellement, Hodge, je m'étonne que vous me fassiez une telle question.

— Peut-être avez-vous raison, Jack; mais où cela nous conduira-t-il?

— Ah! la réponse n'est pas facile. Les événements récents dans le Delaware ont enfin réveillé les bons sentiments du pays, et l'on ne sait pas encore ce que cela produira. Une chose cependant est pour moi certaine; le mauvais esprit qui a soulevé cette affaire doit être comprimé entièrement, d'une manière efficace et complète, ou nous sommes perdus. Qu'il soit une fois avéré dans le pays que les hommes peuvent contrôler leurs propres obligations, qu'ils peuvent, par des complots ou des associations, reviser leurs contrats, et le pandémonium sera bientôt un paradis en comparaison de New-York.

— Le résultat est encore inconnu. Le mauvais esprit peut être dompté, entièrement étouffé, de manière à écraser le serpent et non à l'écorcher; ou bien on peut ne lui opposer que des demi-mesures, et dans ce cas, il restera comme une maladie dans le système social, toujours existante, toujours sujette aux rechutes, pour devenir peut-être l'agent de la destruction définitive du corps.

Mon oncle, néanmoins, tint parole, et resta dans le comté, où il est encore. Notre établissement, d'ailleurs, a reçu un autre renfort, et peu de temps après notre collision avec les Indgiens, il s'est opéré un changement dans la politique des anti-rentistes. Ces deux circonstances nous ont donné une sécurité qui auparavant nous manquait. Le renfort nous était venu de la présence de certains jeunes gens qui étaient accourus des eaux, et qui furent bientôt d'aimables hôtes à Ravensnest. C'étaient de mes anciennes connaissances, presque tous mes camarades de collége, et aussi grands admirateurs des dames. Chacune des pupilles de mon oncle, mesdemoiselles Colebrooke et Marston, a un adorateur avoué, ce qui faisait disparaître les obstacles que j'aurais pu rencontrer dans mes sentiments pour Mary Warren. J'ai trouvé dans Patt un puissant allié ; car elle aime cette chère enfant presque autant que moi, et elle m'a été d'une grande utilité dans cette affaire de cœur. Je suis conditionnellement accepté, quoique le consentement de M. Warren n'ait pas encore été demandé. En vérité, je ne sais pas si le bon recteur a le moindre soupçon de ce qui est en l'air. Quant à mon oncle Rô, il était parfaitement au courant, quoique je ne lui eusse pas dit un mot à ce sujet. Heureusement il est satisfait des choix faits par ses deux pupilles, et cela a quelque peu adouci son désappointement.

Mon oncle n'est pas le moins du monde intéressé, et l'absence de toute fortune chez Mary Warren ne lui donne aucun souci. Il est, à la vérité, si riche lui-même, qu'il sait qu'il est en son pouvoir de faire une addition raisonnable à ma fortune, et de me placer, s'il est nécessaire, au-dessus des dangers de l'anti-rentisme. La conversation suivante est un échantillon de sa belle humeur et de sa manière de faire les choses quand il est bien disposé. Nous étions un matin dans la bibliothèque, huit jours environ après que les Indgiens avaient été chassés du champ de bataille par les Indiens, car tel était le véritable secret de leur disparition de notre contrée ; nous étions donc ensemble, ma grand'mère, mon oncle, Patt et moi, causant de différentes matières, lorsque mon oncle s'écria tout à coup :

—A propos, Hughes, j'ai d'importantes nouvelles à te communiquer, des nouvelles qui concernent tes intérêts jusqu'à concurrence de cinquante mille dollars.

— Aucun danger anti-rentiste, j'espère, Roger, dit ma grand'mère avec inquiétude.

— Hughes a peu de chose à craindre de ce côté actuellement. La cour suprême des États-Unis sera son bouclier, et il est assez large pour couvrir tout son corps. Quant à ses baux futurs, s'il veut suivre mon conseil, il n'en accordera pas pour un terme plus long que cinq années, et alors ses tenanciers deviendront de bruyants pétitionnaires auprès de la législature, pour qu'il leur soit permis de faire leurs propres marchés. La honte ramènera probablement les hommes égarés, et il viendra un temps où les amis superfins de la liberté commenceront à voir que c'est une triste liberté que celle qui ne permet pas à un riche propriétaire de céder ses fermes pour une longue période, ou à un pauvre laboureur de conclure le marché qui lui est le plus favorable. Non, non, Hughes n'a rien à craindre de ce côté, quant à présent du moins, quelque chose qui arrive par la suite. La perte à laquelle je fais allusion est plus certaine, et va, je le répète, jusqu'à concurrence de cinquante mille dollars.

— C'est beaucoup d'argent à perdre pour moi, répondis-je, quoique je fusse assez peu troublé de cette nouvelle, et je pourrais être embarrassé de recueillir immédiatement une si grosse somme. Cependant j'avoue que je n'ai pas grande inquiétude à ce sujet, malgré votre affirmation. Je n'ai pas de dettes, et les titres de mes propriétés sont inattaquables, à moins qu'on ne décide qu'une concession royale ne doit pas être tolérée par des républicains.

— Tout cela est bel et bon, maître Hughes; mais tu oublies que tu es l'héritier naturel de mes domaines. Patt sait qu'elle en doit avoir un morceau à son mariage; et je suis maintenant sur le point de faire une disposition en faveur d'une jeune personne, pour lui constituer une dot.

— Roger! s'écria ma grand'mère, tu ne parles pas sérieusement ? Une disposition semblable!

— Une disposition d'une somme égale, ma chère mère. Il m'a pris une fantaisie pour une jeune personne, et comme je ne peux pas l'épouser moi-même, je suis décidé à faire d'elle un bon parti pour un autre sous le rapport de l'argent.

— Mais pourquoi ne pas l'épouser vous-même? demandai-je; des hommes plus âgés que vous se marient tous les jours.

— Oui sans doute, des veufs, j'en conviens; ceux-là se marieraient jusqu'à l'âge de mille ans; mais il n'en est pas de même de nous autres vieux garçons. Qu'un célibataire passe la quarantaine, et il ne deviendra pas aisé de le décider au sacrifice. La présence de Jack Dunning ici est un coup de fortune, et je l'ai mis à l'œuvre pour rédiger l'acte en faveur de la jeune personne dont je parle, sans aucun droit pour son futur époux, quel qu'il puisse être.

— C'est Mary Warren, s'écria ma sœur d'un ton joyeux.

Mon oncle sourit et tâcha de faire un mouvement négatif; mais je ne puis dire qu'il réussit fort bien.

— C'est elle, c'est elle, c'est Mary Warren, ajouta Patt, en bondissant à travers la chambre comme une jeune biche, et en se jetant sur les genoux de son tuteur qu'elle couvrait de baisers, comme si elle n'était encore qu'une enfant. Oui, c'est Mary Warren, et l'oncle Ro est un délicieux vieillard, non un délicieux jeune homme, et s'il avait trente ans de moins, il n'aurait pas d'autre épouse que son héritière elle-même. Bon, cher, généreux oncle. C'est digne de son noble cœur avec ses mécomptes; car je sais, Hughes, qu'il tenait beaucoup à te voir épouser Henriette.

— Et mon mariage avec Henriette ou mon non-mariage, qu'a-t-il de commun avec cette donation de cinquante mille dollars en faveur de mademoiselle Warren? les jeunes personnes ne sont en aucune façon alliées, j'imagine?

— Oh, tu sais comment s'arrangent de pareilles affaires, dit Patt riant et rougissant de ses allusions au mariage, même pour une autre. Mary Warren ne restera pas toujours Mary Warren.

— Qui deviendra-t-elle donc? demanda vivement mon oncle.

Mais Patt était trop fidèle aux droits et aux priviléges de son sexe, pour rien dire qui pût trahir son amie. Elle caressa les joues de son oncle, rougit davantage, me regarda d'un air significatif, puis détourna les yeux, comme si elle eût trahi un secret, et alla s'asseoir avec gravité, comme si le sujet était des plus sérieux.

— Mais, est-ce bien vrai ce que tu nous dis, Roger? reprit ma grand'mère avec plus d'intérêt que je ne lui en aurais supposé en un pareil sujet. Ce projet de donation n'est-il pas une fiction?

— C'est aussi vrai que l'Évangile, ma chère mère.

— Et Marthe a-t-elle raison? Mary Warren est-elle vraiment la jeune personne favorisée?

— Pour une fois, par hasard, Patt a raison.

— Mary Warren connaît-elle votre intention? son père a-t-il été consulté?

— Tous deux le savent; nous avons arrangé tout cela hier soir, et M. Warren donne son consentement.

— A quoi? m'écriai-je en bondissant sur ma chaise.

— A recevoir pour son gendre Hughes-Roger Littlepage; remarque que ce sont mes noms; et, bien mieux, la jeune personne accepte de son côté.

— Hughes-Roger Littlepage que voici, s'écria Patt en passant son bras autour de mon cou; et non Hughes-Roger Littlepage que voilà. Ajoutez cela, cher, cher oncle, et je vous embrasserai pendant une heure.

— Excuse-moi, mon enfant, je t'en fais quitte pour le quart de ce temps. Je crois que tu as raison cependant, car je ne pense pas que le dernier Hughes-Roger ait rien à faire, si ce n'est de donner son argent. Je ne conteste aucune de tes assertions.

Au moment même, la porte de la bibliothèque s'ouvrit lentement, et Mary Warren se montra. Lorsqu'elle nous vit tous réunis, elle voulut se retirer; mais ma grand'mère lui dit affectueusement d'entrer.

— Je craignais de déranger une réunion de famille, madame, répondit timidement Mary.

Patt s'élança vers Mary, passa son bras autour de sa taille, l'entraîna au milieu de la chambre, et ferma la porte à clef avec une affectation qui voulait être remarquée. Nous étions tous souriants, excepté Mary qui paraissait à moitié satisfaite, à moitié effrayée.

— C'est effectivement une réunion de famille, dit Patt en embrassant sa future sœur, et personne d'autre n'y sera admis, à moins que le bon M. Warren ne vienne y réclamer sa place. L'oncle Ro nous a tout dit, nous savons tout.

Mary cacha sa figure dans le sein de Patt, mais elle en fut bientôt détachée pour recevoir les embrassements de ma grand'-mère, puis de mon oncle et enfin de Patt. Après quoi tous les assistants, excepté Mary, sortirent silencieusement de la chambre, et alors, oui, alors ce fut mon tour.

Nous ne sommes pas encore mariés, mais le jour est fixé. Il en est de même pour les deux pupilles, et je dois ajouter que souvent Patt rougit et ma grand'mère sourit, lorsqu'on parle de personnes qui voyagent actuellement en Égypte. Les dernières lettres du jeune Beckman annoncent qu'il se trouve dans ce pays. Les trois mariages doivent avoir lieu dans l'église de Saint-André, M. Warren s'étant engagé à officier.

Le lecteur sera surpris d'apprendre deux choses : Mon union avec la fille d'un pauvre recteur a produit un grand scandale parmi les anti-rentistes. Eux qui déclament si hautement contre l'aristocratie, prétendent que c'est un mariage mal assorti sous le rapport de l'égalité. L'égalité qui est la conséquence des positions sociales, de l'éducation, de la similitude des goûts, des pensées, et, si l'on veut, des préjugés, n'est pas comprise par de telles gens; mais ils comprennent bien que le propriétaire d'un beau domaine est plus riche que l'héritière d'un pauvre ministre, qui peut à peine recueillir cinq cents dollars par an. Je les laisse grogner, sachant bien qu'ils trouveront toujours à redire à tout ce qui me concerne, jusqu'à ce qu'ils aient mes terres, ou qu'ils soient bien convaincus qu'ils ne pourront pas les avoir. Quant à Opportunité, on m'assure qu'elle menace de me poursuivre pour violation d'une « promesse de mariage, » et je ne serais pas étonné qu'elle en fît la tentative. Quand une personne porte toutes ses vues vers un objet particulier, il arrive souvent qu'elle imagine des circonstances favorables à ses vues qui n'ont jamais existé, et Opportunité peut croire que ce que j'ai entendu a été proféré par moi.

Jaaf décheoit terriblement. Le vieux noir fait de temps à autre entendre ses sentiments sur les événements passés et sur l'état du pays. Un anti-rentiste est par lui regardé comme un voleur, et il ne se gêne pas pour le dire. Quelquefois il murmure quelque bonne remarque sur ce sujet, et pas plus tard que hier, il faisait quelques réflexions qui méritent d'être rapportées.

— Que veulent ces gens, maître Hughes? disait-il. Ils ont une moitié de leur fermes, et maintenant ils veulent avoir l'autre moitié. Supposez que j'aie en association une vache ou un mouton, quel droit aurais-je de dire que je veux l'avoir en entier? Dieu! il n'y avait pas de telles lois dans le vieux temps. Et puis, qui a jamais vu de si tristes Indgiens? Peau-Rouge assez désagréable, mais on en fait quelque chose ; au lieu que ces Indgiens si désagréables qu'on n'en peut rien faire. Oh ! comme je deviens vieux ! Je crois que le vieux Sus ne durera pas longtemps non plus.

Le vieux Susquesus vit encore cependant, mais il est l'objet de la haine de tous les anti-rentistes.

Le système Indgien a cessé, au moins momentanément ; mais l'esprit qui l'a créé survit toujours sous le nom hypocrite de « droits de l'homme. » L'intègre Onondago a peu de souci des mauvais sentiments qui règnent contre lui, et il est probable que la plupart de ceux qui les éprouvent ne savent pas s'en rendre compte eux-mêmes. Le fait est simplement que c'est un homme qui a respecté la loi qu'il avait faite, et qui a mieux aimé souffrir que de se rendre coupable d'un acte d'injustice.

NOTE DE L'ÉDITEUR.

Ici se termine le manuscrit de M. Hughes-Roger Littlepage-Junior. Des motifs de convenance l'ont probablement empêché de raconter les événements plus récents qui ont suivi. C'est donc à nous d'ajouter quelques mots.

Jaaf est mort il y a environ dix jours, déclamant jusqu'à la fin contre les Peaux-Rouges, et parlant de ses jeunes maîtres et maîtresses tant qu'il a respiré. Quant à ses propres descendants, on ne l'avait pas entendu s'en occuper depuis une quarantaine d'années.

Susquesus vit encore, mais les Indgiens ont disparu. L'opinion publique a enfin anéanti cette tribu ; et il est à présumer que leurs masques de calicot ont été transmis à de certains hommes politiques parmi nous, qui les trouveront utiles pour cacher leurs figures lorsque viendront les regrets et la honte qui doivent être la conséquence nécessaire de leur conduite.

Littlepage et Mary Warren ont été mariés, il y a peu de jours, à l'église Saint-André. Nous avons rencontré notre jeune héros dans le cours de ses visites de noces, et il nous a assuré qu'avec une telle compagne, il était prêt à fixer son domicile dans quelque partie que ce fût de l'Union, et qu'il avait choisi Washington, afin d'être plus favorablement situé pour essayer la validité des lois des États-Unis vis-à-vis de la capricieuse législature de New-York. Il a l'intention formelle de soulever et de faire résoudre toutes les questions qui se rapportent aux contrats de louage, aux baux et aux droits des propriétaires. Nous ne pouvons que faire des vœux pour qu'il réussisse, car nous sommes profondément convaincus que les plus précieuses de nos institutions ne peuvent être sauvées de la destruction que par l'anéantissement total de cet esprit de cupidité qui menace d'éteindre en nous tout sentiment de droit et de morale.

A nos yeux, l'Orégon, le Mexique et l'Europe réunis contre nous, n'offriraient pas à notre nation la moitié autant de dangers que ceux dont la menace un ennemi qui est au cœur de l'État, et qui poursuit ses funestes projets au nom de la liberté, tandis qu'il jette en effet les fondements de la plus atroce tyrannie.

J'oubliais d'ajouter que M. Littlepage me dit en nous séparant, que s'il échouait à Washington, il se retirerait à Florence, où il pourrait résider parmi les autres victimes de l'oppression, avec l'avantage d'être admiré comme un proscrit de la tyrannie républicaine.

FIN DE RAVENSNEST.

www.ingramcontent.com/pod-product-compliance
Lightning Source LLC
Chambersburg PA
CBHW070854170426
43202CB00012B/2066